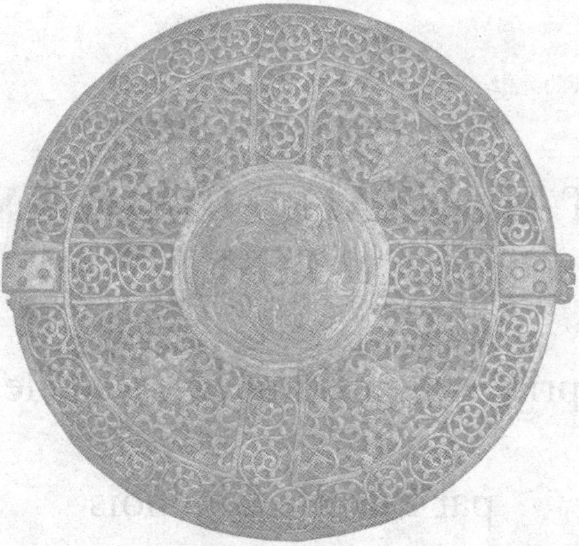

西藏的黄金和银币

[法]布尔努瓦 著
耿昇译

中国藏学出版社

历史、传说与演变

POUDRE D'OR ET MONNAIES D'ARGENT AU TIBET

POUDRE D'OR
ET MONNAIES D'ARGENT
AU TIBET

(principalement au VIIIe siècle)

par Lucette Boulnois

据法国国立科研中心出版社 1983 年版译出
由法国国立科研中心出版社授权

Editions du Centre National de la Recherche Scientifique
15. quai Anatole-France 75700 Paris

目　录

译者的话

在中国藏学出版社的热情帮助和大力支持下，法国著名汉学家布尔努瓦（Lucette Boulnois，1931—2010）夫人的藏学名著《西藏的黄金和银币》（原书名为《西藏的砂金与银币》）一书的汉译本，终于与中国读者见面了。

本书是一部有关亚洲，特别是西藏贵金属的专著。无论在东方还是西方，它都是在该学科中一部很稀有的著作。此书以对西文、俄文和汉文文献的研究为基础，全面地研究了西藏的金银、西藏以金银为中心而与周边地区的关系史、沙皇掠夺西域和西藏之黄金的来龙去脉。资料丰富、观点新颖、论述清楚、结论公正。

本书第一部分阐述了有关西藏生产黄金的资料与传说（包括希罗多德有关蚂蚁找金的著名段落以及由此而引起的争论），同时还涉及了直到当代的某些具体问题。作者考证了西藏古今金矿的矿址、黄金的开采和流通问题、金与银的兑率、与世界价格的比较、政治牵涉、黄金的用途、有关金属和矿藏的信仰、寺院聚财、财宝的分散与旅行等一系列问题。

作者于其书的第二部分论述了尼泊尔国王于1792年之前在为西藏铸币方面的垄断权、尼泊尔以西藏提供的纹银而为西藏制造银币的条约、这项条约在18世纪的影响、其贸易和政治背景、钱币的外形、银币中掺假而造成的影响、廓尔喀人的侵略、1793年后取缔尼泊尔的特权以及清政府在西藏的货币政策等，最后是有关制造这些银币的金属之来源问题。

第三部分是有关“叶尔羌的黄金，彼得大帝掠夺西域的黄金”，主要论述沙皇彼得大帝抢夺叶尔羌以及西域黄金的问题。沙皇彼得大帝由于在俄罗斯土地上找不到金矿，也无法通过贸易而有利可图地获得黄金，便于1696—1725年间试图夺取西域几个汗国的黄金产品，特别是中国新疆叶尔羌的金矿。他认为从俄国基地出发，逆几条江河而上便可以到达叶尔羌。他试图说服该地区的可汗们置身于俄罗斯的“保护”之下，并允许他夺取贵金属矿。沙皇向基辅派遣了贝科维奇，向布哈拉派遣了贝内维奇，向叶尔羌派遣了布赫霍尔兹、李哈列夫和翁科夫斯基，向准噶尔汗遣使，甚至还想夺取西藏的金矿。由于地理概念的错误和对其亚洲邻邦力量的错误评估，沙皇处处遭到失败，造成人员和财力的重大损失，彼得大帝至死也未达到目的。但西域的多数金矿，后来还是落到了俄罗斯人的手中。

中国开采金银矿和铸造金银币，有悠久的历史。中国是一个幅员辽阔和多民族的统一国家，其货币史极其丰富多彩。西藏自古以来就是中国神圣领土不可分割的一部分，藏族从来也都是中华民族大家庭中的一员。西藏金银矿的开采与货币制度，始终都未曾脱离过中国矿业史和货币史的大范畴，与祖国内地休戚相关。但是，西藏地处中国西南边陲，与内地山川阻隔，在历史上又长期实施政教合一的政治体制，故它在贵金属与货币方面，又与尼泊尔和印度有过联系。所以，西藏货币史既有中国货币史上的共性，又有一定的地方民族特性。这种错综复杂的局面，造成了对西藏贵金属和货币史与外国关系的研究，几乎是一片空白，只有零星论文，尚无既具科学性又具准确性和系统性的论著。布尔努瓦夫人的这部书，确确实实填补了这项空白。

法国汉学家布尔努瓦夫人于1931年6月11日生于法国科西嘉岛的普瓦希（Poissy）。她先毕业于法国东方语言文化学院的俄语系和汉语系；其后又于1972年通过了巴黎大学文学系远东研究的博士论文，其论文为《1950年以来中国与尼泊尔之间的贸易及其社会—经济关系》。布尔努瓦夫人开始工作时，曾于多年间从事法文—俄文翻译，然后便从事专业图书馆员的工作，于1960—1963年间在高等研究实验学院近代中国资料中心工作。从1963年起，她进入法国自然科学和社会科学的最高综合科研机构——法国国家科学研究中心工作，先后任该中心第299研究组（喜马拉雅环境、社会和文化研究组）研究员和喜马拉雅研究中心负责人。

布尔努瓦夫人的研究对象主要是中国与西域和南亚国家的关系史，特别是中国西藏与尼泊尔的关系史。她的研究将人文科学与自然科学结合起来，论著文笔生动具有可读性。1963年，布尔努瓦夫人出版了一部名著《丝绸之路》，书中使用了丰富的波斯—阿拉伯、希腊—罗马、汉文—藏文及印度的有关资料。此书出版后轰动一时，先后刊行11个版本：3个法文版本（1963年、1986年和1992年）、德文本（1964年）、西班牙文本（1964年）、2个英文版本（1964年和1966年）、波兰文本（1966年）、匈牙利文本（1972年）、日文本（1966年）和中文本（1983年）。

此外，布尔努瓦夫人还编写了大量书目并发表了很多论文。如1972年在《亚细亚学报》上发表的《1722—1734年间的尼泊尔—中国关系》；1976年在《畜牧种类学》上发表了《西藏的牦牛与西方的旅行家和博物学家》。1987年，布尔努瓦夫人访华期间在中国社会科学院作了《开放的喜马拉雅山口与尼中关系》的讲演，在敦煌研究院召开的“敦煌石窟研究国际讨论会”上作了《沙州、地图和鬼蜮》的讲演。她于1994年访问了西藏。以便研究包括西藏在内的中亚古地图、西方人在这些地方的游记实录等西文文献，从而为藏学研究另辟新径。

布尔努瓦夫人的《西藏的黄金和银币》一书于1983年由法国最具权威的国家科学研究中心出版社出版。此书并不是一部专门论述砂金矿与银币本身的书，而是以砂金和银币为线索纵横论述了西藏（特别是18世纪）与中央政府、新疆，以及与尼泊尔、印度，甚至是沙俄的政治、文化与经济关系。它主要是一部人文科学而不是自然科学的著作。法国国家科研中心出版社在本书的广告中就明确指出："这不是一本专论黄金的著作。"它通过中国西藏与其邻邦的关系，介绍了有关西藏黄金的历史与神话传说、黄金产量、冶金技术与民间信仰、黄金的用途以及寺院聚财的结果、黄金的市价、尼泊尔制造劣质银币和清政府制造优质银币（甚至包括金币和铜币）、沙皇俄国对西域贵金属的觊觎与掠夺、沙俄吞并西域几个汗国的过程以及对中国新疆的侵略等问题。此书学术价值很高、可读性很强，其法文版图文并茂，实为本学科中一部难得的代表作。

布尔努瓦夫人是笔者的老朋友。她的名著《丝绸之路》就是由笔者译成中文，于 1983 年由新疆人民出版社出版。笔者还译过她的多篇论文并在中国学术杂志上多次介绍过她的学术成果。笔者每次赴巴黎进行学术访问，都会到她在默东的寓所拜访。近 20 年来，我们飞鸿往来，互赠书刊，进行了多方面的学术交流。通过接触，笔者深感她是一名博学而又严谨的学者，对于中国文化与人民怀有真挚的友好感情。

笔者收到布尔努瓦夫人惠赠的此书之后，很快便连读几遍并且撰文向中国读者介绍，而且也曾摘译过一段发表。后来学术界的许多师友同仁，一再鼓励本人将全书翻译出版。无奈杂事缠身，无暇顾及。1994 年，笔者访问巴黎时，便与法国国立科研中心办妥了本书翻译出版的版权协议。但一则由于笔者莫名地忙碌，二则由于一时未找到一家合适的出版社，使本书的汉译本直到今天才得以面世。

当然，译文中欠妥与错误在所难免，欢迎广大读者批评指正，不胜感激！

耿　昇
中国社会科学院历史研究所研究员
北京师范大学历史系特聘教授
1997 年 12 月 1 日
2015 年 1 月 15 日修订

汉译本序

本著是于1976—1981年间用法文撰写成书的，于1983年由国立科研中心出版社出版。大家当然会理解，作者希望补充某些资料，并指出近11—12年间发生的某些变化。这些新资料将在需要的情况下逐渐补充阐述。

对于作者来说，看到自己的著作能被译成中文出版，实为一大快事。这样一来，我长年阅读写作、翻译文献和研究地图的工作，便获得了最广泛的回报——中国读者的评论。对于这些中国读者大众（当然，他们在中文史料和中国史方面，要比我知道得多得多）来说，我希望本书能特别为他们提供整整一大批在西方和印度获得的资料，它们可能不太为中国读者所熟悉。

我应该就此问题而提醒读者注意，本人对于西藏的黄金及其古银币的调查，并非是在西藏进行的，我们在欧洲无法得到有关经济史的藏文资料。对于西方来说，西藏在1800—1980年间是一片森严壁垒的堡塞。直到1980年之前，外国的藏学家们都很少撰写有关西藏经济史的著作。本著并非一部藏学家的著作。非常奇特的是，我于此研究的是一种外国人的观点，或者更确切地说是外国人观点的一种集合，这些外国资料往往都是由曾在西藏居住并懂得其语言的人搜集的，如17世纪和18世纪的某些传教士或商客。

因此，这是外国史料的一种集合。作者或直接地，或间接地通过译文（法文、英文、俄文、中文、拉丁文和少量的尼泊尔文资料），根据不同时代，而得以利用了希腊文和拉丁文、阿拉伯文和波斯文、尼泊尔文、印度文、英文、法文、中文、俄文、葡萄牙文、意大利文、亚美尼亚文史料。这些史料的集中及其多样性本身就是一种客观性的保证：这是一种多维视野，从多种角度的审视，可能使人更直接地触及现实。

为了撰写本著而使用的全部文献，基本上都收藏于巴黎的各家图书馆：国家图书馆、东方语言文化学院图书馆、矿业学院图书馆、国家科研中心的喜马拉雅研究中心图书馆。

因此，本著所缺乏的恰恰是纯藏文史料。巴黎图书馆并不缺乏藏文特藏。第一部被运入法国的藏学著作，是于1777年由一名自俄罗斯返回的法国医生献给国立图书馆的。从1835年起，巴黎亚细亚学会就拥有一套完整的纳塘版《甘珠尔》。19世纪，一批重要收藏被馈赠或出售给法国国家图书馆。该馆从未停止过获得新资料，特别是自1965年以来更是如此。但从专家们的观点来看，却没有能在这些文献中找到经济和金属资料，这些文献绝大部分都是宗教性的，或者是很古老的和颇难阅读的，如伯希和（Paul Pelliot）特藏中的某些敦煌藏文写本。当然，还必须使藏学家们对此感兴趣，而实际情况却绝非如此。

因此，我希望一名西藏史学家来填补这项空缺，希望他能以一种在国际范围内比藏语流传更广泛的语言来发表其著作，以使西藏之外大批的读者能够利用这些作品。

自从藏学研究诞生以来，它就几乎是排他性地集中到宗教、哲学和政治史方面了。西藏的文明确实未曾促使科学、技术和物质生活的诸方面取得过特别大的发展。但对于金属及其经济的研究却并不像某些人相信的那样，仅仅属于物质领域。人类对于贵重金属和普通金属的态度，在西藏就如同在其他地方一样，包括了地质学、技术、宗教信仰、社会制度、艺术、贸易、政治史。换言之，它覆盖了文明的诸多方面。我对于世人未曾更多地关心西藏的金属史颇感意外。三个世纪以来，人们一直重复说，该地区拥有两种财源，即其畜群和矿藏。其金矿资源为可以上溯到周考王皇帝时代的传说提供了内容。

因此，本著作只不过是有关这些问题的综合资料的一部文集。从某种意义上讲，它仅是一部宏观著作的序篇，以我那微不足道的资料和浅薄的学识写成。一部综合著作应由一个懂多种语言和多学科知识的研究者来从事，我再重复一次，其中当然应该包括西藏的研究人员和从事实地考察者。

汇辑与西藏黄金有关的资料之思想，出自我在18世纪、17世纪和16世纪的文献中不断会遇到这一内容的事实；其次，随着我对于自古以来所有时代的这一问题的研究，我更迫不及待地想弄明白这一切：在这些荒诞的流言背后，到底隐蔽着什么样的真实要素呢？黄金的幻影欺骗了多少人啊！在寻求黄金时，人们冒着很多危险，并试图征服全球……直到18世纪时，情况依然如故。这同一种幻影——必须寻找发展其经济所必需的黄金，导致沙皇彼得大帝（Le Tsar Pierre Le Grand）在其毁灭性的冒险中，一直推进到中国西藏的边境。只是由于其早逝才阻止了俄罗斯大军因在西藏高原陷得太深而全军覆没。对于这一点，我在《叶尔羌的黄金》一章中做了研究，此文同样也写于1976—1981年间，原准备作为本书的一章，但最终却于1985年发表在《人类学》杂志上，现又收入《西藏的黄金和银币》一书的中文版本中。

但西藏的黄金确实是真实存在的，至少是在整个旧大陆的范围内来看，其产量绝非是微不足道的。

本书的第二编是有关从17世纪（也可能是从16世纪）到1793年间，在西藏流通使用的银币之历史过程。银币并非在西藏制造，而是由尼泊尔王为西藏特制的，开始时是尼瓦尔（Newar）族的王，其后是廓尔喀（Gorka）部的王。这种情况在铸币史中非常奇特，它说明了西藏—尼泊尔之间政治和宗教关系史中的那些含糊不清的特征。在该领域中的情况也一样，并不仅仅是指物质史，铸币的社会和宗教表现形态在这些文明中也占据着一席重要的地位。此外，古钱币学由于它带有的徽识而形成了一种珍贵的历史资料，钱币属于特别持久和绝大部分都被作了断代的物品。

语言的多样化使一半世界失去了了解另一半世界所作所为的

可能性，今天的人也无法了解古代人的工作。不过非常幸运，有些翻译家使民族和时代之间的差距缩小了，将多种观点汇集起来并进行比较。我们应该感谢他们的学识与毅力，翻译往往是一项艰巨的、吃力不讨好的和令人扫兴的工作。笔者于此特别感谢多年的挚友——北京中国社会科学院历史研究所的耿昇先生，他一直在科研和将法文著作译成中文中不知疲倦地工作。

布尔努瓦（Lucette Boulnois）

1994 年 10 月 20 日

法国默东

导言

本论著的目的在于填补贵金属史上的一项明显的空白，即内陆亚洲，特别是西藏、尼泊尔和西域金银的历史。

贵金属，首先是黄金，无可争辩地会使西方人非常感兴趣。它们曾在西方人的经济、政治、社会史及其可以想象出的一切事物中，扮演过一种重要角色。所以，在西方写出了许多有关这些金属的著作。但现有的丰富文献主要涉及了西方世界本身，其中论述了希腊—罗马、《圣经》、美洲、非洲和欧洲在有关贵金属的所有领域中的古老历史：货币的金本位、钱币学、冶金术、化学、医学以及政治、经济和社会史、矿脉勘定、采矿技术、检测、控制和冲轧、地下矿藏的立法、艺术品、产量和出口量的统计，最后是炼丹术……相反，如果人们希望了解亚洲，特别是内陆亚洲地区的同一类内容的情况，而又只会阅读西文著作，那就不会有丰硕的收获。

我们可以通过几个例证来对此作出判断。

如果我们从自1982年以来编制成并包括了主要著作的巴黎国立图书馆的卡片中，检出一批以“内容”分类的书目卡，那么我们就会在“黄金”和“白银”两个词条下发现以下数据：有关“黄金”的著作667部，其中只有12部（占1.79%）是有关亚洲的；有关“白银”的著作304部，其中仅有6部（占

1.97%）是有关亚洲的。在有关黄金的665部和有关白银的298部并非是特别论述亚洲的著作中，有许多是综合作品（如有关全世界黄金问题的著作）。在这批著作中，“亚洲”部分往往仅被压缩到几页文字。

如果我们现在取巴黎矿业学院图书馆的图书目录卡（其中包括专著和文章的抽印本）为例，那么我们便会发现：在有关黄金的988部标题中，只有17部（占1.72%）是有关亚洲的；在有关白银的259部标题中，只有3部（即占1.15%）是有关亚洲的。这些目录卡包括了许多专业著作，正如大家本来就期待于其中的那样，也包括综合性著作。这两部分均以几乎是排他性地以西方史料为基础的著作。

其他的图书馆目录以及著作中的参考书目、文章或博士论文目录，也都为我们提供了某些几乎是相同的比例关系。

此外，我还需要补充说明，现存的有关亚洲的几部著作，大部分也只是涉及了人们可以通过港口而进入的国家，如中国中原、朝鲜和印度，很少能涉及笔者于本书中所研究的领域——内陆亚洲。

如果我们转向了西文的东方学书目，那么我们立即就会发现，金银史著作所占的份额也很小。我特别研究了（正如许多部博士论文所证明的那样）这些金属在西方国家与我们可以通过海港而到达的亚洲国家之间的流通关系。对于缺乏出海口的国家，文献则甚为贫乏。

上文列举的所有书目资料也包括比例很小的俄文书目，西方很少有人能阅读俄文著作。现存有关俄属亚洲部分的一大批俄文文献，我在有关彼得大帝的黄金政策和18世纪的卡尔梅克（Kalmouk，喀尔穆克）汗国问题上，曾利用过。其中只含有很少有关西藏和尼泊尔贵金属的书目。

我于此汇辑的有关内陆亚洲贵金属的大部分资料，事实上均出自于某些著作中的章节、文章的片断，甚至是某些段落和零散的句子……在决定动笔撰写本论著之前，我曾从事过长期的书目探讨工作。我所提供的资料均来源于英文、法文、俄文、中文和拉丁文出版物。

本论著共包括3章：

——西藏的黄金。

——17—18世纪的西藏银币。

——叶尔羌的黄金，彼得大帝掠夺西域的黄金。

有关西藏黄金的第1章论述了直到当代的所有历史时期，多方位和多视角地涉及了西藏所产黄金的诸多问题：有关黄金的历史和传说、采矿、流通、用途、信仰、政治和价格等。

第2章涉及了货币史中的一个奇特情节：尼泊尔用西藏人自己提供的白银而为西藏人轧制银币，而且这种局面一直持续了两个世纪更多一些的时间。该章重点研究了18世纪。政治纠纷使尼泊尔和西藏，甚至使中国中央政府都很重视。此外，古钱币学和贸易的诸多方面、金属的原产地以及与轧制银币有关的信仰，这一切同时吸引了金属史学家和研究尼泊尔和中国西藏、中国中原文明的历史学家。

这些内容以一种令人瞩目的顽强性而自动地在18世纪的文献中反映出来。在第一个阶段，我仅仅使数据得以自动积累；由于自己对已提出的解释亚洲社会的任何尝试都不相信，所以我不想从一种理论出发，因为这样的理论不可避免地会属于西方观念的范畴。

当然，这种缺乏选择的现象同样也已经是一种筛选了。例如，我们所面对的是有关西藏的非藏文资料，其原因就不必说了。因此，只有一种他方的目光才使我们得以研究西藏的事实。我们于此根本没有必要仅以英国人、俄国人、中国政府的军人、意大利传教士或尼泊尔诗人观察问题的方式来勾勒该地区的轮廓，因为那将不是一种从内部进行的研究。但是，一方面是这些外部民族观察问题的方式之差异性本身就提供了某种客观性：每个人都指出了使他感到惊讶的地方，而且使所有人都感到吃惊的，并非始终都是同一码事。德希德里（Desideri）神父指出，西藏人从不掘矿道，安德拉德（Andrade）神父却发现西藏人将金砖堆在一座宗教建筑物的地基下，一名中国天朝官吏却可能会对派遣军的粮食、草料、燃料、可能的行军路线更感兴趣并记录下马匹的价格，另一位同样的官吏却可能会关心粮食和其他粮食作物，英国人在思忖是否能企望向盛产羊毛的西藏人出售英国的羊毛织物“绒面呢”，俄罗斯梦寐以求的则是干脆夺取金矿。中国中原的平民百姓对西藏却所知不多。每个人都有各自的观点和目光。西藏人自己的观点是什么呢？我只能通过有关的中间人和媒介来了解这种观点。我个人对此丝毫无能为力。我不是西藏人，也可以说西藏并不对外国人开放。如果有一名藏族人欣然下笔并论述他有关西藏黄金的观点和学识，那实际上是再好不过了。在等待期间，我只使用现存的和用自己能看懂的语言写成的文献，这就是史学家的意图。由于这种方法很不完美而拒绝使用它，就会导致丝毫不能研究任何问题并否认整部历史的结果。

因此，由于汇辑了这些文献，经过对它们的编排并译成法文之后，我又开始对它们进行比较，并试图从中得出某些主要看法来，就如同它们是自动出现并始终都是缺乏起点的理论一样。

从文献中得出的第一类观念属于具体的范畴：资料涉及矿址、开采量、开采技术、冶炼方法、贵金属的用途、贸易交流、价格（金与银的比价）、黄金积蓄以及突如其来的积蓄空虚（大金库被抢劫）、钱币、与这些金属和钱币有关的条约及战争。出自其中的第二类概念涉及宗教信仰和社会理论。在这两种思路中，下一个阶段就在于将这些问题（及其答案）与由西方世界经常论述的问题进行比较。迄今为止，在我于此正力求更好地了解的亚洲国家中，这后一些问题却很少有人论及。

例如，在18世纪上半叶的西方，以白银的“克”表示的黄金价值，比在中国中原、西藏和西域要更高一些。这种情况对于后期的西藏在很长时间内始终是真实无误的。我们将会看到，在主要是18世纪的世界贸易交流活动中，每克黄金与每克白银之间比价的数值。

贸易中的价值比例，出于大家于此应原谅我的一种文字游戏或一种联想作用，它也是想象中的一种比价：黄金和白银在东方人的思想中（无论如何也是在已发表的文献中的情况是这样的）各自具有的地位，在西方人中就明显不同。白银要比黄金以更大的数量、经过更多人的手而流通量更大。直到一个新近的时期，世界上的大部分流通货仍为银币。相反，金币则很少易手，也很少见天日，许多穷人于其一生也始终只能看到金子的色泽！然而，西方有关黄金的出版物要比白银的著述多得多（见上文提到的有关贵金属的参考书目：巴黎国立图书馆藏有关黄金的667部和有关白银的304部著作；矿业学院图书馆有关黄金的988部和有关白银的259部著作等）。

黄金确实在西方人的一整套观念中占据着一种令人惊讶不已的地位。黄金在铸币、艺术、炼丹术、通灵术中的作用，是其他任何金属都不能与之相提并论的。小说、诗歌、绘画中都为它保留了一席之地，大家只要联想到代表兑换商及其金币的绘画就足够了，如格朗台（Grandet）神父和戈卜塞克（Gobseck）司铎等。作为一种金属的白银，则远居黄金之后。即使是当白银意为"银钱"而不是金属银（这种含糊性只存在于法文中），它在最多的情况下也只会使人联想到一块金币。布罗代尔（F. Braudel）为指黄金而使用了"神奇的金属"一词。继他之后，其他许多人又重复使用了这个词。人们从未使用过同类形容词来指白银。炼丹术的所有内涵可能于其中起了作用，黄金在西方人的思想中都具有一种远远超越了物质的意义，它具有某种神圣性，但也具有某种令人讨厌的特征。自维吉尔（Virgile）流传给我们和西方作家曾上千遍重复过的拉丁文词组"对黄金的讨厌渴望"（auri sacra fames）便说明了这种含糊性，因为拉丁文"sacra"也指该诅咒和令人讨厌的东西，而不仅仅是指"神圣的"东西……

在尼泊尔、中国西藏和中原的状况却完全不同。黄金在那里仅为一种商品。它并不是被轧制成金币。它今天在那里就如同在其他地方一样，当然是一种物质财富。但它似乎并未激起如同在西方那样的想象力。例如，汉族作家们只简单地提到过西藏的黄金，而所有的西方作家都一批紧接一批地提供了许多细节，关心其生产的所有方面，搜集有关的传说和信仰，最终维持了该地区那神奇的黄金财富的名声。但无论是对于这一批还是那一批作家来说，这确实是指同一地区和同一种黄金，每个人都只能看到各自的视野导致他能观察到的情况。

某些国家（最多地始终是俄罗斯，法国和英国也经常如此）通过所有的游说和威胁的办法，极力将黄金（往往也包括白银）控制于国门之内并阻止它们外流。相反，其他国家和地区（荷兰、尼泊尔和中国西藏）却允许黄金自由流出境外。尼泊尔控制着其硬通货白银，严禁它外流，而黄金的外流却无关紧要。

在开发矿藏的方式上，同样也存在观点的分歧。在欧洲、欧洲国家于美洲或非洲的殖民地以及俄国，人们都在最大限度地开采金银矿，彻底地勘探，采掘得精光，根据需要而强征苦役劳力。在中国，人们仅有限地开采金银矿。此外，以出口茶叶、丝绸和瓷器的外贸可为中国人赚回相当多的银钱，以至于他们根本不需要开采银矿……中国人非常重视农业，以至于除农业之外的一切均无关宏旨了。如果决定开采贵金属矿，那也必然会有许多控制和保留。在西藏，人们不能深挖土地，也不能打矿井和挖掘坑道。其原因主要是宗教方面的。从理论上讲，人们也不应该采收特大金块，必须将它们交还给大地。总而言之，西藏人主要是仅满足于在地面上搜集砂金（金粉）。在欧洲经常有人解释的有关矿藏的信仰（近期又由米尔歇·艾利亚德作了解释），在亚洲尚未被作过认真的研究。

同样，对于矿业立法、矿工身份、金匠和制币工的身份，人们又知道些什么呢？在印度和尼泊尔，金匠均属于卑微的社会等级；在西藏，铁匠已被入另册。直到 18 世纪末叶，可能是出于宗教的原因，西藏人拒绝亲自制造他们的银币。这些银币均来自尼泊尔。对于这种拒绝行为的原因，我确实一无所知。

迄今为止，对于与我们有关的亚洲地区，人们尚未研究贵金属的内容在文学、诗歌、小说、绘画中的地位。对于“金”和“银”等词及其在词汇、谚语、故事中的联想作用，人们尚未像西方对待为知道这些金属在不同等级的民众中所代表的意义(安全、自由或势力?）而从事的研究相匹敌。例如，对于这些地区，尚不存在可与若阿基姆·沙克（Joachim Schacht）有关白银的文化人类学著作相媲美的作品。该领域中属于心理—社会学范畴或在语言社会学方面的所有论著，都无一例外地涉及了西方。

在本书下文的几章中，我仅回答了这些问题中的一部分，还提到了其他问题。我希望，下文的几页文字能开辟新视野并引出其他论著的问世。

有关常衡制和货币体系的几点说明

在下文中,我们将会遇到出自不同史料的大量指重量的名词,更具体地说是专门用于指贵金属的衡制。我始终都很难为它们找到一种与克(gramme)相当的单位。在我所研究的时代,商人们的资料本身就是以法国古斤或镑(livre,在380—550克之间不等。——译者)、法国辅币(denier,法国古币,相当于1/12苏。——译者)、格令(grain,法国古代重量单位,约合53毫克。——译者)等常衡制而提供的,它们始终没有提供以克计算的固定和可靠的等量。唯一一件固定和可靠的,便是在同一体系内部进行再划分的手段。这些细划分很少是十进位制,往往是以8、16、20、24和96等进位制来划分的。

例如,在大革命之前的法国常衡制中,每法国古斤始终含16古两,每古两含24个辅币,每个辅币含24格令。我可以肯定的因素不会太多了。古斤的重量从一个省到另一个省之间、从一个时代到另一个时代之间,经常有细微差异(如果人们用克来估价的话)。在计算中,我们可以采用每法国古两折算为30.594克的平均重量。

英两(盎司)为28.35克(今英国的菜谱始终以盎司或英两计算),至少对于所有商品来说都是这样的,唯有贵金属和宝石例外。这就是商人们所说的英两(英国常衡制avoirdupoids或avoirdupoize)。针对贵金属,过去和现在于盎格鲁—撒克逊社会中都使用盎司(once,英两,金衡),折合31.104克。“金衡”(troy)一词出自法国特鲁瓦(Troyes)城的名称。

大家不应该对于坚持提出十进位的2或3感到惊讶。我们很快就会发现，对于诸如黄金那样很珍贵的物质来说，在商业数量上，最小的差异也包含和代表着价格上的一种巨大差距。

大家还可以发现西方作家为指汉文的“两”（Leang，taël，其平均重量为37.78克）而使用的once、ounce等词。例如，对于在文献中常用的once一词，我们已经掌握了28.35、30.594、31.104或37.78克的等量。

除此之外，法国在十进位制改革之前，曾大量使用“马克”（marc）作为贵重金属的重量单位。马克本位制供巴黎宫中钱币部专用。每马克为8古法两，也就是半古斤。但是，当涉及黄金时，人们便不再是将马克分为8古两了，而是分为24克拉（carats），每克拉为8辅币。

“金衡制”将1镑的金衡分为12英两（盎司，once），每英两分成20英钱（Pennyweight，本尼威特），每英钱分为24格令。

我们还知道，在俄罗斯，格令这种“药剂师的重量”或“纽伦堡重量”，仅用于药剂，重达0.0620克。

因此，我掌握有1法国格令、1英国常衡格令、1金衡格令、1“药剂师重量”的格令等以格令来划分的重量。

今天，金衡制格令为0.0648克。那些准确的天平可以使任何希望得到它的买主感到放心。但过去的情况到底如何呢？

我从百科全书中惊奇地发现，常衡重量的格令最早是“从麦穗中取得的一颗麦粒的平均重量”。某些作家声称是一粒大麦。7000个麦粒形成了一个“英国常衡”制英镑，5760颗麦粒形成一个金衡制的镑。

所以，对最珍贵物质的估价（各国货币的重量均取决于此）便是建立在这种体制基础上的！人们是怎样由此而得到0.0648克的重量呢？这是一种我于此无法叙述的故事。如果我们仍不能看到一种几乎是相似的衡制于某些国家继续在我们的眼皮下运行，如果我不知道过去的兑换商、制币工和商人对此了如指掌，尽管缺乏国际金本位标准，那么我们也会觉得这一切极不确切并且过分具有中世纪的特征了。

我举目前在喜马拉雅山地区（诸如尼泊尔）仍广为流传的一

种衡制为例，即托拉(tolah)及其小单位。在这种起源于印度的衡制中，为了称珍贵物(金、银、麝香等)而使用的重量单位托拉包括12马什(mash)，每马什含8拉蒂(rati)。拉蒂是一种红色或黑色的种子，酷似一只龙虾的眼睛(此外，它过去还在欧洲的药剂中以“蟹眼”之名而著称)。植物学家们称之为“早熟果”。rati是其印度文和尼泊尔文的名称。

据《印度名物杂考》辞典(Hobson-Jobson)记载，某一位叫做托马斯(E. Thomas)的人曾将拉蒂的平均重量估计为1.75金衡制格令，即0.1134克，从而使每马什计为0.907克；每托拉为168金衡制格令，或者是10.88克。

但我在巴尔富尔(E. Balfour)的《印度百科全书》中读到，每粒种子的平均重达1.312格令，但每拉蒂的常规重量平均为2.25格令，这就相当于1玛什的0.125，而1玛什大约计为15.5格令(1.0044克)，所以每拉蒂重量为1.938格令。但少校杰维斯(Jervis)认为，其重量应该为1.953格令。因此，我们所面对的是其重量各不相同的拉蒂，分别为0.085克、0.145克、0.125克和0.126克。我有意忽略了十进制的0.25重量。

这就会使我们获得每托拉分别为8.160克、13.92克、12克和12.096克等不同的重量。

从1833年起，每托拉在印度应通过某种条例而包括180个金衡制的格令，也就是11.664克(托拉同样为卢比的重量)。这样就使我们得到一种0.121克重的拉蒂。这对于19世纪来说是正确的。这一重量相当于现今尼泊尔的托拉(11.663克)。

但问题还不止于此。在1670年左右，塔维尼埃(Tavernier)估计1托拉的重量相当于法国的9辅币+8格令。法国格令重0.053克，因而每托拉的重量应为$(9\times24)+8=224$格令，即11.872克。这就会使我们得到每拉蒂为$\frac{11.872}{96}=0.123$克。

还有更糟的情况，我掌握有一小把这样的种子，又让人在精确的天平上称其重量。为了使其例证成倍地增长，我分别以20粒、40粒和60粒种子的小批称重量。我根据分组而分别获得了每拉蒂相当于0.095克、0.096克、0.097克、0.098克、0.099克和

0.102 克，等等。

因此，这就是计算基础！小小的一粒种子可以干燥或因水而膨胀，可以生长得大小不同……这与我们所说的“格令”的情况相同。然而，这种体系已在很长时间内运行并且还在继续运行。因为正如小麦种子一样，人们针对各个地区和时代，最终采纳了一个合适的数量，如由天平上的一个星标或一个筹码所代表。当人们希望从一个地区到另一个地区，或者是估计一个久远时代的重量时，困难便出现了。

如果“拉蒂”是一粒种子，那么“马斯”从字面本义上来讲便是一粒豆子。人们也可从各不相同的方式来约估其重量。莫尼埃—威廉姆斯（Monier-Williams）的梵文辞典估计1马斯为17个金衡制格令（1.101克），但瓦尔什（Walsh）和19世纪的其他多位作家却认为它重14.6格令，也就是0.946克。这样就会使我们得出每托拉重11.34克的数据。6个马斯的莫哈尔（mohar）为5.67克。这似乎是远在16—18世纪末罗（Malla）时代于尼泊尔广泛流通的衡制。我们将会频繁地遇到这种莫哈尔或半个卢比的情况。

我们对自己的计算应该如何办呢？对于19世纪和20世纪来说，在印度或当涉及在印度的英国作家时，人们经常把每托计算为11.6克；在19世纪之前的尼泊尔，我们则经常计算作11.34克。因为从理论上来讲，据关心古钱币学的人认为，莫哈尔相当于6马斯和5.67克重。

当然，估计中的这种不确切性，颇使我感到棘手。作为自我安慰，我应重提一下著名的金刚石皇冠钻石（Ki-hi-noor），它在当时是用拉蒂来称其重量的。

在taël（两）的问题上，我们也会遇到同类问题。这个国际商业交易行话中的词系指中国汉地衡制“两”。这种“两”过去则是根据中国的不同地区而具有1%—5%的差异变化。人们一般都将这种“两”大致计算为37.78克，或出于方便而整算为37.8克。

每“两”分为10钱，每钱又分为10分（还有些十进位的更小单位）。“钱”字既指一种重量，相当于0.1两，因而也就是3.78克左右；它同时又指一枚铜钱，也就是西方商人和海员们称之为

cash(现金,现钱)或 sapèque(铜钱)者。事实上,这种铜钱往往重达 1 钱多——1.2 钱—1.4 钱。因此,当人们发现这个词时,必须注意弄清楚它究竟是指衡制,还是指钱币。

除了两—钱—分的十进位制外,还有一种汉制的市斤,重 16 两,欧洲人称之为 catty 或 cattie(中国斤)。

为了称贵金属,俄国人一般用索罗特尼克(zolotnik)来计算,该词肯定是出自俄文 zoloto,相当于 or,即黄金,重 4.2656 克,也就是相当于重 409.5 克的俄镑(fount)的 1/96。这同一种索罗特尼克又细分为 96 多厘(dolis)。大宗货(如年度统计额)则用普特(Poud,相当于 16.38 公斤)来计算。这种衡制一直延续到 1917 年的大革命。俄国的衡制对于贵金属和其他任何商品都使用了同样的计量单位,唯有药剂例外,药剂是由“纽伦堡重量”或“药剂师重量”来计算的。

对于我来说,西藏的重量简直是一种困惑不解之源。我们的文献只提供了很少的藏文表达方式。商人们用国际术语计算,或者是使用印度文、尼泊尔文、俄文、汉文词汇。人们始终不知道怎样才能把这些词与西藏当地的数据联系起来。

至今为止,我只关心为计量贵金属而使用的重量单位。这些重量对于我来说尤为有用,因为在中国中原和西藏东部,用重量称白银作为硬通货使用。但在其他地方,我必须考虑到货币的不同体系,但这却完全是另一码事了。

中国中原人有一种十进位的衡制。尼泊尔人、印度人和使用尼泊尔铸造的银币时代的西藏人,都拥有以被认为是重 1 托拉的卢比为基础的小额币,它们可以被 2.8 和 16 除。1 个卢比等于两个莫哈尔,1 个莫哈尔等于 8 个安那(anna),1 个卢比等于 16 个安那。俄国人也转而使用十进制而制造其货币,他们的卢布(rouble)相当于 100 个戈比(kopek)。但他们也有一种折合为 3 个戈比的阿丁(altyn)。

法国的古镑或法郎(franc)合 20 个苏(sol,sou)。每个苏含 12 个辅币(古币)。因此,1 个作为钱币的辅币与作为重量的辅币并不相同,就如同作为钱币的镑与作为重量的镑具有不同的重量一样。

我们还可以在英国发现以20进位和12进位的划分。1个英镑(pound sterling)相当于20个先令(shilling),一个先令等于12个便士(pence)。这种体系的消逝是近期的事。

我的这一长串列举就到此为止吧!大家当然还可以将此扩大到西班牙、葡萄牙、荷兰和德国的货币中去,那样一来就会覆盖全世界了。大家只要联想到货币和币制的多样性、某些通货(特别是西班牙货币)在世界范围内的威望。在我于此曾经作过更多特别研究的17世纪和18世纪,货币是金属的,往往是可以真正地以这种金属形式携带,虽然兑票同样自很长时期以来就已经存在了。但是,当人们从事海外贸易时,那就会与仅仅接受某种可兑换货币的人做交易,诸如某种硬通货,他们不会接受兑票、支票或其他纸币。商人们知道哪种纸币在什么地方有需求并且长期拥有这种纸币。

每个国家都可以根据其经济形势及其方针政策而发行货币。有的钱币具有可靠的重量和符合规则的成色;其他货币则是掺假的,其票面价值要远远高于纯金属的固有价值。在国际市场上,唯有这后一种钱币才能被用来结账。这样一来,一种掺假的货币仅按其部分票面价值才会在交易场所被接受。这也是18世纪初在卢布中发生的情况,在彼得大帝统治时代,它与荷兰银币与其他西方货币的比价几乎丧失了一半。商人们了解所有这些货币的操作手段,由此而产生了一种复杂体系,它根据这些货币的重量和成色变化,始终会对比价进行调节。这在欧洲、亚洲和一切商业场所都是一样的。

人们是否讲过卢比呢?曾有过多种印度卢比。例如,据萨瓦里·德·布鲁斯伦(Savary des Bruslon)记载,大约在1723年,在印度接受以"1个孟加拉新卢比"兑换39个法国苏,"1个孟加拉旧卢比"兑换28—30个苏,"1个马德拉斯新卢比"兑换33个苏,1个马德拉斯旧卢比兑换25个苏,1个苏拉特新卢比兑换34个苏,1个苏拉特旧卢比兑换26个苏。尼泊尔卢比被称为"公司卢比"或"硬通货卢比"疲弱3/16。后一种卢比是根据英国东印度公司的标准而发行的。

在中国中原，人们是根据其纯重量和官价白银的兑率而对外来货币进行估价的：94%的纯度，有时是93%。人们先称一大批钱币的重量，再对其中的某些钱币进行检测。其他的钱币则不通过检测就被接受了。如果以一种三率法（比例法）测出白银含量为94%的纯银，那么人们便可以将此百分比视为这些钱币的含银量。例如，如果人们根据测试或信誉，将一批钱币概算为含80%的纯银，那就可以以80来乘全部重量，然后再以94相除，以获得官方兑价的白银之真正重量。这样一来，于18世纪初叶，他们在广州只接受含94%纯银的印度卢比和英国克朗（couronne），也就是说完全相同于它们的票面价值。波斯阿拔斯（Abassis）的含银量为93.5%，杜卡顿（Ducaton）含97.5%。被称为带“双柱”的西班牙货币、西班牙查理（Charles）国王的银币（其中有一面绘有海格拉斯擎天柱）含纯银96.5%。这些钱币的纯金属含量比官定银价更高一些。里昂的银币仅含65%—75%的纯银，有些钱币是人们无论以什么兑价都不想接受的。

在世界上的所有大型贸易集散地，甚至是在那些规模不太大的市场上，人们也会由此而实施一种根据重量和纯度来从事等价计算的体系，由此而出现了天平和兑换商无所不在的现象。与我们中世纪的兑换商相似的印度“经营人”一直存在到20世纪。18世纪的贸易教科书劝告商人们自己要学会测试贵金属，如洛凯（J. Lockyer）于其1711年出版的教科书中，便解释了怎样使用试金石的做法，并建议要利用漫长的时间以获得能令人满意地实际操作这种艺术的本领。当然必须尽快地完成过秤与测试，以不至于使商品交易的进行过分拖延。这种使我们觉得很笨拙和复杂的体系，似乎发展得很快，我们甚至不能说商人们曾对此严重抱怨。无论如何，在银行中公布不同可兑换货币的每日兑率表，并非是一种不太令人讨厌的方法，尚且不谈那些拥有不可兑换货币国家的问题了。在我们这里的实际操作中，人们都清楚地知道，某一特定日子的兑率，与人们在一张国际汇票上看到的、在银行兑到的，或者是通过其机关而退还一张外国发票时的结果问题上，都不完全一样。

黄金和白银名称对照表

	黄金(Or)	白银(Argent)
藏文(拉萨)Tibétain(Lhasa)	se	ngü
藏文(桑迦尔)Tibétain(Zanskar)	ser	mul　(dngul)
波斯文 Persan	zir, tilla	sim,　mokra
阿拉伯文 Arabe	zahab, tibr	fazzeh,　faddah
突厥文 Turc	altoun, altyn, zer, zeheb	gumuch,　sim
汉文 Chinois	kin(tsin)金	yin 银
梵文 Sanscrit	souvarna, swarna	roupiya, sveta, raiata
尼泊尔文 Népali	soun	tchandi
印地文 Hindi	sona	tchandi, roupa
林布文 Limbou(Népal)	samyang	oupa, yang
尼瓦尔文 Newari	lū	wo
摩尔米文 Moormi(Népal)	mir	mooï
哲庞文 Tchepang(Népal)	liang	roupa
俄文 Russe	zoloto	serebro
希腊文 Grec	khrysos	argyros
拉丁文 Latin	aurum	argentum
西班牙文 Espagnol	oro	plata
德文 Allemand	gold	silber
英文 Anglais	gold	silver

告读者

本论著中会遇到许多外来名词。它们大部分都是专用名词，往往是地名。然而，没有任何一种对音或音译是会令人完全满意的。如果有一个无法使所有人都感到满意的领域，那就确确实实是这个领域。此外，它还有其未来时和过去时的语式。

在冒着激起某些人愤怒的危险的情况下，考虑到我不仅仅是供中国中原、西藏文明或对音转写的“专家们”使用而写作，而且还要（至少是我希望如此）供更广泛的大众们利用，所以我选择了如下解决办法：

俄文名词于文中是以一名善于用法文阅读的人觉得最接近于其真实发音的方式标音的，这是一种在图书馆中通用的国际对音，本书在参考资料和参考书目中都利用了它。

对于汉文名词，我在本书中使用了最接近于法文发音习惯的对音。大家在《索引》中会发现与世界上现在最流行的另外两种转写体系中的对应词，这就是被称为威妥玛—翟理斯（Wade-Giles）的盎格鲁—撒克逊汉语拼音法和由中华人民共和国政府于1958年通过的汉语拼音方案。最后，大家在另附的一页纸上，可以发现那些不大为人所熟知的词汇之汉文方块字本身，而且使用的是1958年之前的繁体字（译文中删去了这一部分。——译者）

最后，藏文字是根据所利用史料本身提供的写法抄写的，它们并未被全部考证清楚。但我在索引中让它们附有一种“正统”的对音转写。我于此要向L. 凯拉（L. Cayla）小姐致谢，她对书中的藏文作了考证。

第1章　西藏的黄金

1. 西藏黄金的历史和传说

西藏史书中经常提到该地区盛产黄金，这不仅仅是任何西藏人和西藏的所有近邻都熟悉的一件事，而且又由公众舆论以及旅行家和作家的记述，把这种消息传到了欧洲。自中世纪起，甚至从希腊—罗马古代起，就已经如此了。数世纪以来，由西藏向印度、尼泊尔和汉地输出砂金已形成一种持续的潮流，源出于西藏这一巨大水塔的所有河流（从昆仑山流向北方、从喜马拉雅山流向南方、从东部山脉流向汉地）都夹带有砂金。所有这一切都扩大了有关对西藏蕴藏有丰富黄金的坚信。其次，某些确实曾到过西藏的旅行家、征服者和传教士的见闻录也不断地提及，在西藏某某地区蕴藏着金矿。一些神奇的传说最终形成了。这些传说甚至由于锁国政策而变得更顽固了。那里确实很早就不允许外人前往就地证实这一切是否真实。西藏未知的金矿始终都富有传奇色彩，再也没有比有关这种金属的传闻更为根深蒂固的了。

甚至在西藏本地，古代史著追述了一种可以上溯到上古时代的热冶金属的新知识，在这些金属中就有黄金。《拉达克史》把木炭和熔化金属矿物铁、银、铜的发明归功于布岱贡杰赞普（sPu-de-guñ-rgyal，吐蕃最古王朝的第9代赞普）时代。另外一种西藏编年史却把冶炼黄金（热炼）也归于这一时代[1]。这些创造和发明的古老历史及其传奇性也出现在以下事实中：有人把架设桥梁、使用牛轭、木工、灌渠（也就是说当地物质生活的基础）的发明也归于了同一政权时代。正如汉地神话把农业、养蚕业和文字的发明都归功于传说中的某位皇帝一样。

我仅以对木炭制造法的记载为例。这种燃料在全世界，一直到当代仍是冶金业的基础，这就意味着需要有茂密的森林。冶金业的发展有时也成了这些森林遭破坏的因素。我们甚至可以由此得出结论，认为冶金业在非常古老时代的发展，只出现在西藏少数几个被认为是植被很好的地区（尤其是其东南部地区）。另外，如果西藏现今的多处无树地区当时覆盖着森林，那么该地区使用木炭可说是非常古老了。

西藏编年史中记载的热冶黄金术，是与以水冲刷的冷淘金完全不同的一种工序。黄金几乎与所有的其他金属都相反，它常常可以在燃料完全不同的情况下经营开发，特别是呈粉状砂金和叶状冲积金的情况更是如此。

这无疑就是“蚂蚁金”（paippilika），即出现在《摩诃婆罗多》（Mahabharata）中的一个梵文词。这部印度史诗被断代为发明木炭的印度国王时代前后，或者还要古老一些，其各部分无疑是在公元前4世纪到公元1世纪之间完成的。这是对我们可以归于喜马拉雅地区的黄金的首次记载。因为据该史诗记载，这种“蚂蚁金”在某一更为遥远的时代，由生活在北部高山以远地区的民族作为贡物奉献给某位印度国王，该地区就是通向喜马拉雅山区的某地，也可能就是西藏本土。莫尼埃—威廉姆斯（Monier-Williams）的《梵文英文辞典》指出，pipilaka 是一种被认为是由蚂蚁采掘出的黄金。该词与其他一些均指蚂蚁的各种几乎是类似的词汇并列：pipilī、pipīla、pīpilaka、pipilīkā。我还将有机会来重新论述这些蚂蚁。

但我首先应具体说明，从历史的角度来看，我们以吐蕃（Tibet，其他史料中分别称为 Tubbet、Tabat、Tebet、Bhot、Bhoutan、西藏、藏、乌斯藏、西番、唐古特或 Bagharghar）之名所称呼的地区，不仅仅包括现今中国的整个西藏自治区，而且还包括青海省的一大部分和拉达克（今印度克什米尔邦的一个县，从前的记载中也往往称之为“吐蕃”）。在 18 世纪时“西藏”在很大程度上也指列城。但“西藏”主要是包括一块以一条令人赞叹不已的山脉环绕的辽阔高原（海拔分别为 4000 米、4500 米，甚至是 6000 米）；南部以珠穆朗玛峰（Tchomolongma，Everest，8848 米）为最高峰，它是世界的屋脊；北部是海拔超过 7000 米的昆仑山；西部和东部也是同样毫不逊色的山脉。在不同的时代，大家所使用的“西藏”这个地理名称则分别指该地区的部分或全部地段。但在大部分时代中，一旦当使用一个具体名称指该地区时，我们都发现它与产金有关。

《旧唐书》（618—907 年中国的断代史）[2] 就认为吐蕃盛产金、银、铜和锡等矿物。

在古波斯文舆地书《世界境域志》（Hudūd-Al-'Ālam，982 年的作品）[3] 中，就提到了吐蕃的 Rāng rong（rong 在藏文中意为“河谷”或“川”）之金矿，作者把该地区描述成一个由游牧民居住的非常贫瘠的地区，与印度斯坦和汉地毗邻。在这些山区中有金矿，在那里可以发现有“呈互相连在一起的几颗羊头状的”天然金块。“无论任何人采集到这种金块并将之带回家中，死亡就要袭击全家，直到把金块放回采出的原地为止”。同一部著作还指出吐蕃的 N. Zvān（昂仁?）[4] 地区出产金矿。

据《拉达克史》记载，某一位拉达克国王在 930 年薨逝之前，将其王国划分给了膝下三子：长子分得了拉达克、东部的日土以及“戈人的金矿”[5]。我们可以把该金矿考定在西藏西部、印度河上游以东的某处。

13 世纪时，马可·波罗指出，在“吐蕃”的许多地方，都有可以采得大量金片的湖泊和江河地[6]。

在同一时代，鲁布鲁克（Guillaume de Rubroeck，他本人从未亲自前往吐蕃，但在他的蒙古之行期间曾风闻吐蕃的某些情况）叙述说，吐蕃“盛产黄金，以至于使那些需要黄金的人，只要掘地就可以随心所欲地尽量采掘，然后再把剩余的原地掩埋起来。如果他们用黄金装满自己的箱子或房间以使那里成为宝库，那么他们就会认为上天将使他们失去埋藏在地下的黄金”。

米儿咱·海答儿（Mirza Haidar，柏柏尔皇帝的堂兄弟）于1532年为帮助疏勒王而对西藏发动了战争。该穆斯林王子希望把这次征战作为一次圣战行为，以讨得安拉（Allah）的青睐。但他也可能怀有某种经济目的，以抢劫“金国”（Altunji，金池）所拥有的财富。“金国”一名绝非是毫无意义地赋予了这片盛产黄金的地区。米儿咱·海答儿在一部叫做《拉失德史》的著作中，提供了对16世纪中叶西藏和拉达克地区的一种富有意义的描述，其中在《西藏珍异记》一章中论述了金矿[8]。

“在康巴人（作者用该词泛指所有的西藏游牧民）的大部分县中，都可以找到金矿”。“在这些金矿中，有两处十分引人注目：其一被蒙兀儿人[9]叫做西藏的金国，为竹巴人（Dulpa）开采，由于那里气候极为寒冷，所以他们每年只能在那里工作40天。在平坦的地面上挖掘许多相当大的沟壑或土洞，以至于人也可以于其中穿行。绝大部分或大部分洞都从其两端与其他洞互相连接。据称有300名族长长期生活在这些壕沟土洞中。他们从遥远的地方密切关注着蒙兀儿人的到达。当蒙兀儿人接近时，这些人就蜷缩起来并爬进土洞中，任何人都无法在那里找到他们。在这些土洞中，不点任何油灯，唯有用无脂肪的绵羊奶制成的酥油例外[10]。他们从这些洞中挖掘土，然后再淘洗（记述这一故事的人都敢于承担责任）[11]。据称，从这种矿内挖掘的一筛子土中，就可以淘到几米特喀勒的黄金。一个人独自掘土挖矿并运输和淘洗，在数日内可以精选满满的20筛子矿土。虽然这一切可能显得令人难以置信，但我在西藏到处都听到过证实这种情况的话，所以我才记录了这一切”。

"古格有200个古堡和村落，该地区的长度有3日行程的距离，在那里到处可以发现金矿，到处有人挖土。如果将那里的土铺在一块绢上，就会从中得到黄金。金粒几乎有一粒扁豆和豌豆大小，人称在该地区有时会得到大如羊肝般的金块。当我在古格征敛贡物时，一些社会名流向我介绍说：不久前，某人正在挖掘一片土地，当他用镐头用力刨，嵌入某种东西时，用尽全力也无法拔出来。他清理了土层后，发现这是一块中间含有黄金的石头，其镐头正好嵌在其中。他将镐头留在原地，然后去报告官员。数人立即赶到现场，拔出镐头，砸碎石块，从中得到了重1500西藏米特喀勒的纯金（1西藏米特喀勒相当于1.50普通米特喀勒）[12]。上天造就了这种土壤，以至于当从土中挖金时，敲打、煮沸和挤压均徒劳无益，其体积都不会变小，而只能以火熔之。这是最为令人惊奇的现象，那些测试者们认为它是奇物。此外，在世界的任何地方都未曾出现过这种特征。"

我于下文将再回头来论述这段文字记载与其他文献的相似处。我们现在就应该注意到，Altunji（这是英文中的对音转写法，在法文中作Altoundj）一词被翻译家们译为"金地"或"金国"。这不是一个藏文词。它非常强烈地使人联想到起源于蒙古文和突厥文的那些意为"金"的名词：altan、altoun、altyn等。我们还在许多地名中，甚至在一个起源于蒙古文指钱币的古俄文文字altyn中也发现了该词的踪迹。令人奇怪的是，人们在一幅18世纪的印度和中国地图中也发现了该词。这幅地图是由伊斯勒的法国地理学家纪尧姆德·利斯勒（Guillaume de L' lsle）绘制的，该地名恰恰是西藏的产金地，正如我们于下文将要看到的那样。但是如果说米儿咱·海答儿的文献似乎是指位于西部西藏（日土、古格等）的金矿区，那么纪尧姆·利斯勒的地图则把金矿区置于西藏东部。

在《拉失德史》问世的40多年以后，《阿克巴尔纲要》（Ain-i-Akbari，由阿克巴尔的大相和朋友阿布勒·法兹勒编纂，成书于1597年）[13]也提到了西藏的金矿，但却认为其收益甚微。"虽然印度斯坦有黄金进口，人们也可以在该地的北部山区找到丰富的黄金；在西藏也可以通过萨罗尼（Saloni）的办法在恒河和印度河以及其他数条江河的河沙中得到黄金，但所付出的辛苦和开支大大超过了利润”。据乔治·瓦特（Georges Watt）的印度经济辞典认为，萨罗尼采金法即淘金。

在17世纪时，威尼斯人尼古拉·玛努奇（Nicolao Manucci）[14]在1656—1717年左右生活在印度。他遇到贝尔尼埃（Bernier），还很可能遇到了白乃心（Grüber）和吴尔铎（d' Orville），我于下文再来论述之。他也重复说，Botand（西藏）蕴藏有“丰富的金矿”，但没有具体指出在哪个地区。相反，塔维尼埃（Jean-Baptiste Tavernier，法国商人，他于1640—1675年曾在印度长期居住）[15]通过他在巴特那遇见的西藏人（他们前往出售麝香）而获悉，在Boutan（西藏）确实有一处银矿，但此人无法告诉他该矿位于什么地方。至于黄金，“他们所拥有的少许是自利凡得（东方）海岸来的商人带给他们的”。这种说法与直到那时为止和于此之后所获知的看法相抵触。但大家知道，塔维尼埃并未亲自前往西藏，他所记载的一切都被我于下文中谈到的18世纪初的德希德里（Ippolito Desideri）认为是不严肃的。

至于弗朗索瓦·贝尔尼埃[16]，他是为蒙兀儿人奥伦宰卜（Aurenzeb）效劳的法国医生，也曾于17世纪下半叶随皇帝前往克什米尔旅行，参与过蒙兀儿人与前来拜访他的拉达克国王之间的谈判。拉达克国王极力使蒙兀儿人相信其王国很贫穷，它只产少量的水晶、麝香、羊毛和优质甜瓜，而绝不像有人使皇帝相信的那样蕴藏有黄金……这是否是一位不太强大的国王由于非常害怕奥伦宰卜的征服野心而保持的谨慎态度呢？他可能想起了古代的征服就曾以“金国”及其宝藏为导火索。这种行为无论如何也证实当时存在有关于矿藏的流言。

传教士白乃心神父在吴尔铎神父的陪同下，于1661—1662年间穿行藏区以便从中国前往印度。他在位于青海湖和拉萨之间的地区穿行，并对该地区作了描述。他赴西宁旅行并对该城作了详细记述。其游记已于1667年由祈尔歇用拉丁文刊布于《中国图志》[17]中，其法文译本于1670年出版。其载（法文版第317页）："青海湖的边界在东部是陕西省那高不可攀的山脉，那道高大而神奇的长城就结束于那里；在南部是Changur（昌都?）地区，那里因为14座金矿而变富有，其中大量向印度诸邦供应，该地区被置于西番国王的控制之下，而西番王就是巴兰托拉（Barantola）的国王。"

我们从其中的Xémsy中辨认出了陕西省（今陕西省由甘肃的一片土地与青海相隔）的名字，那道"高大而著名的长城"则毋须解释。巴兰托拉就是拉萨的别称（我们在许多地图上都可以发现它）。其中的Sifanie明显来自"西番"一词（其字面意义为"西部番人"），这是汉人用来或泛指西藏人，或特别是指西藏东北部（这部分在现今的政区划分中横跨青海和四川）的名称。我们从18世纪的多种地图上都会发现"西番国"，始终都位于青海的南部偏东南方向。

白乃心在另外一段文字（第318页）中又具体解释说，西番王国和拉萨王国共有一王，该王拥有相距14日行程的两府，其一在"巴兰托拉或拉萨"；其二是西番王国的首都，叫做"Changur，那里有14座金矿"。

这位有两个王国和两座首府的国王会使人联想到17世纪下半叶在西藏形成的局势。西藏当时实际上并不是以达赖喇嘛（同时为活佛、神职和世俗首领）为首的神权政体，那里当时还有一位世俗王管理世俗事务，不过这并不妨碍达赖喇嘛（活佛和无可争议的宗教领袖）拥有很大的宗教影响。当时还有一位青海的蒙古王公（西蒙古人）在拉萨占据王位，他因此而统治了蒙古诸旗和西藏。我们肯定应如此理解"西番王"拥有两都一事。我们尚有待于确定第二个首府的地望，白乃心将之置于距拉萨有15日行程的地方。在地图中找到一座首府，应该是很容易的事，但令人遗憾的是事实并非如此。

祈尔歇本人著作中的地图过分简单了，其中未标明Changur。

我仅仅在唯一的一幅地图中找到了 Changur。这是一幅由国王的常任地图学家尚松（G. Sanson）于巴黎用法文刊印的地图。此人“根据最近期的回忆录（阿贝维尔的桑松的回忆录）”而修订和校正了该地图。

我掌握的这幅地图未载有时间，其标题叫做《亚洲》，确实是从波兰一直到达日本，很少有填写地名的空间。但我却从中发现了 Changur，地处西番界内，位于紧靠浩瀚的青海湖南部的地方。在人们可以称之为西藏的其他仅有的几座城市中，有拉萨或巴兰托拉，这是同名地区的首府，Chanparangue 位于古格（Cogue，Gugué）和鲁多克（Radoc，Rudok，日土，茹拖）之间。有一件令人非常惊讶的事，即尼泊尔（Necbal）的首都是尼泊尔（Necbal）。这些地区明显形成了（甚至包括尼泊尔在内）“大西藏”，Changur 位于东部，即拉萨稍偏东南一些的地方，接近于云南边界，位于尼泊尔的东部（稍偏东北），西藏、西域和印度的方位都明显遭到歪曲。所以，这幅地图反映了它明显是取自祈尔歇的《中国图志》中的多种数据。白乃心正是通过这部著作而表达自己的观点的，此书确实使 Necbal（带有一个令人无法理解的字母 c）一词流行以指尼泊尔。此外，桑松将尼泊尔作为西藏的组成部分了，这与白乃心的著作和事实不相吻合。

我们现在可以假设认为，由于多种语言对音（藏语、汉语、白乃心的德语或拉丁语，译者达尔基埃的法语）以及一种在地图史上并非罕见的现象。Changur 可以读作 Tchan Kour，而我们恰恰发现了 Tchan Kour，它在丹维尔（d'Anville）的地图中是作为一堡塞城而出现（根据入华耶稣会士们的地图和论文而绘制的《西藏全图》，1733 年巴黎版）。正如大家所知道的那样，该地图反映了“喇嘛”们的测绘结果，也就是于 1711—1718 年间由负责绘制中华帝国地图的欧洲耶稣会士们培养的汉族和藏族地理学家们在西藏从事的测绘。丹维尔这幅地图中的地名都是由入华耶稣会士在中国所做的汉文方块字对音的，而汉语名称则从语音学角度表达了由喇嘛舆地学家们在当地听到的藏文和蒙古文词，或者是在他们参阅的道路交通图中的藏文字。

在1733年丹维尔的地图中，我们一方面可以辨认出Tchan Kour一词，它写于一个表示地区的地理符号[18]的一侧，位于一条江河（它似乎叫做Tan Tchankour）之北，也就是说，这一术语始终是根据江河而发展的，其后未带有代表江河的字母“R”，但丹维尔始终未增加这一表示“江河”的缩写字母。该河于下文又变成了金沙江（它实际上是扬子江在这些地区的名称），丹维尔的地图中明确指出金沙江（但比Tcahangour更靠下游）沿岸是“夹裹着金子的河流”。我们完全有理由认为Tan Tchankour为近代地图中的“通天河”（通天河的下游即扬子江，于其上游还有另一个名称：木鲁乌苏河）。这就是古代和近代地图上的河流网的相似性向我们提出的解释。在丹维尔的地图中，Tchan Kour和Tan Tchan Kour恰恰位于西番国以西，距打箭炉西北很远的地方，介于北纬32°—33°、东经116°—117°之间（其地图上的经纬度，不是我们使用的那一种）。Tchan Kour城堡位于Tan Tchan Kour河（通天河）之北。

如果我们把丹维尔的地图与一幅高质量的近代地图（中华人民共和国刚刚出版了1∶300万的一幅汉文地图，而华盛顿的国家地理学会同样出版了一幅中国地图）进行一番比较，那么我们就会对18世纪有关西藏东部这幅地图中江河体系的准确性感到吃惊。这样就会使我们在想象中把Tchan Kour一地置于其江河背景中去考虑，也就是应将之置于通天河或扬子江上游的东（左）岸，距江河不远的地方，大约位于东经98°31′和北纬32°的地方。在现今的行政区划中，该县位于四川省的辖地内，非常靠近西藏自治区。这种区划是新近作出的。从前在1930—1958年之间，它地处中国的西康省。在18世纪时，中原—西藏的边界经打箭炉（今康定），其北部的西宁位于该帝国中原地区的边陲，一种不同程度是理论上的内附关系把该线以西的蒙古诸旗与中原汉地联系起来了。但在17世纪时却完全不是这样的。现在是否还存在着一个古首府的踪迹呢？事实似乎并非如此。我们于现代地图上发现了一座小城德格（根据不同的罗马拼音而分别作 Dêgê 或 Tehko）。

我还必须补充说明，在丹维尔的地图中，西番国位于 Tchan Kour 以东，而不是像白乃心所希望的那样位于该“首府”之北，丹维尔在西番与“青海鞑靼人”之间作了区别，认为他们是两个不同的集团，但其形势在 1661—1730 年间确实起了变化。最后还应补充说明，如果这里是指蒙古王公，那就应该联想到该“首府”并不一定是一座能留下建筑遗址的土木城市。这些游牧王公们经常有双牙帐，一为冬牙帐，一为夏牙帐，而夏牙帐常常仅为一营地。所以大家很难在 18 世纪的地图上找到诸如比库库诺尔（青海湖）王公们更为强大的著名王公首府：准噶尔汗洪（浑）台吉（Kontaìchìi），征服了西藏并与中央政府分庭抗礼。其夏牙帐位于伊犁河畔，俄国人称之为“洪台吉的库伦”。我们不应将此与蒙古的库伦相混淆，只有在很少的地图上才提及它。因此，如果这一首府 Tchan Kour（如果它不是一座真正的城市）已完全消失，那也没有任何值得大惊小怪的地方。

我还可以再作一次尝试以重新找到该地。我们把丹维尔的地图与出于同一次“喇嘛们勘测”的同时代的汉文地图加以比较，如 1760 年清代的全舆图[19]，丹维尔的地图是与该图最接近的“兄弟图”。我们一般都可以在这两幅地图中发现同样的地貌，其中一幅地图中的地名就是另一幅地图中地名的对音，其原因就不必说了。

在本应该找到我所说的 Tchan Kour 的地方和在一种完全相似的水系中，1760 年的汉文地图中两次提到了丹冲科尔，它完全可以译作 Tan Tchan Kour。在其中之一的情况下，该词后面附有“珠克特亨”（很可能是一个满文词），它在该地图上写于城市名称之后，附有一个代表重要城市的地理符号凹；在第 2 种情况下，其后面附有两个汉字，也很可能是另一种满文词尾，我不懂其意义，但它很可能是一条江河。因此，我们两次找到了 Tan Tchan Kour，而没有单独使用 Tchan Kour 的地方。另一方面，该地在汉文地图中位于 Tan Tchan Kour 河（通天河）河道以南，如果我们仔细比较一下两幅地图，那么这一丹冲科尔在丹维尔地图中就是唯一可能被译作 Tchan Kour 者。我们这样定位的地点是否像白乃心所写的那样，是距拉萨有 15 日行程的地方呢？当然不可能。如果每天行程 25 公里或 30 公里（据那些曾在这条路上旅行过的大部分旅行家认为，这是平均日行程站），那么在 15 天内就可以行进至 375—450 公里之间。我们只要浏览一下近代地图，那就会使人坚信其距离约为一倍。

还应该指出，我无论是在自己能够参阅的所有 18—19 世纪的任何地理书中，还是在收入这些著作中的地图上或在详细列举各驿站时，从未提到过任何冲科尔、丹冲科尔，也未提到过任何与此相似的名称。

因此，是否有一首府被这些记载遗漏了呢？严格说来，它可以不是位于由汉族官吏们所记述的路线图上，因为他们是为了供宫廷或军队使用才撰写这些著作的。但如果他们遗漏了一座重要城市，那同样也是令人惊奇的；如果一座重要城市未出现在通商路线图上，那同样也是令人费解的。后来它又确实在 1711—1718 年左右被皇帝委任对西藏进行地理测绘的专家们发现了，因为它出现在以这些勘测为基础的 1735—1760 年的地图中，这可能吗？它在该地图中甚至用一种相当大的城市的地理符号来表示。无论该城如何，它可能自 1718 年勘测以后就消失了，它到底是在一次战争中被毁的呢？还是已完全改变了名称呢？

至于 1661 年向全印度供货的这 14 个金矿，它们在后来变得怎样了？我在此名下没有找到它们。但最为合乎情理，甚至最为可能的是整个这一地区都盛产黄金。

同在白乃心和吴尔铎时代，或更加具体地说是在 25 年之后，居住在西藏的一些亚美尼亚商人在那里采购黄金，其中有一部分似乎来自西宁地区。至少这是从亚美尼亚商人霍夫罕（Hovhannes，他于 1686—1691 年间居住在西藏）的账单中看到的情况，该账单大约是在 12 年前于葡萄牙的一家图书馆中发现的[20]。

我们现在来研究另一种早于丹维尔的文献，即1705年利斯勒的纪尧姆之《印度和中国的地图》。我们从中看到，在青海湖和西宁的正南方，也就是黄河正南和“索撒玛湖”（L. Sosama，其形状令人联想到扎陵和鄂陵两大湖，位于黄河的真正源头附近）以东，有一个叫做“金国”的地方。该地图谬误百出，尤其是在水系方面更为如此。但我们可以试把该地区（东部以四川边界为限，西部由上述两大湖为限，北部以西宁为标志，南部以唐古拉山为界）置于下述范围为：东经97°—99°和北纬32°—35°之间。它包括了巴颜喀喇山的一部分和塔玛拉山脉以北地区。换言之，它部分地相当于由丹维尔记载的Tchangour地区。

我顺便再谈一下Altounchi（金国）一词，它使人联想到了米儿咱·海答儿的文献以及在这些地区的地名中经常出现的意为“金”的词。

在伊斯勒的纪尧姆地图及其“金国”的文献问世25年之后，在欧洲又出现了斯特拉伦堡（Strahlenberg）的鞑靼大地图，它实际上是西伯利亚、蒙古和西域的全部地图。这名瑞典军官于1709年在波尔塔瓦战役中被俄国人俘虏，后来又如同其他许多瑞典军官一样，被押往西伯利亚，处于一种半自由状态。他于1709—1721年间滞留在那里，后于1722年返国。此人有关其居住和冒险的记述于1730年发表，成了一部划时代的作品[21]。他在西伯利亚度过的几年中，长期调查并绘制了这份地图，其中仅有一小部分涉及西藏。我们恰恰可以从中发现：“Tarshinda山又叫做Altounchi，这里有一座银矿。”Altoum Chi山脉恰恰位于西宁以南、青海湖稍偏东南和索丰湖（Sofing）的东北。所以，它比伊斯勒的纪尧姆图中的Altoutchi稍偏南，但仍基本在同一地区，它环抱四川省的西北部和黄河的南部。唯有斯特拉伦堡一人在那里发现了一座银矿，而不是一座金矿。正如我们下文将要看到的那样，斯特拉伦堡特别不相信金矿，其鞑靼地图中也未指出任何金矿。我们相反却可以从中发现多处银矿，其中就包括这一座。我将在另一章中再回头来论述这些银矿，本处使我感到惊奇的是再一次使用了 Altoum Chi（金国）一词。

在18世纪初叶，西藏的金矿资源及其开发状况也由数位证人作过第一手观察和叙述。一方面是天主教传教士、嘉布遣会士（capucins，托钵僧）或耶稣会士，他们长期以来居住在西藏本土；另一方面是汉地的文武官员，他们受帝国政府派遣前往开展军事行动和地理范围内的工作，这是根据清朝中央政府对西藏的新政策行事的，而新政策又受当时威胁清帝国的厄鲁特或准噶尔蒙古小王公们的扩张政策主宰。

意大利籍耶稣会士德希德里（Ippolito Desideri）[22]企图使西藏归化。他于1716年7月18日经北印度和拉达克到达拉萨，并在那里滞留五年。他于1715年穿越拉达克（他称之为“第2个西藏”或“山地”，Lhata-yul，该地区贫瘠并令人望而生畏）。他指出：在山脚下的河谷中以及在靠近江河的地方，土著人发现了不少黄金，但不是呈很大的天然金块状，而是呈砂金状（英文版本第78页）。他于1715年10月穿过了羌塘，接着又经过了阿里和冈底斯山（Kailash）附近。在冈底斯山以西有一个被认为是恒河源头的热托亚（Retoa）湖（正如其整个背景所提示我们的那样，这无疑是指玛法木错湖）。在该湖两岸和湖滩中，可以发现由暴雨和融雪从阿里琼噶尔（Ngari Giongar）山上冲刷下来的大量黄金（第85页和129页）。西藏人和各方商贾不时前往那里采集砂金并赚取巨额利润。该湖也是朝圣地。德希德里接着又指出（第85页）：“该地区虽然很荒凉，又尚未开发，但同样可以由那里采集到的大量黄金和由畜群提供的大批优质酥油而使大喇嘛获得良好经济效益。”

德希德里还写道（第121页）：“康地蕴藏有优质黄金和白银。事实上，在西藏到处都可以找到黄金，但却并不像在其他地区那样存在着矿藏。土著人仅满足于以下述方式将砂金与泥沙分离。西藏人在江河附近费力地搬运大块岩石并从其下挖掘出沙土。他们再把沙土抛入水槽中，槽中铺有大块正方形的草皮。然后再从上部灌入大量的水，水在流动时冲走泥土、大粒沙和小石块。黄金和细沙被这些草皮中的粗硬草枝阻滞，然后再反复冲淘，直到不再剩下任何泥沙为止。一般情况下，这里的黄金就如同沙子一般，不存在天然金块。人们一般在山脚下的平地或奔腾于两山之间的河流沿岸才能发现黄金，因为暴雨把泥沙和黄金都冲到了下游。很明显，如果西藏人懂得在这些贫瘠而荒凉的山脉中挖掘采矿坑道，那么他们就会得到更多的黄金。任何人一旦获得了县政府的特许证之后，便有权在那里采金。但要把其所获黄金的一小部分奉献给县政府。”

德希德里还指出西藏东部的叶（Yee）、珞若（Lhoro）和工布（Cong-bo）也是产金地。他本人一直到达达布（Takpo）地区。他确实曾写道：“在叶地比西藏其他所有的地区都有更多的黄金”（第140页）。叶地似乎应被置于拉萨南部的泽当城与达布地区之间。德希德里补充说，叶地的黄金是以较大的天然金块状态存在的。他还说，“在竹伦（达布的一个地区）与大山之间……在泽里（Ceyi，Tseri）附近有一个叫做珞若的地方，在那里可以得到很大的天然金块。它的南部靠近一个叫做珞巴的民族”。他在下文不远处又认为这是一个“蒙昧民族，以在森林中狩猎和采摘为生，有时还是食人生番”。他们严禁任何外来人穿越其地区，否则从西藏到孟加拉的路就很近，也很容易。“珞巴人”（Lhopa）的意义仅仅为“南方人”，有时又指不丹人。但我觉得在此情况下则很少可能是指阿博尔人或米什米人。因为德希德里对他们所做的描述完全与出现在18世纪和19世纪汉文著作中的猰貐蒙昧人相似。这些蒙昧人居住在不丹以东，作家们把这些人与被他们称为布鲁克巴的不丹人区别开了[23]。

最后，德希德里还认为：“如果穿越达布地区并一直向东行，那就可到达沙漠和荒凉的工布。但我们在那里发现了许多由于黄金而变富裕的人。”

一名叫做焦应旂的清朝军官于1720年参与了清廷在西藏平定准噶尔人的战斗，因而与德希德里同时在西藏，他为我们留下了可作军事使用的一小本西藏指南《西藏志》。他与自西部进入西藏的德希德里相反，对于拉萨经度以西地区一无所知。他的《西藏志》涉及西半部的内容很少，相反却对拉萨—西宁地区作了详细描述，对成都—打箭炉—察木多—拉萨一线的描述最佳。但《西藏志》仅提到一处出产黄金，即说板多："说板多山后有金厂，有黑帐房"（即一个游牧民地区，第 86 页）。我们在所有的近代地图中都可以于东经约 95°5′和 30°50′之间找到说板多，它位于念青唐古拉山的正东方。包括这一有关说板多金厂的句子几乎逐字地重复出现在 18 世纪和 19 世纪的舆地书中，完全如同中国史学家经常所做的那样。众人对这一藏文地名作了多种不同的汉文对音，但都很容易辨认出来。稍后在 20 世纪的"民国"时代，中国地图上也提到了一个叫做硕督的地方，但这里确实始终是指说板多。据 19 世纪的修道院长德格丹（Desgodins）向我们提供的详细情况来看，该地距产金区不远。

我还要指出，焦应旂与德希德里相反，完全没有强调说明西藏的黄金产量，我还将有机会论述汉人的这种缄默。

几乎与德希德里那出于和黄金没有任何关系的原因而穿过克什米尔前往西藏旅行的同时代，又有一名帝俄臣民为寻找西藏黄金而进行了一次惊人的探险。这次调查几乎产生了持久的政治后果。

1714 年，在作为彼得大帝政治的典型特征——卖力地寻求黄金的气氛中，通过不同渠道向莫斯科传递过三种信息：在阿姆河流域、基辅和布哈拉汗国的领土上蕴藏有黄金；在叶尔羌河流域、小布哈拉（当时对喀什噶尔的称呼，今新疆西部，中国的西域部分）和洪台吉或卡尔梅克汗（俄国人对厄鲁特人或准噶尔人的称呼，他们当时在西藏的北部形成了一个强大的蒙古汗国）的地区蕴藏有黄金；最后，在青海湖湖畔和南部以及达赖喇嘛的土地上或卡尔梅克人、汉族人和藏族人的各土司中都有黄金。这后两种新闻是由西伯利亚总督加加林公爵（Matvey Petrovitch Cagarine，其首府当时设在托博尔斯克）呈奏沙皇的。加加林曾从托博尔斯克派遣一名叫做特鲁什尼科夫（Troushnikov）的“西伯利亚贵族”前往探险，其旅行时代介于1713—1714年间。

我将在其他地方再解释沙皇怎样试图掠夺阿姆河和叶尔羌河流域的黄金，即通过贝科维奇（Bekovitch）、布霍尔兹（Boukholtz）、翁科夫斯基（Ounkovsky）的远征，本处所涉及的仅仅是特鲁什尼科夫的旅行。

某些作者把宣布这一消息和把由该旅行家携回的黄金奉献给沙皇的时间定于1714年，其他人则认为是1716年。但他们都一致认为，应把特鲁什尼科夫从托博尔斯克出发的时间定于1713年，把他据说一直到达青海湖的旅行而返归的时间定于1714年。事实上，如果考虑到当时行程的持续时间，那么往返一次至少要两年。对其旅行路线的描述不太详细，这一含糊其词的记载导致了形形色色的解释。

我们仅仅注意“内阁秘书”阿列克谢·马卡洛夫（Alexei Makarov）于1725年9月3日对此的记载，也就是仅仅在他返回的11年之后。这是他在致医务官布鲁蒙特洛斯（Blumentrost）的一封有关彼得大帝珍异物陈列室的信中提到的（这就涉及了艺术珍藏室问题，因为黄金的样品就收藏在那里）[24]。下面就是这封信告诉我们的情况。

特鲁什尼科夫于1714年携带200两黄金（约7.56公斤）返回，这是他在开采地从汉人和卡尔梅克人手中购买的。下面就是这封信告诉我们的具体内容。

首先，在到达中国的西宁城之前，有两周的行程。该城建于被称为喀勒干（Kalgan）的长城以远处，紧傍青海湖，被称为和硕特部的卡尔梅克人就沿该湖游牧。其黄金采自小河和自大山一倾而下的河流源头附近。特鲁什尼科夫以7卢布1市两中国黄金的价格采购。他在大道旁的采金场看到了150多人，前往这些开采地寻求黄金的人向他宣称，一个人在一年内分别可以得到20两、30两和100两（即分别为756克、1134克和3780克左右）黄金。

此外，从该湖的右手起，“这些台吉以及人们称之为唐吉特的一个特殊部族从阿尔泰·科尔玛（Altai Golma）以及其他的小河中采金”。

最后，于上文已提到的长城以远地区，在距长城有3俄里的中国达巴城（Daba）以及有20俄里的西宁城，也从河里采出了天然金。他在两个地点看到了这种开采。中国人在河里淘金，他用7个卢布向他们购买。这些淘金人每人每年向其汗的金库交纳1索特尼克（zolotnik，合4.26克）黄金。

马卡洛夫1725年9月3日的信同样也指出，这200两砂金要装在皮包中，于1725年2月5日根据沙皇的敕令被熔化以便使用，同样还作为样品向珍品收藏处交2镑25索洛特尼克（约925克）黄金。

我现在就试着在地图上为这些地区定位。

第一个开发点：青海地区，西宁（Selim-Siling），在纪尧姆·伊斯利1705年的地图上作Sinin，在祈尔歇的书中作Synim，在斯特拉伦堡的书中作Selin或Sinin。西宁城从前是进入汉地的一个重要关隘，也是汉人、西蒙古人和西藏人之间的贸易大商行集中地。达巴就位于其对面偏西，俄国商人非常熟悉它，它也出现在当时的某些地图中，如在杜赫德（Du Halde）神父书里的插图中[25]。在斯特拉伦堡的书中，达巴与西宁为同一城：“达巴西宁，又叫西宁。”当时的俄文文献就经常提到“西宁和达巴”，把它们作为从事大规模交易的中国城市。白乃心在祈尔歇的《中国图志》中载有一种对该地1661—1662年情况的描述。“长城”似乎就是中国的万里长城，它在这一段的走向已由杜赫德标注出来了。那些比较晚期的旅行家们也都指出，万里长城事实上并没有延伸到西宁。那些线条图说明，西宁城在杜赫德时代由一段孤立的城墙保护，该城墙并未与万里长城相接。但另一方面，斯特拉伦堡的一幅地图说明，西宁处于万里长城的保护之下，在长城的东部略有收缩。古伯察（Huc）神父确实在他前往拉萨旅行的游记中写道，在西宁和东科尔（较晚的地图中作

Donkyr，可能位于西宁的西部），他曾两次翻越万里长城[26]。

我们当然毫无困难地就可以考证出库库诺尔（其汉文名称为“青海”）和被称为和硕特的卡尔梅克人。在这个句子中难以澄清的是“两星期的行程”一句。事实上，距青海湖有两周行程（即使其西岸也罢）的地方不可能是西宁和达巴。按每天25公里或30公里的速度（这是大部分人估计的平均日行距离），两周行程代表着350—420公里的旅程。但青海湖的东岸距西宁只有3日行程，如亲自走过这段路的白乃心就是这样认为的，古伯察神父认为也不会太远。此外，只要看一下地图就可以理解两周的行程不可能是这两座中国城与青海湖之间相隔的距离。这两周是以什么开始和从哪里开始的呢？肯定不是从托博尔斯克出发，那里距该湖有数月的行程。据俄国作者们认为，特鲁什尼科夫经卡尔梅克人的领土而被遣往汉地。所以他很可能是从西北来的。因此，我们可以把这第一个金矿矿址置于西宁西北350—400公里处。

无论如何，大家都知道历史上确实曾多次提到青海湖地区为产金区。如在1844年，古伯察神父经西宁从青海湖的南部穿越该地区。他告诉我们说，该地区的29个旗（蒙古部落）均已内附清朝皇帝。这些蒙古人每两年一次入京以尽臣属义务，并进奉他们“采自其河沙中的天然金块与金砂”贡。古伯察神父叙述说，他在穿越西蒙古时，经常遇到忙于在牛粪（那种用作燃料的干牛粪）火上的坩埚中精炼金砂的牧人，这是他们在放牧其畜群时在各地搜集到的。奉献给皇帝的贡物一般由地方土特产组成，产金部族当然会在他们那象征性的入贡物中放入黄金。

第2个开发点：在从青海湖起的右部，于唐古特人地区。“台吉”（太师，taichi）一词在当时的俄国作家中用以指卡尔梅克王公或其领土；“唐古特”在当时或是泛指西藏人，或特别是指东北部的西藏人的名词。后者恰恰栖身青海地区，在蒙古人征服之前，那里还存在过一个很大的王国（包括今天的汉族地区甘肃），中国史学家们称之为西夏国，其他人则称之为唐古特国。

阿尔泰·科尔玛江无疑就是阿勒坦河或金河（这就是 Altan 一词的词义），这恰恰是蒙古方言中对黄河上游（除了其发源地之外）的称呼。黄河在成为中国的主要江河之一以前，发源于藏族地区之扎陵湖，位于青海湖之南很远的地方（人们长期以来认为它发源于青海湖）。其流程形成了几道河套，并经过青海附近，在该地区则以阿尔金河之名而著称。我们不要把“金河”与另一条几乎同名的金沙江相混淆[27]，后者是巴塘以南的扬子江（从巴塘到叙江府一段的流程）[28]。

在万里长城以外，于上文已提到的西宁和达巴城周围，淘金工程是不会令人深感惊奇的。20 世纪时，于西宁之东又存在着一些开采区并处于开发中。“在长城以外”“在长城之后”等短语说明，这里指的是中原地区，位于长城以内；那名俄国旅行家其实是到达了中原之外更靠西部的地方。所以，如果从事这项活动的是汉族臣民，那也是正常的。他们向之纳税的“汗”就是清朝皇帝，而蒙古汗在该地区则称之为“博格达汗”。

每人每年应向该汗交付 1 索洛特尼克（4.26 克）黄金的赋税一事令人联想到了淘金者们的年税，赴西藏的旅行家们后来经常提到应交 1“萨尔索”（sarsho），也就是一砂金袋约为 5.8 克或稍多一些的金砂。本处所提到的税略低一些，但也属于同样的数量范畴，这名俄罗斯旅行家简单地采取一个整数，以使之换算成俄国的通用衡量单位索洛特尼克（这是用于贵重金属的一衡量单位，该词明显是自 zoloto，即“黄金”派生而来）。同样，他明显武断地把其他数字也聚零为整了，即卢布和中国市两数。我们确实很难设想一两黄金所获得的卢布也为一个整数。另外，因为我们所在的地方是处于中国中央政府的司法管辖权之下，所以纳税比例不应与西藏地方的相吻合，而是应符合汉地制度，当时的索洛特尼克在重量上则相当于 1 钱 1 分或 1 钱 2 分，即 4.14 克或 4.15 克。

到目前为止，在研究特鲁什尼科夫所提供的资料时，我都以

1725年9月3日马卡洛夫的书信为基础。我在该文献的其他文本中又发现了一些不同的讲法。如发表在俄文刊物《著作和翻译》1760年1月号中的文本[29]。这篇有关金砂的文章的作者斩钉截铁地说，他曾获准进入过托博尔斯克档案馆，在他于1732—1734年的西伯利亚之行中遇到了许多证人（但从1714年之后，任何人都再未见到过特鲁什尼科夫）。1760年的这种说法认为，有人对靠近青海湖的第1个采金点作了与第1种文本相同的描述。对于第2个采金点，它又被具体解释说是："更偏南一些的地方，同样是那些卡尔梅克人和被称为唐古特的民族，在深山和金河两岸以及其小河畔采金。"

在这种文本中，这些地区的卡尔梅克人也叫和硕特人（Khotoes，这可能是由于下述原因而造成的，俄文中的cb和t在草书中很容易混淆）。

最后，"距青海湖20日行程的地方，在穿过被蒙古人称为喀勒干的中国长城之后，他在达巴和西宁城（前一城距长城有3俄里，后一城距那里则有20俄里）附近，发现汉人在两个地方于河中采集砂金。他在该长城之外向他们购买黄金。这一批人同样也从地下开采纯金。所有从事这项工作的人，每年都要向其汗交纳1索洛特尼克的黄金"。

斯帕斯基于1827年基本上又重复了这第2种说法[30]，其文常常被较晚的作者们奉为基础。正如我们已经看到的那样，从青海湖起经20天的行程之后不会只到达西宁，那里要近得多。另外，1725年的信函则指出是两星期的时间。"两星期"完全可以这样来解释：在到达西宁之前，20日的行程代表着500公里或600公里，那样就很可能确实会把我们带到产金区，但肯定不在西宁附近，这样来看，15日的行程是否是指于西宁之西北行，而20日行程则是取道其南部呢？实在说，在蕴藏黄金的问题上，这两种说法都是可能的，后来在这些地区也发现过黄金。

其中有关民族和政治划属的资料，可以帮助我们理解，现在流传在我们手中的那些在不同程度上都有些令人迷惑不解的资料，到底是指什么。

我们发现在汉人地区（西宁是一座汉人城，而“长城以远”却是指中原），汉人向其皇帝纳税，这是最清楚不过的了。其次是一些“台吉”（蒙古人或西蒙古人的王公）和“卡尔梅克和硕特人”（西蒙古和硕特的一支），我们对这些人的了解甚多。我们应认为他们已内附中原。因为我上文刚才提到的那篇1760年的俄文文章指出，特鲁什尼科夫“向中原人和内附中原人的卡尔梅克人”采购黄金。我们可把该叙述中的这些人的地望置于金河（黄河）流域和青海湖畔（南北两岸）。

我最后还应该讲一下唐古特人的问题。据记载，他们就是生活在金河流域以及“青海湖的右（西）厢的唐古特人和西藏人”。他们是否基本尚未归附任何人呢？

事实上，就在1713年，特鲁什尼科夫可能旅行于北纬34°—38°和东经98°—102°之间的地区。对于该地区的政治属划，我们可以这样理解：一位和硕特汗——拉藏汗同时也为藏王。他受到清朝的支持，自1710年起便向清朝纳贡。但如果说他掌握了世俗权，那么他也要考虑接受全部藏民崇拜的达赖喇嘛无限的神权。但当时有关达赖喇嘛的情况非常复杂。六世达赖喇嘛已于1706年圆寂，但六世转世活佛的真实性受到质疑。一名新的“真正”的六世达赖喇嘛已被发现，即出生在藏汉交界理塘地区的一名婴儿。清朝皇帝承认了他，和硕特人奉他为唯一真正的转世活佛。但在西藏人的权力之争中扮演重要角色的扎什伦布寺的班禅喇嘛，却拒绝承认该世达赖喇嘛。和硕特部沸腾了。因此，特鲁什尼科夫是在紧张时期赴和硕特地区旅行的。所以，和硕特人完全可能已正式内附清朝皇帝。当时很难说作为藏王的和硕特汗，能于1713年对那里真正行使政权力。在特鲁什尼科夫报告中的这些唐古特人或西藏人是否已内附汉人或已归附和硕特人呢？沙皇似乎就是按照这种意义，来理解那些所谓产金地属于达赖喇嘛之资料的。

特鲁什尼科夫向卡尔梅克人和汉人采购黄金时，每两付7卢布的价格。这种说法又重复出现在历代俄国史学家们的著作中，无一例外。我顺便在此举一例。我会在下文有关西藏黄金不同价格的章节中，再来详细讨论。在此我仅仅指出，这种价格对俄国人似乎非常有利，由此而产生了沙皇的远征计划。

对于彼得大帝为得到黄金而对传闻中布哈拉的阿姆河流域以及准噶尔人领地中的叶尔羌河流域（正如某些地图所指出的那样，当时似乎认为叶尔羌河是额尔齐斯河的一条支流，以至于人们认为逆额尔齐斯河而上就会到达叶尔羌河）存在的金矿，从而炮制的一项控制该地区的计划，我于此无法展开讨论。但在与我们的宗旨有关的特鲁什尼科夫的发现问题上，沙皇肯定是有其打算的。1721 年 1 月 19 日（旧历）的国会诏书（《法律集》第 6 卷，第 3716 号）[31] 即为明证。这是一种关于“与洪台吉缔结和约并与之建立贸易关系”的沙皇敕旨。

在俄国作家们的著作中，洪台吉是指准噶尔汗，当时就是策旺·阿拉布坦（Tsewang Rabdan）。雅梅舍夫斯卡娅堡是额尔齐斯河畔沙俄的一处重要基地，1715 年的布霍尔斯和 1719 年的利哈列夫出师不利地对准噶尔的征服，就是从这条河兴师的。同一时代，即 1717 年，又爆发了贝科维奇—切卡西对基辅方面招致致命失败的远征。总而言之，在六七年间，彼得大帝为得到西域和高地亚洲的黄金所做的全部努力都失败了。此外，在 1718—1721 年间，赴中国的骆驼队绝迹了，因而断绝了由该地区流入黄金。

下面就是 1721 年的沙皇敕旨：

“巩固雅梅舍夫斯卡娅堡并安置居民，拆毁除雅梅舍夫斯卡娅之外的其余所有新工事。与洪台吉媾和并与之通商；同时既与西宁和达巴等汉族城市，同样又与达赖喇嘛的驻锡之地建立贸易关系。如此通商并非为了赢利，而是与商人同时向该地区派遣精明能干之士，以研究有关黄金的问题：它出自何处、有多少储量和路线如何；如果希望抵达那里，是否困难，能否夺取这一地方”。

文中确实写作“夺取”（Ovladet’），可见这是一种彻头彻尾的远征计划。此外，我们还可以把这道1721年的敕旨与同时代的其他敕旨，或者是由史学家们稍晚记载下来的与涉及阿姆河或叶尔羌河流域黄金的秘密训令进行比较。我于其中发现了一种同样的思想状态：派遣在矿业专家们陪同下的游说和考察团。如果游说失败，便试用征服，除此之外还应有计谋：在商团的掩护下派遣矿业专家或仅仅是一些刺探情报的人。德希德里于1721年提到的拉萨的“莫斯科人”是否就扮演了这种角色呢？

彼得大帝在有关征服基辅和布哈拉汗国以及准噶尔人驻牧地的可能性问题上，似乎大错而特错了。至于征服西藏，他甚至未敢尝试。

此外，沙皇为此则必须穿越洪台吉的辖地。但当时准噶尔人的势力还十分强大。准噶尔人从1717年年末便成为西藏的控制者，征服了拉萨，他们甚至依然是大清王朝的可怕对手。清朝于1718—1719年发动第1次征战以便把准噶尔人从西藏驱逐出去，但失败了。1720年发动的第2次远征才告捷。沙皇很可能在1721年1月间对这一切尚不大了解。在这道敕旨颁布之后，又进行了一系列的交易，其中目的之一是使俄国人获许勘探准噶尔人辖地中的贵金属。这些交易包括互换使节，紧接着就是翁可夫斯基于1722年2月—1723年9月的出使[32]。俄国向策旺·阿拉布坦提议一种“保护”地位，就如同主宰他们与定居在伏尔加河下游的西卡尔梅克汗阿玉奇（Ayouka）那样的关系。正在与清朝军队对抗的厄鲁特汗也想提前获得出卖自身为奴的代价，即俄国人迅速提供对抗清朝的军援。他们之间的谈判持续了数月，甚至数年，最后因清朝康熙皇帝的晏驾（1722年12月20日）而中断，因为清朝新皇帝立即与准噶尔人议和了。随着这种新局面的出现，准噶尔人不允许俄国人勘探贵金属的请求。翁可夫斯基的出使以失败而告终，他是在属于准噶尔人的土地上采取行动的，所以其希望都破灭了，准噶尔汗对他与俄国人的关系保持着距离。最后，彼得大帝于1725年2月8日几乎是暴卒，其计划也随他而寿终正寝了。在俄国不再谈论达赖喇嘛和黄金了。

特鲁什尼科夫探险的另一个方面也由斯特拉伦堡男爵（我上文已提到了其地图和游记）那惹人注目的资料提及。我再重复一遍，他于1709—1721年间生活在西伯利亚。但斯特拉伦堡并不相信特鲁什尼科夫所说的黄金，更确切地说，他不相信西伯利亚总督加加林所叙述的一切，他本人就曾认识此人并认为这是一个不折不扣的恶棍，是一个贪得无厌、谎话连篇、坏事做尽的家伙。他认为加加林的真实目的是企图利用民间对沙皇的任何一点不满情绪（沙皇的改革很不受欢迎），以独立于中央政权之外，从而成为事实上独裁的和独立的西伯利亚国王。加加林的历史确实负有累累的舞弊和反叛行为。据斯特拉伦堡认为，他所希望的是枪炮和弹药。这些军用品的出售受到沙俄政府的严密监视，政府不大愿意向其亚洲近邻们提供。加加林不知道如何才能获得这一切。所以，那位瑞典军官认为，他仅仅是利用特鲁什尼科夫旅行的借口而杜撰有关叶尔羌河流域、青海和其他地方黄金的虚假传说。甚至他携回俄京并入存彼得大帝珍宝馆中的黄金，可能也仅仅是他经其手下人从布哈拉的不同淘金人手中采购的，那里有数条河流夹裹着金砂。斯特拉伦堡于是写道，“加加林向沙皇神秘地揭示了金矿的存在，并使他相信这些黄金距其西伯利亚政府所在地不远，能很容易地到达那里，但卡尔梅克人（准噶尔人）绝不会容忍别人掠夺其金砂。所以，如果沙皇真正愿意调拨给他约10万人所需要的军备，并允许他随军带去某些军械师和火药匠，那么他就建议夺占该地区（法文版，第1卷，第188页和193—196页）”。

沙皇错误地估计了厄鲁特人的势力，于是便组织了布霍尔斯（Boukholtz）的远征。这支远征军于1715年12月在雅梅舍夫卡娅被困以后，于1716年撤兵班师。1716年年初派去救援他的一哨人马全部被卡尔梅克人俘虏，同时被缴去的还有随军押送的属于国库的2万卢布。加加林提出的各种方案，没有一项不是以遭受重大失败而告终的。但加加林本人却变得无限富裕和强大了。

这条老狐狸（正如斯特拉伦堡称呼他的那样）最终还是受到怀疑并入狱，受审后被判处极刑，于1721年被绞死。

斯特拉伦堡几乎完全否认了所谓在布哈拉、喀什噶尔（他最后还是在该地的问题上犯了错误）等地存在任何金矿的说法。其地图（《鞑靼地区舆地新志》一书的插图）中没有指出任何金矿矿址，相反却标出了多处银矿矿址，地处西藏北部，即今新疆一带。

俄国作家们不否认特鲁什尼科夫的旅行。但似乎是在发生了1718年对加加林诉讼案的时代，沙皇自己似乎也对这一事件产生了怀疑。其1719年1月28日的敕旨即可证明这一切。他派遣利哈列夫少校出征卡尔梅克人辖地，委托给他的使命特别包括调查由加加林提供的有关黄金的情报，并利用所有手段试图证实"这一切真实与否……"[33]

我应该明确地指出，人们并不知道这次旅行的具体路线，特鲁什尼科夫自从他于1714年返回之后便再未露面。现在已知的所有的远征探险都产生了详细报告及具体路线图，而特鲁什尼科夫的旅行悬在一种极大的含糊之中。他是怎样穿越非常不信任俄国人的卡尔梅克人的辖地的呢？他是否化装旅行呢？将来某一天神奇地发现的某种档案，是否能向我们揭开这个谜呢？这是一种冒险还是冒充呢？但现在是找寻沙皇疯狂的计划并回到西藏问题上的时候了。

当乔治·波格尔（George Bogle）于1714年被孟加拉总督哈斯丁（Warren Hastings）派遣出使扎什伦布寺的班禅喇嘛时，他的使命之一就是了解在西藏获得体积小而价值高的商品的可能性，如黄金、白银、宝石、麝香、大黄、茜草等。[34]他在报告中指出，西藏不仅产黄金，而且还大量开采以向其所有近邻出售。

同一位班禅喇嘛于1780年圆寂于北京，我下文再来论述当时的形势。其弟沙玛尔巴（Shamarpa）喇嘛立即亡命于尼泊尔。为博取该国国王的支持和青睐，沙玛尔巴向他泄露了"拉萨附近的金银和其他矿藏的情况"。

这一切都于一名英国经纪人获得的波斯文文献中作了报告，该文献后来刊布于柯克帕特里克的名著中了[35]。这一资料更增加了对扎什伦布寺宝藏之添枝加叶般的描述，进一步刺激了罗阇（Rajah）的贪欲并促使他进攻西藏。

俄国低级军官菲利浦·耶夫勒莫夫（Philippe Iefremov）在布哈拉被囚禁了七年之后，成功地越狱并于1781—1782年穿越拉达克，在他于1784年返回俄国后，也证实了"西藏的山脉中蕴藏着大量矿藏。在卫、藏、工布和康地等地区都有丰富的金矿，在藏地还有银矿……大家在那里既从河沙中，又从矿脉中采集到大量黄金。人们用黄金制造钱币，却仅在商业交易中作通货使用。汉人每年都用他们的物产和商品交换大量的这种金属"[36]。他在稍后不久又具体解释说，居民们可以用黄金、白银或皮货纳税。

1784年出使的忒涅（Samuel Turner）会见过的那位班禅喇嘛（波格尔会见过的班禅喇嘛的转世）曾强调指出"西藏有无法估量其价值的金矿"[37]。此外，在述及有关该地区普遍的贫瘠和西藏人不可能拥有繁荣农业的印象时，忒涅又指出："由于缺乏肥沃的土地和精湛的工艺，该民族缺乏一切东西。但他们均由于其丰富的地下宝藏而又能以广泛的手段获得这一切。他们的矿藏和金属可以为他们打开无尽财源，以至于仅以此就足以使他们购置自己所需要的一切……"仍是据忒涅认为，"偶然性再加上创业思想和调查活动，就已经能使他们在西藏发现许多矿藏和砂金金属了。其中黄金名副其实地名列榜首。人们可以发现大量黄金，而且往往还是纯度很高的黄金。大家在河床中可以发现以砂金状态存在的黄金。在河流回旋的地方，黄金一般都依着于小石块上，而根据各种迹象来看，这些小石块原来都是一块较大石头的组成部分。人们有时也能发现大堆的、大块的或不规则的矿脉。黏结在一起的岩石一般都是燧石和石英石。我有几次也看到了一种宝石，不太纯洁，处于半形成状态，蕴藏在石块内……"（第404页）。

我们还将指出，由忒涅亲自参观过的该地区就是延伸在不丹和扎什伦布寺之间的地方。

哈米尔顿（Francis［Buchanan］Hamilton）于 1802—1803 年居住于尼泊尔，后来又于数年间居住在北印度的尼泊尔边界附近。他曾听说，于玛法木错湖东北和“埃模图斯（Emodus）的第 2 条山脉以远，有一座非常壮观的西藏金矿”[38]，唯有夏季才能开发该金矿。开采者只纳微薄的税，把任何重量超过 3 马斯（2.8 克）的金块都上交西藏地方当局，自己保留下最小的金粒。

柯克帕特里克根据他 1793 年在这些地区获得的情报，写了一份有关与尼泊尔通商之可能性的备忘录[39]。他认为，英国通过尼泊尔的中间人，确实可能从西藏获得砂金、金锭、硼砂和麝香。

由于这些无畏的英国探险者的考察报告，西藏黄金的名声得以越来越大地向外传播，并得到证实，同时逐步渗透到东印度公司负责人的意识以及冒险家和商贩们的梦想中了。

在同一时代，两位汉族作者冯少云和梅溪盛的报告（这就是《卫藏图识》，稍后由柔克义译作英文）[40]，在 1791—1792 年以比较平淡的口吻作了描述。该书也似乎心不在焉地讲到了黄金的存在，但没有使用过分华丽的辞藻，更没有欣喜若狂的情绪。文中指出在理塘城和达隆宗（Ta-rong Rdzong，拉里东南的边坝）地区的金砂。据 1759 年的另一种汉文史料记载，这种黄金存在于说板多山中，《西藏志》也把金矿确定在该地区。

所以，从各个方面（北部的俄罗斯人一侧，东部的汉人一侧，南部和西部是在印度的英国人一侧），或由于各位欧洲天主教传教士，一种在该地区拥有黄金这一巨大财富的思想，在西藏附近和世界上都以不同的速度而形成了，但对于某些人来说，还有下面的推理：怎样掠夺这些财富？

从欧洲人一方来说，这种寻求西藏黄金的心情导致了 19 世纪一段奇怪的插曲。

英国人莫尔克洛菲特（Moorcroft）于 1819—1820 年间从印

度前往布哈拉，在那里购买马匹，途中穿越了拉达克。他提到了在河流（萨约克河和印度河上游）中从事淘金的活动[41]。他还获悉在位于拉萨东南的羌塘地区可以找到金矿。但由于我将在下文提到的各种迷信，在开采中就有了许多限制和禁令。“羌塘”（Chan-than，按法文的方式读作 Tchangtang）一词用以指整个西藏高原的荒凉地区，但在莫尔克洛菲特的书中，它却特别指阿里地区，即从西部的印度边境一直到拉萨地区边界之间的辽阔地区。

26 年之后，一名有学问的英国军官坎宁安（Alexander Cunningham，精通希腊文和拉丁文，是普卢塔克著作的阅读者之一，后来成了最著名的亚洲古地理学家之一）又步亚历山大大帝后尘，于1846—1847 年间也穿越了拉达克，在那里的印度河和萨约克河[42]的沙滩中发现过淘金活动。他也听说过羌塘地区的黄金，某些迷信遏制了黄金的开发（而且他在这一问题上也引证了莫尔克洛菲特的文章）。当地居民还向他指出，在下游稍远一些的地方，于印度河和萨约克河两岸以及阿富汗的达尔德人（Dardes）地区，黄金更为丰富。

这些达尔德人告诉了他某些情况，当时他的希腊—拉丁知识尚未在记忆中消失。他们向他追述了老普林尼（Pline L’ancien）所说的达尔德人（Dardae）。公元70 年左右老普林尼在其《自然史》（《博物志》）第6 卷第19 章中记载说：“达尔德人地区盛产黄金。”但过去在拉达克发现的（现在仍在不断提及）达尔德人，则是拉达克河和阿富汗河之间峡谷和深山中的居民。如果人们从此之后大量讨论了他们的民族真相以及他们占据的具体地区，我们就会知道，至少其名字自数世纪以来就长期存在下来了，并且与不大容易进入高山峻岭中的一个其气质有些粗野和充满活力的民族有关。我们必须将他们与老普林尼所说的达尔德人（Dardae）作一番比较。但下面是一个更为棘手的问题：坎宁安在其旅行中看到了一些旱獭在挖掘洞穴（这件事本身微不足道），但它们挖掘出的泥土中含有小金片（我始终讲的是印度河与萨约克河上游）。当地居民告诉他说，人们在该地区有时也会采到这种黄金。这明显是对坎宁安的一种启迪，也明显是对老普林尼书中另一段文字（其书第 11 卷，第 36 章）不容置疑的解释。

印度蚂蚁的角悬在厄里特利亚（伊奥尼亚的一个城市）的朱庇特庙上，真是咄咄怪事！在被称为达尔德人的北印度人地区，它们能从土洞中掘出黄金来。这些蚂蚁自己则具有猫的皮色和埃及狼一般的身材。印度人在盛夏的酷热中盗走它们于冬季挖掘出来的这种黄金，因为当时蚂蚁由于热浪都躲在地穴中。但这些蚂蚁由于气味而得到报警，于是便冲向前去，撕碎那些逃亡者，无论他们骑的骆驼跑得多快，都难以幸免于难。它们该多么灵巧和残酷啊！这一切都与它们对黄金的酷爱有关"。

在老普林尼时代，这种故事已经不新鲜了。它可以追溯到 5 个多世纪之前，即公元前 430 年左右著书的希罗多德（Hérodote）本人时代。至少有关蚂蚁金的故事几乎完全一样，但希罗多德未提到过"达尔德人"，而仅满足于讲"一个印度民族"。我在引证 25 个世纪以来使其所有读者都感到茫然无措的这个著名的蚂蚁金故事之前，还应具体解释一下它出现的历史背景，希罗多德为了撰写其有关东亚的"调查"部分时，曾滞留在波斯人的苏萨城内。他有关印度的资料主要来自波斯人。波斯人自己不仅仅通过其邻邦而获得有关印度人的资料，而且还因为在公元前 500 年左右，大流士（Darius）曾派遣卡利安德的斯基拉克斯（Skylax de Caryande）出征。此人从卡斯帕提洛斯（Caspatyros，明显是印度河畔的一座距大陆很远的城市）兴师，沿河顺流而下直逼大海（但希罗多德认为印度河向东南，不是向西南奔腾而去），后来又从那里出发沿印度河向西航行。当时认为该海岸几乎以直线由西向东延伸，尚未有其半岛形状的概念，完全如同隐没了的非洲南半部一样。最后，斯拉基克斯经海路班师回朝。希罗多德认为，印度和印度河（假如确实是指此地）是有人居住的世界东限，其以远处仅有一片沙漠石碛。我们将看一下在这些瀚海中发生的情况。

印度居民众多。希罗多德曾说印度人形成了世界上人数最多的民族，并描述了其中的许多个部族，他们中有许多人在大流士的军队中作战。这些人形成了波斯帝国的第 20 个行省。在纳贡方面，他们自己交纳的税额几乎与其余 19 个行省加在一起交纳的总和一样多。他们的贡物用黄金交纳，而几乎其他所有民族则都用白银交纳。贡品多达 360 个优卑亚岛塔兰（每个重 25.920 公斤，这样总共约为 9331 公斤的黄金）的砂金。下面就是希罗多德的记载[43]：

“印度人大量拥有并从中提取一部分向国王交纳上文提到的砂金贡赋的黄金，他们是以我即将叙述的方式而获得的……印度的其他部族都与卡斯帕提洛斯城和帕克提人地区为邻。对于其他印度人来说，他们位于大熊星座和北风一侧。这些人基本如同大夏人一样生活。他们是印度人中的最大的黩武之士，也正是他们前往寻求黄金，因为被风沙变为沙漠的地区就位于这一侧。在该戈壁和沙漠中，生活着一些并不完全有狗身那样大（但却超过了狐狸的身材）的蚂蚁。波斯国王也有几只这样的蚂蚁，而且都是从那里捕捉的。这些蚂蚁在掘土洞时，把沙土掘出了地面，正如我们的蚂蚁在希腊所做的那样，而且它们也与希腊蚂蚁完全相似。然而，它们掘出的沙土中含有黄金，印度人前往沙漠中寻求的正是这种砂金。他们每人乘一辆三匹骆驼套的车，母驼套于中央，左右各有一匹被套绳拴着的公驼。人骑在母驼上。为了这项工作，必须用心地将它与最幼小的骆驼分开。骆驼奔驰得至少也和马匹一样快，而且还可以驮载沉重的负荷物……这是前往寻金的印度人的全部装备，为能在最炎热的时候采集到黄金而精心计算其行程，因为当时太阳的热度迫使蚂蚁藏身于洞中。阳光在这些地区于黎明时（而不是如同在世界其他地区那样于正午）的热度最强，即从它升起到集市收市（正午前）最炎热。据说阳光于此刻在那里的热度比在希腊的正午还强烈，以至于使印度人在每天的这一时辰都被迫钻到水中。在每天正午时，太阳在印度人中并不比在其他地区更热；在午后，其热度也变得比在其他地方的清晨还弱。热度随着太阳的西垂而减少，一直到它西落时，大地就变得非常凉爽了。

当印度人来到他们中意的地点时，便用这种沙土装满他们备有的所有口袋并匆匆忙忙地返程。因为波斯人声称，由于气味而受惊动的蚂蚁会群起而追击。据传说，任何一种动物都没有它们跑得快，以至于在它们集结时，未能向前逃跑一段距离的人，都会在那里丧生。跑得比母驼慢的公驼很快被甩在后面，于是只有把它们解脱，但要一个接一个地解开。希望尽快回去照顾它们留下幼驼的母驼永远不会放慢速度。据波斯人声称，印度人就这样采集了其大部分黄金；他们也从自己的地下开采，但数量要少得多。”

这一故事经过了坎坷的历程。从那些坚信不疑的编纂人到抱有怀疑态度的译者，它在西方文字（希腊文、拉丁文、阿拉伯文和欧洲的主要语言）著作的范围内经历了所有这些时代，许多人都试图解释清楚它，但又零星地增加了一些进一步使其神秘性扩大的细节。

在希罗多德于苏萨城的记载中，他从资料员那里搜集来的内容，与比他要晚三个多世纪的老普林尼之间，又产生了对了解东方是至关紧要的一系列事件：亚历山大征服马其顿。亚历山大大帝（晏驾于公元前323年）在征服了大夏之后，可能曾进军到旁遮普，希腊人在这些地区停留了很长时间。亚历山大的战友尼亚尔格（Néarque）奉他的将令出兵刺探情报，以便为希腊人确定一条从印度河口、红海回师的道路，因此，尼亚尔格和卡里安德的斯基拉克斯作了几乎是同样的旅行，一直沿印度河顺流而下，然后又长时间地沿印度西海岸航行，那里生活有以鱼为食的人……大家都知道尼亚尔格的船队是怎样几乎全军覆没，以及尼亚尔格和亚历山大是通过什么奇迹而会师的。尼亚尔格不会不带回有关所经过地区的许多资料，希腊舆地学家斯特拉波（Strabon，卒于公元25年）在其舆地书第15卷中为我们保留了他的记载[44]。斯特拉波同样也使用了梅加斯泰纳（Mégasthène）的资料，后者也是与亚历山大不同时代的人，曾任第一位塞流西国王派遣出使印度王国的大使。尼亚尔格和梅加斯泰纳这两名证人又使该故事被旧话重提并且令人耳目一新，甚至更增加了我们的疑惑不解……公元1世纪的斯特拉波和普林尼以及后来到2世纪时的阿里安，在有关印度的著作中，也都如同希罗多德一样使用了他们的资料。

我们于上文不远处已看到，普林尼为希罗多德的记述增加了达尔德人的名称。斯特拉波又增加了某些新内容……我再回到能寻找黄金的蚂蚁问题上来，尼亚尔格声称曾见过它们的皮，声称蚂蚁皮完全与豹皮相似。

至于梅加斯泰纳，他在这一问题上为我们提供了下述一些细节。他说："在达尔德人（大家就是这样称呼印度东部和山区的主要民族之一的）地区，有一片其周长约为3000斯达得（Stade。古希腊长度单位，约合180米。——译者）左右的高原，其山脚下就是金矿，完全由魔怪般的蚂蚁挖掘，这些蚂蚁至少可以说完全如同狐狸那样大，而且具有特别快的奔驰速度，仅以捕捉猎物为生。这些蚂蚁在冬季掘土。它们如同鼹鼠一般，以清理出来的泥土在每个洞口筑成一座座小丘。这些清理出来的土实际上是金砂或尘埃状的黄金，只需要稍微以火加热便可冶炼。所以附近居民以骡子驮载的方法运走他们希望得到的尽量多的金土，但却要分外注意藏身。因为如果他们公开行动，那就将受到蚂蚁的攻击，被蚂蚁驱散和受到追击。如果蚂蚁追上了他们，那甚至会把他们及其骡子统统扼死。为了使蚂蚁的监视落空，达尔德人到处都摆放一些肉块，当蚂蚁散开去吃肉时，他们就可以随心所欲地搬取金砂了。此外，他们还被迫以粗砂出售，用随便什么价格就可以出售给前来与他们接洽的商人，因为他们对于冶金术一窍不通。"

与希罗多德的著作相比，本处的新颖内容是骡子取代了骆驼，而且人们也不再牺牲牲畜以拖延蚂蚁的追袭了，只是用一些肉块来吸引它们，再没有等待其小驼的母驼了。此外还有另一种对冶金史学家们颇有用的资料：达尔德人（Derdes，无疑就是数年之后普林尼所说的Dardes）不懂得加工金属，而只是出售粗矿砂。

斯特拉波在其同一部著作的第15章中，也补充了一种来自某部鲜为人知的史书中的资料，但他未作具体说明（既不是尼亚尔格，又不是梅加斯泰纳的著作）。它为我们这种含糊的印象又增加了一种令人费解的细节：有些寻金蚂蚁长有翅膀。

印度和波斯的这种残酷、食肉、疾驰、炎热时入睡、如同肥胖狐狸一样大、皮毛颜色如同猎豹、长角、长翅、善于掘洞、大采金者和令人无可奈何的动物到底是什么呢？从来没有人描绘过这种神秘动物的形象，无论布丰（Buffon）、格斯纳（Gesner）、威尼斯人马可·波罗书的绘图者，还是科斯玛（Cosmas）书插图的绘制者们都一概如此。但这一切都使我分别联想到了麝鹿、蝾螈（无论是真还是假）、牦牛和龙。那些为我们描述尼安德特和耶蒂人的形象者们也如此。他们是否属于一种已消失的人类呢？他们是否是对某些臆想的和荒诞古怪故事之七拼八凑的结果呢？为什么我们对这一切都没有掌握任何资料呢？他们是否是乌拉尔河上游的独眼阿里马土波人（Arimaspes，另一种采金人）经常与之搏斗的一种狮身鹰头鹰翼怪物的同类呢？

我们实际上未曾见过这种动物的任何形象。现在应该指出，继斯特拉波和普林尼之后，这一故事在某种意义上被简化和变得枯燥乏味了，它在传播过程中又失去了某些细节。公元2世纪的阿里安（Arrien）就已经只能提供一种经简化后的说法了[45]，而且他本人对此也略有怀疑。尼亚尔格和梅加斯泰纳接受了这一故事，但他提醒说自己仅仅是通过传闻而获悉的。尼亚尔格在希腊人的营地发现过这种动物的皮，常有人为他们带来这种皮货。梅加斯泰特纳未曾亲眼见到这一切，只是有人向他讲述过甚至比狐狸还大的巨蚁，它们挖掘金土作穴。阿里安写道：“至于我本人，由于我对这一问题不能叙述任何更可靠的情况，所以我更主张对这一有关蚂蚁的故事置之不理。”由于这一事实，任何人都未亲眼见过这种抢夺黄金的场面，甚至是其皮和角的亲眼目睹者，在公元1世纪之后则后继无人了。被视为传奇性的希罗多德的蚂蚁很快就从严肃的史著中消失了，一直到某位于印度服役的英国军官在印度河畔发现旱獭在一片金土中掘洞的那一天为止。旱獭可能很久以来就这样做了，而在当地却未曾引起过人们大惊小怪的注意。但需要等待旱獭、黄金和19世纪的一名具有拉丁文化的欧洲人的相遇才使这一故事有了新的起点。

如果有人在1846年能看到对老文献所做的生动说明，那么这一故事为什么不可能是真实的并应归于该地区呢？坎宁安还写到，这些印度的蚂蚁“无疑就是西藏的旱獭和鼠兔，它们在挖穴时把含有金属的土抛到了地面”[46]。因此，它们不是一些特大的神奇爬虫，而是很小的哺乳动物。我们确实不知道这种动物的任何具体形象，而仅仅知道它们是普通的蚂蚁，也就是普通意义上的那种昆虫。例如，芒斯特（Munster）舆地书20世纪的版本中提供了一种巨形蚂蚁的图片。

50年之后，基督教传教士弗兰格（A. Franke，他的大量出版物现在仍受重视）也提供了一种类似的证据。他在1900年之前的数年间，生活在印度河上游北岸的卡拉孜（位于列城和卡尔吉尔的经度之间，也就是在桑迦尔谷稍偏西和苏卢谷稍偏东处，今天仍有人认为那里是著名的蚂蚁区），曾向当地居民打听过有关该地区动物采金的故事。他提出的问题不久就得到了答案，在数日间就搜集到了两种有关动物采金的长篇故事，甚至还有人向他指看正在这样劳作的动物。它是一种很小的走兽，比一只狗或狐狸还要小得多（令人遗憾的是，作者未提供其名字）。但该传教士又补充说，这一故事在印度和希腊民间得到了广泛传播……[47]他本人未亲眼看见从事这种活动的动物，相反却沿印度河两岸（从萨斯波拉到达特锡克）看到了古代采金的许多遗迹；仍于同一地区中，在80公里长的大地上挖得满目疮痍。在他生活于拉达克这一地区的时代，人们开始关心采集这些矿址中的金属了。

无论如何，这里的神秘性并不在于黄金的存在，而是其名字令人无所适从的那种谜一般的动物。

在今天，由希罗多德使用的那个希腊字 murmex（拉丁作家们忠实地传播了它），在这段文字中作了很笼统的解释，如同指一种哺乳动物。意指爬虫动物的“蚂蚁”仅仅是人们所赋予它的第 1 种意义（如在尚特兰的辞典中）。这种情况在动物名称史上并非是绝无仅有的现象，仅仅在使用法文的例证中，我就知道有海象、灰林猫（叫猫）、蝙蝠（秃鼠）或者是“飞猫”。因此，如果某种“蚂蚁”并不真正是一种爬虫，那也没有任何奇怪的地方。

所以，我们应该承认，同一种现象在我上文已充分论述到的印度史诗《蚂蚁之黄金》（Paippilikpa）中的“蚂蚁之金”中又起了作用。这些“蚂蚁”是否也是哺乳动物呢？或者有的地方是指蚂蚁而其他地方又指哺乳动物呢？莫尼埃—威廉姆斯的梵文辞典中从未指出 pipilaka 一词是指一种被认为系由蚂蚁挖掘出的黄金，它可能是指以此名相称的爬虫之外的另一种动物。

但坎宁安的心中却有某种类似的想法，因为他指出了一种他个人觉得值得引起注意的巧合：旱獭皮很常见，此种动物在这些地区广泛存在，西藏人称之为 phyi-pa 或 chipa 和 chupa（我们还记得，这些字都按英文方式转写过）。印度人是否在 phyi-pa 和梵文或孟加拉文 pippilaka 之间混淆了呢？这样一来，我们就很容易被引向旱獭……

但我们对于它们之间在语音或拼写方面的相似性不应盲从，它们是否是 2000 年或更久之前的发音（谁又知道其发音到底如何）呢？我们不要沿这条路走得太远了。此外，还有许多其他谜底。

坎宁安有关拉达克的著作出版于 1854 年。无论大家对《摩诃婆罗多》中的蚂蚁作何感想，我总可以说人们从此已不再讨论对这种动物不是一种爬虫而是一种哺乳动物的信念了。其余的问题将会继续反复讨论。由希罗多德的帕克提人和从卡斯帕提洛斯到普林尼的达尔德人，在确定产金区的地理问题上，实际上并没有提出难题。

首先应该指出，希罗多德没有使用“达尔德人”一名，甚至也没有提到与之相似的任何民族。他没有指出当时应以什么名字称呼前往寻金的印度部族。他仅仅指出这些印度人与其他印度人相比较，居住在更靠北方，与卡斯帕提罗斯城和帕克提人（Pactyes，疑指 Parthya，帕提亚人或安息人。——译者）相毗邻，是一个比较黩武的民族，他们的生活与大夏人基本一致。但是，如果说他在其著作中多次提到了大夏人（大夏人很久以来就被考定为巴克特利亚人），那么无论如何也从未向我们指出过他们是怎样生活的，即他们究竟是游牧民还是定居民，是牧民还是农耕民，他们信奉的神祇和风俗习惯如何等等。我们知道他们属于波斯帝国的第 12 个行省，用白银纳税，大流士把那些他希望惩罚或使之无法作乱的民族和人士，都驱逐并流放到了大夏。在波斯大军中曾提到过这些大夏步兵和骑兵，还有他们使用的芦苇弓弩和短矛。我不再于这些寻金者的问题上作进一步阐述了。

对于帕克提人和卡斯帕提洛斯城（也可能为他们的主要城市），我只知道他们属于波斯帝国的第 13 个行省，用白银纳税，身穿皮衣（因此，他们可能来自某一寒冷地区），在大流士部队中作战，以弓弩和短剑武装，是曾奉大流士的敕令前往侦察印度河流域的探险者。斯基拉克斯也是从卡斯帕提洛斯出发的。但该城应位于印度河畔。他可能从那里沿印度河向东而下一直到达印度洋，然后又从印度洋经海路返回埃及（希罗多德所说的该河之流向，与实际情况正好相反）。

一般情况下，人们都一致认为帕克提人地区是今阿富汗的东半部（现在尚叫做帕克提亚，即当时的帕提亚人或安息人）。对于卡斯帕提洛斯城，人们的看法上有分歧，或者是把它确定在印度河上游和今阿富汗—巴基斯坦边界地区之间的某一地点；或者是把它确定在再靠几个纬度线以南的地方，此地被比定为古印度的卡西亚帕布拉或托勒密所说的斯佩拉城。人们认为它就是今天拉维河畔的木尔坦，位于今巴基斯坦旁遮普省北纬30°稍偏北的地方。这第2种比定法是由坎宁安本人于1871年提出的[48]。印度沙漠距那里确实不远，这也是由巴尔盖在希罗多德书的七星诗社版本中所选择的地区。另一位译者拉卡里埃尔（Lacarrière）似乎也断定托尔沙漠就是希罗多德所说的位于印度东部的那片大沙漠。

事实上，从木尔坦（可以被视为位于更靠印度河上游的一个地方）起，沿河直下就可以到达大海……即使该海不在东部也罢。

但普林尼毫不犹豫地写到，前去向蚂蚁抢夺黄金者是被称为达尔德（Dardae，Darde）的民族。他提供了与希罗多德相同的细节（蚂蚁在最酷热时入睡，当骆驼的气味惊醒它们后，便向骆驼扑去等）。他还补充了有关这些蚂蚁的皮毛、身材和角的某些细节。继他之后，人们往往普遍都把希罗多德所说的蚂蚁故事定位在普林尼所说的达尔德人地区，后来西方人在19世纪时就认为达尔德人即今之达尔都人（尚需考证），因为这些名称明显相似。由于旅行家们在印度河上游河谷及其支流萨约克河中亲眼看到或在当地听说了由动物采金的行为。

我们不能毫无保留地使用“达尔德人”一名。大家在普林尼和斯特拉波的著作中就发现了它，并有人将之比定为梵文Dardas。但它主要在19世纪时才重新出现（它今天已有了一种新的用法）。据作者们认为，这是指吉尔吉特、奇拉斯或位于北纬37°—35°和东经73°—74°3′之间的整个地区，也可以仅仅指居住在巴勒蒂以西的居民。Dard或Dardou这些名词往往都具有比较广泛的意义。在位于偏南的平原地区居民中，它们被用以泛指印度河流域山区的部族，即那些所谓的粗犷和尚武之人。有人也热衷于把他们的先祖说成是野兽……（这种特别黩武的性格当然会使我们联想到希罗多德，但其资料却略显单薄了一些）。我还将指出，达尔德人从来不这样自我称呼，而任何一个民族都未曾说过："我们是达尔德人。"总而言之，达尔德人始终是另一个民族……

另一方面，最近有人希望更具体地重新考证淘金人达尔德民族的地区，特别是流经卡吉尔的印度河支流苏卢河山谷。该地区比吉尔吉特（Gilgit）和奇拉斯（Chilas）的达尔德人地区更偏东。最近的旅行家们也谈到了该谷地中的"达尔德部族"。这里很偶然地把一个如此古老的名字运用到了一个现代人集团，即在那些许多战争和入侵使各民族迁移、动荡和互相杂混的地区。就在20世纪后半叶，我们有时仍有这种确切考证由古代希腊和拉丁作家们所描述的事件的舞台之欲望，这无疑是19世纪欧洲人思想状态的残余，他们都希望前往亚洲腹地寻求其发祥地和希腊佛教艺术之源。在此问题上，尚有许多话要讲[49]。旅行家、作家米歇尔·佩塞尔（Michel Peissel）曾两次系统地试将该传说定位于本地。他的第1种假设于其《西藏边境上被人遗忘的桑迦王国》一书中作了发挥（1979年），将该地置于桑加尔河谷的苏卢。他于1980年第2次在克什米尔的逗留，又导致他作出了第2次假设，于其另一部著作《蚂蚁金》（1984年版）中作了发挥。他这一次将希罗多德蚂蚁的居地确定在卡诺什（Ganosh）和莫罗尔（Morol）村，距达尔吉克（Dartzig）以西30多公里的地方，即通向苏卢河注入印度河的地方。该平原处于印巴分治线之内的巴基斯坦一侧。

桑加尔河谷、苏卢河谷、印度河和萨约克河上游，东经76°和77°之间地区，均可被视作在数世纪期间属于吐蕃的辖地范围。那里的文化现在大部分还都属于西藏文化。我们确实可以说该地区属于对西藏黄金的研究范畴。但我对于阿富汗的帕克提亚却不能武断地论述，虽然希罗多德确实声称寻金的印度人是帕克提人的近邻，达尔德人在历史的过程中有过迁徙。所以，对现今所谓达尔德人地区的定位从文献的逻辑来看是可取的。但我觉得把这些河谷视为希罗多德所说的那些谷地，似乎还有一种巨大的障碍，即有关骆驼的故事。实际上，印度人抢金的全部技巧都是以骆驼的高速度逃跑为基础的，更具体地说就是失去了它们那尚在哺乳幼驼的母驼。“蚂蚁驼”是奔驰最快的动物。但我们在所有的游记故事和该地区的照片中，到底可以看到些什么呢？那里仅是一些危险的通道，难以通过的道路，陡峭的羊肠小道，不时有滑坡和崩塌、大雪和湍流；到处是山，山，还是山；苏卢河谷的水流在5000—6000米高峰的山涧中奔腾；人们在那里骑着普通马、小矮马、骡子或徒步而缓慢地行进。近代极稀有的几条路，都要人付出很多辛苦，而且也相当危险。谁可以在类似的道路上奔驰呢？母驼的全部历史都会使人联想到一片平原……至少对于金矿址本身来说是这样的，位于一个其距离相当远的地方，以使印度人在偶然重新到达山脚下之前有足够的时间“摆脱”其追袭者。但如果考虑到失去其幼驼并急于重新找到其“子女”的母驼的情况，那么其出发地点也不可能距金矿址有数日行程之远。母驼在离开其幼驼的数小时之后，很可能便开始希望原路返回，因此肯定无法使它们在很长时间内向沙漠前进，即使是强行也罢。它们很快就会竭尽一切力气返回其幼驼处。金矿址可能位于不足一整天奔驰的地方。我承认，所有这一切丝毫不会便利我的定位工作，在距我刚才讲到的地区附近，很难找到任何一块可以供极快的骆驼奔驰的平原或荒凉的沙漠高原。

我们还需要或把卡斯帕提洛斯城置于木尔坦（正如坎宁安所做的那样），从而把我们的研究引向托尔沙漠一带。但据我所知，该地区没有任何产金的名声或传说，而印度河上游地区的产金特征则是众所周知和已得到明确证实的事。我们或者是把它们的地区大大地向东和东北推进，置于塔里木盆地或西藏高原。

现在属于中国新疆自治区的塔里木盆地西部有数条江河流经（叶尔羌河、于阗河、尼雅河和克里雅河）。在18世纪时，该地区叫做喀什噶尔或“小布哈拉”，它当时是产金区。我们是否还应证实从希罗多德时代起就在那里采获过黄金呢？如果不越过难以跋涉的山口和危险的道路，那就不会到达这些山谷，无论是从哪里来，甚至即使把帕提亚人推向比今阿富汗更偏北的地方也罢。但至少就其地域而言，在这些具有几十公里远的地方有时也有平原，那里可能会使母驼疾驰，一直到达西北的喜马拉雅或帕米尔那令人望而生畏的山脉脚下。无论转向哪一侧，都必须翻过这一关隘。

最后还应指出，我们没有在塔里木盆地中搜集到与希罗多德的蚂蚁故事相似的传说。但这种定位法却吸引了某些作者：威廉姆·雅各布（William Jacob）在其1831年的《贵金属史》、海伦（Heeren）和瓦尔特海姆（Veltheim）于1834年都是这样做的[50]。此外，这后一个人还有一种有创意性的见解：由尼亚尔格所观察到的动物皮被认为是能找金矿的神秘动物蜕下的。如大家确实原谅我们采取这种新词义，那么它可能仅仅是鼬狐（沙漠地带的一种小狐狸，在西域很普遍，其学名叫做Canis Corsak Linn）的皮。鼬狐皮被世界许多地方，尤其是被西域产金地区的土著人用来采集金片。他们在河床底部铺上带毛的皮，常常是绵羊皮。金片被挂在毛上。只要把皮子从河中取出并晒干，然后再摇动和用刷子刷洗就可以搜集到金片。

有人会反驳我说，鼬狐没有角，应该找到一种长角的小动物。我对此尚无对策。这些事件甚至还会变得更加复杂。事实上，在1868—1869年间，希罗多德有关蚂蚁金的故事得到了一次奇怪的复活。

为了能对禁止欧洲人进入的尼泊尔和西藏进行测绘，英国在印度的机构曾组织并培训过土著地形地貌考察家。这些人化装成朝圣者或商贾，有时也成功地躲过尼泊尔、西藏和汉地当局的不信任情绪，这就是至少也算是“著名的”蒙哥马利（T. G. Montgomerie）的著名“班智达”。英国有关这些被严密封闭地区的最早地形考察结果就应归功于他们。这些“土著考察人”中最为积极者之一乃颜·辛格（Nain Singh）于1867—1868年间成功地进入了西藏腹地。在这次长途跋涉中，他经过了某些金矿址，其中有的已被开发，其余明显已遭遗弃。这些地区的藏文名称分别为：托克雅伦（Thok Jalung，东经81°40′和北纬32°

25′）及其附近地区托克娘莫、托克萨伦、托克拉约克、托克扎伦、托克巴贡、萨伦等，所有这些地区都位于大约东经 81°—82°与北纬 32°25′—33°之间。该地图发表于 1868 年伦敦的《皇家地理学会会刊》中，并且附有蒙哥马利上校据班智达的报告而作的有关此人从尼泊尔到拉萨，又从拉萨沿布拉马普特拉河上游旅行的游记，其中对矿藏的描述发表于 1869 年同一刊物的下一卷中[51]。

该班智达并非出于偶然而前往该地区，这一切相反却正是由蒙哥马利所希望的，他确实曾计划获得有关这些金矿的确切资料，当时已通过传闻而获悉了该金矿的存在及其规模，但其地区却仍不明确。亨利·斯特雷奇于 1846 年得以抵达玛法木错湖，他根据传闻而把主要金矿置于“盐矿”的北部或东北部 10 日行程的地方，而盐矿本身又位于玛法木错湖北部很远的地方。顺便说一下，这里究竟指康地[52]的西北边境呢？还是指一个叫做萨尔—巴奇亚的地方？

我们的班智达于 1867 年通过拉萨和某托克的西藏人向他提供的资料，而对要前进的道路获得一种比较明确的看法。最后，当他再次出发（这次是从巴德里纳特峰开始）后，于 1867 年 7 月翻越了马纳山口，由熟知路线的商人陪同[53]。他于 8 月末到达该地区的主要金矿址托克雅伦。由于西藏地方当局为他制造的困难，他仅在那里停留了数日。

下面就是由蒙哥马利根据路途中的记载（只要土著探险者们还在活动，这些人的名字就不会发表），而撰写的对辛格及其同伴们访问过的矿藏的描述。

因此，他从西南而来，再次自珠穆朗玛山口而下，在一块孤立的大平原中发现了托克雅伦营地，其地的主要颜色为棕红色。该营地与西藏的所有营地都很相似，但更大一些。此地位于海平面之上 16330 法尺（其海拔高度为 5000 米）。他参观了营地长约达克·明·玛尔的帐篷，这是一座搭建于一条宽大壕沟底部的圆帐篷，位于距地面 7—8 法尺（约 2.50 米）之下，人们通过阶梯而下到那里……他怀着赞赏而又不愉快的心情提到了那些大黑狗，它们随时准备扑向任何敢接近帐篷的人。金矿址中已被开发的部分是个长10—20步和约25法尺（近8米）深的大洞，人们通过阶梯和一个斜面才进入其内部。随着挖掘，掘出的土便被抛向四面八方。

当班智达参观金矿时，该洞约1英里（1609米）长。他们用一种长柄铲挖地，偶尔也使用铁镐。用以制造这些用具的铁来自比萨希尔和拉达克等地。就在营地本处，便有一名能修理这些农具的铁匠。

一条小溪通过矿区，这就使矿洞的底部在白天更像是一片沼泽泥潭，但河沟有益于被用来淘金。他们用一条大堤坝把水阻拦起来，让水通过一条斜坡小渠道流出堤外。这些人在渠底铺一块布，用一些石块将之牢固地铺在水底，以使水底无法形成平面状。当一名矿工带来从洞中掘出的土并抛撒在水渠中时，另一人则用皮囊让水流入小渠中。水冲走了较轻的土块，但黄金微粒便落入了不太平坦的底部，只要掀起石块就会很容易搜集黄金。收获似乎很大，有时甚至可以得到很重的金块，班智达曾见过超过两英镑（900克）左右的一块黄金。

班智达还叙述了该地区极端寒冷的气候，甚至在9月间便如此了，冬季必须穿皮衣。他指出那里的帐篷始终都支在有7—8英尺深的洞底以有利于防风。尽管寒冷，西藏人仍喜欢在冬季工作，夏季有300顶帐篷，冬季可多达6000帐[54]。因为冬季地冻，能经得起负承重压，不会有因塌方而影响工作的危险。

我转引这些细节并不是没有原因的。班智达所记述的这段文字，后来确实如同或超过了对我上文已提到的希罗多德的那一段著名文字的研究、分析和剖析。

该文献于1768—1869年间就被学术界所熟知了。从1869年3月16日起，我们便可以在伦敦的《蓓尔美俱乐部》杂志中读到劳林逊（Henry Rawlinson）的一篇考释文，因为劳林逊本人也关心亚洲的古代地理学。作者在这篇考释中立即在班智达的记述和希罗多德的文献之间作了比较："任何人都不能阅读班智达有关西藏矿工的记述，他们生活在地面之下 7—8 尺的帐篷中，在淘洗其中所含的黄金之前，挖掘出的土堆得如同小山一般。这尚无须提及希罗多德著作中对蚂蚁的描述……"

由此开始便出现了一批受某种狂热支配的西方的希腊学家和东方学者。这里是指要证明辛格所说的西藏矿工和希罗多德所说的蚂蚁是否为同一种表达形式，说明西藏确实是希罗多德所描述的那个地区，那里与帕克提人和卡斯帕提洛斯人为邻。我还应从这种比较中一一排除由逻辑造成的障碍，这类障碍是不乏其例的。思想中的创造性会带来奇迹。我于此仅能对形成学者之间生动辩论的一系列方法、感想和驳辩进行一番概述，这场辩论今天仍未了结。

有关这一问题的最为可观的工作是丹麦教授谢尔恩（Frederik Eginhard Schiern）的论著，最早于 1870 年发表，后又于 1873 年分别用丹麦文、德文和法文 3 种文字在哥本哈根出版[55]，接着于 1875 年又根据略作删节的法文版而出版了英译本。我们可以于其中发现于此之前发表的全部著作的长篇书目，其中包括古代作家们有关这一问题的段落（请读者参阅这些出版物，我不认为于此重复这些书目是必要的）。大家从中可以发现对这一问题的各种讨论：对此种动物的定义、对帕克提人和卡斯帕提洛人地区以及金矿址的确定、排除明显的矛盾等。

第 1 种要排除的明显矛盾是，在第 1 种希腊史料中是否有某种纯粹是对 murmex（旱獭）一名的误写呢？但这种由某些人提出的假设，在事实面前是完全站不住脚的。上文所提到的古代梵文文献也在有关这种我们不得不注意的特殊方式开采的黄金问题上，使用了一个泛指爬虫的词。

我还必须补充说明，我们通过这种论据，便可以回答由波斯人或其他民族为了向猎奇者们掩饰其黄金的真正来源，而故意散布的一种错误流言的假设……这类"流言"在历史上也并非罕见，但它在一般情况下是不会传播的。

从1870年起，流传最广的看法是认为这里确实是指一种牲畜，而不是一种昆虫，而且还是一种掘地穴的哺乳动物。我们作为假设可以发现有人曾认为是鼬狐（详见上文）、鬣狗、豹、仓鼠，或者据坎宁安认为是旱獭或一种兔子。坎宁安的假设在这一点上是有意义的，这不仅仅是一种逻辑推理，而且是直接观察的结果。他亲眼看到了挖掘金土的旱獭，还有人向他断言巴尔蒂人有时也搜集这种金土。但当时某些人指出，希罗多德所说的动物特别凶暴、敏捷，而旱獭却温和与迟钝，这实际上是不真实的。这就是其症结所在。但如果这些动物中没有任何一种比较合适，那也可能是指一种已完全绝种的动物。正如维吉尔（Virgile）所说的那样，它成为“追求黄金的可恶欲望之受害者”，最后可能被人类完全灭绝了。由关心该问题的一位学者提出的这种论据，谢尔恩教授认为幼稚可笑而摒弃了。今天，那种认为由于诸如“生态学”那样的原因而使某种动物灭绝的思想，似乎也不是不可能的。但如果我们坚持这种假设，那么动物掘洞采金以及后来的整个讨论就一去不复返了，多么遗憾啊！

但谢尔恩教授则持另一种看法，他是受一种属于视觉范围内的相似性之启发（至少是想象的视觉，因为他从未亲眼看见过任何实况）：为了防风而在沟底支起如此之多的帐篷和抛在沟边形成小山的掘土，难道从远处望去不是与洞穴不可思议地相似吗？它们难道始终都不是那些由班智达提及的圆锥形小丘和洞穴，那些“动物”难道不是由于严寒而从头到脚都穿有皮衣并在附近挖掘与活动的西藏人吗？其次，这里也确实是指一片沙漠。古代那些提供资料的人，从遥远的地方是否把穿着以这些动物皮制成的服装的人视为走兽了呢？我还应提一下从前丹麦人是如何在发现穿驯鹿皮的拉普兰人时，几乎把他们看作是驯鹿（希尔德斯书，第229页）。所以，西藏矿工全身裹着皮衣……更何况，对于终生都未曾见过活的或死的西藏人的谢尔恩教授来说，他根据曾在蒙古见过西藏人的帕拉斯（Pallas）的介绍，而认为西藏人的面庞具有“与猕猴面目几乎是令人不可置信的相似性”（第 229 页）。这一切都会取悦于那些爱好起源神话的学者们，也可能基本上不会使西藏人感到极大的恼火，因为西藏人恰恰把他们的先祖上溯到岩罗刹女与猕猴之婚合。如果谢尔恩知道这一神话的话，那么我就可以联想到他由此而得出的结论。我还应补充说明，该教授继续解释了西藏人奇特的风俗习惯，如伸舌挠耳以表示问好；根据班智达辛格的描述，西藏人睡觉的姿势是俯在膝盖和胳膊上，也可以说是用四肢睡，头扎在两个膝盖之间，成群地住在外面。该教授继续写道：大家可以想象一下面前的几百名西藏人，身裹皮衣，就这样互相拥挤在一起睡觉的情景。

另外一种吻合，便是西藏矿工更喜欢冬季工作。因为辛格认为，当时不会冒塌方的危险。普林尼也指出，蚂蚁于冬季忙碌并于夏季睡觉。谢尔恩也引证了斯特拉波书第 15 章第 1 节中的一句被归于梅加斯泰纳的话。据后者认为，这些蚂蚁于冬季掘洞并如同鼹鼠一般地在洞口堆土。此外，这些印度蚂蚁（始终据同一种史料认为）以捕食为生。谢尔恩又补充说，班智达确实向我们指出，这些西藏矿工也以猎狩野牦牛和其他野兽为食。此外还有许多其他内容，诸如矿工们常常受到强盗的攻击，因而才豢养那些令人不寒而栗的看门狗。许多旅行家们都讲过这一故事，班智达又重复了它。难道这些如此凶暴和如此疾奔并扑向印度人（希罗多德书中的记载）的动物，不正是西藏人的巨犬吗？

但还有一个小难题，这就是角的问题，即如同厄拉立特里亚的海格立斯庙中的角，大家也认为这是一种抄写错误，据沃尔（Samuel Wahl，他也支持把这种动物考证为鬣狗）认为，不应将该词读作 Cornua（角），而是 Coria（经加工的皮革）。也可能他们把 Cornua 理解成了“长牙”的意义，如同人们所说的“象牙”那样。严格地说，我们甚至可以认为这里确实是指角，由于大自然的一时任性，使之很奇特地生长在一般是无角的动物身上了（我确实可能应浏览一下所有这些假设）。总而言之，“角”的问题实际上并不棘手。谢尔恩的假设（第 231 页）是认为西藏人完全可以穿皮衣或兽皮，并且上面钉有该动物的角，很可能是作为装饰物或头戴而使用的。他举出了一个例证，有人已向他证明，这里明确是指西藏人，在谢尔恩看来，这件事不仅合乎情理，而且他还直言不讳地宣布（第 231 页）：“我们丝毫不能怀疑这种典型西藏人的头戴，并不是向参观厄立特里亚寺庙的人讲叙的故事中所说的那些头饰。”

谢尔恩在最后的总结中（第 232 页）排除了怀疑的苦恼：“我认为这个故事中再没有任何神秘莫测的地方了，掘金的蚂蚁本来既不像古人所想象的那样是真正的蚂蚁，也不像许多著名学者假设的那样为较大的动物，只是由于其形象及穴居生活方式才被误作蚂蚁。但这都是有骨有肉的人，即西藏的矿工，其生活方式和装束在非常古老的时代，就完全如同他们在我们今天一样了。”

我们不应忘记，对于像谢尔恩那样的欧洲史学家来说，在 1873 年，西藏就如同月球一样无法进入，当时尚不存在有关其民族的照片。

但在今天还可以记得起的异议中，我应该立即指出一种笼统的原则性反对意见。我们至今可以读到的有关该问题的全部论据都认为，西藏在 2400 年或 2500 年来没有或几乎丝毫没有发生过变化。当然，西藏人的保守气质是众所周知的。大家可以把近两三个世纪以来的普遍稳定性作为根据，但我仍认为在这一方面走得过远是不谨慎的。我们对希罗多德时代西藏人的外貌一无所知。现在所知的西藏人的历史仅从 10 个或 12 个世纪之后才开始。他们是否始终都具有同一种体形呢？哪一个民族集团在哪次民族大迁徙之后曾出没于和印度最近的地区呢？

大家还可以提出把适用于这一著名描述的地域确定在西藏的另一种反对意义。谢尔恩也如同其他人一样，把普林尼所说的 Dardae 人考证为达尔德人，把希罗多德所说的 Pactyes 人考证为阿富汗东部的帕提亚（安息人），把卡斯帕提洛斯城考证为克什米尔。时至今日，尚未有反对意见。虽然人们也可能会受把卡斯帕提洛斯城比定为木尔坦之做法的诱惑，即大大偏向南方之地，这是由坎宁安提议的。同样，希罗多德指出一片沙漠的事实则与人们对托克雅伦所处的荒凉高原之描述相符合。斯特拉波也提到了一片非常辽阔的沙漠，正如谢尔恩所指出的那样。但却有一种令人摸不着头脑的现象，正如我于上文已经指出的那样，那是因为该高原由一片辽阔无垠的高山山峦之地与达尔德人隔开，该山地是一个海拔高达 4000—5000 米的山口，那里有山谷、悬崖、堑谷、大雪、冰地，以至于自从有人撰写该地的游记故事以来，没有一个人不长篇大论地强调穿越该地区的艰难和危险程度。有许多人都对其旅行保持一种令人毛骨悚然的记忆。许多人提到了事故的受害者，诸如跌打、雪崩、严寒、严重的高山病等。在希罗多德的著作中却丝毫没有提到这一切，在至今所引证的有关古代的其他文献中也未曾提到过这一切。希罗多德仅满足于提到一片无法居住的沙漠。这就把我们引向了上文所提到的有关母驼以及它们在世界上速度最快的动物面前的狂奔问题，以及矿址和出发点之间的可能距离问题……如果蚂蚁在西藏高原上生活在一个诸如托克雅伦那样的地区，那么印度的那些骆驼的主人之出发点就应位于喜马拉雅山屏障的同一侧，这就是说同样也位于西藏高原，所以希罗多德所说的印度人并不是普林尼所说的达尔德人。

我在所有这些资料中还应补充一种属于气象方面的看法。辛格过多地强调了托克雅伦甚至在 8 月间就出现的严寒气候。相反，希罗多德却强调了炎热，其文中含有许多奇特的资料。据他认为，该地区每日间炎热的高峰时刻是黎明而不是正午。他提到了一种极端的炎热（而且他还是一名希腊人，早已习惯了底格里斯河与幼发拉底河下游的可怕热浪），它肯定是属于最炎热之列。无论他对气候的描述多么充满奇异性（这一点似乎没有引起上文所提到的评论家中的任何人的注意），这种描述也使那种将其地区定于西藏西部冰天雪地高原的做法变得不可能了。

此外还应指出，如果这种将蚂蚁的地望定位于西藏西部的做法在 30 多年间占主导地位（大家在印度经济地质学问题上最严肃作家们的著作中，也会发现这种做法)，它在1900年左右又被放弃而又重新确定在拉达克。当然，这场辩论始终未作结论。

19世纪的那位欧洲人谢尔恩往往表现为唯理主义者。他极力想为任何事情都找到一种具体的、合乎逻辑的和合情合理的解释。他在研究其希腊文化的起源时，是以逻辑推理的方法进行的。他根据手中掌握的论据，意欲具体确定古代文献中叙述的插曲之发生地。所以他高度注意类似某种具体证据的一切现象。如果缺乏证据，那么对文献的分析就会导致无休止的争论。我们至此在某种意义上是玩弄了考证和推理的手法。这恰恰可能是一种过分推理的做法、一种对待传说过分“19世纪化”的观点。这种“蚂蚁”很可能是人们所需要的那些动物，甚至是一种已灭绝的动物。它们既在拉达克，又在西藏高原或附近的许多地区采金，因为当地不乏产金区，无论是含金片的河水还是可以从事这项工程的动物都不乏其例。就人们的所知而言，达尔德人自2500年以来可能曾多次迁移过，曾经到过那里远近不等的地方，古代地理学有时是模糊的。但大家还应记得世界上存在着相当多有关矿藏的传说，有些传说认为金矿系由动物或其他危险生灵看守，必须冒很大的险才能从它们手中夺取黄金；阿里马斯波人的狮身鹰头鹰翼怪兽，是在狮身上长着翅膀和长爪尖的大蹄子。它们被绘在希腊的容器上。希罗多德认为，向这些动物争夺此种黄金的阿里马斯波人，是世界上最为身强力壮的人。汉地的矿区也有那些无法与之和睦相处的龙。长有黄发绿眼的金魔威胁着加利福尼亚的矿工。我颇爱把采金的蚂蚁看作是一种同类神话、一种也是被从中插入的具体事实所掩饰的神话的诱惑，这一种具体事实就是确实有些动物在某些地区提供金土。在具有推理思想的欧洲观察家来看，这种具体事实在某种意义上是传说故事的结晶，从而使它产生了一种根本无需大惊小怪的现象。人们由于找到一种勉强符合逻辑的现象、一种表面的证据，所以就使这一神话传播开了。

我还将指出，如果有关采金蚂蚁的传说起源于印度（史诗

《摩诃婆罗多》)、希腊或波斯(希罗多德及其后继人),那么它在汉地却没有相似的故事,虽然在汉地可以发现某些典型的西藏神奇动物。《唐书》指出,在吐蕃有一种会飞的草,如同鱼一样长鳞,身大如犬,绝对会使人感到恐惧。但一切都与一种有关黄金的动物没有任何相似处。我还将指出,在托尔沙漠(我们也可以把本处涉及的神秘印度人去过的地方置于那里)中,似乎也不存在有关这些动物活动的传说,而且也不产黄金。在《摩诃婆罗多》中提到的蚂蚁和黄金之地应明显确定在北部山区很远的地方,喜马拉雅山一侧或以远地区,绝对不会在托尔沙漠中。

因此,作为权宜之计,那些具有推理思想的人应该暂且满足于拉达克一地,唯有那里才存在具体证据。诗人和这一神话的诠释者们都有权想象一片更为辽阔的地域。

现在再回头来谈一个较晚的时代,正当谢尔恩教授的论文传播开时,我们的班智达辛格又出发前往印度了。班智达于1873年9月重新发现了已经被西藏人开采过的金矿遗址,即托克多卡(Thok Daurakpa,位于东经85°—87°和北纬31°3′—33°之间)地区。他的地图连同其由特洛特(Trotter)作序的报告于1877年出版,其中注有托克多卡、托克丁仁、托克扎扬、托克玛什拉、托克达克尚、托克吉穆利、丹冲和萨迦·夏尔等地。

班智达发现该地的采金规模比托克雅伦要小得多。那里矿工的生活方式也不同:在托克多卡,他们几乎都栖身于在地下挖掘的土洞中。大家称这种住处为"地穴"(phukpa)[58]。他共计算到32个地穴,按照主人的财产状况而各住5—25人。那些矿工由于迫不得已才选择了生活在这些土洞中,因为在这片荒凉的地区,到处都有康巴人和游牧人中的强盗出没,他们习惯于杀死那些不慎生活在帐篷中的人。他们于夜间前来砍断帐篷的牵绳。当那些不幸的人与强盗搏斗时,便被自上落下的帐篷绊住,强盗们便轻而易举地砍断这些人的脖子……那些地穴则比较保险,一个全副武装的人就可以对付大批来犯者的攻击。

但那里也有7—8顶帐篷，属于流动商人或新来者。这些矿工们来自位于该矿区东部和东南部的纳仓，或者是西藏西部和“布拉马普特拉河畔的一座距日喀则以西有5—6日行程的重要城市羌格拉什”。

“地穴”（或“地下居室”，phukpa）的主人各自开采他自己的金洞（而在托克雅伦，所有的矿工都在一个共同的大洞中工作）。班智达又具体解释说，采金工作只能于白天进行。那些相当坚硬的岩石都被用筐篮运出洞口，然后将之粉碎成小块，最后再放入铺在一个倾斜度不大的斜坡上的布片中，布片用石头固定，但要设法使之不能形成一平面。这样就可以向上浇水。水将较轻的泥土微粒冲向远方，黄金便滞留在故意造成的高低不平的凹坑中。这位探险家在多拉克巴见过的最大金块约重1盎司。但令人遗憾的是，那里在距矿区1600米处才有水，必须用毛驴驮皮囊来运水。该地区如此寒冷，以至于为了不使毛驴冻死，则必须在夜间把它们与其主人一起圈在洞穴中。

虽然矿工们向拉萨当局纳税很少（每人每年纳重1/5盎司黄金的1个砂金袋，约为6克），但采金似乎也不是一种很赚钱的营生。这名习惯于印度生活方式的班智达还写道：采金人的收入“似乎比维持生活的全部所需略多一点……牧人比金矿工要富裕得多，而且还过着一种更为自由、更为舒适和更为独立一些的生活”。采金非常艰苦，因为土质坚硬而水源遥远。但多拉克巴的黄金要比托克雅伦的好得多，该班智达认为那里有一块面积辽阔的产金区，但由于缺水而使其开采无重利可图。

他也解释了纳税方式并补充说（第140页）：“西藏金矿的规模和价值似乎被大大高估了……”

我刚才长篇引证的辛格之描述，当然会使人联想到上文已引证的16世纪米儿咱·海答儿所说的“西藏金地”。米儿咱一书的内容很久以来就在不同程度上于西域传播，并于1895年已用英文出版，而辛格的记述在18年前才发表。其中的相似处是显而易见的：地下穴居、受侵袭的危险、严寒等，这就导致译文的诠释者爱莲斯（N. Elias）从语言学角度进行思考，我于此仅作以简单追述（第409页）。“西藏的金地”是海答儿研究过的第1个金矿，由朵尔巴人（Dulpa）开发。我们于此之前还可以读到，朵尔巴人共包括5万户，属康巴或游牧部的组成部分（他们也从事前往印度斯坦出售黄金的营生）。所以，开发该金矿的是朵尔巴游牧部的一支，而且位于游牧民的土地上。

但据解释家认为，我们在波斯文中读到的dolpa一词也可以用其他几种不同的方式读音：duha、bulia和pulba等。我们甚至还可以认为应把L读作K，以至于也可能读作dukpa或pukpa。这样就可以把我们引向辛格说的Phukpa，指一批批金矿工小组为防盗贼而生活的地穴或地下住宅。所以，在人们似乎都倾向于认为一个词的发音在历史发展中永不会变化的时代，这样领会文献是对的……

无论是从地理学角度还是从语言学角度来讲，我们都不能非常准确地把古代与现代的金矿址相比较。这批金矿中有一些是众所周知的新矿，所以我们可以在上引蒙哥马利书中读到一条很可能并不是由辛格，而是由蒙哥马利本人所作的注释（因而是1869年）：“据先前的资料认为，似乎是在8—9年之前（因而是1860年左右），人们首次发现托克雅伦地区盛产黄金。”但在东经81°—82°和85°—87°、北纬32°25′—33°和31°30′—33°之间发现多处矿藏的事实证明，至少在19世纪时，西藏高原就存在一个辽阔的产金区，从喜马拉雅山峦一直向北延伸到这个高原最远的地方（由于其海拔高度、寒冷和缺少植物，甚至在某些地方缺淡水，因而很难使人类居住）和从拉达克到拉萨的经度之间。据当地人向班智达介绍的情况来看，沿拉萨到茹拖的路途一线，有一系列金矿，即沿紧傍布拉马普特拉河（雅鲁藏布江）的河水分界线（很可能位于该江以北的低洼地）的沿途[60]。昆仑山北麓同样也产金，但它不属于我们的论著详细研究的范围。

这一产金区的存在，于20世纪初叶又得到了证实，它当时又由一些英国人以及瑞典探险家斯文·赫定（Sven Hedin）于

1905—1906 年参观过，即在辛格探险近 40 年之后，当时进入西藏刚刚开始略为容易一些了。1906 年 8 月，托克雅伦矿址又首次由一名英国人——库鲁经纪人助理参观过[61]，该地于 1906 年又由斯文·赫定参观。斯文·赫定这一次从拉达克出发，作了一次探险旅行，使他从北到南穿越了整个托克多卡金矿区，发现了某些近期开发过的痕迹和一堆堆确实含金的砂土，即位于拉雄错附近高原上的一块非常荒凉的地区，介于东经 85°和北纬 34°15′之间。那里似乎仅能于夏季工作。同一位探险家指出了东经 86°线上的另一处矿址，距拉雄错的边界有 9 日行程之远。那里的黄金不是由淘洗获得的，而是在粉碎岩块后经手选和风扬才获得的。斯文·赫定的探险路线从正中穿过了托克多卡地区。他还横穿过绒格马—托克（Rungma-tok）或格扎伦（Getsarung，北纬 33°45′和东经 82°10′）采金矿址；在令冲错（Lemchung-tso，东经 83°和北纬约 33°20′处）东南，有人挖掘了一些可达 1 米深的矿坑。他为自己的行程画了一幅详图[62]。

另一方面，班智达辛格[63]于 1865 年获悉，在距拉萨有 6—7 公里的夺底扶山有金矿和银矿，该山是穆斯林的朝觐地，但那里的金矿尚未被开采。在哲蚌寺和小昭寺附近还有喇嘛们开采的金矿，或者是日喀则以南 24 公里处的茂密山上的金矿，那时尚未被开发[64]。

如果取一幅西藏地图并利用已征引过的文献以及分别由蒙哥马利、斯文·赫定所提供的地图、由麦克拉伦在 1907 年 6 月 22 日的《矿业学报》中绘制的地图，那就可以将至今所提到的全部金矿开发遗址都标出来，从而得到 20 世纪初叶令人可笑的金矿无所不在的影响。其重点被置于托克雅伦、托克多卡和萨迦·夏尔三个主要地区。出于明显的历史原因，主要是英国的出版物向我们提供了有关这一地区、阿里、羌塘和西藏西部高原的情况。但它们在近代却并未形成唯一的一个产金区，而是恰恰相反。我还应该指出，托克雅伦和托克多卡在 1935 年赫尔曼的中国历史和商业地图（《近代西藏的政治和经济》一书中的插图）

中，依然作为金矿址而出现过[65]，但它们后来却从经济地图中消失了。现在我再来谈一下西藏的东部、东北部和东南部，那里产金的名声已于上文根据古文献而证实，其中最古老的文献则应追溯到唐代。在19世纪和20世纪时，我们在那里又重新发现了天主教传教士和汉族官吏。

西藏的东部，从青海湖到云南边界，自1700年以后数年间便被逐渐置于清王朝的直接治理之下了。青海湖地区自1710年向清中央政府纳贡，巴塘于1718年被平定，理塘至少从1729年起就真正处于清中央政府的控制之下。这些地区的政治动乱不乏其例，政治区划曾有多次演变，民族边界始终不明确。青海湖成了蒙古诸旗的辖地，萨尔温江、湄公河和扬子江的上游以及云南边界地区，在数世纪期间都是既使汉族人同时又使藏族人感到恐惧的地区。因为这都是一些被森林覆盖的高山峻岭，到处都有凶残的野兽出没，居住着互相仇视的居民，他们或是“令人可怕的蒙昧人”“嗜血成性的人”，有时甚至是“食人生番”，他们时至今日还是一些“未完全受归化”的少数民族，其先祖们几乎被18世纪的清军杀绝……但这些山岭中遍布金银，就如同阿萨姆、云南和缅甸的交界地区一样。西藏人居住的康地同样因强盗的出没而著名，那里也产金。在西藏的这一东部地区，有许多汉族和藏族人在相对足够安全的地方到处淘金，这就是人们在19世纪对该地区的看法。

古伯察（Evariste Huc）神父于1844—1845年间从西宁到拉萨而穿过了西藏，他指出曾遇见过在牛粪温火上炼金的牧民。他写道：“在农产品和制造业产品方面如此贫穷的西藏，在金属方面则超过了我们可以想象到的一切，在那里可以非常容易地采集金银，以至于普通牧人也懂得纯炼这些贵金属的工艺。”他提到青海及康区诸地是产金区。康区首府察木多城“能够养活其居民”（尽管在该地区缺乏农业、工业和艺术），“这完全是由于金砂、蓝宝石、麝香、野牛皮和大黄”。

柔克义（Rockhill）在他发表《有关西藏的汉文史料》的同

一年（1891年），其个人的西藏游记《喇嘛王国》也出版了。他于书中多次提到在理塘地区存在丰富的金矿。他在扬子江上游亲眼看到淘金工们在工作。此人断言，一般来说，在西藏到处都盛行淘金："淘金是整个地区流传最广的职业之一，因为所有河流中都似乎蕴藏有贵金属的细微沙粒。虽然每个淘金工所采集的数量可能极其微薄，但一年的全部开采量也不可避免地会达到一个可观的数字。"

1886年左右，出版了一部有关西藏的汉文舆地著作，当时赢得了许多读者。这部《西藏图考》完全重复了18世纪末叶《卫藏图识》中的资料，后者已由柔克义于1891年作了译注："说板多山后有金厂"，或者是"达隆宗金粉"。无论是在这本地理书还是在柔克义翻译的书中，都明确指出黄金出产于说板多山附近，而不是在从行政上讲的说板多地区。其中指出的行政区域是达隆宗。这同一地区同样也是作为蕴藏金矿的地区而被提及的。此外，《西藏图考》用两个不同的词区别了"金砂""金石"和"金厂"等。至于柔克义（我上文已提到），他可能参阅了一部比较古老的著作而解释说，据他认为，达隆宗的金粉就是在说板多提到的那一种；而《西藏志》（其作者于1721年在西藏）仅仅指出了说板多山区的金矿。

位于理塘和巴塘等地以南的云南边境地区，于1870年左右由赴西藏的天主教传教士戴高丹（Desgodins）修道院院长作了描述。他在《1855—1870年的西藏传教区》一书中[69]，特别是在有关金矿的一节［根据戴高丹修道院院长及另一位传教士丁（Chauveau）主教提供的资料］中，有关于该地区黄金财富的详细描述。曾长期在该地区旅行和居住的这名传教士写道："在西藏东部的所有河流中，甚至在最小的溪沟中都蕴藏有金砂。"我于此仅从专写矿藏的这一章中摘录了有关经营黄金、金矿或砂矿的记载，它们都位于扬子江、怒江或萨尔温江、澜沧江或湄公河流域。

长江流域

在巴塘以北两日行程的地方，于“剽悍的沙怒娃（Sanguay-oua）人中”，有一个蕴藏量丰富的金矿。

在巴塘以南，于扬子江的东岸，属于云南中甸（在藏文中作 Guedam）的地区，有一批金矿，“其富矿程度超乎寻常”，如在木坦（Moutin）、东阿戎（Dong-Ngarong）、隆达河（Long-ta-ho），“其矿特别丰富，其名声已传遍中国的西部地区”和竹巴笼。

萨尔温江流域（指怒江流域）

在查木通（Tchamoutong）一侧，位于山栏（Chan-lan）村附近。

大雪山（Dokerla）被“许多人吹嘘成一个产金区”。“我不害怕断言，出自那里的所有河流，即使是小河，也都会裹走含丰富小金叶的河沙”。

湄公河（澜沧江）流域

右岸：越扎娃（Ngue-tsa-oua）。

左岸：胡漠河（Hu-mo-ho）、新厂（Sintchang）、老塘（Lao-thang）、永平（Yong-pin）、花角（Houa-kiao）、小口甸（Siao-kou-tien）、北曲雄（Pe-ky-huin）、巴洛（Pa-lo）、喀拉池—恰巴（Kalache-Chapa，金砂）、重角（Tchouenkiao，金沙）、则日通（Tse-re-tong，金砂）、各尼亚（Gognia，砂金）。

戴高丹（Desgodin）修道院院长的书简又由丁主教（Mgr, Chauveau）的资料所补充。丁主教是在该地区传教的另一位传教士。自 1870 年起，主要是在以下地区：

—理塘土司，共有 3 座很“著名的”金矿，分布于纳本（Nabong）、热乌（Réou）、河口（Ho-hyka）。此外还有其他许多处。

—拉普斯坦（Rapstein）土司，在卓尼（Theurni）山上有金矿。

—卓喀（Zeurga）土司，在爽雄（Kia-kioung）有金矿。

—溯莫（Somo）或溯蒙（Somong）土司，到处都有金矿。

—雀特（Kiotey）土司，到处都有金矿。

—卓肖（Tcho-hiop）土司，在玉柯（Yuko）的“大面积地区”有金矿，在拉孜（La-dzi）有金矿，在中甸内曲河（Gue-mong-neu-tchieu）有大量金矿。

—扎拉（打箭炉，在藏文中作 Tar-Ts’e-do）土司，在距该城不足1古里的地方有金矿。在木尼亚（Mounia）县，“人们到处都可以看到金矿，或者几乎如此。有任何小溪的河床上，无论它多小，都有金矿”。在花市（Oua-se）村，有一个古老的金矿，在孔鱼有金矿。

—鱼通土司，有陶角（Thao-kyo）、边坝、大本山、大本流、柯杂（Ko-dza）、江村（Kiang-tsong）、汉魁（Han-ngui）、唐坝（Tang-pa）、小水口（Siao-Chouy-Keou），雅各垄（Ya-Ko-long）、几家寨（Ki-Kia-tchay）、索孜康（So-the kang）。

—木坪土司，这是“金矿最丰富的地区”，作者只引证了其中的最著名者：陇东、高河坝、杨申、德子沟、河什旗、野猫坪、眼净空、滕子沟、马蝗口（高嵩矿）、遥节、金口地、二郎庙。

我们在20世纪还会重新发现这一产金区。它是当时中国西康的组成部分，从西向东基本上延伸于东经92°30′—102°之间。金沙江（扬子江）当时正流经该地区中间。这种政治区划于1950年之后有所改变。在中华人民共和国的新地图上，长江形成了四川省与西藏自治区的省界。很难说该地区是“中原地区”还是藏区呢？从历史上讲，这是“土司”们（地方豪酋）的地区，也就是说是少数民族的小王公们的地区，始终为土司辖区。这就是说他们已经内附中央政府，但中央政府的官吏们对他们从未感到过彻底放心。著名的产金区金川或金县便属于西康的组成部分，其地位于该地区极东部最边缘的地方，恰恰直接处于中央政府管辖之下的四川边界。其首府金川位于大渡河畔。大渡河于稍靠南部一些的地方在宜宾注入扬子江。金川曾是土司们多次争斗的舞台，天朝也曾在那里发动过多次军事平定。清代的战争记述《圣武记》提到了于18世纪之前或者是该世纪的征战史[70]。该地区的黄金财富可以上溯得很古远。因为早在隋代（589—618年)，便在那里设立了一个“金区”。金川这一首府大约位于东经102°和北纬31°之间。大家勉强可以称之为“藏区”。但我必须提到它，因为读者于稍后不远处便会看到“西康”生产黄金，金川又是西康地区的组成部分。自1950年以来，它又重新被划入四川省了。

2. 西藏黄金的产量

西康无论如何也是藏区（如果我们可以接受这种提法的话）唯一的产金区，至少对于20世纪中叶来说是这样的。我掌握有该地区具体的黄金产量数字。因为中国的民国政府非常注重这一问题，该政府由于战争的需要，而被迫在它可以控制的中国领土上开采贵金属。

这个黄金产量数字的问题，或者是基本不存在黄金的问题，对于经济史学家来说确实极其重要。我们掌握有风言和传说，但真实数据到底如何呢?

对于18世纪，我没有掌握任何数据资料，对于此前的几个世纪也如此（唯有希罗多德时代例外，由印度人向大流士进贡9331公斤黄金，其中有部分可能源出于吐蕃)。我掌握着有关17世纪的几组数字。对于在20世纪数年间由中国中央政府控制的部分地区，有过某些真正的统计资料。自1950年之后，再没有任何统计资料了。

在贵金属的历史上，缺乏产量数字并不是一种罕见现象，这甚至是一种常见的情况。某地区的黄金生产最多的则是根据出自某一港口或入藏某一国库的数量，或者是根据收税额而估计的……所有人都非常清楚地知道，真实产量中有一部分逃脱了任何控制。但我们却掌握有某种大致的数量。人们始终或几乎完全是通过对流出国土的黄金数量的估计，而试图估量中国的黄金产量。苏联现今的黄金产量是根据俄罗斯人在世界市场上的抛售量而估计的。在18世纪时却相反，人们只通过到达葡萄牙的黄金数量以及殖民主义的专营、集中组织和监控等作用，而相当清楚地了解到巴西的黄金产量。在任何国家和任何时期，都很难具体统计走私的和成为私人财产储备的黄金份额……当生产受到规章条例的严格制约时（如当代金刚钻的生产那样），我们还可能会希望了解在同一国家内部的开采量。但当涉及一种完全是自由的生产时，仅仅由每年交纳一种个人税来控制，并允许在国内外自由出售，而且还有数量不定的从业人员时，人们仅仅能够估量的只有两件事：一方面是经常（通过个人税来计算）的数量，另一方面是由某一过境地点（通过毗邻民族的监管控制者）而出口的数量。西藏的情况即如此。保存在该地区内部的黄金数量使人不得而知。至于其出口数量，我们将会看到那是非常难以具体确定其数量的！

此外，由于政治原因，西藏自18世纪末起便对西方人封闭。这首先是西藏地方政府与中国中央政府的某些共同协调一致的理论造成的，其次是由于西藏地方政府、大清王朝和英国1950年之前的政策的结果。自1950年起，又是由于共产党国家的原因。

在这些政治性封闭之前，如在18世纪初叶那样，地理和气候的障碍都使旅行变得路途遥远而又困难重重。在南部，从尼泊尔入藏的道路要经由德赖（Terai）平原，那里受一种几乎是令人一触即亡的疟疾恐怖现象之侵扰，它使得这条路唯有在隆冬方可通行。这种穿行经过尼泊尔大山中的数周旅行之后，便要通向库底（Kouti）和济咙（Kirong，吉隆）山口。在艰难险峻的山道一侧，又是不丹的那些带有敌视情绪的居民。在这条艰险通道的中国中原一侧，则是严寒大雪、悬崖峭壁、“瘴气”（严重的高山反应、自植物或矿物中发出的有害蒸气）、野兽、职业土匪。在北侧是令人谈虎色变的严寒、由于高海拔而变得稀薄的空气、有咸水或完全缺水的草地、缺乏牲畜的牧草、没有燃料。在西侧，则是与不丹相同的喜马拉雅山地区的障碍：万丈深渊，在人的脚步下也会坍塌的令人炫目的道路、悬崖峭壁之上的那些如同表演杂技道具般的桥梁、崩塌的山岩、湍急的河流、雪崩……和高山反应病。这是所有游记中的一种冗长而又单调的叙述。但我们不能由此得出结论，认为西藏与世界是隔绝的，事实绝非如此。朝山进香的人和商人在那里来来往往，络绎不绝，西藏人或外来人经常翻越那里的山口。似乎恰恰是在该地区向欧洲人封闭时，突然间在欧洲人中发展起了一种有关西藏黄金的传说。一个地区越是无法渗透进去，任何一种传闻（即使是由此而变得无法核实者都一样），就越会变得膨胀起来，由于这一切从来都未曾遭到过否认，因而，变得格外顽固不化。黄金以及真假理想国的情况即如此！

西藏由于其环境的实际形势，而成了一个商业和商人的地区：气候条件使人无法种植足够的粮食产品以养活其人口，肉类的消费肯定由于佛教信仰而受到了限制。西藏人始终都被迫向他们的近邻购买粮食和茶叶、香料、干果等。他们同样也采购铁器、铜器、珊瑚、金属、货币、纺织品。他们为采购这些产品，必须用羊毛、活牲畜、盐巴、硼砂、麝香和砂金来支付。肯定正是砂金这种稳定的出口物，才促使长时期地维持了有关巨大的黄金资源的信仰。这种信仰诞生于一个无法确定的历史时期，后来又由于人们对此产生的兴趣而长期维持下来了。属于当时极其关注寻找黄金的英国与俄国的商人或军人，到达过西藏毗邻地区，即将会加强对于西藏矿业资源的注意。

如果人们忽略了从希罗多德到米儿咱·海答儿（Mirza Haidar）的古老文献（它们更多的是属于学术和诗歌领域而不是经济领域），那么古代神奇般的矿藏同样也不会使伦敦的商人们晕头转向。据18世纪时的直接报告认为，西方人确曾相信过西藏巨大的黄金资源。难道这一切均由此而来吗？

此外，大家还将会发现，无论是否参照了古代作家们的著作，而被归于吐蕃的这种财富的做法，都是由西方人而不是由中国人造成的。汉人并不大热衷于贵金属。在汉人中也没有任何影射蚂蚁金的地方，这种传说丝毫不为他们所知。某些带有缺乏热情而又振奋人心的形容词的枯燥资料只会指出：某地有“矿业”。西方人则以完全不同的方式使用这些资料。

但我可以指出，那些使人相信这种资料的人，诸如德希德里（Desideri）、波格尔（Bogle）、忒涅（Turner）、特鲁什尼科夫（Troushnikov）和其他人，他们之中的任何人都既不是矿业工程师，也不是地质学家。此外，在已经被提到的产金矿址中，他们未曾参观过其中的任何一处，经常是通过道听途说而记载这一切的。他们都是根据在自己的旅行中于当地或更遥远的边境地区，从西藏、尼泊尔和克什米尔等地的人口中搜集到的资料而记述的。这些资料很少会精确到数字化，而始终是使用“很多的”“大量的”等修饰词，丝毫未提及产量。所以，我还必须根据时代而用世界生产术语来解释“很多的”之意义，因为世界上的采金量于300年间发生了令人震惊的变化。

据德希德里于1720年左右认为，在热多亚（Retoa，玛法木错湖？）[71]湖畔和湖沙中，有“很多的”黄金（斯特雷奇于1846年到达玛法木错湖畔，只能于西岸找到一处被遗弃的采金遗址）。不断地有人前往那里采金，并从中“获取巨额利润”。黄金连同畜群的酥油，促使将这个从表面上看来很贫瘠和荒芜的地区，变成一个为“大喇嘛”带来良好收益的省份。1781年左右，耶夫勒莫夫（Iefremov）认为，西藏的所有地区都蕴藏有“丰富的金矿”，人们可以从河沙和矿床中开采“大量的黄金”。波格尔于1774年指出，西藏向所有人出售黄金。尼泊尔的许多史学家也都指出，西藏于1792年之前将其部分黄金输往尼泊尔。最鼓舞人心的是忒涅[72]的见证，他于1783年左右提到了“其价值无可估量的金矿”“地下的丰富财宝”、矿藏与金属。在他列举的矿物与金属表中，居于首位者便是黄金，它们可以“为西藏人打开取之不竭的财源宝藏，以至于仅以此就能满足他们希望采购的一切之需要”。在1808年和1819年之间，哈米尔顿（Hamilton）自信在玛法木错湖[73]的东北部发现了“一座漂亮的金矿”。古伯察神父于1844年声称，西藏“富有地下矿藏，远远地超过了人们可以想象到的一切”。他尤其提到了金银[74]，但他同样也未曾提供数字。

一种最早的数字估计出现在1831年的西方文献中。我们确实可以在威廉姆·雅各布的《贵金属的生产和消费史初探》（这是1831年出版的一部有关黄金的经典著作之一）[75]中读到：“西藏富有金属矿藏。人们可以在那里的多处地点找到黄金，而且其黄金具有一种特别高的纯度。金矿完全是政府的财产，政府通过合同而允许开采其中的一个金矿，甚至能达到约5000两（155500克）的产量数目。其总产量估计至少可以达到这一数目的一倍多。”这一切就导致我做出其总产量为311公斤的估计。主要的麻烦在于作者未能逐段地引证其史料，这些可能都是英国史料，我不知道他所说的“西藏”概念是否覆盖了与后期作者相同的地域，是否包括青海（库库诺尔，Koukounor）和东部康区（Kham）等地。

在1831年，我们是否可以把311公斤视为巨额产量呢？当然不是！1821—1830年间，黄金的世界年产量估计（但对于亚洲却有一种相当大的预测，具有不确切的回旋余地）平均为14216公斤，在1831—1840年间平均为20289公斤[76]。在威廉姆·雅各布时代，世界金产量持续上升，经过始于18世纪中叶的一次已中止的下降之后，于1820年以后便开始上升。

如果我假设认为，18世纪时的西藏黄金产量数目正属于1831年的产量范围，那么我是否可以说，与世界产量相比，西藏黄金产量于18世纪时是否可能占有某种重要地位呢？

事实也绝非如此！作为比较，下面就是1741—1850年间世界黄金年产量的平均数字：

1741—1760年	24610公斤
1760—1780年	20705公斤
1780—1800年	17790公斤
1800—1810年	17778公斤

1811—1820 年	11445 公斤
1821—1830 年	14216 公斤
1831—1840 年	20289 公斤
1840—1850 年	54759 公斤

此后的世界黄金年产量发生了巨大飞涨。由于人们像潮水一样地涌向了加利福尼亚金矿和西伯利亚黄金生产的发展，其后是在澳大利亚，最后是在南非发现了金矿，从而使其产量达到了现今的巨额数目：1977 年为 967 吨，苏联尚不包括在内[77]；1978 年为 1000 吨，1989 年为 2000 吨，所有国家的金产量都包括在内了。

在 1867 年的乃颜 · 辛格时代，世界的黄金产量每年 195 吨左右。我们看到多或少的产量概念是怎样起伏不定的……然而，即使是与 18 世纪最低的数字相比较，几百公斤的产量又能算得了什么呢？

在风言和传说中，确实应该区别出两种不同的概念来：采量与储量的概念。想象力正是根据可能的储量而发生作用的，即使数字证明西藏黄金采量在世界上并不占多大比例也一样。

对于 1830—1831 年之间，我掌握有关尼泊尔进口西藏黄金的具体数字。我是因一种完全值得信赖的资料——尼泊尔的英国侨民霍德森（B. H. Hodgson）的经商日志[78]，才知道这一切的。霍德森的这些经商日志于 1857 年发表，它们明显在此之前很久就为官方机构所熟知了，但于 1830 年尚不为雅各布所知。它们为我提供了尼泊尔于一年间（1830—1831 年的财税年，今天在该国仍是同样的习惯，即从本年 7 月到下年 7 月计算为一个财税年）进口黄金数量的详细情节。黄金在被运到加德满都（Katmandou）时，必须交一笔很小的税（每托拉交 1 安那）。黄金可以自由出口，并且在出尼泊尔海关时要免税。该国很愿意用黄金来结算在印度采购的货物。因此，这里是指一种自由贸易，符合供需双方的要求，没有例外情节。

下面就是在 1830—1831 年之间，由尼泊尔自西藏进口的黄金数量：

1 级黄金，每托拉 24 尼泊尔卢比：20000 卢比，883 托拉；

2 级黄金，每托拉 22 尼泊尔卢比：90000 卢比，4090 托拉；

3 级黄金，每托拉 20 尼泊尔卢比：60000 卢比，3000 托拉；

4 级黄金，每托拉 18 尼泊尔卢比：45000 卢比，2500 托拉；

5 级黄金，每托拉 13—17 尼泊尔卢比：15000 卢比，1000 托拉左右。

这就使我得到了 11423 托拉的总数，也就是约为 132.5 公斤。如果人们愿意以纯金计算的话，那就要稍少一些。因为西藏的黄金大部分都是成色低劣者，尼泊尔人被迫对此重新精炼。

我对于这些数字的严肃性无法提出质疑，但它们已经与威廉姆·雅各布提供的数字不相吻合了。它们代表着大约由雅各布所假设的 1830 年左右的产量总数的 42% 左右。因此，这就意味着西藏黄金总产量的 42% 将会出口，经由尼泊尔出口。这一点与我们对于尼泊尔在西藏外贸中所占的重要地位之所知，并不互相吻合。因此，西藏剩余金产量的 58% 的用途依次是：①内部需要，向寺庙布施、纳税、私人积蓄；②经噶大克（Gartok）、西宁和打箭炉（康定）而出境。西藏与中国中原的贸易已经形成了西藏贸易中的最重要组成部分……从霍德森的数字来考虑，我觉得西藏的全部黄金产量似乎应该是远远高于雅各布的估计数字。

我们必须长时间地等待新的数据，直到 1867 年才出现了乃颜·辛格。他的游记在非常长的时间内曾作为专家们估计西藏黄金产量的基础，也曾长时间地被人作为参考资料而引证。其原因就不言自明了，唯有他才能够在长时间内提供一种直接的资料。

大家已经看到，乃颜·辛格 1867 年的探险是由蒙哥马利（Montgomerie）派遣的，其目的是为了找到这些神奇金矿的矿址，它们被认为位于玛法木错湖的东北。这些矿藏由于其名气而名震遐迩，但尚未由一位欧洲的代理人考察过。然而，其矿址却没有任何秘密。该班智达（Pundit）发现了某些熟悉其道路的商人，并与他们同行。西藏的任何金矿都似乎未曾被保密过。

因此，我们的这位班智达到达了托克雅伦，其收获似乎很大[79]，他发现的金块之重量有时是很大的。该班智达发现了一块天然金，重为两英镑（约900克）。1867年，托克雅伦被称为“萨索”（Sarshoo）的砂金袋（重为半托拉零8鲁特，即6.8克左右，半托拉合5.833克，8鲁特合1/12托拉）只出售5.5—6卢比的钱币。我还将有机会回头来论述这些价格。

金矿是否会取之不竭呢？直到1867年尚使用的陈旧采矿法，只能使人收获勉强尚可以用肉眼看到的黄金。用铁铲掘出的土，要用过滤法在一块粗布上过滤。这虽是一种很原始的办法，但却在当代和自数世纪以来，于整个大地上广为流传。它只能使人开采一种含量相当高的富矿。冲洗泥沙的水流必然会扬起细得摸不到的细末灰尘。该班智达写道：“采金人声称，他们一眼就会辨认出一种含金的土。但在托克雅伦周围，从这次或那次被开掘过，而现已遭不同程度遗弃的大批金矿址来看，西藏的金矿工，似乎也完全如同澳大利亚或加利福尼亚的那些金矿工一样任性。从各种可能性来看，当他们长时间未获丰硕收获时，他们便拔营并迁至他处，移师于一个他们认为能找到更富有吸引力矿址的地方。”

他们从这一切活动中能得到什么呢？在托克雅伦的收获明显被认为是丰硕的。此外，淘金者人流的蜂拥而至便是证据……那里在仲夏可以多达300顶帐篷，隆冬则有6000帐[80]。然而，由于极端严寒和令人毛骨悚然的狂风，那里的生活异常艰难。甚至那里的水都无法饮用，在饮用之前必须先使水结冰，然后再融化。“由于饮用水源、高海拔，以及完全缺乏树木和普遍的严酷气候等困难，托克雅伦的黄金开采，是在比世界上其他任何地方都更加困难的条件下进行的。然而，淘金者似乎很欢乐，时刻都在歌唱，妇孺也加入其中，以形成一种在很远的地方都会听到的大合唱”。

在该地区北方，据说游牧民中的土匪们逞凶一时。从行政方面来讲，矿藏都置于了拉萨当局高度警戒的监视之下。驻金矿的一名总监或专员监管全部矿址，每个采矿点各自都有一名特定的金头[81]。所有人都有权前来采金，其条件是每年都交纳半托拉重的一个砂金袋（作者于上文将一小袋金砂计算为半托拉和8鲁特。实在说，现在几乎所有作家都基本上如同他一样计算，他将砂金袋计算为准确的半托拉，也就是5.8克。我于下文将沿用这种算法）。大部分寻找金矿的人都是来自日喀则（Shigatze）附近的琼人（Chung）。黄金专员每年巡视一次以收税，他在巡视期间要视察各个金矿点。剩余的黄金便进入了商业流通渠道。

在更靠东部的托克多卡，乃颜·辛格于1873年9月[82]访问了那里。我们于上文已经讲到，那里的采金收获不太丰厚，工程更为艰难，因为岩石很坚硬，水源很远，土匪也很猖獗。总而言之，淘金勉强能使人维持生活。但那里的黄金成色很好。

"该班智达相信，人们在许多广袤地区都能通过挖掘而得到黄金，但缺水却使开矿变得无利可图了"。

"西藏金矿地的意义和价值似乎被高估了"。所以，"我们正处于幻想破灭的第一阶段……"

"该班智达证明，除了现在于托克雅伦附近开采的半打（6个）矿址之外，西藏北部现今尚在开采的仅有几处矿址都位于托克多卡。另外两个规模不太大的矿址，就是丹冲（Tang Jung）和萨迦·夏尔（Sarka Shyar），这两个矿点均位于东部约有6日行程的地方。他认为，几乎所有在西藏西部获得的黄金都最后被运往噶大克（Gartokh），然后再由经过库毛尼人（Kumaoni）商客的渠道而流入辛都斯坦。他估计每年运往噶大克的黄金价值约为8万卢比，也就是8000英镑"。

"多卡的采金工或是在西部加切托尔（Garchethol）的康巴人，或者是东部纳仓·本妥（Natchang Pontod）的康巴人手中销售黄金，以交换他们的畜产品。剩余的黄金将落入那些自拉萨和中原运来茶叶的商人手中。"

在多卡（多拉克巴），黄金的售价为每托拉14卢比（比在托克雅伦稍贵些）。

正是8万卢比这个数字，后来才被西方人作为计算西藏黄金产量数字的基础。

据这位班智达认为，噶大克销售的黄金几乎代表着西藏西部全部黄金产量，也就是托克雅伦、多卡克巴—萨迦·夏尔全部金产量，其余可以忽略不计。噶大克是西藏与中国中原之间的一大贸易市场。

如果将一砂金袋（Sarshoo 或 Sharshia）黄金的重量大致地计算为半托拉，完全如同所有人都曾做过的那样，再根据由该班智达本人指出的价格，来估计黄金产量，就会得出如下结论：

（1）如果每砂金袋黄金价值 5.5 卢比，那么我们针对 80000 卢比，就会得出 14545 袋黄金，也就是 84361 克。

（2）如果每砂金袋黄金价值 6 卢比，那就会得出 13333 砂金袋黄金，也就是 77331 克。

（3）如果每砂金袋黄金价值 7 卢比（多卡的价格），那就会得出 11428 袋，即 66282 克（我们掌握有 1∶9、1∶11 和 1∶14 的黄金与白银的比价）。

这种估价是以当地的价格为基础而估算出来的。在噶大克，商人倒卖的黄金价格比较贵一些，而商人又是从淘金工手中获得的。

这样一来，对于同一笔钱，所获得的砂金袋数量就会稍少一些。但这依然是属于同一数量级别。我们是否确实应该认为西藏北部和西部这片辽阔的产金区，每年只能生产 66—85 公斤之间那么一点黄金呢？在 36 年之前，仅仅尼泊尔每年就向西藏采购 130 公斤之多的黄金。

如果我试图根据人们所知道的纳税情况而确定黄金的产量数字，那也不会有多大的成功！事实上，这种税是一种人头税，并不取决于黄金开采量。它只能向我们提供有关其淘金工人数的资料。例如在托克雅伦矿址，我们知道那里在仲夏有 300 帐，冬季有时多达 6000 帐。人们是否可以按每一帐而仅算作一个纳税人呢？到底是每年仅仅去淘金一次呢？还是相继有多位纳税人轮流去采金呢？我们是应计算为 300 砂金袋（即 1740 克黄金的税金）

呢？还是计算为6000小袋（即34800克）呢？如果说1869年的文献有误，如果应该理解作600帐（如同在1890年的瓦特辞典中那样）而不是6000帐，那么是否应该理解为3480克税金呢？

在托克多卡，共有32个地穴住宅，每个洞中住有5—25人。我们是否应该将一户家庭的每个成员都算作一名纳税人呢？或者是只把每户家长视为一个纳税人（这种概念在当时的税制中更具有传统性）呢？32位纳税人要交纳185.6克税金；160名纳税人（32×5人）则要交纳928克税金，800人（32×25人）要交纳4640克。

但我们都知道，至少是在1845年左右，据我已经引证过的斯特雷奇的报告[83]，负责对承包3年的黄金收税巡视员萨本（Sarpon），要按照承包额每年向拉萨地方政府交纳17000卢比的税金。按照每砂金袋黄金分别价值5.5卢比、6卢比和7卢比的比价计算，那就会分别得到3090、2833、2428砂金袋（分别相当于17922克、16231克和14082克）黄金。因此，一共有2428—3090位之间的纳税人。但作者指出，这位萨本共有170名矿工从事劳动。

我们可以假设认为，一年间在托克雅伦共有6000名纳税的淘金工。那么，正如我们刚看到的那样，这样就会共有34800克的税金。这种税被认为是一种最低税率。它是代表着一般认为每年流向噶大克市场上的黄金量的一半还是1/3略强呢？然而，那位班智达却认为，几乎是西藏西部所产黄金的全数都最终流向了噶大克。

在这些数字中，矛盾之处实在是太多了，以至于使人们确实无法利用它们。

此外，人们看到，在托克雅伦，采金业于1867年还是一桩有利可图的好营生。但1873年在托克多卡，这种经营却只能使人勉强维生。产金区是否已经枯竭了呢？或者是当地的食物价格确实如此暴涨，以至于矿工们只有出售他们的全部黄金才勉强能换回吃饭钱呢？我通过班智达的这同一篇文献而获知，砖茶

(重约5英镑) 在那里卖一砂金袋的黄金，而它在拉萨却仅值一半的金额。此外，在远离村庄聚落的所有金矿中，这都是司空见惯的现象，在世界上也普遍如此。

在乃颜·辛格于托克雅伦的见闻问题上，还必须提出另一点注意事项来：该矿址似乎是于1860年左右由西藏人自己发现的。为蒙哥马利提供资料的人，于1867年发现它正处于兴旺发达的全盛时期。蒙哥马利于夏末访问了该地方，但他却指出人们喜欢于冬天在那里工作。我至今尚未论述这种冬季的工作。然而，如果人们认为那里甚至于8—9月便呈现出严寒，那么在冬季似乎无法使用水，那时的水必然会结冰。此外，与这一西藏高原处于同一气候带的其他多处矿址,恰恰是仅在夏季开矿。例如,斯文·赫定就曾经指出过这种现象[84]。进一步讲，同一位探险家和作家于稍后不远处又写到[85] (他于1906—1908年间穿越了西藏高原)，托克雅伦的金矿址是世界上海拔最高的常年居住区之一。斯文·赫定的向导之一白玛·登斯 (Pema Tense)，因曾多次前往那里而非常熟悉当地的情况。他曾对斯文·赫定说，那里夏季有300帐留在原地，因为拉萨和其他地方的淘金人于这个季节也都涌向该地区，但冬季却只有30余帐……那里的寒冷令人谈虎色变，由于频繁的雪暴而更加剧了寒冷。

除了在这些见证资料之间的矛盾之外，大家还将会发现数字的重复：300以及与6000 (或600) 帐这个数字的联用，此外还有30这个数字 (米儿咱·海答儿、乃颜·辛格和白玛·登斯把矿工帐篷的数目计算为300)。这主要是指象征性而不是数学上的数字，还是纯粹为一种巧合呢？

我再回头来论述淘金人的生活水平问题，难道这些财富是传奇性的吗？难道这个遍地是黄金的地区会如同葡萄蛋糕一般吗？这种络绎不断的黄金潮究竟是自何而来的呢？

如果我们到达西藏的另一端，基本上是在同一时代，实在说，那么我也没有发现有任何理由为发财致富而涌向那里。下面就是戴高丹修道院院长针对理塘、巴塘和打箭炉 (康定) 等地区（他于 1870 年左右曾生活在那里或往返于那里）而写下的内容[86]："大批汉族冒险家都游荡在西藏的大山中，正如大家可以看到许多欧洲人，在对黄金神圣酷爱的驱使下，出发前往加利福尼亚或澳大利亚一样，他们为了一己私利而怀有中国人很热衷的那种黄金美梦，即在数年内就变富。但官吏、喇嘛、法师、盗贼、葡萄酒、极度野蛮、赌博和匕首，很快就使最初的美梦被吹得远离而去了。对于我们看到进入金矿的 100 名这类受到诱惑的赤贫者，我们可以把他们视为极其漂亮和衣着入时的小青年，时隔不久便有 99 名又离去了，大部分都由于饥饿和苦难而面临死亡，仅穿着一些被某一不知名的乞丐抛弃的破烂畜皮。"

然而，那里处于一种不太严酷的气候带，工作也远不如在西部那样艰苦。但作者却不想由此而暗示那里不存在黄金。他更应该是想责备经纪人。但这依然可以说明那里采金的利润不太丰厚。

该地区后来便被划入到直属中央的西康省了。其产金量仍值得被列入到国家的统计中去。我将于下文不远处再来论述这个问题。

至于西藏北部和西北部的辽阔疆域，我们可以认为，其黄金产量也很低微，完全如同由乃颜·辛格提供的数字所暗示的那样。难道这些数字支持他于此并不掩饰其失望情绪的印象吗？

但更近期的作家们正是以这些数字为依据，试图作出一种大致估价。这就是说，当他们不能简单地避免西藏黄金数量很大的印象时，便会这样做。现举数例为证：

无论是瓦伦廷·贝尔（Valentine Ball）于其 1881 年的印度地质学著作中[87]，还是埃德温·T. 阿特金森（Edwin T. Atkinson）于其 1882 年的喜马拉雅地区地名辞典中[88]，还是乔治·瓦特（George Watt）于其 1890 年的印度经济学辞典中[89]，都未提西藏的黄金产量数字。这三个人都重复了乃颜·辛格的报告，并且关心当时正蓬勃开展的有关希罗多德所谓蚂蚁金的大辩论。但他们都未曾试图对于西藏的产金量作出估计。

阿尔芙莱德·骆克（Alfred Lock）于其1882年有关黄金的经典著作[90]中，为古代传说保留了一席很重要的地位。他很乐意将这些传说的地理位置定于西藏，并且以忒涅、莫尔克洛菲特（Moorcroft）、斯特雷奇、蒙哥马利等人所熟悉的文献为基础……他又重复了每年由噶大克出口80000卢比黄金这一数字，我们已经看到了这种说法的来龙去脉。

豪泽（H. Hauser）于其1901年有关黄金的著作中，甚至未提及西藏[91]。

路易·德·洛内（Louis de Launay）曾是巴黎矿业学院的教授，是一大批著作的作家。其中有两部著作最为洋洋大观，其一是有关全世界黄金问题的，另一部便是有关亚洲矿业资源的。他1911年[92]于其第2部著作中写到，西藏西部的黄金在1880年左右估计价值20万法国法郎。他自称是以勒克吕（Reclus）的数据为基础的。按照他自己的估计，如果将1克黄金定价为3.544法国法郎，那就会得出西藏黄金产量共为56433克的换算。这一数字比乃颜·辛格计算的最低产量还要低。

马尔科姆·麦克拉伦（Malcom Maclaren）于其1907年有关西藏黄金的文章[93]中，既拒绝提供产量数字，又不肯估计可能的储量。此人是有关亚洲黄金产量的多篇文章的作家，曾研究过从雅鲁藏布江流域携归的西藏黄金的精矿样品，他本人似乎从未亲自到过西藏。他很谨慎，仅限于指出："远处的田野都是绿色的，这是尽人皆知的事实。无法接近的金矿肯定是富矿，这是必然的……西藏是唯一的一个与现代企业和科学研究隔绝的金矿区……在一部近期出版物中，它被描述得如同是一个近代理想国，一个唐·蒂德勒（Tom Tiddler）……（他讲到了西藏的西部）。任何一名矿业工程师和地质学家都未曾到过那里。1905年赴雅鲁藏布江上游的英国探险团中不包括任何地质学家……"他认为："我们无法形成有关西藏金矿矿址的丰富性或贫瘠性的任何观点……"人们确实可以找到很大的自然金块。此外，人们还发现，淘金工都无一例外地贫穷。非常严酷的气候、工作的艰难使其效益受到了极大遏制。最后，“人们甚至不了解西藏黄金的矿址成因”。

麦克拉伦文章之长处，是附有一幅金矿矿址的详细地图，它同样也指出了西藏西部之外的其他金矿点。大家从中可以看到西藏的东半部，唯有已成为中国几个省的地区例外。这样一来，大家在该幅地图上，除了看到了西部的矿址之外，还可以看到以下4个矿点：

1. 一处位于大通河，地处青海湖稍靠西北处，位于东经100°稍偏西一些的地方。

2. 一处在喀尔喀（Gork），地处青海湖东南，位于东经101°左右和北纬35°40′处。它仅于1888年才被发现，在两年间可能共提供了3000两（93300克）黄金。

3. 一处在色吾曲沟（Yuktu Gol），地处鄂陵湖稍靠西南一些的地方，即东经95°30′和北纬34°左右。

4. 一处在结古（玉树，Jyekundo），即大约为东经95°30′和北纬33°之间。

麦克拉伦强调指出了西藏金矿矿址的主要特征——非永久性。它们经常在被发现之后没过几年便遭遗弃。正如我们将要看到的那样，其原因并非始终都是矿脉枯竭。

我们现在就跳过几十年的光阴吧。

1928年，查尔斯·贝尔（Charles Bell）写到[94]，人们在北方平原高地的多处和数条河流的河床上，都可以找到黄金。在达布（Takpo）地区也有一个金矿，但未被开发。

我上文已经引证的1938年的阿贝尔·赫尔曼（Albert Hermann）于1935年出版的中国历史和商业地图集，便包括一幅叫做《近代西藏的政治和经济图》的地图，它指出了以下几处为金矿点：

1. 托克雅伦。

2. 托克多卡。

3. 靠近错那宗（Chona-dzong）附近的一个产金点，位于不丹偏东北一些，大约为东经92°和北纬28°处。

在同一本地图集的另一幅叫做《近代中国的矿业和采矿业图》的地图上，在西藏本土附近地区的以下几处，指出了黄金的存在：

1. 在西宁西北的南山，也就是大约为东经100°和北纬38°处，这似乎与麦克拉伦所说的大通河相吻合。

2. 西宁以东的其他矿点。

3. 打箭炉（康定）以北地区的多处，位于由中国中央政府直辖的领土上。

这就是靠近西藏的所有地区。

这就是在由中国国民政府追求的现代工业发展的范畴内，后来在数年间即将发展起来的汉—藏地区。1946年魏受园[95]的一篇文章便是证据，它涉及1935—1940年间，其数字取自1941年中国地理勘察专题报告。其中包括某些地图。

在这些地图之一中，始终都在南山的东部标有一个产金区，位于东经100°和北纬38°左右的地方，它已经出现在赫尔曼的地图集中了。它属于青海的组成部分。整个青海—甘肃地区于1931年左右，每年都生产516公斤黄金。魏受园并未具体说明这个位于青海湖本土之北矿址的产量。在青海—甘肃地区，于西宁以东，存在有多处开采点。

在1935—1939年间，西康的金产量要多得多。我想重提一下，中国的这个省于今天已属于四川和西藏自治区了。它基本上位于东经93°—103°和北纬33°—28°之间，它包括一个很大的产金区，从中国舆地学家们所提到的古老的说板多（Chopanto）直到长江、湄公河和萨尔温江的产金河谷，甚至是直到打箭炉（康区）和理塘，并且还包括康区。

据麦克拉伦于上文提到的1907年的一篇文章认为，仅在理塘地区，于1907年便生产了93300克黄金。

但对于1935—1939年间这一时代，据魏受园于其1946年的文章中搜集到的数据认为，整个西藏地区的产量如下：

年代	金衡制两数	约合公斤数
1935 年	12411	385.982
1936 年	12004	373.324
1937 年	12421	386.293
1938 年	18961	589.687
1939 年	24435	759.928

作为比较，我要指出，中国 1934 年的黄金总产量被同一位作家估计为 162160 金衡制两，也就是 5043 公斤。因此，西康的黄金产量约占中国全部产金量的 1/13。该地区当时仅屈居四川省之后，四川的产金量较西康多一倍有余。中国西南部的产金省包括四川、西康、广西、贵州和云南。中国西南的这部分地区，在 1944 年之前，其产金量远远低于包括黑龙江省在内的北部地区。但在可能的黄金矿藏储量方面，西康却跃居首位。按照其储量规模，其后依次是四川、黑龙江，最后是河北。魏受园还写道："汉藏走廊地区的黄金产量近年来增加了。"此人估计中国的全部金产量在 1934 年为 162160 金衡制两，由于政府的鼓励和引进机械生产手段，而在 5 年中增加到了 100 万金衡制的两（31100 公斤）。"……西南地区的劳动条件要好得多，可以帮助该地区使中国东北和西北地区的储量变得黯然失色"。

但这一切却并未出现。我们可以跳过几年去：内战、日本侵略、民国政府的垮台、中国红军（指中国人民解放军。——译者）进入西藏、重新划定国内省界……如果我们继大动乱之后再恢复统计，那么产金的西康还剩下什么呢？

这一切均未出现在世界范围内的黄金生产统计中，西藏任何一部分地区的统计也都未被计算在内。在有关中国的问题上，我们确实没有掌握任何真正的统计资料，我们仅掌握以中华人民共和国的黄金出口量为基础的估计。当大家只掌握有产金区一种含糊说明时，所提到的也只是中国的北部，而不是其西南部。然而，对于这些基本估计的数字，又该如何讲呢？如果我们以国际矿业局定期发表的《矿业年鉴》为根据，那么大家就会发现，中国在 1963—1966 年间，其黄金总产量每年约估为 6 万金衡制盎司（1866 公斤）；从 1967 年起到 1974 年止，中国的黄金年产量估计仅为 5 万金衡制盎司（1555 公斤）。西藏的金产量已被纳入中国的总产量中，因而其产量应该在这一总产量中显示出来。但在 1950 年之前，唯有西藏东部的产量才被纳入到中国的总产量数字中。每年 6 万和 5 万金衡制盎司的这些数字与所有先前时代相比较都太少了。在 1930—1934 年间，中国黄金的每年总产量被估计为 4000—5000 公斤；在 1900—1910 年间，每年约为 6000—8000 公斤；在 1898 年左右，大致为每年 1 万公斤[96]……因此，除非是在估算中有巨大误差，否则就是中国的黄金产量由于这种或那种原因而不断滑坡，直到 1979 年左右为止。

此外，我们还将发现，在 1950—1976 年左右的中国当代出版物中，很少关心贵金属。在中国政府允许向国外发行的所有刊物中，完全如同在汉文的西藏古代舆地书中一样，头脑中时刻不忘的仅仅是粮食和基本食品的生产。我们可以在有关西藏自 1950 年以来发表的著作中读到的唯有到处都充满了小麦、青稞、苹果种植园……除了西藏北部发现的煤矿之外，对矿产资源都一律保持缄默。完全如同西藏古舆地书中始终记载着“地种五谷”“不生五谷”一般。有关这一切的记述，在提到金属存在的地方多得多。现在的宣传也一直将重点置于农作物的试种、引入某种适应高寒或高海拔的谷物新品种诸方面，照片中不乏麦田、收获场面，堆得如同山一样的麦粒在太阳下晒干。在中国人的意识形态中，这种粮山要比一座金矿山重要得多。我们于下文还将会看到，自 1976 年左右以来，这种情况已经发生了重要转变。

在第二次世界大战之前不久，西藏本土从专业著作中完全消失了。埃蒙（W. H. Emmons）于 1937 年出版的有关世界黄金储量的著作中，甚至未提及西藏，“西藏”一词未出现于索引中。在这部著作中，仅仅出现了由中国中央政府管辖下的西藏东部，事实上是以西康的城市“理塘”之名而出现的。在打箭炉的西部、西南和西北共标出 15—20 个产金矿址点。西藏西部则从产金地的视野中消失了。中国的黄金产量主要被记在了满洲和蒙古各地区的账上。

然而，这样一来，又该如何解释由保尔·布伦敦（Paul Brunton）于同一年写下的下面这段文字呢？布伦敦以其有关印度和喜马拉雅地区的数部著作而驰名于世，他曾在那里生活了很长时间[98]。他确实针对西藏及其对欧洲人封闭的政策而写道：

“有一件事实，在这个平凡时代仍具有生命力，这是一件尚不大为人所熟知的事情：在西藏境内，可能会蕴藏着如同在世界上其他所有地区一样多的黄金，甚至会出现那里蕴藏有比其他地方更多的黄金的情况。因为任何一位有经验的地质学家都未曾对该地区未经开发的矿脉作过认真考察。即使那里在今天甚至由军队保护而开采的金矿，也处于一个极难进入和无法生活的地区，其开采仍是沿用比较原始和不太科学的方法进行的。2500 年之前使用的方法，对于现代西藏人来说依然很好。如果人们称此为开矿，那也有些过分勉强了。任何人都无法确切地知道属于大喇嘛寺的财宝数量，也无法知道深山中蕴藏的尚未开发的矿藏所占的比例。不只一座寺院拥有巍然屹立的金寺脊。”

白人是否还试图用枪口而抢夺西藏的黄金呢？西方人的贪婪是否会对他们始终都被排斥于西藏之外而感到满意呢？

查尔斯·贝尔于我上文已经引证过的著作《西藏的民族》（写于9 年之前）[99]中，就已经表现出了某种焦虑不安：“西藏人似乎更希望让科学考察缓慢地进行，以使政府得以不让黄金外流，从而阻止外国冒险家们入侵该地区。”

贝尔和布伦敦为他们所热爱的西藏感到惴惴不安，害怕西方资本家或冒险家们入侵那里，他们完全错了。对西藏的科学考察（这是一种有条不紊的、完整的和在全地区范围内以重大手段从事的科学考察）是自 1965 年起才开始，由中华人民共和国的专家和科研人员完成。

我所掌握的有关西藏黄金的西方最新直接资料之一，便是由德国人海因里希·哈勒（Heinrich Harrer）提供的。由于战争的偶然机会，使正在从事一项神奇冒险活动的哈勒，于 1944—

1950年间被困在西藏[100]。该地区始终都很封闭，他在拉萨的5年间仅见过5名西方人。西藏当时在各方面都似乎仍完全处于中世纪。

“西藏蕴藏有相当可观的金矿，但那里的人却根本不懂现代的开矿方法。自最古老的时代以来，他们便在羌塘以羚羊角掘地。一名英国人某一天曾告诉我说，如果用现代方法处理已由西藏人筛过的金土，那么收获也可能会很大。现在，许多地区都被要求用砂金来交纳赋税。但采金量只能维持最低限度的生活必需品，因为他们害怕惊动地神和由此而招致报复。这样一来，其发展又一次被推迟了”。

“亚洲的许多大江大河都发源于西藏，并且冲走了来自大山中的金子。但人们只是在黄金被冲到其毗邻地区时才采集它们。他们仅在西藏的几处地点从事淘金，那里的收入颇为丰厚。在西藏东部，某些江河的水流冲刷成一批呈浴缸状的洞。砂金在那里自动地冲积起来，只要隔一段时间去搜集就足够了。从普遍规则来看，每个县的统治者都为其政府而占有这些金子”。

“我始终在思忖，为什么任何人都未曾想到，应为个人利益而开发这种财宝。当人们在拉萨附近任何一条河流的水中游泳时，都可以看到在阳光下反射出光芒的砂金。但正如在该地区的其他许多地带一样，这种自然财富始终未经开发，尤其是因为西藏人认为，这项相对较容易的工作，对于他们却过分繁重了”。

大家还会发现，作者于其著作第219页中，首次提到了黄金。他在穿越西藏南部的整个旅途中。从未遇到过淘金的踪迹。其旅行路线似乎确实未曾经过久负盛名的产金区。无论如何，即使如同古代作家们所写的那样，西藏“到处”都是黄金，那么人们就不再开采它了……我于哈勒书英文版第247页中惊讶地读到了一条资料。据此认为，在1947—1949年之间，达赖喇嘛的4位代表携带使西藏现代化的方案赴西方，在美国采购了金锭。这些金锭后来又被严加保护而一直护送到拉萨……这次颇能说明问题的采购，是1947年西藏贸易考察团的微薄成果之一，我于此就不再阐述其政治背景了（大家在夏格巴 1967 年的《西藏政治史》、戈尔斯坦 1989 年的《1913—1951 年的西藏近代史》、次仁·萨迦于 1990 年在《西藏学报》第 15 卷第 4 期中发表的文章中可以读到这一切)。1947 年，西藏的库银已经空虚，经过长时间的谈判，达赖喇嘛的代表于 1949 年获许向美国采购共折合 425800 美元的黄金，其中用于这项采购的 25 万美元是由印度政府提供的。他们本来希望采购 200 万美元的黄金，部分使用信贷，但未能实现这一目的。我对于这种需要黄金的情况，不禁表示惊讶，因为该地区被认为遍地是黄金。当时许多吨黄金沉睡在寺院和庙宇之中。仅一世达赖喇嘛或班禅喇嘛陵塔中的黄金可能就足矣！

继那些众所周知的事件之后，中华人民共和国于 1950 年和平解放西藏。在近 30 年间，中国人从未发表或暗示过该地区贵金属财富的内容。西藏的黄金已从编年史中消失，但却未从人们的记忆中消失。从其家园出走的许多西藏人，在尼泊尔、印度、不丹和西方与外国人保持接触。他们普遍断言，西藏始终存在金矿……但中国的出版物却对此只字不提，只向我们叙述西藏的冬小麦和春小麦。最后，中国领导人最近对于其国土上可能会有的黄金，又重新产生了兴趣。从 1978 年起，又重新允许开采黄金了。世界上金价的暴涨可能不会与这一现象无关。此外，从 1965 年起，一次对西藏进行科学考察的庞大项目已经开始实施，由中国科学院的诸多研究所（包括所有科学分支）参与。在对于埃佛勒斯峰（Everest，珠穆朗玛峰）地区进行科学考察的同时或者是继此之后，便是对青藏高原的科学考察，至今仍一直在持续进行。上述地名覆盖了古代吐蕃以及青海湖—柴达木地区，一直延伸到昆仑山、现被长江分割成四川和西藏两部分的原西康地区。这些科学考察活动持续了 15 年，涉及科学的所有分支，并以出版物和研讨会的形式而开花结果。最近，地质学家们（中国在今天是一个拥有 6 万名地质学家的国家！）介绍了他们从事地质和矿业勘探的计划。第 1 幅西藏地质地图（过去从未曾有过）于 1979 年 8 月完成。

大家由此可以看到，在青藏高原已经发现了大量金属：硼、铜、铬、钼、锌和石膏的重要矿脉，同样还有镍、铂、钨、钴、钛、铁、石棉、砷、铅以及含有金银的多种金属共生矿（这是提到黄金的唯一一种矿藏形式）。这些新闻是由中国新华社于1979年10月18日—11月21日正式发布的。然而，其重点放在多种金属共生矿区的铜矿的储藏量上了，其矿区横跨西藏、云南、四川数省区，并向青海延伸。其中即使提到了黄金，但也绝非是居首位者。它特别是以储量的形式出现在原西康省的甘孜或阿坝藏族自治州，如在白玉、乡城和巴塘地区的多种金属共生矿中。人们偶尔还于这里和那里提到金叶。但在1980—1986年，康区的全部金产量每年仅有23公斤。

中国新闻媒体周期性地宣布在西藏、青海或康区的不同地点存在金矿址。1989年，甚至连欧洲的报纸也指出，人群如同潮水一般地涌向青海金矿（青海湖和祁连山地区），这种向气候严酷和无法生存的自然环境涌动的人群，造成了许多淘金者的死亡。1990年，可能于青海共开采了4座金矿，并且已经有了一定的产量。从1987年起，就已经提到了在拉萨以北那曲地区生产的黄金，其储量似乎很大。人们还提到拉萨地区、在青藏高原由北至南和由东至西的20多个乡镇中的金矿矿址……但一如既往，这些消息都很含糊，未能形成数据化，而且也是昙花一现的。人们偶尔会提到一处矿址，但从次年起，往往就再没有人谈论它了。西藏金矿的真相到底还留下了些什么东西呢？这始终都是一些既为魔术般和神话般的黄金储量，也是一种毫无价值和昙花一现的生产。

然而，中国于1978年（这是重新启动开采黄金生产的时间）到1992年之间，变成世界上的黄金生产大国之一。从各种资料来看，它拥有最大的可采黄金储量。中国的黄金储量最低也被人认为是继南非、苏联和美国之后，为世界第4大黄金生产国。它的产量已居世界第6位。10年来，其产量每年增产10%以上。中国的黄金产量已经从1967—1974年间的1555公斤增至

1982 年的 55897 公斤、1986 年的 65318 公斤和 1987 年的 71539 公斤。

但在已经公布的中国黄金产量的数字中，甚至未提到西藏。其重点放在了山东的新矿上了，那里于 1990—1991 年间成了中国的第 1 产金大省。山东、黑龙江和河南三省加在一起，于 1990 年共生产了中国黄金总产量的 51%；其次是河北省、吉林省、辽宁省和内蒙古。在 1989—1990 年间，同样也提到了贵州、广东、云南，最后是四川……

所以，尽管新闻界不时地大肆喧嚣，西藏的黄金产量始终很微妙。但这却永远不会阻止人们的想象力对于其巨大储量发生影响，至今仍有风言流传。

从这些事实与流言中，我们又能得出什么结论来呢？史学家将会在无意中发现，如果西藏一方面可能是唯一一个被神话般地奉为产金的地区，而又摆脱了黄金列强联盟的突然掠夺（我想到的是墨西哥和秘鲁），但它却内附了一个对黄金不大感兴趣的罕见国家之一。

3. 西藏黄金生产的技术和信仰

我最好是在大量资料中，检出一种在一个可能是很近期的时代，西藏开采金矿的方法。

在这个极端守旧和几近停滞的西藏，农业或饲养业手段自数代人以来始终未曾有过变化，至少人们是这样认为的。那里的任何工业革新都不可能于上一次世界大战之前出现。唯有直通拉萨的电报例外。通向那里的第 1 列火车直到 1979 年才开动（从西宁起的 180 公里），那里最早几条勉强能通吉普车和卡车的公路要上溯到 1955 年。所以，人们对于发现采金术的绝对古老性就不会感到惊奇了。由在加利福尼亚或西伯利亚、澳大利亚或非洲自 19 世纪中叶以来发明的采金技术，从未被引进到西藏。现在搜集的最新资料始终都是描述手工劳动的，使用镐头、网布、箩筐……除了人力之外的其他动力资源都未曾被利用过（除了诸如用几头毛驴来驮装水的羊皮袋子之类劳作之外），也未动用过其他任何工业产品（汞、镪水或其他东西）。

黄金是以两种形式出现的：或者是在河沙或湖滨找到金叶与砂金，或者是于河流之外的土壤中与山崖中掘采而得。

在江河或湖泊中存在叶片金，这在整个大地上都是一种普遍现象。它以肉眼能看到的闪闪发光的金叶之外形出现，立即就会引起人们的注意。开采这种黄金是很容易的，只要在一种缓慢流动的水中冲洗砂金就足够了。黄金那很大的比重（在熔化状态下为 19.258）使它在淘洗和轻微摇动下，落入所形成的泥浆底部。这一切可以在类似略呈圆锥形、圆形或椭圆形的托盘中操作，人们以某种方式摇动，或者是旋转，或者是来回摆动。在经过一段时间之后，在容器的底部就留下了一种潮湿的沙子，随着人们淘洗（人们称之为“富矿”），其中便会有越来越多的闪闪发光的金叶。其剩余部分最终要用手来挑选；或者是在上面吹风，从而使不是黄金的较轻灰尘飞扬而去。这种做法完全可以使人从一种含金丰富的河中很好地选取黄金。对这种操作方法的一种改进就在于让含金的泥沙落到某种粗糙的筛面上，这是绷在容器底部的一块粗布，人们再用石块在各处都把它固定好，从而形成一个略呈凹凸的底面。这就是由乃颜·辛格描述过两次的方法，黄金不仅由于其很大的比重而落到了底部，而且还是悬挂在由于布的粗糙不平而形成的凹陷处，继此之后便很容易收回碎金了。

在亚洲的某些产金地（但这种办法似乎未曾在西藏运用过），人们在含金泥浆流经的河床底部，或者是直接在一条小河的深处，铺置一张羊皮，毛面朝上。小金块就会挂在羊毛上，人们然后取走这一切，再用刷子刷或抖动毛皮，以使微粒黄金掉下来。这种办法在实施时，或者是让由一条小溪直接流经毛皮，或者是在河岸上建一人工引水道，或者是要将一条小河的水引入支流，或者是将流水引向某种容器，让人用手慢慢地将之泼在含金的泥浆之上。

在加利福尼亚，于19世纪时普遍推行用毛皮或粗布挂金的办法，它被称为“毛被法”，来自英文blanket，指皮毛被子。因为人们在泥浆水流的底部使用羊毛粗被。它由于比重的作用（小金块落到河底和凹陷处的底部）与粗糙面的作用（小金块挂在了纤维上）结合起来了。这是一种很古老和传播非常广泛的方法（它后来导致在西方产生了某些改进，它们不属于本章的论述范畴，而且也必须有现代的能源手段）。我几乎到处都能发现提到这种方法的记载，也有某些歧异之处，但始终是以同样的原理为基础的。例如，我发现在佛罗里奥·贝内维尼（Florio Benevini）的一封书信中描述了这种方法，此人于1721—1725年间由在布哈里亚（Boukharie，布哈拉）的彼得大帝遣往基辅（Kltiva）的使者，身负考察附近地区砂金的使命。他描述了[101]在巴达赫尚（Badakhshan）地区的药杀水（Ghouyktcha）流域淘金的方式。

“该地区的人以在水中放置羊皮毛的办法来挂金。他们在羊皮毛中装满了泥浆和沙子，然后将羊皮毛朝上铺在河岸上，当它们被晒干时，便可以从中找到在羊毛中淘出的纯金碎片”。

同一种方法在19世纪仍然行用于克什米尔。在17世纪时，这种做法就已经出现在《阿克巴尔史纲》（Ain-i-Akbari）[102]中了。

大约在1800年，在乌兹别克斯坦（Ouzbekistan）东部的奇尔奇克河（Tchirtchik）的流沙中，“人们在羊毛地毯上淘金，先把羊毛的毛面朝上铺在呈缓坡状的地方。有一个人向毛毯上扬沙子，另一个人从中浇水。沙子被水冲走，而金子却挂在了毛毯上，尤其是那些如同米粒大小的小金叶更为如此。继此之后，便将毛毯晒干，用力抖动它以使黄金掉下来”[103]。

所有这些方法都更应该是简单采金，而不是工业开采。它们都以含金量丰富的河沙为先决条件，只能使人采集到可见的小金粒。最细小的金末可能都流失了。

一种奇特而且也是以同一原理为基础的方法，则行用于19世纪的缅甸[104]。人们在沙子与河流中插入上面仍带有牛毛（可能是指接近于牛头处的牛毛）的野牛角。在含金水流的冲击下，小金粒便慢慢地固着于野牛角上。人们于是便原封不动地出售这些野牛角的原物。

据1870年左右提供资料的卡尔佛特（J. Calvert）认为[105]，在位于西藏西部大高原的北部山区中，有一种获得蕴藏于大山中无法到达的角落中的黄金之巧妙办法：清晨，牧民们在放开他们的山羊和绵羊以赶出去放牧之前，便于它们的蹄子上涂上一种胶或树脂。当牲畜傍晚从它们所喜欢的陡峭牧场返回时，只要用心地清洗它们的蹄子就足够了。他们从冲下的水中提取由牲畜在人员无法到达的地方采集的那些小金片。

由德希德里于1700年左右描述的采金方法，被认为曾在西藏广泛使用。这是“毛被”淘金法（这段文字已于上文全文引证）[106]的一个变种。用一些带草的泥团，以充作凹凸不平的河床底面。

在一个容器中用淘金盘淘金的技术，同样也用于西藏。由多位旅行家拍摄的几幅照片对此作了描述，或者更应该说是对此有所启发。这些照片普遍都很古老并且不太清楚。人们更多的是猜测而不是从照片中清楚地看到这种做法。我们可以在近期刊布的由大卫—妮尔（Daivid-Neel）夫人生前拍摄而于其死后才发表的图片集中，可以看到一幅这类的照片。

当在河流或湖泊中的沙子不含黄金时，那么开采就不太容易了。首先是不太容易勘探。那里从来都没有为您工作的“蚂蚁”或旱獭，金子也往往不是立即就能发现的。其次，必须破碎岩石或土块以获得小砂金。人们很少能遇到一片以纯净、大量和大块的形式出现的富矿矿脉。更进一步说，山岩也可能会很坚硬。这样一来，工程便取决于拥有能破石的能源以及靠近供淘洗所得矿物而必需的水源，因为人们其后就要如同处理河中的砂金一样，在水流中淘洗这一切。

当代，在西伯利亚、非洲以及世界上其余所有地区，对于含量低微的金矿，则要用重大工业手段来处理，即用机器破碎大量矿石，然后用一系列的物理或化学手段来对它们进行加工处理（烧结、氰化处理、氯化处理等）。这些加工处理方法似乎曾完全是西藏人所陌生的。甚至是数世纪以来便于欧美普遍采用的烧结法，也不为西藏人所熟悉（但他们却使用烧结法来为供像镀金）。

在河沙之外的其他金矿，西藏人开始从地下挖掘岩石并将之破碎成小块。我们已经看到，这种岩石在托克雅伦较软，在托克多卡则很坚硬。工人们只拥有很简陋的工具，如铁铲、铁锄，甚至是由一只羊角制成的镐（其尖顶上包着铁皮）。19世纪时，在拉达克就可以发现这一切[107]。在当地没有水时，人们同样也以很简陋的手段而寻找水。

我们发现的唯一一次精炼黄金的记载，是在古伯察神父的著作中提到的。有些牧民以干牛粪（argol）的微火，通过熔化而精炼黄金。古伯察神父的看法似乎适用于青海湖地区。其余的任何游记都未曾暗示过热炼黄金。此外，在部分大金矿区，诸如在整个西藏的大部分地区，几乎是完全缺乏燃料。

为了完成破碎岩石和淘洗选矿，人们有时也使用吹扬的办法。或者仅仅是简单地以嘴吹所获得的微小金粒，从而结束整道炼金工序，其结果便是使最后的一些轻微灰尘飞扬，而使微小金粒残留下来。这种吹扬法已由佩夫佐夫（M. V. Pevtsov）于19世纪末针对昆仑山北麓的矿址而描述过[108]，同样也在短短几年之后由斯文·赫定于西藏高原上观察到过[109]。

这些简陋而又古旧的方法，只能适用于某种矿藏——江河冲积金矿。当前世界范围内的生产已不再拥有这样的矿藏了。所有的此类矿床均已枯竭，现代生产都以矿脉金为基础。现在的生产在大部分时间内都是开采肉眼看不到的黄金。据矿业学家们估计，直到19世纪中叶，世界上90%的黄金产量均出自江河冲积金矿。在人们能找到砂金的地方，冲积矿床“一般都是由石英粒组成的。黄金于其中与其他各种重金属伴生，诸如磁铁矿。磁铁矿又与其他多种氧化物，共同形成了勘探者们所说的‘黑沙’。表面上的沙子只包括少量黄金，而黄金则由于其比重，而倾向于陷入松软地表面以下，一直落到河床的深层岩石之上……”[110]

忒涅于1783年提到了黄金，或者是以砂金状态存在于河床中（而且这也是所有旅行家们无一例外地提到的情况），或者是大量以矿脉的形式存在，其附着岩石一般均为燧石或石英石，有时也是“一种宝石，不纯净，正处在半形成状态……”[111]这些观察只涉及他穿越过的所有地区，从不丹到西藏南部的扎什伦布，不应被扩大到整个西藏地区。

据V. 贝尔（Bau）认为[112]，在拉达克，这些石英矿脉都是含金矿脉，从那里流出的江河中含有金叶。

麦克拉伦于1907年，针对整个西藏高原的情况而简单地写到，人们根本无法具体指出西藏黄金的来源，那里的黄金也可能如同在印度一样，与太古片岩和更为远古的变质岩结合在一起共生。

正如麦克拉伦所指出的那样，也正是对他所搜集到的资料进行排比得出的结论那样，在西藏则似乎显得很突出，那就是在一片辽阔产金区内，矿址变化不定。黄金的开采不会在同一个矿点持续很长时间。当然，在世界上的许多砂金矿中，这种情况是真实无疑的。我已经指出，冲积矿的特征是枯竭得很快。在西藏，还有除此之外更多的一种原因。这就是那里在大部分时期，人们并不挖掘深矿洞，也不建坑道。这一点使几乎所有的观察家们都感到惊讶不已。由此便失去了蕴藏很深或在河床之下的全部黄金。似乎仅仅在西藏西部辽阔地区的高原上，人们才略作深掘，也只有寥寥数米之深。在其他所有地方，则根本没有矿坑和坑道。这一点曾引起了西方旅行家们的注意，因为他们习惯了我们工业中的那种深矿坑道。

唯有16世纪的米儿咱·海答儿的见证，才会使人联想到坑道（相当大的矿坑，矿坑中可以使一个人穿行。这些矿洞从其尾端彼此之间相衔接）。

德希德里具体解释说，“那里没有如同其他地方那样的矿场”。“如果西藏人懂得挖掘采矿坑道……那么他们就会得到更多的黄金”。

德希德里写道[113]：“人们在凄惨的巴塘小城周围可以看到……在许多地点，都有20多名汉族或藏族工人，他们都是淘金工……他们非常忙碌地从事其工作，而且也很谨慎，因为西藏的法律禁止任何深掘金银矿的做法，违者将受到严厉惩罚。”

查尔斯·贝尔写道[114]：“采矿会遇到一种古老的异议，其依据的理由是宗教性的。”中期的藏族人指出，如果采走地下的金属，那么土地的肥沃程度将会受到削弱。“很多人都坚信，矿藏是由莲花生尊师过去置于地下的，即当他从印度传入佛教教义时埋下的；如果人们采走这些矿藏，那就会停止降雨，庄稼将会被毁。”

总而言之，在掘地观念与采矿（不仅仅是黄金，而且还包括任何矿藏）观念之间悬浮着大量禁忌，以至于人们不知道在掘地（甚至是不从中取走任何东西也一样）或采矿（甚至是不掘地）之间，什么是最危险的事。人们最终接受了只采走小块矿物和仅在地面上采矿的行为，正如下引资料所证明的那样。

据乃颜·辛格认为[115]，拉萨以北6.5公里处有一座叫做夺底（Toti-phu）的山，山中蕴藏有大量白银。“但政府的一道命令禁止任何人开发金属矿。政府本身也拒绝这样做。因为人们普遍认为，如果开采金属矿，那么该地区就会贫穷化，人类就会蜕化”。他还补充说，数年之前的一名汉人，曾不顾这些法律而开发过该矿。但西藏地方政府获悉这一消息后，他便被捕并被押解北京，在那里被剁去了双手（这是对盗窃犯的惩罚）。

在距日喀则有24公里或25公里的茂密（Mao-mi），情况也一样。根据一条非常严格的禁令，那里的金矿也不能开发（他并未解释其原因）。人们认为在夺底山蕴藏的黄金，也未被开发。喇嘛们于其寺庙（哲蚌寺和小昭寺这两大寺院分别位于拉萨的西南和正北）周围采集了少量黄金，其数量实在很少，并且完全避免开采大块天然金。当他们遇到大块天然金时，便会立即将它们重新放归原地。因为他们觉得大块天然金是活生生的，它们可在适当的时间生芽，产生小金块，而这些喇嘛们享有采集它们的特权。

据柔克义认为[116]，在西藏禁止掘地采矿。据喇嘛们精心培植起来的这种信仰认为，如果人们剥夺大地的自然金块，那么在江河的沙砾中就再也找不到任何黄金了，因为自然金块是黄金之根与母本，砂金是其种子或花朵。

在此内容上，必须提到，无论这种信仰是否与纯西藏的自然界概念相吻合，它都符合在世界范围内，至少是于19世纪末在世界上寻找黄金和金刚钻者中，流传甚广的一种思想[117]。这就是这些物质在某种意义上都是生长或再生的。换言之，它们也如同生灵一样，可以反复再生或再形成。在有关黄金的问题上，各种解释在下述事实上显得似乎是可能的：在人们已经采尽矿藏的地点，数年之后还会再在那里发现黄金。这或是空气的分解使包围着金粒的土块也分裂开了，最终使金粒暴露出来了；或者是由于在各种化学处理过程中，逐渐地以无限小的微量而形成了金粒的堆积，长此以往便成为可以分辨出来的细谷砂金，甚至是吸收溶液中的黄金之植物也“消化”了溶液而保留下了黄金，因为植物组织中是无法吸收黄金的……

柔克义还引证了理塘地区一名汉人的描述，我们于其中可以读到，理塘地区的所有江河与山脉，都蕴藏着砂金。但喇嘛们却不允许采集它们，害怕由此而伤害大地生命的活性。

我再重提一下上文业已引证过的鲁布鲁克和波斯文古舆地书《世界境域志》（Hudūd-Al ‘Ālam）中的段落。公元10世纪的这后一部舆地书认为，谁将此金携归家中，死亡就会降临其全家，只要把黄金放归原来被取走的地方就足以确保安全了。13世纪的鲁布鲁克认为，当某人需要黄金的时候，便掘地直到获得它为止。但他们只取走自己所需要数量的黄金，将余者再埋于地下。因为如果他将黄金放在一个宝匣或钱柜中积蓄起来，那么他就会认为上帝将使他失去仍留在地下的一切。

莫尔克洛菲特于1820—1821年间穿行拉达克（Ladakh），获悉“政府阻止了寻找黄金的行为，因为他们害怕开采黄金之后，紧接着便是粮食歉收，正如一名喇嘛过去曾预言的那样。这或是出于政治原因，或是出于迷信”。“在羌塘（Cban-than）的某些地区，流行着这样一种迷信，认为人们偶尔在山中发现的天然小金块属于地神，诸地神要严惩夺走它们财产的人类”[118]。

然而，在曾由乃颜·辛格旅行过的地区，人们却在掘洞。在托克雅伦劳动的矿工们，挖掘的大矿井深达8米多。多卡的矿工们则栖身于地穴中，但他未具体指出地穴的深度。该班智达正确地指出，诸如在其他地方惩罚西藏某一金矿那样的任何禁令，都不会对开发这一辽阔产金区形成障碍[119]。

人们不仅往往无权“开”矿，甚至对于一个已经被获准并且已经开发过的矿址，任何一点事故都会使人惊慌失措，人们都会匆匆忙忙地放弃这个令人憎恶的地点。1846年，斯特雷奇在玛法木错湖附近，考察了被遗弃的金洞遗址[120]，其开采已在一段时间之前被某些会打卦的喇嘛上师们阻止，该地区的法师们经常作出这样的干预，“那里的迷信高于一切，而黄金却已跌价”。斯特雷奇于稍后不远处又补充说，大块天然金始终都要被重新安置在地下，因为它们被认为“在宗教思想方面很危险”。

斯瓦米人（Swami）普拉纳瓦南达（Pranavananda）曾从西部穿行西藏[121]。他提到了一座于1900年左右被遗弃的废矿，因为在那里爆发了一场天花瘟疫，西藏人便将此归咎于主宰该矿命运的神灵动怒，所以政府命令停止开采。该矿位于一片从玛法木错湖畔向拉克萨斯（Rakshas）山脉延伸的矿脉中。

海因里希·哈勒曾于1944—1950年间居住于西藏。他指出了该地区黄金储量的丰富程度。“但人们挖掘的坑道绝对不会比所需要的深度更深。因为他们害怕骚扰地神并招致报复……”[122]

20 年前，或者是 10 年前，这些思想尚于西藏广泛流传，中国的工程师们也对此略有所知。他们于 1995 年左右为在西藏北部寻找煤矿而从事的矿业勘探，便遇到了当地居民和喇嘛们的顽固反对，因为掘地会招致灾难。作为证据，中华人民共和国的新华社于 1966 年 3 月 3 日发布了这条新闻：在日喀则地区，经常缺水。中国人于他们的开发计划中，当然会想到打井。该地区在此之前从未打过任何一口井。这项建议使村民们感到震惊，他们不相信以这种办法可以使人得到水。有几个仍受农奴主散布的迷信思想影响的人，害怕打井会激怒山神。当然，一名接近政府的翻身农奴和先锋人物，说服了其他具有这种愚蠢思想的同胞们。后来的一切事情都进展顺利，打好了井，获得了丰收和繁荣昌盛等。

总而言之，西藏的金矿开采显得如此这般：我们所面对的是一片辽阔的产金区，很可能属于冲积砂金矿脉。其开发的特征已经是矿址很不固定、矿点数目巨大而又会很快遭遗弃，而且还受到了宗教或社会原因的遏制。技术条件同样也使其生产具有某种负重之感：开采、粉碎和运输手段很简陋，缺乏能源，唯独以手工劳动，最佳矿床都处于极端荒凉的地区，土地极端贫瘠，气候异常严酷并不断受土匪们骚扰。那里根本不懂化学处理手段，没有燃料。人们事实上只能获得地表层的黄金，从而可能会使处于更深层的黄金流失。

至于那种将大金块重新置于地下的习惯，我已经多次提到，人们是否可以认为这是一条曾被真正使用过的准则呢？如果情况确实如此，那么当时在地平面上尚到处都有大量特大天然金块……它们很可能是通过某种隐蔽的渠道而消逝了，或者是其很高的利润作用，使它们不冒任何风险地在寺院中被提留了……如果确曾有过特大金块，正如某些游记故事使人相信的那样，那么它们就如同在其他所有地方一样特殊。实际上是某些金叶和砂金，形成了金产量的主体并且成为贸易的对象。

黄金的开采（无论其收益很大还是微薄），于18世纪和19世纪以及在我刚才提到的时代限度内，从法律上讲是自由的。在此意义上讲，任何人都可以前来撞大运，包括外国人在内。在西藏，寻找黄金过去是尼泊尔人积蓄一定财富的传统方式。然而，任何作家都只提到过诸如克什米尔人、亚美尼亚人或欧洲人（在他们于该地区被接受的时代）曾经这样做过。至于这些民族中的前两个，贸易使他们获得了无限的财富。

向拉萨地方政府交纳的杂税，是委托给黄金专员或萨本（Sarpon）来征敛的。这种杂税似乎始终都很少。每人每年交90格令、5.8克或合1托拉的一个砂金袋。这明显是一种固定不变的税，所有人都认为这是一种很低的税收。

寻找黄金似乎曾被视为一种季节性职业，许多藏族人都把采金作为一种赚零钱的职业，似乎从未曾有过一个专门淘金的等级、集团或家庭。全面来看，这种职业在19世纪时收益甚微，它在前一个世纪中可能收益更高一些。在20世纪时，形势似乎恶化了。据查尔斯·贝尔认为[123]，在1920年左右，西藏人远不能借助于一小笔税而随心所欲地采金，他们被迫在义务徭役（乌拉）的范畴内来无偿地从事这项工作。其结果是："村民们完全有充分的理由隐瞒矿产财富的存在，他们有时还赶走和袭击那些试图开矿的人"（在中国新疆同一时代的情况也如此，金矿矿工们都受到了官吏们的敲诈勒索，在那里没有任何利润可赚）。

西藏东部的部分地区于1710—1725年间变成由清朝中央政府直接管辖了（理塘、巴塘、青海湖地区）。中原人在贵金属问题上的思想不可避免地会对这些地区施加某种影响，至少是自18世纪前四分之一年代是这样的。然而，西藏人的宗教信仰对于开矿事业普遍产生了某种程度的遏制，虽然黄金本身并不是任何邪恶象征的客体。汉人的思想也产生了另一种遏制作用，但它不是遏制任何一种矿藏的开采，而仅仅是遏制金银矿的开采。这明显不是出于宗教原因，而是由于经济与社会的动机。

有关中国政府对于金银矿所持的怀疑态度，我发现在17世纪和18世纪时就已经由基督教传教士们强调指出过。祈尔歇(Athanase Kircher)就曾经写道[124]：“中国的大山中蕴藏各种矿物和金属，有许多私人都拥有金银富矿，但一道皇帝敕令却禁止他们从矿藏中开发任何矿物。这是由于开矿会从这些地下坑道中发出恶臭气味，为在那里劳动的人造成致命的疾病，从而使私人面临损失。在这个问题上，我认为皇帝非常正确地采用了更加尊重人类的生命，而不是土地和黄金的决策。这就是为什么该国的居民们仅满足于他们在江河与泉水之畔发现的小粒黄色金砂，他们分离泥浆以从中得到黄金，从而无视蕴藏于大地深处的所有这些矿物，而这些矿物确曾致使许多人丧命。”

然而，人们曾经开采铁矿和铜矿，其矿藏对于工人的健康同样不利……

60年之后，出版了杜赫德（du Halde）神父的那部巨著。在该书第1卷对中华帝国逐省描述的整个部分，我们于多处读到，某一地区蕴藏有黄金或白银，但却不允许开采它们[125]。“中国的大山遍藏金银……但一些政治观点却至今仍阻止了在那里开工：由于过多的财富，国家的安宁可能会受到骚扰，从而使其民傲慢，使之弃农……因此，人们大加议论的这种地下财宝的极端丰富程度，就变得相当无益了”。杜赫德继续写道：“因为，虽然已故的康熙（Canghi）皇帝（其智慧是众所周知的）有时也允许开采银矿，他甚至让人为皇家宗室的人开银矿，其宗室成员在多处负责照管其庄园。经过2—3年之后，又命令他们停止了这项工程。据说，这并非是由于只能赢得很低微的收益，而更主要是由于不给群氓造成揭竿而起的机会……”

杜赫德提到了在云南罗罗（彝族）地区的黄金。在江西和福建，严禁开采金银，以将违者处死相威胁；在台湾，中国清政府的人以私人名义试图知道矿藏在哪里，在欺骗和屠杀了土著人之后又窃取了他们的金锭。土著人奋起反抗并杀死了许多内地移民。从此之后，土著社团便生活在孤立之中，黄金仍蕴藏在它所在的地方。在中原省湖广，根本不允许挖矿；在山东，只允许采集以砂金形式出现的黄金；在陕西，允许淘金叶，那里河沙中的金叶很丰富，但不允许挖矿；在广东和海南，中国只以私人的名义走私，因为政府禁止与当地居民建立联系，这恰恰是由于可以在海南岛找到大量黄金；在广西，有许多金银矿，但其开采却始终遭禁，这是由于“害怕它会变成一次动乱的机会”。然而，在1730年左右，地方当局准许以某些附加条件而开发金银矿(40%上交皇帝，5%留给监工的官兵，开发权属于那些合法获得正当准许的人等)。后来，皇帝将对金银的开采权留给了自己。在云南，于江河中的淘金会带来巨额款项的入账，但同样也禁止开金洞；云南与西藏接壤部分的金矿特别丰富，最后是在贵州。至于白银，人们也可以得到它们（但不允许开发)，存在于云南、江西、福建、湖广和广西。人们怀疑到处都存在的这同一种财富，却到处或几乎到处都被禁止开发。唯有允许在河流中淘银，这种做法不会使矿藏枯竭，也只会使矿工收入微薄。如果考虑到人们在政治与社会上的关注，那么它也既不会造成“群氓”或“大队人马”的聚集，也不会使人暴富而令小民们“高傲”起来，从而使之对于耕种粮食作物失去兴趣或缺乏紧迫感。

这样一来，中国便只生产其数量少得可怜的黄金，不过它也不需要大量的黄金。中国不将黄金作钱币使用，对于黄金的重视程度并不比对于其他某种商品更强一些。中国在日本、朝鲜、交趾支那（Cochinchine）采购黄金。它也在北方向俄罗斯人，在广州向欧洲人出售黄金。与诸如俄罗斯那样的某些国家完全相反，中国增加了大量法律和禁令，以将黄金吸收并保留在其境内，为控制矿藏而付出了很大的辛苦。实在说，中国很少关心黄金。谷物粮食、铜、铁才是会吸引其全部注意力的产品。至于白银，它潮水般地从西方世界涌向中国，以交换中国的茶叶、丝绸和瓷器……毫无疑问，中国人对贵重金属的这种传统性的缺乏兴趣，在西藏于不同程度上完全内附中原王朝之后才起了作用。

4. 黄金在西藏的用途与这种财宝的命运

在整个世界范围内，大众都将黄金用于多种目的：作为交换使用的货币，无论是否把它加工成金币都一样；作为积蓄的价值，无论是指个人或国家的积蓄都一样；作为俗世装饰物，无论是以首饰、织物上的金线、大小物品的金箔等形式制成的饰物都一样；建筑材料、瓶钵和各种杂物；工业和医药业中的用途。最后，黄金在炼丹术中扮演着一种众所周知的角色。

在黄金的这些用途中，有一种在西藏却从不为人所知，这就是铸成金币的黄金之用途，中国中原的情况也如此。尼泊尔长期向西藏提供金币。西藏自己也不铸造金币。无论是否受到其近邻的影响，肯定根本不存在西藏金币。正如我们将要看到的那样，西藏从不曾有过任何于 18 世纪下半叶之前铸造的金属钱币。但这丝毫不妨碍黄金被用作交换货币，无论是在其本地内贸还是国际外贸中都一样。这种交换货币以砂金或金叶的外形出现，在本书中经常提到的砂金袋中，砂金重 5. 6—5. 8 克；或者是当涉及巨额交易时，以较大的面值出现。这就是西藏黄金生产中最著名的一个方面。我将于下文不远处再来讨论其价值。

但是（我本来可能本应由此而开始本书的论述)，西藏那不出口的黄金又作何用?

我们首先来看一下在生产中发生的情况：淘金工们开始以砂金的形式纳税，这种税收形成了某些地区的一项重要收入。总而言之，这是一种以实物交纳税收的方式，完全如同其他的西藏人用羊毛、酥油、牲畜等，即根据他们所生产的东西来纳税一样(可能是为图方便而确立的等价体系，允许以银锭取而代之)。因此，这种黄金被收入了国库。

生产者们为其日常生活之需要，将多余的黄金出售给商人，而商人最终却使西藏黄金进入了商业流通渠道。这样一来，它往往最终也进入了外贸流通中。

西藏黄金的另外一种流向是向僧人，特别是向两位主要活佛——达赖喇嘛和班禅喇嘛进献的布施。现已证实，在数世纪期间，不仅是西藏人，而且信仰佛教的蒙古人，在宗教方面均属于西藏的两大精神领袖。他们从四面八方涌向活佛，向他们顶礼膜拜并为他们带来布施。布施往往是（旅行家们证明了这一点）金银锭以及砂金袋。如果说由西蒙古人（伏尔加河河畔的土尔扈特人、准噶尔人）带来的部分黄金可能出自西域，那么西藏人上供的黄金却完全是当地产品。

一部分税收和布施被用于维持寺院中成千上万的僧侣的生活以及地方政府的开支。另一部分则被用于宗教的荣光，即以建筑的形式而大量地使用。我还将回头来论述这个问题。余者被积蓄起来了。这样看来，西藏的政教合一制似乎使该地区数量多少不等的黄金产量变成了不动产。这部分黄金可能在每年所占的比重都不太大，但数世纪期间的积累却可以最终达到巨大的数量，它们无论如何也激起了当代人的丰富想象。

我在论述这些不动产的和异常大的积蓄之前，应首先提及几种更为常见的用途：为诸多铜或黄铜的宗教性小佛像镀金，而这些微型供像却成了一种贸易品，甚至被作为典型的方物而入贡中国皇帝。制造这些小佛像的艺术家们或为西藏人，或为定居在西藏的尼泊尔人（尼瓦人，Newards）。这些供像由此而失散于全世界。世界上的许多博物馆和私人收藏家，都为拥有这样的供像而感到洋洋得意。

制造首饰和私宅内部的装饰物，仅是比较富裕人的行为，正如在许多地区一样。在西藏，世俗百姓的首饰更应该是银质的，上面装饰以珊瑚和绿松石。以砂金和金锭的形式从事私人积蓄，也是某些富裕家庭的事情。

黄金的某些象征性用途，也由不同证人提及过。据我上文已经引证的唐代编年史记载，一支金箭是负责征兵的政府大员的兵符，要在一座宗教建筑的台基上埋一块黄金。早在1625年，天主教传教士安德拉德（Antonio Andrade）就曾经指出过这种习惯。当西藏古格（Gognué）土司令人为他建一座基督教教堂时，他观察到了这种现象[126]。

黄金也被认为是一种净化物，正如使用金水（gser-chu）的习惯所证明的那样。所谓“金水”，也就是在水中浸泡一个金戒指，为了赎回因违犯某种戒规而犯下了玷污或有失体统的罪行，则必须饮下此水[127]。人们根据同样的净化思路，也将少许金子熔化在碗的银花瓣外表，银叶覆盖了碗底。

最后，正如在其他许多地区一样，黄金属于医药的药方配伍部分。但它在这方面的用量很小。

从在医药或“洁净”中使用的微量黄金，直到寺院中的大量积蓄，其间经过了砂金和金叶小袋的无数次流通，这就是这种金属在西藏的长途旅行。

我现在再回到黄金那最富有戏剧性的最终归宿地——寺院的问题上来。拉萨的布达拉宫（Potala）或大昭寺（Jhokang）以及日喀则附近的扎什伦布寺（Tsahilumpo）那在阳光下闪闪发光的金顶，都萦绕着许多旅行家的记忆与尼泊尔诗人的想象力。事实上，并非是全部寺脊都是用黄金造成的，而仅仅是置于在寺内供奉达赖喇嘛或班禅喇嘛的灵塔祀殿及经书上方的某些装饰，才是用黄金制成的。此外，所有人和在很远的地方都能用肉眼看清楚的这种金属却使人联想到，在寺院或庙宇内部，至今仍保留了数量较大的一批金饰物。除了无数的和有时是庞大的供像、天花板和护墙板的金饰之外，最多数量的黄金则供达赖喇嘛和班禅喇嘛的灵塔祀殿中使用。

自从五世以来的所有达赖喇嘛以及所有的班禅喇嘛，都先后被葬于灵塔中。中国人现在估计，覆盖五世达赖喇嘛那高 14.85 米的祀殿之黄金总量，约为 4500 公斤[128]。其余祀殿的情况也大致与此相同。非常奇怪，该宗教（也并非仅仅是这一种宗教）本来宣扬摆脱世俗财产、安于清贫和注重精神生活，但却在非常虔诚的气氛中导致了相反的结果，即一种明显而又很不协调的表现形式。

我们很难理解这些宗教领袖们的不慎行为，他们以这种方式和公开地在同一地点积蓄大量贵金属，即使此地被严加防守，但从来都没有想到某一天总会被阴谋诡计或背叛行为攻破的堡垒。无论它多么强大也一样。黄金招致战争，财宝引起抢劫，这些行为的后果要延续数世纪。因为不断出现的佛爷的神意或羯摩之不可避免的连锁作用，由于纯属世俗王子们的邪念或者是为了对凡夫俗子们的感化，或者是由于事物的逻辑，或者是出于偶然和毫无必要的行为。以经济学家的话来讲，是产生了一种突然失去积蓄的现象。换言之，财宝均被抢劫，或者是被转移，或者是流失，贵金属一直无止境地围绕着地球持续地流通。

拉萨和扎什伦布那很著名的财宝，于18世纪时，与德里的莫卧儿（Moghol）人的宝库，形成了世界上的贵金属、宝石和珍珠的三大聚敛处。

1739年3月，波斯国王纳迪尔设（Nadyr Shah），纳迪尔王争夺蒙兀儿人的财宝，蒙兀儿人于350年间聚敛的财富，在数周内便被分散开了。城中的居民均被灭绝。波斯征服者满载战利品而北归。他再次经过阿富汗，如同所有征服者一样，于群山、山谷和山崖中弃留下自己的许多人。自哥疾宁朝的马哈木（Mahmoud de Ghazni）以来，也可能是自马其顿的亚历山大（Alexandre de Macédoine）以来，在早先发生过战争的地方，尚飘荡着为伏击战中被杀的士卒们招魂的声音。直到1900年，还有人讲到过这些幽灵。吉卜林（Kipling）于其短篇小说集《失军团》中，颇有道理地提到过所有这一切。纳迪尔设同样也于某一峡口或河流中，损失了部分战利品。7年之后的1747年，纳迪尔设遭弑并使其大部分财产再度失散。1748年，我们发现柯尔克孜人（Kirghizes）出现在奥伦堡（Orenbourg），携带许多袋印度银卢比。蒙兀儿人的财富进入了印度国库，当于某处出现兜售明显是王公（土司）首饰的情况时，伊朗政府借口它们是属于伊朗民族的财产，而要求退还这些财宝。这里可能是指1739年从蒙兀儿人国库中掠夺的宝石，而蒙兀儿人很可能也是从其他人手中夺取这一切的。这是盗贼自认为被盗了。

准噶尔人对拉萨的抢劫发生于1717年12月3日。德希德里当时正居住在拉萨，恰巧正在用数日的时间于色拉寺（Sera）研究藏文文献，从而在这几天发生的暴力事件期间得以幸免于难。他于此后不久便又返回西藏首府，向我们介绍了布达拉宫财宝长途跋涉的情况。尽管当时的人只抢劫自己看到的东西，但他们却无法使代理藏王（拉藏汗已被杀）招出掩藏财宝的地方在哪里。便决定将这些财宝运送给其主——蒙古的策旺·阿拉布坦。拉萨的财宝以及对西藏其他许多寺院抢劫的成果同样都被掠夺走了，但扎什伦布寺的财宝却逃脱了劫难[129]。当时必须派人护送这支见头不见尾的驮兽长队，它们驮载无法计算的行李。道路漫长而艰险。清朝军队阻断了东北的道路。据德希德里认为，唯一的一条可行之路经由噶大克（Gartokh），人们必须从那里北上。这支驮队在大批军队的押送下，共用四个月才到达噶大克。一场很坏的意外事故正在那里等待着他们：在拉萨被俘的西藏代理藏王成功地逃走了，并且在噶大克周围组织了藏军的抵抗。当押送财宝的准噶尔军队到达该城时，受到了藏族人的盛情欢迎。藏族人在邀请他们赴一次宴会时，将他们灌得酩酊大醉……然后将他们全部歼灭。巨额财宝首先入藏于噶大克。令人非常遗憾，德希德里于其书中介绍这段历史时，到此才戛然而止。他确实告诉我们说，西藏代理藏王有意把他带回拉萨并将他“献给清军”，清军可以用他为被杀害的拉藏汗报仇……但他后来忘记向我们更进一步叙述这一切了。我不知道这批财宝是在什么时候和怎样被重新放置回布达拉宫的，甚至不知道是否曾经有人这样做过。但我却通过俄国作家们的著作而获知，有人在西伯利亚曾听到过对卡尔梅克人（Kalmyks，厄鲁特人）继抢劫西藏寺院之后，而于他们自己的所在地聚敛的大量财富。因此，他们有时间（在他们控制西藏的三年期间，因为清朝军队后来很快就把他们从那里驱逐出去了），将西藏的大部分黄金运走。

在下一个世纪中，拉萨的宝库中还能储蓄如此之多的黄金吗？为蒙哥马利提供资料的人后来又告知我们[130]，在他入藏的时间，也就是在1865年，拉萨的居民尚坚信不疑，地方政府所拥有的和收藏于布达拉城堡中的硬通货的数量，相当于和甚至还可能高于全世界所拥有的财富。但蒙哥马利本人却持怀疑态度。因为他曾获悉，在1854年的拉萨与廓尔喀人（Gorkha）的战争中，拉萨当局为应付军事开支，而被迫从桑耶寺（Same, Samye）运来20万卢比。

在准噶尔人撤退之后，布施供物仍如同潮水一般地涌来，从未中断过。喇嘛们又在一代代地反复转世，又重新继承了由信徒们的布施和税收而带来的日益剧增的财富，在海因里希·哈勒时代，情况始终一如既往。他看到了历代达赖喇嘛们的7座巨大的黄金灵塔祀殿。在标志着十三世达赖喇嘛祀殿的灵塔中，共用了1吨多黄金以为墙面镀金……然而，正如大家于本书上文所看到的那样，哈勒同样也指出，在1947—1949年之间，西藏地方政府的使者曾从美国带回过金锭……

金库就如同矿藏一样，人们看到它的次数越少，其藏量就越会增加。

但忒涅却于1783年亲眼看到过这一切，它依然给人留下了深刻印象。

继拉萨之后，其重要地位居第2位的则是班禅喇嘛在日喀则的驻锡地，它颇似西藏的第2首府。扎什喇嘛（Teshu Lama），也叫做班禅喇嘛（Panchen Lama）或班禅额尔德尼（Panchen Erdeni），其地位紧接达赖喇嘛之后。当达赖喇嘛尚为神童时，班禅还充任过其监护人。大家知道，这也是极其常见的情况。达赖喇嘛于此后都在很年轻时圆寂，所以班禅喇嘛便起了一种很重要的作用。早在德希德里尚滞留于西藏期间，他就指出过班禅喇嘛受到了清朝皇帝的尊重，班禅喇嘛拥有数座城市和巨额财富。其堪布厅和寺院中收藏有大量财宝、巨大的金像和宝石[131]。日喀则曾于1717—1718年间被准噶尔军队包围，并遭严重破坏。但扎什伦布寺却处于一种几乎是无法攻克的形势（正如稍后波格尔和忒涅指出的那样)，因而侥幸逃脱了那次洗劫和抢掠。

乔治·波格尔是瓦伦·黑斯廷（Warren Hesting）遣往扎什喇嘛处的使者，他于1715年1月受到了扎什喇嘛的召见。他叙述了成群结队的佛教虔诚信徒每年都涌向该寺院，以寻求班禅喇嘛祝福的情形。地方上的土司、僧尼、康巴人、卡尔梅克人(厄鲁特人）都携带银塔兰（Talent，古希腊的重量和货币单位)、白银、砂金袋、皮货、丝匹、茶叶、水果、羊肉干、糌粑袋、大米、神香、藏铃、佛像或经书的布施物前来[132]……他提到了大量做工精致的铜像，其中有13尊巨大的佛像摆在铜制法台上，装饰有绿松石、光玉髓和其他宝石。

乔治·波格尔身负的使命，是为孟加拉总督瓦伦·黑斯廷考察与西藏人进行贸易的可能性，甚至是通过西藏人而经陆路与整个中国从事贸易的可能性。瓦伦·黑斯廷于1774年5月13日致波格尔的一封信中，特别嘱托他，于其直到扎什喇嘛驻锡之地的旅行中，要考察有关可以从西藏获得小体积和高价值的商品的问题，诸如黄金、白银、宝石、麝香、大黄、茜草(munjit)等[133]。

波格尔与班禅喇嘛之间的关系甚笃。班禅喇嘛甚至确实还向这位英国人许诺，将在中国朝廷中为英国贸易说情，他应邀为参加乾隆皇帝70寿诞的庆典而即将晋京入朝。

班禅喇嘛入朝去了，并于1780年突然于那里圆寂，可能是由于天花或“痘”所致。这一圆寂在西藏到处都激起了怀疑，许多人都认为皇帝令人毒杀了班禅喇嘛，而且其原因也可能恰恰是由于他与英国人建立了联系。在北京朝廷中，人们对英国人极度不信任。这就形成了西藏一系列动乱的起源。波格尔本人也继班禅喇嘛圆寂之后而死于疾病。

按照古俗，班禅喇嘛转世了。忒涅于1783年拜访的正是该辈班禅喇嘛的继承人。忒涅是英国政府的新使者，其使命是为继续完成由于这次两人双双逝世而中断了的波格尔使命。

英使对于由该辈班禅喇嘛及其前世们完成的贵金属聚敛，感到高度惊讶[134]。前一代活佛（也就是曾接见过波格尔的那位喇嘛）的遗体，由清朝皇帝出资，从北京运回西藏，陈殓在一个巨大的金棺中，由大批价值连城的礼品陪葬。人们把他入殓在一个他晋京入朝出发前亲自令人建造的祀陵中。在一座陵塔内部，一名喇嘛长期不断地在那里祈愿，有一具纯金棺。此外，已经圆寂的喇嘛则以一躯金身的形式所代表，其顶部为一尖塔，其基部便是灵棺，于其周围挂满了珍珠、念珠、绿宝石、红宝石、蓝宝石、珊瑚、琥珀、水晶、天青石，均为喇嘛生前使用过的东西。尖塔的各侧都由纯银片覆盖。在于其周围堆积的珍贵物品中，我们可以看到大块的天青石；在尖塔的一侧，是一尊用巨块白银制成的与真人一样大的喇嘛像。这同一位已圆寂的喇嘛，生前也以同样的方式瞻仰其前辈的遗体……

当班禅喇嘛于1780年在北京圆寂的消息传到扎什伦布寺时，已圆寂喇嘛的幼弟（同代的许多作者都称之为松呼尔喇嘛、沙玛尔巴或舍玛尔巴喇嘛）感到惊慌失措，于是便逃之夭夭。此人避难到尼泊尔，当然不会不携带相当数量的黄金和物品[135]。他感到恐惧和逃亡的原因已被人以多种方式作了解释。人们认为他可能感到了威胁。因为他自己属于与已圆寂喇嘛所属教派不同的另一个佛教宗派，此人的兄长在新转世的活佛年幼时成了寺院的住持。据中国史学家魏源认为[136]，已圆寂的班禅喇嘛之长兄是仲巴呼图克图。“仲巴呼图者，班禅喇嘛之兄也。为班禅治商上事，遂尽有其财，号其弟舍玛尔巴亦以习红教不得分惠……于是舍玛尔巴垂涎不遂，愤唆廓尔喀，引之入寇”。

因此，他在廓尔喀国王那里寻求避难，更确切地说是于摄政巴哈杜尔沙（Bahadur Shah）处避难，当时该国王尚为幼童。他竭尽全力地激起摄政的贪婪心理，同时又自我投身于此人的羽翼之下。他向摄政泄露了位于拉萨郊区的金、银和其他金属矿藏的地点[137]，特别是他向摄政讲到了于自己寺庙中收藏的大量财宝。

廓尔喀人对这一切正馋涎欲滴。廓尔喀人与西藏的战争（我在这方面掌握有丰富的尼泊尔文、英文和汉文文献）有多种原因（我在其他地方还将回头来论述这个问题）：廓尔喀的帝制王朝正处于对外侵略活动的鼎盛时期；尼泊尔君主很贪婪，他为支付军饷和装备其军队而又很需要银钱；在银币事件中出现的难题（我将在另一章中来论述这一点）。最后还有如下原因：人们可以说服他们，很容易对亚洲最大的金库之一完成一种揭秘……据忒涅认为[138]，扎什伦布寺的宝库甚至是“廓尔喀人入侵西藏的主要原因，否则就是唯一原因。因为他们主要不是使寺院失去其镇寺之宝，抢掠的仅仅是喇嘛灵塔上的所有最珍贵的装饰物，然后便向本国边境撤退以确保其战利品安全到达”。事实上，并非是在战争的肇始，而更应该是在西藏—尼泊尔战争的再度爆发，才以扎什伦布寺的被抢劫为标志。1788 年，这次战争的第 1 阶段是尼泊尔人对库底（Kouti）和济咙（Kirong）的入侵，这是控制两个地区之间的喜马拉雅诸山口的两大重镇，过去曾是两地边境的标志。西藏人面对一支在装备和军事技巧方面都要远远超过自己的军队，只好投降了。他们被迫接受廓尔喀人的所有条件，包括赔款割地的条件，恢复由尼泊尔人以一种有利于尼泊尔的比价为西藏人轧制银币、每年应缴纳的赔款数目（他们仅仅支付过一次）。当时松呼尔喇嘛便将希望寄托在尼泊尔土邦王子的贪婪上，说服了该土邦王子攻击扎什伦布寺（Diggerchet）。共有 1.8 万人骑马向喜马拉雅山口进军[139]，大军于 1791 年 10 月兵临日喀则城下。

毫无疑问，寺院是能够守得住的。曾于 1783 年参观过扎什伦布寺的忒涅认为，它是根本攻不破的。日喀则的城防工事俯瞰山口，寺院本身背靠一座大山，由自山脚下流过的一条江河保护。在那个时代，共有 3700 名僧侣常住那里。上文已经提到的中国史学家魏源的观点，同样也是认为很容易保卫该寺院。他们当时可能已经切断了廓尔喀人的退路，尼泊尔人过分长驱直入了，进入山区地带并冒着初雪的威胁……但清朝驻藏大臣保泰却无限惊慌失措，此人将壮年的班禅喇嘛移至前藏，甚至请求大清皇帝准许将达赖喇嘛从拉萨移至西宁，以将他保护起来。寺院的堪布（寺监）——已圆寂的班禅喇嘛和沙玛尔巴的长兄——仲巴呼图克图“挈赀先遁”。当时被这位中国史学家称之为济仲和札苍的两名喇嘛，借口他们请教了吉祥天母菩萨托言“不宜战”。

这样一来，扎什伦布寺便落到入侵者手中了。虽然它曾抵抗过准噶尔人的入侵。一名多少有点爱戏弄人的欧洲思想家，可能会从中看到除了服从吉祥天母的托言之外的其他原因：在要塞中有内应，是勾结还是背叛？

寺院宝库于1791年10月28日被抢劫[140]。他们甚至剥落了灵塔上镶嵌有宝石的脊顶，抢劫了已圆寂的诸辈班禅喇嘛的祀殿。

正如史学家们后来所指出的那样，廓尔喀人立即撤退了。他们未能将其攻势推进得更远，这是为了保护他们的战利品。他们必须再次经过喜马拉雅山。11月初的大雪即将封锁山口。

尼泊尔史学家雷格米（M. C. Regmi）[141]曾指出，抢劫寺院绝非一种个人的过火行为。而完全是由国家严密组织的，使国家成为完全的受益者。在战争期间，军事将领们奉命将所抢劫的五分之四的珊瑚、珍珠、首饰和金银，基本上都上交给当地政府；当涉及西藏寺庙时，则是百分之百地退还。

尼泊尔军队携带佛教界于数世纪期间向扎什伦布寺敬献的布施之掠夺成果，班师而归，但这一切完成得并非是一帆风顺的。这一系列的事件在同代人的记忆中留下了深刻印象，其史学家的著作中也留下了某些记述。大雪确实降下来了。2000名士兵在再次翻越喜马拉雅山时被冻死。甚至中国史学家魏源也不辞辛苦地提供了某些例证：“稍黑即不能觅路，且有雪城，若门洞深数十丈（每10丈约合35米）。人往来者不敢语，否辄有雪大如屋，压而殛之。廓尔喀寇藏时，运赀归国者二千人，过岭冻死殆尽。”

我在一幅西藏地图中发现了暗示这一事件的地方，这就是19世纪初叶居住在西藏的松筠所著《西藏图说》，它涉及扎什伦布的南部（也就是地图的上部）。其中提到，在大山之中：廓尔喀人于 1791 年兵逃归，冻死一千数百人。

我同样还在由克洛福德（Crawford）于 1805—1811 年间画的一幅稿本地图中，发现一条进入西藏的道路。此图现藏伦敦印度事务部图书馆，叫做《尼泊尔国土地图》。其中带有这样的标注："尼泊尔军队从日喀则（Dugurtche）的撤退路线。"

我现在来做一番总结：已圆寂的班禅喇嘛的长兄携带部分财宝向西藏腹地逃去，它们明显是一些容易携带的财宝。该班禅喇嘛的幼弟沙玛尔巴喇嘛逃往了尼泊尔，携带了他能够带走的一切。尼泊尔入侵军队抢走了直至金寺脊在内的一切或者是几乎一切。这支军队可能于沿途大雪中有所损失。运到加德满都的一切，在原则上都被交于了国王。雷格米先生强调指出，金银的流入量很大。在某些时候，尼泊尔甚至用黄金来支付军饷。尼泊尔政府以银锭轧制了大量银币（在 1792 年 5 月—1793 年 2 月间，共轧制 68000 个银卢比）。战争耗费昂贵，廓尔喀人四面出击地作战，不仅仅与西藏人战斗，而且也征战他们的西部近邻。

廓尔喀人即将面对具有另一种力量规模的对手。这就是清朝军队的反攻，爆发于 1792 年春天，他们前来支援内附大清皇帝的西藏。7 月间，清朝的将军们通过济咙而进入了尼泊尔领土，从 10 月份又从库底（聂拉木）进入。早从 9 月起，加德满都就已经受到了威胁。尼泊尔请求停战，于 12 月间签订停战协议，紧接着便是在拉萨签订了一项条约。该项条约的主要条款是尼泊尔变成了中国的附庸，从而丧失了库底和济咙两个要塞，也失去了为西藏轧制银币的专利权。除此之外，该项条约还规定尼泊尔要归还从扎什伦布抢劫走的一切，但只尽最大限度地作了归还，因为考虑到已有开销。值得注意的是，史学家们并未强调在这项归还问题上出现的任何困难和账目内容等。我无法肯定，当时是否曾造册登记过。

所以，无论是布达拉还是扎什伦布寺的巨额财富，既是教团的财宝又是政府的财富，在原则上最终都要保存在西藏境内。西藏在无效益地积累财富，因为这些财宝从未阻止西藏始终只作为一个弱小民族。处于沉睡之中的财富，是无效益的财富和无生气的财富。

神话般地聚敛的这些黄金、白银和宝石，今天到哪里去了呢？众所周知，达赖喇嘛于1959年逃亡时（甚至还可能是他1950年的首次外逃时），带走了大量砂金袋。无论如何，这至少是一种现已广为传播的流言。但其余的财宝呢？一部分可能已被埋藏在地下，因为在所有的战争和革命中，大部分珍贵金属就会回归地下，就如同最古老的迷信行为那样，或者是被藏在河床下，正如18世纪末清朝皇帝的财宝一样。中国驻藏军队可能取走了其中最容易识别的部分。是否有一部分越过边境而消逝于云雾中了呢？据说，喇嘛们为了使之瞒过逃亡印度时的达赖喇嘛的追随者和随从的眼睛，才使云雾出现的。谁知道这种奥秘呢？难道这种奥秘还具有生命力吗？人们是否将来会有朝一日在神秘屠杀的气氛中，于某种红色和金黄色、黑色和金黄色的丛书中，看到一卷科学—神话、宗教—神话和历史—神话，叫做《达赖喇嘛的宝藏》或《布达拉的秘密》呢？正如大家在圣殿骑士团的骑士们的宝库或第三帝国的宝库中所看到的那样。

5. 西藏的黄金廉价吗？

因此，正如我们曾多次看到的那样，西藏曾向四面八方出售黄金：中国中原、不丹、锡金、孟加拉、尼泊尔、克什米尔……我们已经看到，为计算其数量，该会有多大困难啊！但我们却掌握有某些数据。我们在价格上掌握的数据最多，西藏人就是以这种价格将黄金出售予其近邻的。这些价格颇为引人注目。

众所周知，贵金属是不会腐蚀的。一般来说，它们都在出口中作为“结清”进口价格而使用。当进口在价格上超过出口时，当某一国家或地区没有足量商品（对方所要求的商品）发出以交换它所进口的商品时，便需要用黄金来结算。当贸易依照供求法则而自由运行（没有诸如殖民制度那样的强制）时，当交易的双方之一需要采购而又没有相当多的商品出售时，那么他就会清楚地知道另一方将会很乐意接受诸如金银那样的硬通货，坚信能够让任何贸易伙伴都接受它们……只要硬通货至少应该具有同样的价值即可。

由于西藏是一个农业会遇到气候和地理许多巨大障碍的地区，所以它被迫购买食品，特别是采购粮食。它同样还需要加工制成品：染料、药品、纺织品、铜器、铁器……为所有这一切的交易，它必须输出羊毛、活牲畜、麝香、盐巴、硼砂，它还必须输出黄金（这是其所有近邻都欢迎的产品）。此外，我们还可以认为，对于西藏人来说，黄金是一种与其他货物无二的商品，因为他们并不用黄金铸造金币。由于黄金具有一种很高的价值，而重量和体积又很小，鉴于当地运输条件的极大困难，所以它是一种特别适宜的商品。人们坚信它到处都可以被接受，只要不将它出售得比其他人更昂贵就足够了。这样说来，如果人们能以合理的成本生产它，也就是说如果其开采并不算太昂贵，那么它就是一种最佳的国际贸易手段。

大家也看到了，在19世纪，于西藏现存的技术条件下，那里的淘金收益只不过是勉强维持生活以不至于被饿死而已。正如人们对非洲的班布（Bambuk）所说的那样，西藏当时并不是由于它是个富裕地区才出售黄金，而是由于很贫穷才出售的。在运输条件特别艰难的条件下，它在食品和可供出口货物方面很贫乏。这一切对于19世纪来说，应该是真实的；对于18世纪和此前的几个世纪来说，则是错误的。当时的西藏游记给人留下了一种更大富裕程度的印象。令人遗憾的是，我缺乏数据。

那么，18世纪时的黄金价格到底如何呢？首先，为了给这种金属估价，我们可以使用什么样的计量单位呢？什么样的价格指数可以为我们充当比率呢？所有的“本位”（计量单位都是“浮动的”），无论是以格令（grain），还是布帛的米制，或者是以茶叶的包数为单位，我都无法用可靠的方式标注其价格，无论是用英镑还是用图尔镑都不行……

史学家们认为黄金估价而最常使用的方法之一，便是将其价值一克一克地与金属银进行比较。当然，金属银的价值也不是一个衡量，这种和那种金属在世界上的丰富或稀有程度往往会改变两种金属之间的比率。然而，在一个相对较短的时期内，例如在不足一个世纪期间，这种方法显得能最好地表达赋予黄金的价格。对18世纪来说，这种方法是值得推荐的，当时在世界的大部分地区，人们都使用某些最常用的银币，其价值相当稳定，没有诸如我们的纸币那种更容易受通货膨胀支配的货币信物之不稳定性。当时流通的是一些具有固定纯银含量的一定克数的银币，可以根据其金属银的真实（经过测定的）含量而在不同国家之间的货币地位来确定其价值。由同时代的人赋予某种银币的任何价值，都可以很容易地以多少克白银来表示。例如，当每克黄金在任何一种货币或商品中都相当于15克白银时，人们便说金银的比价为1∶15。

如果现在于世界上的部分地区，1克黄金价值10克白银，而在另一个大陆上却值15克白银，那么大家就会认为，对于一名商人来说，从便宜的地方采购白银然后到比较昂贵的地方倒卖，他就会大有赚头。这就是贸易本身的缘起。

这恰恰是在18世纪初叶，于东西方之间出现的形势。

在欧洲和美洲，金银的比价始终接近于1∶14或1∶15。1695年左右，它在西班牙的比价是1∶14.84，在英国是1∶15.12；1718—1722年间，在英国是1∶14；1700—1785年间，在法国是1∶145/8；同样是在法国，于1785年之后，其比价则是1∶15.5。

在同一时代，金银之间的比价在中国则徘徊于1∶10左右。数世纪以来，这是一种固定的和传统的比率。正如银与铜的比价（1∶100）一样，这种比价显得过分忠于十进位制和过分凑成整数了，从而使人颇难信以为真，但它基本上却是真实的。这种比价在广州略有浮动：当外国船舶在那里批量到港时，需求很大，黄金便会升值（我们知道，广州港是允许西方人前来通商的唯一地点)；比价最高的时期是从当年 7 月至来年 1 月间这段时间[142]。黄金在3—5 月的售价较低廉。西方人在广州采购的这种黄金部分出自中国各省，部分出自于亚齐（Achen，苏门答腊岛西北的王国)、交趾支那（Cochinchine）和日本。然而，向我们提供了这些资料的杜赫德神父却未提供准确的价格。例如，对于 1704 年，我们会在洛克耶（C. Lockyer）有关贸易的著作中发现此类内容。此人自己就是商人，以第一手资料写作，提出了最通行的价格：一锭“马蹄金”（shoe)，即呈船状的一块金锭，也就是 10 两（taël）或 378 克，其“纯度为 92”，也就是说具有 92% 的纯度，即采纳 111 英两 8 英钱 5 格令的通行银钱。他称 94% 纯度的白银为“通行银钱”。这里是指金衡制两（盎司)，31. 1 克左右。这样就共合 3468. 8 克白银，其比价为 1∶9. 1。洛克耶解释了这种以 30 英镑 12 先令 8 便士采购的金锭，怎样在伦敦转手倒卖，被转手倒卖 48 英镑 8 先令 8 便士，也就是共获得 58% 以上的利润。此外，这种利润没有任何令人难以置信的地方。人们在茶叶或其他商品中，可以赚取更多的利润。但各大印度公司（英国、法国等国的东印度公司）都是垄断公司，只给其雇员们留下很少的自由活动余地，为自己的利益而从事某些商品的交易，同时又享有在公司船上运输和其他便利条件。黄金于其中属于那些被置于垄断权之外的商品，商船上的商务负责人正是在这一范畴内于中国采购黄金，以将之转卖于欧洲。

与所谓的东印度公司的全部交易额相比较，这不是一种规模很大的买卖。然而，数字的演进却颇具意义。事实上，在广州采购的黄金数量于 18 世纪前 1/4 年代增长了很多。它于 1731—1736 年间达到了一次顶峰，后来又开始下降，于 1751 年降到微乎其微的数字了，此后便完全停止采购了。实际上，据由德尔米尼（L. Dermiyny)[144] 所完成的计算，全部外国商人在中国获得的黄金之年平均量之大致范畴约估如下：

1701—1704 年间，每年为 190 公斤；

1722—1729 年间，每年为 146 公斤；

1731—1736 年间，每年为 380 公斤；

1739—1741 年间，每年为 144 公斤；

1751—1756 年间，每年为 51 公斤。

1756 年之后，从中国采购的黄金几乎等于零。实际上，金银之间的这种颇为有利可图的比价，从 1740 年起以及继此之后，在中国也发生了变化，逐渐地赶上了黄金在西方国家中的兑换率，甚至还有所超过。如果说这种比率于 1728 年为 1∶10，那么我们却发现它于 1740 年为 1∶12.5，1750 年为 1∶14.9，1775 年为 1∶16.5，1779 年为 1∶18。它于 1782 年达到了 1∶20[145] 的兑换率。这一切是在需求增长的情况下出现的，它使金价上涨。无论如何，这也是同代人写下的内容。因此，人们对于前往中国寻购黄金，再也没有任何兴趣了。

我还应该指出，从 1760 年起，世界黄金总产量下降了。直到 1820 年为止，其产量持续下降。这是由于 18 世纪的主要黄金生产国巴西金矿储量枯竭而造成的。其代替者（加利福尼亚、西伯利亚、加拿大以及其后的澳大利亚和南非的金矿，它们都是利用开采新技术而经营的）仅仅从 19 世纪中叶才出现。但就在同时，白银的产量却继续增长。因而，就其全面情况而言，白银越来越不那么稀有了，黄金却越来越不丰富了。由于其反作用，黄金对白银的比价却越来越贵了。

如果我作为比较，而于此提供本书所涉及的时代之世界黄金产量，那也可能并非无益。

18 世纪时，全世界所产黄金的最大部分出自巴西，冲击巴西黄金的潮流开始于 1703 年。葡萄牙控制着巴西，该国开采的黄金将受到其殖民国的严密控制，巴西金矿的几乎全部产品都被运到了葡萄牙，然后再从那里进入世界流行渠道。

葡萄牙当时可能从其巴西金矿中获得的收益，大致如下：

1699 年	725 公斤黄金
1701 年	1785 公斤黄金
1704 年	9000 公斤黄金
1720 年	25000 公斤黄金

1725 年　　20000 公斤黄金

在此期间，世界黄金的全年总产量约为[146]：

1701—1720 年	412 千盎司	12813 公斤黄金
1721—1740 年	613 千盎司	19064 公斤黄金
1741—1760 年	791 千盎司	24600 公斤黄金
1761—1780 年	665 千盎司	20681 公斤黄金
1781—1800 年	572 千盎司	17789 公斤黄金
1801—1810 年	572 千盎司	17789 公斤黄金
1811—1820 年	368 千盎司	11444 公斤黄金

其产量从 1821 年起又开始上升。

这些数字表明了巴西黄金所占的支配地位。1720 年的巴西黄金产量甚至超过了 1720—1740 年间的世界平均年产量，标志着一种明显的最高产量。它们同样也表现了黄金至少是在该世纪整个初叶所呈现的某种稀有罕见程度。

我们已经看到了在西方与中国以及西方国家之间海上贸易中，金银比价的具体做法。此外，我还掌握着有关黄金在俄罗斯和在陆路交易中价格的某些资料。

俄国人用什么样的价格来采购黄金呢？他们当时尚未开采黄金，这不是由于他们疏于寻找黄金，而是西伯利亚和乌拉尔山的黄金尚未被发现。阿穆尔河（Amour，黑龙江）地区的尼布楚（涅尔琴斯克，Nertchinsk）的金银伴生矿只有很小的产金希望。在彼得大帝（Pierre Le Grand）的整个执政期间（这是一个巨额军事开支、大兴土木工程、大兴改革的政权，也是一个始终有预算赤字的政权），则以需要和追求黄金为显著特征。当时的黄金完全是从外国采购的，诸多的法律吸引了国外黄金，俄罗斯海关的进口经常要求用黄金交纳关税。人们必须交纳在交易当地实施的通行价格，也就是说与西方贸易伙伴交易时要根据 1∶14 或 1∶15的金银兑换率来支付。俄国同样也在中国获取黄金。经中国政府正式批准的俄国商队，每两年或三年，都在中国领土上从事数周的互市，向那里运去大批的皮货，绝大部分是由被征服的西伯利亚民族以进贡（毛皮贡，yassak）的形式提供的。俄国的政策是通过一切手段进口黄金，并通过一切手段阻止黄金流出俄国国土之外，俄国在这方面也是实行了同样的政策。1698 年的谕令（oukaze）就已经清楚地表明了这种倾向。用俄国商品作为交换而从中国采购的全部黄金都必须入交国库，如同关税收入一样。这就是说关税首先要用所拥有的硬通货黄金来结算。一旦纳完关税之后，所剩余的黄金同样也要上交国库，国库由它自己强迫人接受的价格而重新购买。因此，1727—1728 年的商队（我们已经找到了其账本）便从中国带回了约 2186 两，也就是 82.63 公斤左右的黄金，它们被全部上交国库。这约 2186 两的黄金，在中国的买价是 21866 两白银[147]，这是中国传统的 1∶10 的比率。

郭恩（G. Cahen）先生从这同一本账册中，也得出了一种价格表。我们可以从中读到，中国黄金在俄国是按照官价兑换的：

1701 年　　1.05 个卢布兑换 1 索罗特尼克黄金

1711 年　　1.80 个卢布兑换 1 索罗特尼克黄金

1712 年　　1.9 个卢布兑换 1 索罗特尼克黄金

每索罗特尼克合 4.26 克。在彼得大帝一世统治期间，卢布是一种银币。在该沙皇统治时代，如果我们以由男爵肖杜瓦尔（Chaudoir）的计算为基础的话，那么我们可以认为它平均含 28.2 克金属[148]。此人确实称了诸如在 1707—1713 年间发行的相当数量的卢布，他发现卢布的重量平均徘徊于 6.59—6.96 索罗特尼克之间，其成色一般均为 82%—96%。因此，我们应该计算出其中含有 4% 左右的合金，从而使我们得出每个卢布为 27.07 克纯金。以这种平均数为基础，我发现本世纪初叶的中国黄金与白银的比率如下：

1701 年　　28.42 克白银，价值 4.26 克黄金，其比率为 1∶6.67；

1711 年　　48.72 克白银，价值 4.26 克黄金，其比率为 1∶11.43；

1712 年　　51.43 克白银，价值 4.26 克黄金，其比率为 1∶12.07。

我们必须考虑到一种人所共知的事实，在采购时，中国的黄金被认为不及出自西方的黄金的纯度高。因此，在比较中不应该忽略这一因素。

当我掌握了金属银的官价时，就会得出某些略有小异的数字。例如，在1695年，自中国进口的金属银的价格被谕令定为每索罗特尼克为8戈比（kopek），从而使1克黄金相当于0.018卢布。同一年，俄国国库以每索罗特尼克1卢布5戈比的价格采购中国黄金，也就是每克黄金合0.24卢布。所以，当时金与银之间的比价为1:13.3。

对于1711年来说，我们发现中国黄金在俄罗斯是以每索合罗特尼克1.80卢布（每克合0.42卢布）采购的，而1镑（俄镑，合409.5克）纯银（纹银）的官价为13卢布，也就是说每克纹银兑换0.03卢布。所以，当时的兑换率为1:14，而不是如同根据前文提到的基础所计算出来的那样为1:11.43。

大家还将发现，金属银的价格在1695—1711年间几乎暴涨一倍。正是在这两个时间之间，彼得大帝以一种专制而又受到了多方责备的措施，推出了一种含银量大贬值的银币，以至于使卢布于一日间便在国际市场上贬值近半，如与荷兰的理奇达尔（Richedale）的比价即如此。

我颇感兴趣地获悉了黄金于1714年之前不久在俄国的价格。因为西伯利亚绅士费多尔·特鲁什尼科夫（Fedor Troushnikov）那经常被人提到的游记，恰恰就应断代为1713—1714年。现已有人向我们大肆宣扬和反复声称，他在青海湖地区以每市两为7卢布的价格购买到了中国黄金。正如我已经设法引起人们注意的那样，这种价格不只是一个用卢布表示的整数，也不是完全不可能的。然而，我们应该对此表示满意了。中国的每市两合37.78克，人们为了简化而经常算作37.8克。如果我们以一个卢布价值27.07克纹银作为计算基础，那么为支付37.78克黄金，就必须有相当于189.5克左右的白银，其比率为1:5.01。因此，如果这种黄金如同俄国商队习惯于从中国带回的那种黄金一样纯洁，那就是极其廉价的黄金了，即使与中国的价格或更应该是与欧洲价格相比较都一样。

特鲁什尼科夫不大可能来用卢布支付金价。此种货币在这些地区似乎并不像西班牙银币在中国沿海地区那样容易被人接受。卢布在那里是一种记账货币。

特鲁什尼科夫游记中的一种反常现象，便是人们未掌握有关他为获得珍贵贵金属而随身携带的兑换货币的任何具体细节。在其他游记故事中，这一切一般都被作过具体说明，而在他的游记中却不然。

这种 1∶5.01 的兑换率（在生产中），在数世纪期间，于西藏或其他地方，是有案可查的最低价格。因为围绕着这一事件的所有模棱两可之处，我曾真想对此持质疑的态度。我仅仅姑且接受，这种金属于这个时代和在此地，可能不如在其他地方那样昂贵……

我们于上文已经看到，据于 1686—1691 年在拉萨经商的亚美尼亚商人霍夫汗（Hovhannes）的账簿记载，当时是以 1 克黄金换 7 克白银的兑换率购买黄金的。但他于稍后不远处又提供了一种相差悬殊的价格，即 1 托拉分别兑换 11.55、12.05 和 12.75 印度卢比。当时的黄金往往都是来自西宁的。

我们的这些熟悉西藏的作家们，在对淘金的描述上喋喋不休。但令人遗憾的是，他们对于砂金价格问题，却在长时间内保持沉默。我们必须等待 1756 年和 1757 年的文献，才会重新发现对一种价格的记载。这是利用有关尼泊尔的一个小王国廓尔喀国王普利色毗 · 纳拉扬（Prithvi Narayan Shah）生产中的一个片断的机会，才提及全价的，该国王是尼泊尔后来的统一者和现今国王的先祖。

这位尚武的国王曾渴望征服形成了今尼泊尔的诸小邦，其中特别有加德满都河川的末罗（Malla）王国。这些小王国以其与印度和西藏的贸易而致富。所有的黩武国王都在财经方面有些麻烦。1755 年，普利色毗 · 纳拉扬国王在此背景下便与其近邻索比西（Chaubisi）国王们处于战争状态了。当然，他征服了许多省份，不过这都是一些贫瘠的不毛之地，难以提供充分的税收。因此，他尚不能奢望夺取一个堡塞中的金库，如同其后裔们在扎什伦布所做的那样……他需要银钱以征募新军队并为之提供装备和给养。他试图与西藏从事直接贸易，西藏过去曾与加德满都的末罗、帕坦（Patan）和巴特冈（Bhatagaon）诸王国维持大规模的商业交换。普利色毗·纳拉扬国王仍与巴特冈国王保持联盟，但他却与该河川另外两名尼瓦尔国王互相敌对，极力切断这两个王国周围的北部与南部的道路，并且竭力使它们与印度以及西藏完全孤立起来。

在1756—1757年间，该国王竭尽全力地在西藏大量采购黄金，以白银作为交换。其兴趣是以比在印度更低廉的价格来采购黄金，然后再以印度的高价转手倒卖给印度商人，而印度商人又根据时价而向国王提供相同价值的短缺商品。

我所掌握该国王写于1756年和1757年的4封书信，都是致他在库底之经纪人的[149]。它们都写于加德满都西北部的诺瓦科（Nowakot），国王当时正在那里等待消息。在这些书信中，普利色毗·纳拉扬催促其经纪人加快交易进程。印度商人都在那里，他们即将离开，必须使黄金尽快到达。如果人们试图以16马亨德拉末罗（Mahendramalli，尼泊尔的摩哈尔，两个摩哈尔折合1个印度卢比）来获取1托拉黄金，也就是8个卢比兑换1托拉黄金。难道西藏人只想以9卢比对1托拉的比价出售其黄金吗？人们只以1/4卢比而小幅度地讨价还价……如果说后来一直升值到每托拉黄金价值为17马亨德拉末罗（8.5卢比），而又不要求对黄金进行检测，完全相信其纯金含量。然而，西藏人接受了迅速地交纳其中的12000—15000托拉（15000托拉相当于近170公斤）[150]的黄金，甚至有时会增至每托拉18马亨德拉末罗（9卢比），而且还要通过熔化或其他检测手段来测定黄金的纯度。1757年7—8月间，国王又催促他们，用于支付的白银堆积在库底，采购黄金就应该在那里成交。人们还试图找到其他黄金。附带地说一下，为了以每托拉合9卢比的比价来支付15000托拉黄金，则必须运来135000银卢比，约重1531公斤。但人们未指出这一批白银自何处而来。

每个印度卢比在原则上应值1托拉黄金。因此，西藏的金价基本上是处在1:9的范围内。这在世界范围内已是很便宜的金价了。我顺便指出，西藏人会很乐意地以每托拉黄金9卢比的比价将黄金出手，不会有任何勉强，但会拒绝8卢比的比价。稍后不久，当柯克帕特里克（Kirkpatrick）在尼泊尔进行调查时，却发现西藏人在胁迫下以8卢比每托拉的比价向尼泊尔人出售其黄金，而尼泊尔人也只能以14卢比转手出售……这件事发生在1790年左右。

我们还将会发现所需黄金数量之规模，同样也知道作为交换而搬动的银锭之数量。实际上，一次就多达175公斤的黄金，这就代表着由外国商人于同一年在广州采购的黄金总量的3倍以上；1870年于噶大克出口的黄金数量也几近于3倍，人们认为它几乎代表着西藏西部的全部金产量……但并非完全是获取西藏黄金的事实本身，才引起了尼泊尔国王的兴趣，而是以如此有利可图的价格采购西藏黄金，以转手倒卖来赚取差价的事实，才使他们感兴趣。

因此，西藏黄金于1755年不及黄金在印度那样昂贵，它与西域的价格相同。我恰恰掌握有1755年奥伦堡（Orenbourg）的金价，那里有俄罗斯与西域互市的一大商行。我是从楚勒科夫（Tchoulkov）的贸易巨著中发现了这些内容的[151]。在1748—1755年间，共有55普特（Poud）的黄金经奥伦堡流入俄罗斯，也就是共900.90公斤的黄金。这55普特的黄金被认为价值40万卢布。因此，每克黄金价值0.444卢布。此外，4600普特的白银（75348公斤）被认为价值371.2万卢布，因而每克白银就应该是价值0.049卢布。这样也就形成了金银1:9的比价。就在同一年代，金银在欧洲的比价为1:14—1:15，在中国则为1:15。

非常遗憾，我未掌握有关西藏黄金的连续同业议价表。然而，某些零散的孤立资料却形成了相同的本位基础。

我经常引证的萨缪尔·武涅，解释了金价在西藏是怎样根据产量而变化的。“现在”（1738 年）[152]，“每 Pootrep 砂金出售 21indermillee”。Pootree 是指 6/12 或 7/12 托拉的砂金袋，indermillee 是 Mahendramalla（马亨德拉末罗）的讹变名称，也就是尼泊尔人为供西藏使用而铸造的银币。据武涅认为，它当时值英国印度公司卢比的 1/3。“数年之前，在一场大旱期间，大地干裂，裂开了异常大的口子，可能露出了极多的黄金，而采获的数量使其价格降到每 Pootree 为 9 个 indermillees”。因此，金价于 1778 年或 1780 年间（？）跌落到每砂金袋 3 卢比，如果按每砂金袋为半托拉计算的话，那就折合为 6. 78 克；如果按 7/12 托拉计算的话，那就为 6. 78 克。金银的比价即为 1∶6 或 1∶5. 1。这一兑换率后来又上涨了，于 1783 年达到了 7 卢比兑 1 砂金袋，从而形成了 1∶14 或 1∶12 的比价。

在同一年代间，广州的比价为 1∶16，1775 年为 1∶15，1779 年则为 1∶18。

在柯克帕里特克时代（1793 年），由尼泊尔国库向西藏商人支付的金价为每托拉 8 卢比。正如我们上文已经看到的那样，这是一种强制性价格。黄金在自由市场上可以被转卖为 14 卢比。西藏人在他们力所能及的范围内，当时很乐于向其他交易伙伴出售其黄金。

我掌握有 1830—1831 年间的某些价格。它们是由加德满都的英国侨民霍德森提供的[153]。这些价格是由尼泊尔卢比表示的，尼泊尔卢比基本上值“东印度公司卢比”的 13/16。

因此，正如大家于前文所看到的那样，尼泊尔于 1830—1831 年这个财税年中，从西藏进口各种等级的黄金数量如下：

2 万卢比的黄金，每托拉 24 卢比（尼泊尔卢比）；

9 万卢比的黄金，每托拉 22 卢比；

6 万卢比的黄金，每托拉 20 卢比；

4. 5 万卢比的黄金，每托拉 18 卢比；

1. 5 万卢比的 5 级黄金，每托拉 13—17 卢比。

这就是说：共有 11432 托拉的黄金，也就是近 132.506 公斤，其纯度成色参差不齐。

对于其价格，我们特别要注意的是一级黄金的价格，它最接近于纯金：每托拉价值 24 尼泊尔卢比，也就是每托拉折合成 19.5 东印度公司的卢比（19 卢比 8 安那），故其很高的比价为 1∶19.5。对于二级黄金，它以印度卢比计算的价值则为 17.87 卢比，三级黄金为 16.25 卢比，这种价格依然偏高。

如果我们将其总价值（23 万卢比）按一级黄金的价格折算成克，考虑到不同价值明显与不同的纯度相适应，那么我们也可以说，尼泊尔于这一年共采购 9583 托拉的黄金，也就是 11.162 公斤，而不是 132.506 公斤的纯金。

坎贝尔（Campbell）在 1834 年的一篇文章中写到[154]，加德满都的商人向西藏人采购黄金。每托拉约付 15 尼泊尔卢比，他换算成了 13 印度卢比（或者是东印度公司的卢比）。这是由霍德森提供的 1831 年的价目表中所列质量最低劣的黄金之价格。人们必须精炼这种黄金，该文中对其精炼工序做了准确而又仔细的描述。继此之后，精炼黄金可以卖到每托拉 15—24 尼泊尔卢比，坎贝尔的资料明显与霍德森相吻合。

这些有关西藏黄金质量的看法，于 50 年之后，又由阿特金森的研究论文所证实。据他认为，直接出自西藏的砂状黄金所具有的密度一般不会超过 7.73，甚至人们从中发现的黄色粟粒状金的比重也只有 11.96。当密度很大的黄金很纯净时，其比重为 19.26。因此，这种黄金很不纯，19 世纪的其他作家们也都证实了这一点。据阿特金森认为，其中主要是混合有经不同程度氧化的铁。我们由此看到了确定西藏黄金真实价格的困难性。为了形成一种有关这种价格的看法，则必须首先将所提供的砂金数量换算成纯金的克数。

1867 年，当乃颜·辛格赴西藏旅行时[156]，托克雅伦的半托拉和 8 鲁特（也就是 6.8 克）的 1 砂金袋黄金，售价为 5.5—6 印度卢比。若根据卢比的官价来折合每托拉的白银，那样就会得出63.80—69.6克的白银可换6.8克黄金。这就是说，此两种金属之间的比价是1:9.3—1:10.2。当时世界上的通用比率则不低于1:14。当时它们在中国中原的比价甚至也达到了1:18，在缅甸则为1:19。但在托克雅伦却是指产价和成色低劣的黄金。

为了使事态更加复杂化，同一位探险家于数年之后，还曾经写到：[157]“先前”（他由此肯定是暗示其1867年的旅行），曾在托克雅伦以每托拉11卢比的价格采购过黄金。这样就造成了1:11的比价，也可能是为了方便而凑成了整数。事实上，他不是将每个砂金袋估价为半托拉8鲁特，这一次为了取整数而正好计算作半个托拉。实在说，这也正如所有人曾经做过的那样。如此说来，5.5—6卢比买一砂金袋，从而形成了1:11或1:12的比价。

据作者承认的情况来看，托克雅伦的黄金纯度并不太高，与以纯金而计价的世界价率相比较，应该做出相适应的改变。

多卡（Daurakpa）的黄金更漂亮和更昂贵。1873年，每托拉价值14卢比。那里的采金同样也很困难。

据阿特金森认为[159]，在1881年时，一砂金袋（Sarjao）的金砂值7.5玛什（mash，即0.946×7.5=7.09克），在西藏西部价值10个印度卢比。这样算来，每托拉黄金就价值16.3卢比（16.3托拉的白银），其比价为1:16.3。但阿特金森于数行文字之下又写道，砂金袋（sarshu或phatang）是大宗采购的通用货币，一般重90格令（5.83克）。我们已经发现，当时砂金袋的重量就已经不统一了……尚且不说在西藏本土之内所获得的黄金质量就有很大的差异了。

据柔克义[160]认为，1890年在中部西藏，其重量为英制1盎司的黄金价值40—50个印度卢比。但柔克义并未具体说明，本处是指普通的英制盎司（28.35克，它与中国的市两相对应），还是指金本制盎司（31.10克）呢？后者通用于盎格鲁—撒克逊世界，以称贵金属的重量。如果我们考虑到这种或那种情况，那就会得出这种黄金的如下价格对照表来。

如果是指英制盎司（英国常衡制），那就会得到如下比价：

每克1.41卢比，每托拉16.35卢比，其比价为1∶16.35；

每克1.58卢比，每托拉18.32卢比，其比价为1∶18.32。

如果是指金衡制盎司，那么其比价就是：

每克1.28卢比，每托拉14.84卢比，其比价为1∶14.84；

或者是，每克1.44卢比，每托拉16.70卢比，其比价为1∶16.70。

最后，在此后很长的时间内，到了1918年，据斯瓦姆人普拉纳瓦南达认为，黄金在拉萨的价值是每托拉10个印度卢比[161]。

如果我只限于讲整个18世纪，那么我们就会发现：西方有一种以白银表示的金价之巨大稳定性，这两种金属之间的比价绝不会越出1∶14—1∶15的界限。这一点很重要，因为世界黄金产量的大部分来自西方，尤其是来自受葡萄牙控制的巴西。

在中国内地，于18世纪初叶，与西方价格相比较，黄金与白银相比是很便宜的。它于1750年左右就已经赶上了西方的价格，后来又超过了西方，于18世纪末叶则达到了1∶18—1∶20的比价。

在印度，1∶14的比价似乎很常见，这种价格与西方的比价密切相关。

在西域和俄罗斯，黄金于18世纪上半叶从未曾比在西方更昂贵过，有时甚至还更便宜。然而，那里的价格如同在西藏一样，略微显得令人生疑。因为这种价格并不表示纯金，而是一种不太纯净的黄金。当人们希望比较世界各地的金价时，这种比价便可以作为基础使用。

大家将会看到两位君主，所有工人均处于财政拮据之中，急切需要获得廉价的西藏黄金。彼得大帝于1715—1725年间，受加加林那种可能是为了恫吓准噶尔人而设下的陷阱之欺骗，特别是梦想夺取位于西藏北部的产金矿址；普利色毗·纳拉扬是1756—1757年尼泊尔廓尔喀的土邦王子，他力图廉价地从西藏人手里购买大批黄金，以便向印度商人转卖而获取巨额利润。稍后（我还将回头来论述这个问题），尼泊尔强迫西藏人向它出售黄金，其价格要比印度和尼泊尔的正常市价低廉得多。当威胁的手段不起作用时，也就是说当是清中央政府而不是尼泊尔更能够迫使西藏接受其意志时，如在1831年那样，尼泊尔人则必须以一种在很大程度上相当于亚洲实施的价格来购买西藏黄金（其纯金含量相同）。

我可以提出下述看法：

中国中原贵金属产量不大，却要廉价出售其黄金。在18世纪时，中国是一个很大的强国，根本不存在别人强迫其意志和将某种交易强加给它的问题。相反，正是中国可以对抗西方列强，可以随心所欲地限制与西方列强的贸易。中国黄金的出口是根据与供需法则相适应的价格而成交的：当需求量增加时，价格便会上涨，可以赶上西方的市价；当需求疲软时，采购中国黄金就无利可图了。但价格的上涨与真正的中国黄金产量没有任何关系。

相反，西藏地区却无力强行规定其价格，也不能始终都以世界平均价格出售。由于上文提到的有关西藏砂金的低纯度，而且砂金又代表着西藏黄金产量的绝大部分，所以西藏人于18世纪时能成功地生产相当廉价的黄金。据19世纪的记述，西藏的黄金开发者自己赚取的利润很少（技术很简陋，不过投资相反却几乎等于零），但在18世纪时却可能略多一些。这事实上是向我们暗示，当时的产金区似乎很富裕。此外，对于尼泊尔人来说，人人皆知前往西藏寻求黄金理所当然的是一种致富手段，这种做法后来再也看不到了。但仍有人暗示说，其他产品的交易会远远地比采获黄金更容易使其人致富。此外，人们在其他地方还看到，西藏高原是在什么样的条件下采金的，但西藏东部的采金条件却不太艰苦。每天的采金量在过去可能比在19世纪的采金量更丰富一些。当然，我缺乏数据，只作了某些猜测。但我还知道，乃颜·辛格的记述，继广泛传播的流言之后，则是一种清醒剂。

我们可以想到，淘金者那微薄财富的一种证据，便是课税额的低微：为了获得开采某一矿址的权力而向政府交纳的杂税，所有人都认为很低廉（每人每年交纳一砂金袋）。此外，西藏的课税一般都不太高（确实还应从中加入另一种课税——徭役）。

无论黄金生产的成本价是低还是高，无论如何也很明显（奴隶的处境或强迫劳动的制度除外。我必须说明，为了开采各种矿藏，在世界上也经常使用这种办法），人们只有在他们能从中获得最低生活必需品时，才会去淘金。这是一种绝对的经济法则。价格是根据这种需求而定下来的，否则人们将放弃这种营生。在18世纪时，没有任何因素可以使人认为，西藏的黄金矿工是奴隶，或者相反是被征募的。他们是自由地从事这项工作的，而从事这项经营者又似乎是业余工和季节工。

如果18世纪的条件与19世纪相同的话（这毕竟未被证明），那么直接从事采金的人则不会携带其全部黄金而离去。部分黄金要就地出售给游牧民，或者是卖给那些前来寻求黄金的商人，以交换粮食、酥油、茶叶。游牧人会离开那里而前往边境市场上出售这种黄金。但采金人同样也要带去一部分，这是他们的剩余产品。他们后来可以支配这一切，以交税或购买其私人用品。西藏或外来商人在拉萨、西宁、噶达克、库底采购这种黄金。其中的一部分被他们出口了。例如，人们发现西藏人于1756年很乐意地以每托拉9印度卢比（相当于其9倍的白银重量）于库底出售其黄金，但拒绝以8卢比出售。或者是在1690年左右的亚美尼亚商人霍夫汗时代，可以以7倍白银的重量出售黄金。稍后不久，他们却拒绝这种每托拉9卢比的价格，不过这是由尼泊尔强加给他们的……

我将在另一章中来详细阐述尼泊尔和西藏之间的白银交易之具体细节。然而，为了更好地理解黄金在这两个地区之间的流通情况，我于此将提一下包括某些有关黄金条款在内的一批条约。

从17世纪中叶起，便在廓尔喀人的国王与加德满都河川地尼瓦尔人的诸王国（末罗王朝）之间，形成了一种竞争。他们互相竞争，并成功地与西藏签订了一项优惠贸易条约。

在1645—1650年间，加德满都国王经过多次军事征讨之后，在从西藏人那里获得了诸多好处，特别是为在西藏的尼瓦尔商人获得了免除捐税、关税和赋税的特权，获准使西藏与印度的贸易必须全部经由加德满都河川的特权，然后是西藏每年向加德满都国王用金银付税的特权。最后，在有关该国王为西藏人轧制银币的垄断权问题上（这一问题将在另一章中作阐述），银币要用西藏提供的金属银来支付，或者是由黄金来支付[162]。这项协议在廓尔喀国王为控制与西藏的贸易权，或者是为了切断加德满都河川与拉萨的联络之尝试的数年之后才出现。一个世纪之后，我们发现普利色毗·卡拉扬王也遵循这种思路，最终以将加德满都河川的诸小王国与其贸易伙伴们隔绝起来的办法，实现了对河川中诸王国的征服。我们已经多次看到，在1756—1757年间，纳拉扬曾试图向西藏人购买黄金并向他们出售其银币。他在绕过加德满都和帕坦的国王时，却仍无力于强行实施其价格。

正如我即将在其他地方更加详细地阐述的那样，继征服加德满都河川诸城市之后，其数年间的特点是：在西藏（很快又获得了清政府的支持）和正处于黩武高潮中的廓尔喀小王朝的尼泊尔人之间的持续的困难、不同程度的艰苦谈判、先被接受和随后又遭拒绝的契约、紧张关系和武装冲突，有数年完全停止了交易。所有的紧张关系都围绕着贸易问题展开，尤其是围绕着由尼泊尔政府未来制造西藏银币的条件以及白银与新旧银币的兑换率问题转圈子的。在这个漫长的战争和贸易的混乱时期，黄金出现在几项条约规定的条款中了。

1775年，在这一困难时代，尼泊尔的廓尔喀国王和达赖喇嘛，签署了一项有关他们两个地区之间的贸易与金银交换问题的条约。这项条约确保了加德满都对来自西藏和运往印度商品过境税的垄断权。在其他条款中，也规定了在违犯这一协议的情况下，金锭和银锭（通过其他通道运输而被发现者）将被没收；另外一项条款规定，对条约的任何违犯（也包括有关银币的一项重要条款），将会导致无论交易的哪一方都要罚交一笔规定的违约金（数额巨大），为 50 个金达尼（Dharnis）[163]，约合 125 公斤黄金。如果每托拉黄金售价为 9 卢比的话，那么就相当于 96975 卢比。

1775 年的这项条约签订之后，仍未能成功地缓和尼泊尔与西藏之间的关系，它也可能未被执行。继这项条约之后，黄金便不再出现于条约中了。在 1788 年时，尼泊尔人入侵并殃及藏民，强迫西藏人接受了这项极其不利的条约，但它也仅被信守一载。这项条约的条款涉及了金属银和银币、交纳重贡（唯以白银纳贡），为在西藏的尼泊尔商人谋得了关税、贸易和司法特权和租借地（库底的海关城地区以及济咙的山口与要塞），但再没有任何条款提到黄金了。这一次其中是否未曾明确提到，由西藏向南部出口的黄金必须要经尼泊尔呢？至少，据我现在所知，情况确实如此。甚至在 1856 年，当尼泊尔人针对 1792 年的事件，而报复了西藏人时，一项新条约将不再包括有关黄金的条款了。

然而，正如我们已经看到的那样，当柯克帕特里克于 1793 年到达尼泊尔时，如果西藏人向尼泊尔出售其黄金，那就必须只能卖给提克撒里（Ticksâli），也就是加德满都造币厂之主。提克撒里享有垄断权，而且是只支付每托拉 8 卢比的强制价格。我已经充分地讨论了这种价格，无意再于本处重复论述这个问题了。始终是据柯克帕特里克认为[164]，这位提克撒里对于从西藏进口商品支付的税收提取一定比例的佣金。对于原籍为尼泊尔的商人，在拉萨和日喀则或其他西藏城市居住一段时间，然后返国时的纳税，也要提取一定的佣金。这后一种税被定为 7 托拉黄金（81.2 克），它甚至要比淘金工向西藏本地支付的年税高出 14 倍……我们可以从这种繁重的税收中推论出如下观点：除了廓尔喀税官那惹人注目的贪婪之外，自西藏返回的商人肯定还会随身带回许多黄金……

这些特权，这些统制性价格，明显均出于当时形成了尼泊尔—西藏关系特征的强制性条件。即使它们不再被列入条约的冗长条款中，它们肯定也是存在的，并且继续了一种很悠久的做法。

直到18世纪末叶（直到清朝人的意愿较尼泊尔人的愿望远远领先时），人们对于黄金不被纳入尼泊尔自由贸易流通渠道之做法的高度重视，既说明了这种金属在贸易平衡中的作用，又说明了廓尔喀人有关贸易的思想。所以，即使是当尼泊尔政府再不能要求全部黄金都经由加德满都河川时（例如，当它不能阻止西藏人向不丹出售黄金时，在尼泊尔—西藏关系紧张时，西藏的部分贸易转向了不丹），至少要确保对金价课以重税：尼泊尔政府购买黄金的价格比它在印度的倒手转卖便宜43%左右。这就是说，商人们自己可以在自由市场上以便宜43%的价格出售。总而言之，这就如同尼泊尔事先对进口黄金预征了43%的税一样，这是一种漂亮的抽取！对于其他任何产品，税收均分2.5%—3%（这是类似“最惠国待遇”一类的税收）到10%—12%的从价税之等级，对于诚实的和互惠互利的贸易关系都是这样的。我们在世界上几乎到处都能看到这样的关税率。当达到20%时，贸易伙伴便会狂叫是自杀性的了！何况43%呢？

正如大家所看到的那样，经过清廷的干涉之后，一旦当强制行为停止时，价格又跌落到了与供需相适应的正常行情。1831年，对于进口黄金，每托拉只征收一个安那（一个卢比的1/16）的税，对于在尼泊尔之外的出口则不课任何税。

尼泊尔政府并非是出于对黄金的需要，才极力使黄金流入到国库中的。事实上，尼泊尔只使用很少的金币（在柯克帕特里克时代存在的金币，似乎更应该被纳入到纪念币和礼物的行列，而不是真正的流通货币），只将这种金属于其内部消费、宗教装饰（金顶和金像）和首饰中，可能也多少用于某种私人积蓄。但尼泊尔并不禁止从那里出口黄金，与当时某些热衷于一种金币的某些国家的所作所为完全相反。此外，尼泊尔恰恰是以这种有利可图的转卖为基础，而打算充实其国库。黄金再次从尼泊尔外流，甚至在18世纪的数十年间，便使人们认为该国本身就是一个产金富国。

6. 又一个虚构的黄金国——尼泊尔

我们在《印度史》（一部 1781 年之前的印度史）中得到了第 1 种证据，这是一部用波斯文写成并于大约 18 世纪末叶左右译成英文的著作[165]。作者叙述了孟加拉的纳瓦布（Nawab）米尔·喀希姆（Mir Qasim）于 1762—1765 年间向尼泊尔发动的战争。据同时代人的目睹，这次远征主要有两大目的：检验其军队和大炮（它确实于稍后被用来攻击英国人）的效力，抢劫该国的财富。“因为尼泊尔以产金而闻名于世，所以该国遍地都是财富……”

还有一封于 1766 年由某位罗伯特·巴克（Robert Barker）爵士写给洛德·克利夫（Lord Clive）的书信，涉及了贝蒂亚（Bettiah）河上游的印度—尼泊尔边境地区，此人在信中提到了该地区财富中的黄金[166]。

假象中的尼泊尔黄金的这种诱惑力或魅力，也出现在 1767 年金洛克（Kinloch）的远征动机中了。大家知道，英国为反对尼泊尔廓尔喀人扩张的这次远征，是以一次彻底失败而告终的。据史学家肖杜里（K. C. Chaudhuri）认为[167]，金洛克确实希望掠夺尼泊尔的黄金储备（此外，我们还知道，英国东印度公司在这个时期的经济形势并不好，孟加拉的金属硬通货匮缺）。在某位巴威尔（Bawell，可能为金洛克远征军的成员）致其父亲的一封信中，特别明确地表达了这一切。信中解释说，这次远征的失败应归咎于金洛克，他对于该地区和敌方势力一无所知，同时也是归咎于某些苏格兰人的贪婪无度，他们“远征期间一直受个人致富思想支配”。

另外一种有关的资料出现在 1769 年左右。这就是肖杜里书（第 35 页）提到了詹姆斯·洛根（James Logan）的例证，这个英国人曾长期在北印度旅行，当时曾自告奋勇地提出为东印度公司效力，以在那里探索与尼泊尔通商的可能性。据洛根认为，在尼泊尔可以用比在帕特纳便宜一半的价格采购到黄金。这一切都颇为合乎逻辑地使人联想到，尼泊尔是一大产金国。

为了使尼泊尔黄金的这种流言得到响应，肖杜里主要是以《印度史》以及他得到上引书信的档案为基础。曾经论述过这一问题的施蒂勒（L. F. Stiller）[168]又是以肖杜里的著作为基础的，而且此人的资料确实不容置疑。当然，类似的流言只能增加英国人对于从事与尼泊尔有利可图的商业交易之欲望（当时英国人在印度正处于经济困难之中），正如英国人在数年之间也曾极力试图所做的那样。

这种流言是从什么时候开始在孟加拉流传开的呢？人们在此前的时期从未发现尼泊尔王国具有生产黄金的名望，而且远不止如此。尼泊尔被塔维尼耶（Tavernier）认为是一个穷国。1662年穿行尼泊尔的白乃心（Gruber）和吴尔铎（d'Orville）未提及该国的黄金，但天知道他们是否忘记指出那里有黄金了呢？就如同在西藏那样。德希德里也未曾指出过这一点。嘉布遣会士（capucin）传教士们在1769年被驱逐之前，曾在河川地的末罗族诸土邦中立足，他们也未曾认为尼泊尔为一产金国。继他们之后，曾在尼泊尔居住过的第一位欧洲人是1793年的威廉姆·柯克帕特里克，他曾准确而又明确地为这种流言辟谣[169]。

“这在过去曾在辛都斯坦居民中有一种广为流传的思想。他觉得这样一种想法被传给了欧洲人，认为在尼泊尔蕴藏有矿。很可能是这种概念（定期地由那些旅行家们那夸大其辞的游记所确认，这些人都相对地不了解尼泊尔城市的富裕和豪华）促使科希姆·阿里汗（Cossim Ali Khan，尼泊尔的纳瓦人米尔·喀希姆）毫无成果地侵略这个国家（1762—1763年）。至于英国人在维尔勒斯特（Verelst）政权时代（金洛克1767年的远征）所参与的事业，无论它是否以最佳理由为据，同样都是灾难性的。现在似乎很难设想，其邻邦怎样会在如此漫长的时间内，坚信这样一种事件呢？它除了下述事实之外再无其他可靠证据为基础。这就是说西藏的黄金经尼泊尔而流入孟加拉和比哈尔，因为人们似乎未曾过多地强调过以下事实：人们偶尔会从河沙中，或者是从贡杜克（Gunduck，甘大吉）的神圣砾石中，提取几个格令的金粒，这些金粒以“细谷砂金”之名而为人所知。然而，在此情况下，我的惊讶将会减少，甚至将会完全消失。如果我们考虑到，当持久性的嫉妒（该国的政权正以这种嫉妒心而始终都阻止外国人自由进入那里）使我们失去了准确了解情况的手段，那么它同样也是根据某种公度而计算出来，以证实人们有关其天然财富的印象。尼泊尔政府自己也促使维持这种印象，虽然它很可能无意这样做。它不断地向印度总督奉送金矿标本，或者作为礼物，或者是作为收藏珍品。但今天却完全清楚了，除了在流经尼泊尔（并非是发源于那里）的某些小溪中，通过筛沙而得到的少量黄金之外，本处所涉及的尼泊尔土地不产1格令金子。我确实曾听人讲到过在利斯（Listie，位于加德满都的东北，可能就是位于西藏边境的古聂斯蒂）附近的一座金矿，但完全有理由将此理解为其他东西，即有时会在激流河床上发现几片劣质金矿微粒，这些激流流经该地区的库夏尔（Kuchâr，人们将喜马拉雅大山脉之前山区称为库夏尔）。我倾向于相信，该砂金并不产于尼泊尔界内。另一件事情同样也很真实，这就是沙玛尔巴（自扎什伦布逃亡的喇嘛）在亡命于廓尔喀人中时，导致了尼泊尔与中国之间的最后一次战争。该喇嘛似乎是一个很有学问的人，曾使加德满都政府希望能于其领土发现贵金属。但同样也可以肯定的是，他的寻找黄金梦却落得个无功而返。因为有人向我断言，他通过不同渠道的试验所产生的结果，不能抵消为这样做而可能会承担的开销”。

传说就是这样不攻自破了，这就是卡拉巴斯侯爵的猫所说的一切*。

在另一段文字中[170]，提到了由罗伯特·巴克尔爵士所写的

---

* 卡拉巴斯侯爵的猫（Le chat de Marquis de Carabas）是佩罗（Perrauit）的《穿靴子的猫》中的人物。此人以其灵猫而致富。后人以“卡拉巴斯侯爵的猫”来指拥有大量庄园的富翁。——译者

一封信，涉及了可能在尼泊尔南部存在黄金的内容。柯克帕特里克还写道："人们能够在贡杜克河以及该地区的其他河流中找到的金矿数量（因为根本谈不到矿藏的问题），完全没有什么意义，尽管人们声称所谓'细谷砂金'的神圣砾石中含有这种贵金属。"

这是否是说，尼泊尔根本不产黄金呢！这同样也是不真实的。由于源出于喜马拉雅山的诸多江河（如库玛翁河、加尔瓦尔河、拉达克河和孟加拉河，尚且不谈阿萨姆地区的河流，那里很久以来就以产金而著名）一样，尼泊尔的河流偶尔也会产少量的黄金，一般均处于土著居民那无多大苛求的收益之极限。人们往往甚至不能以此而维持生计[171]。所以，此金从不会导致产生一种大型工业。尼泊尔河流中的这种意义不大的黄金产量，同样也由布坎南·哈米尔顿（F. Buchanan Hamilton）提到过[172]。他具体解释说，人们特别是在帕尔巴（Parbat）或者是马尔博姆（Malebum）、克里希纳·干达基（Krisna Gandaki 或者是纳拉扬尼）、巴库加尔（Bakhugar）或者是巴杜加尔（Bathugar）、莫底（Modi）和马扬底（Mayandi）找不到黄金。这些资料对于 19 世纪初年是充分有效的。

这种形势在 19 世纪期间始终如此。于此期间，在黄金产量的问题上，多与少的概念也即将发生彻底的变化。1848 年之后，由于发现了巨大黄金矿脉和使用新工业技术，将在很大幅度上增加世界产量，从而使这些地方性的和几乎完全是个人性的小规模生产，再也不会有任何重要硬通货的意义了。

在我已经引证的 1890 年的印度经济学辞典中，瓦特（Watt）强调了有关尼泊尔黄金生产的可靠资料完全付诸阙如的现象，该国当时几乎完全向欧洲人封闭。但由于在印度的昌帕兰（Champaran，位于山脚下，该地区与尼泊尔毗邻）地区开采黄金，也就是在季风的头尾，于帕什纳（Pachna）、胡拉（Hurha）、巴吕（Balui）或达尔（Dhar）、阿什尼（Achni）和卡潘（Kapan）等江河中。我们似乎可以由此而推论出，在边境另一侧的情况也可能完全如此。

其后，在所谓产金国尼泊尔的误传名声中，所剩下的仅仅是对在某些江河的河沙中，找到金叶或金矿的记载了，它勉强值得人们略加谈论。然而，人们有时还会讲到它……时至今日，依然如此。在 1969 年出版的塔巴兄弟（N. B. Thapa 和 D. P. Thapa）的尼泊尔舆地书[173]中，提到了混在河沙中的金矿，在科尔布科拉（Kolpukhla）、巴特拉玛蒂（Bhadramati）、腊普提（Rapti）、喀利干达基（Kali Gandaki）、布底·干达基（Budi Gankaki）、孙科西（Sunkosi）、巴本科拉（Barbung Khola）河中，或者是在巴江（Bajhan）、久木拉（Jumla）和帕尔帕（Palpa）地区。但书中并未指出，这些资源现在是否已被开发，黄金是否仍被列入到尼泊尔的出口产品中。然而，有关一种可能存在的黄金财富的含糊概念，仍残存于人们的记忆中，尤其是因为（正如众所周知的那样）人们尚远未能彻底勘探该国的矿业资源。如 1973 年 7 月 23 日在《新兴尼泊尔》报（Rising Nepal，加德满都的报纸）中，于《读者来信》的专栏内，一名尼泊尔读者提到了开采黄金矿床的这种可能性。他非常遗憾地表示尚未开发，并且重新提到在数年之前，有家私营公司曾从事过勘探作业……但此事似乎再无下文了。

我们可以说，在一般情况下，继柯克帕特里克于 1793 年的旅行之后，特别是从 1800 年起，当英国人对于尼泊尔有了更透彻的了解时，有关该国黄金财富的传说便完全消逝得无影无踪了。所有人于是便都清楚地知道，由尼泊尔出口的几乎全部黄金，均出自西藏地区。数千年来，这当然只会加强有关西藏那巨大黄金财富的传说。

第2章　17—18世纪的西藏银币

1. 18世纪的西藏贸易

大家在有关西藏黄金的一章中，已经看到了这种贵金属在西藏经济中的作用。在更深入地论述贵金属史之前，似乎还应该对西藏18世纪的对外贸易做一番略为深入一些的解释。外贸在这个农业落后地区的经济中，是一大重要因素。该地区因严酷的气候和地理条件的束缚而不堪重负：高山峻岭、缺水的高原、遥远的距离、燃料的匮缺。

与在此后岁月中发生的情况相反，西藏地区当时并不对外国人封闭。大规模的对外贸易恰恰是由外国商贾们承担的：尼泊尔人、克什米尔人、亚美尼亚人、莫斯科人，该时代的入藏旅行家都提到过这些商人。这些外国商人经常往返于西藏，他们还有人定居在西藏，甚至有时还在那里居住多年，并拥有自己的住宅和雇员。他们组织严密，并且有些商业领袖以在西藏地方当局面前代表他们。关税特别公道。这一切行为都是为了促进交流。这种形势在数十年中确保了多位富商的发财致富，有些商人远远地离开了其故土。同样，来自遥远地区的产品（如波罗的海的琥珀）被运至拉萨；而西藏麝鹿的麝香也被贩运到了巴黎或纽伦堡，落入到了化妆品制造商和药剂师们的手中。

现在提到西藏与其南部近邻尼泊尔和孟加拉等国贸易的大量出版物，可能使我们产生了深刻印象。这些出版物主要是自1955—1960年以来问世的。然而，我们不应该忘记，据18世纪的旅行家们记载，在整个西藏的范围内，该地区贸易的最大份额是与中国中原成交的，其次才包括向南与尼泊尔、不丹、克什米尔、孟加拉的交换，向北则与卡尔梅克人（西蒙古人）并直接或间接地与俄罗斯人交易。如果说西藏首府拉萨是多条通商大道以及来自几乎所有方向的产品之集散地，那里有几家外国大商行，既有边市又有海关城，他们在进出口产品的流通方面扮演着一种重要角色。18世纪的见证人主要是将人们的注意力引向了西宁和库底。关注西宁，主要是为了与中国内地和卡尔梅克人互市；关注库底，则是为了与尼泊尔的贸易以及由克什米尔人承担的所有贸易。

西宁（我们在有关西藏黄金的一章中，已经看到了这一切）已由白乃心和吴尔铎神父作了描述，这两位天主教传教士在1662年从中国内地返回时曾经由那里。30年之后，人们发现亚美尼亚商人霍夫汗（我在有关采购黄金的问题上，已经提到过此人）指出该城（指西宁，他写作Slink）是亚美尼亚商人的集散地，他购买的部分黄金，就是他设法从该城运去的。亚美尼亚人前往那里出售琥珀、珊瑚和珍珠。我们还会在杜赫德神父（1730年）、波格尔（1774年）、忒涅（1783年）等人的书中再次发现西宁，而俄罗斯人却始终都讲“西宁和达巴”。在18世纪的最初年代，西宁以西的游牧民接受向中国天朝政府纳贡。

在18世纪下半叶，人们就不再谈论亚美尼亚人了。他们在1717—1718年的准噶尔人入侵战乱中逃之夭夭，从此再未返回。波格尔在西宁注意到了克什米尔商人的某些经纪人、各大寺喇嘛们的经纪人（虽然从原则上讲，僧侣们不能经商。但正如德希德里所指出的那样，他们事实上却醉心于经商）和汉人。自从中国天朝的势力逐渐地在青海湖、康区以及整个西藏东部地区立足以来，汉人的人数便只会与日俱增。在波格尔时代，从中国中原输往西宁的产品有大量的茶叶、各种绸缎和织锦、“外来手帕”（它是以一块中原产的白色和闪光的布制成的）；人们作为“哈达”（Katas）而使用的、在西藏于各种情况下都要奉献的披巾，每个若想在该地区生活并遵守当地风俗的人都必须携带大批这类“哈达”；丝绸、皮货、瓷碗、玻璃器皿、鼻烟壶、刀具和刀具装饰品、烟、银币（talent，塔兰，他们将世人称为马蹄银或银锭的白银称为银币）。在西宁，中原人采购黄金（西藏产品）、珍珠、珊瑚、法螺号、来自孟加拉的毛织品和其他某些进口纺织品、被子、真正的藏羊毛织品。汉族作家们提到过所有毛哔叽，也就是氆氇，藏文作 phrue，这是一种很粗的羊毛哔叽。在 18 世纪时，西藏东部同样也以制造精美的细毛毯而名震遐迩。最后，中国作家们也提到过西藏由西宁进口中原食品的事情。

卡尔梅克人也涌向了西宁，他们带来了西伯利亚和俄罗斯的产品，主要是俄罗斯自数世纪以来就出口的皮货和著名的红皮革产品。这些产品以其俄文名称 youftes、英文名称 red leather 和 red hides（皮茸）而著称。其保加尔（不里阿耳）文名称 hides 指保加尔皮革，出自某些来自东部的游牧民的古名，他们在向后来被称为保加利亚的地方迁移之前，曾占据伏尔加河流域。在 16 世纪时，就已经由在不丹的英国旅行家拉夫·菲奇（Raph Fitch）提到了这些俄罗斯皮革。卡尔梅克游牧民同样也带来了牦牛尾拂尘，其宗教性和象征性的用途也是人所共知的。他们还运去单峰驼、银锭、“粗珍珠”（肯定是指河珍珠，它们的开采业当时在西伯利亚和俄罗斯都很繁荣，虽然其珍珠与锡兰或巴林珍珠相比较，既体小又不美）。他们用这些商品交换羊毛、珊瑚、琥珀球、香料或黄金，其中唯有羊毛和黄金是名副其实的西藏产品。

10 年之后，忒涅也描述了西宁的贸易，汉人前往那里向藏族人出售商品：金银丝织锦、普通丝绸、缎子、黑茶、烟草、银锭、水银、硃砂、瓷器、乐器、貂皮、黑狐皮和干果。他们作为回报而获得黄金、藏产羊毛织品、金刚钻、珍珠、珊瑚、麝香、羔皮、从孟加拉进口的水獭皮、来自孟加拉的杂品。

西宁的贸易在18世纪时似乎很活跃，而于19世纪时却可能已丧失了其重要地位。古伯察和秦神父（Gabet）于1844年仅在那里发现了一座庞大而又很少有人居住的城市，它甚至已几乎坍塌为一片废墟了。他们声称，其贸易被唐古儿（Tang Keou-eul，很可能应为Donkgr）* 人阻截。当时唐古儿确实遍是外来商客。至于西藏人大量消耗的茶叶的交易，打箭炉（康定）当时则是中原与西藏之间的最大交易市场。

18世纪时，西宁—拉萨间的唐蕃古道曾由我已经提及的中国作家们作过详细描述，这些小道经常有人往来，两城之间的贸易颇具规律性。

尼泊尔人，更具体地说是加德满都河川的尼瓦尔人和克什米尔人，似乎形成了西藏最重要的商业侨民区，曾在西藏的对外贸易中扮演过重要角色。库底海关城的重要地位即由此而来。

当西宁成为一座直属中华帝国中央政府的城市时，也被称为聂拉木（Nyalam）的库底，于长时间则在应由尼泊尔还是由西藏管辖之间游移不定。它自1792年起便由西藏治理了，并且似乎一直属于西藏（因为西藏是中国的一部分，所以它现在就是属于中国了）。该城位于加德满都的东北方向，它控制着可以使人翻越喜马拉雅山脉并相对容易进入拉萨的主要山口之一。这是一条至少从公元7世纪以来便经常有人往来的古道，它是从北印度赴西藏的最佳通道之一。1967年，在中国人对尼泊尔的技术援助计划范围内，完成了当代加德满都—拉萨公路的修筑，此路叫做“阿尼科公路”（Arniko highway），以生活在13世纪的一位著名尼泊尔艺术家的名字“阿尼科”命名，此人曾被忽必烈皇帝请往中国工作，并且影响了中国的佛教艺术。这条路同样也经过库底并基本上是沿那条贸易古道前进的。

---

* Tang Keou-eul 应为“唐古儿”或“唐兀儿”的对音，本应指唐古特人或青海与康区藏民。但古伯察神父书中似乎是指丹噶尔厅。——译者

大家于下文中将会看到，由库底和济咙（另一个控制山口的要塞，恰恰位于加德满都的右方）对于交通的控制，一方面成了西藏人和尼泊尔人，另一方面又是尼泊尔诸土邦之间，政治与贸易争夺的筹码。库底在18世纪时具有很重要的地位，那里是尼泊尔向西藏开放的唯一一条海关通道。然而，对于希望从北印度前往西藏的任何人来说，经由尼泊尔的通道，在便利和安全方面，都远远比其他所有通道都更受人偏爱。所以，在某些时代，克什米尔或亚美尼亚商人，都更喜欢从南部绕过喜马拉雅山，再从尼泊尔翻越该山而到达拉萨（而不是在西部翻越喜马拉雅山），并面对阿里那荒凉而又冰天雪地的大高原。我还必须指出，继1639年之后，拉达克地区禁止商品过境，克什米尔商人都将他们的大部分商品从拉达克向尼泊尔运送[174]。

在17世纪的游记中，同样也提到了作为边境城市的聂斯蒂（Nesti），我们今天在某些地图上尚可以找到它。后来，该城便从游记中消逝了，从而让位于库底。

本书已经多次提到的白乃心和吴尔铎神父，曾于1662年经过库底（Cuthi，Kouti，充堆）前往印度。库底距聂斯蒂有5日行程的距离，该地区呈现出了一片富裕景象。在聂斯蒂，其食物特别便宜，以至于人们“用一个苏什可以买到30只或40只鸡”[175]。因此，库底和聂斯蒂的城市规模很大。如果向现今的旅行家们讲述聂斯蒂（Nesti，可能应为Listi）昔日的辉煌，那将会使他们感到震惊，因为它今天只是深山中的一个微不足道的小山庄了。

我在德希德里的著作中，发现了对库底贸易的一种详细描述。这是第一手的资料，因为作者于1721年5月30日—8月间曾在那里停留。库底的地区和要塞在他经过之前不久，尚属于加德满都的国王，但它于1721年回归西藏，西藏与尼泊尔的边界定于聂斯蒂。

德希德里向我们解释说，为了避免穿越“大漠”（位于西藏的阿里地区），来自克什米尔和印度斯坦的商队，经由尼泊尔和库底到达西藏首府[176]。商队应于库底支付进入西藏的关税。该关税对于完全包裹好的商品称重量，每个包裹重两曼（man，maunds），大约合74公斤，但海关人员并不打开包裹。关税根据商人是否是尼泊尔人而有所变化。对于非尼泊尔人来说，每包付数个唐（Tang，每个唐价值为3.5印度卢比）的关税。但对于尼泊尔人，关税要减收，“因为很长时间以来，西藏的一名出生于尼泊尔的大喇嘛，削减了所有尼泊尔人的关税”。

小包裹（少于两曼）是“根据内装物”而交纳关税的。有一种出关税，即向离开西藏的人征收两个曼德玛利（Mandermali），但并不向进入该国的人征收。曼德玛利即马亨德拉末罗（也就是摩哂陀罗末罗，Mahendramalla），系一种价值半个印度斯坦卢比的货币，我很快即将于下文叙述其历史。

这种贸易的另外一大特点，便是自西藏输往尼泊尔的商品“必须用人背驮运”。事实上，在尼泊尔的大部分地区，山间羊肠小道极难行走，地势的起伏如此明显，以至于大宗运输历来（直到20年或25年之前依然如此）都是用人力脚夫背运的。相反，从进入西藏起，地面便变得不太难行走了，人们可以利用驮兽。据德希德里认为，库底居民在向商人出租马骡脚力时，可以获取很好的收入。

有关一名脚夫或一头驮兽的正常负荷问题，大家还将会发现霍德森于大约一个多世纪之后才会指出的内容[177]，这种负荷在尼泊尔北部和前往西藏的通道上，与在从印度进入尼泊尔和尼泊尔南半部时的负荷有所不同。事实上，对于从印度直至加德满都的路程，其数字与德希德里所提供的数据一样，一名脚夫的负荷（bakkoo）是两曼，这是“加尔各答脚夫身背行李的重曼”，约合74公斤。一头驮兽的负荷要多一倍。但当人们接近西藏的高山区时，则由于地面极难行走，而使负荷减半，每个人只背一曼（37公斤）而不是两曼。从加德满都到库底（聂拉木）的行程共用8天。从库底开始，人们便使用小种马或骡子，每头牲畜都驮载两个人背的负荷，库底—拉萨的路程用近一个月的时间。关税要按行包来支付，而又无需打开包裹。在进入西藏时，每名脚夫的负荷要支付 1 个尼泊尔卢比零 1 派萨（paisa）的关税，也就是说每包行李支付一种加尔各答卢比的 10 安那 10 派萨。

据《卫藏通志》这部汉文著作（卷 11）记载，从尼泊尔进入西藏的关税是每包纳银钱一元，唯藏红花例外。但作者仅仅使用了一个“包”字，未能具体指出其重量，从而使人无法知道是指一曼还是两曼的重量。

仍然是据德希德里认为，在他那个时代，共有 3 位营官（而不是在西藏其他城市中那样只有一位）管理海关城，这一措施的目的在于“预防腐化”。库底的这些关税是西藏地方政府的一种重要财源。库底地区的另外一种收入是铁。据德希德里认为，西藏人使用的全部铁均出自该地区。

凡在库底交纳了关税的人，其后在整个西藏就被免除一切税收了。那些不经由库底的人，则在拉萨交纳关税。

西藏通过尼泊尔古道不仅与尼泊尔，而且还要与整个北印度进行交易，再经由那里而通过孟加拉的媒介作用而与海外国家交易，其数额也随着英国东印度公司的扩大而增加。在 1715 年或 1716 年，该公司从莫卧儿人（Mogol）处获得了“大执照”，允许它在印度从事享有海关特权的外贸交易。但早在此之前的很长时间内，就已经通过尼泊尔古道（从另一端到达印度的帕特纳，Patna），从一方运来琥珀和珊瑚，从另一方运来的则是麝香和黄金。

据德希德里认为，西藏在 1720 年左右向尼泊尔和印度斯坦出口济咙地区的山姜黄（一种染料和药用作物）、雅砻（Yarlung）地区山岩中的水晶块、达布（Takpo）地区的书写纸，但主要是食盐。德希德里在该地区的出口商品中勉强对麝香略有提及，而忒涅在前一个世纪中则强调了采购麝香的数额，他本人就曾在帕特纳采购过麝香。《西藏志》的中国作者（与上文已经提到的德希德里同时代的人）就提到了氆氇、牛黄、阿魏（assa foetida）以及藏产各种纺织品[179]。作为回报，西藏人于库底

（聂拉木）地区采购其全部铁器，出自尼泊尔本地或印度的药用植物。那位中国作家本人也强调了由西藏人向他们的南部近邻采购食物等事实。所有的尼泊尔史著作同样都指出，尼泊尔向其西藏近邻提供粮食。

我找到了有关以西藏为一方，以尼泊尔和不丹为另一方，以及西藏通过这后两个国家而与北印度（主要是孟加拉）之间，于18世纪下半叶的许多资料。例如我在波格尔的游记中，可以发现1783年的情况；在柯克帕特里克的游记中，可以发现1793年的情况；在汉文著作《卫藏通志》和《西藏图考》等书中，可以发现18世纪和19世纪的情况。

出于将在本章下文阐述的原因，西藏与尼泊尔之间的贸易关系遇到了许多障碍。它自1755年左右直至1793年间，一直不能充分发展。两个地区之间的互市，在某些时代被完全中断。过境贸易于是便绕道不丹和加尔瓦尔高原进行，这就不可避免地要出现一种明显的贸易萎缩。

在18世纪下半叶，西藏向南方的出口，是与尼泊尔、不丹、北印度（这个地区是根据形势而通过前两个国家之一的媒介作用进行的）的贸易；再通过北印度，特别是通过孟加拉而与海外国家交易。设立在孟加拉的东印度公司于其中占据着越来越突出的作用，这样做必然会损害其他商业公司的利益。西藏与这些地区的贸易涉及了金矿、麝香、牦牛尾、中国中原或鞑靼地区的银锭、岩盐、硼砂（即将由欧洲人大量采购的四硼酸钠）。在由波格尔和忒涅提到的这些产品之外，柯克帕特里克又补充了活畜（绵羊、产舍味尔羊毛的山羊、长毛畜或杂交牦牛、犬、鹰隼、各种飞鸟）。

商贸经济于19世纪时略有变化。如在霍德森有关贸易的报告中，我们于1830—1831年间西藏向尼泊尔以及尼泊尔以远地区的出口商品中，发现有黄金、羊毛、金属银、麝香、牦牛尾、硼砂，再加上中原织物，蒙古和西藏皮货、中原茶叶和药物。但在现代，也就是在20世纪的50—60年代以及继此以后，西藏向尼泊尔的出口主要是由活牲畜组成的：牦牛、绵羊和山羊类（每年秋季，都有1万—2万只公山羊羔和绵羊羔被运往加德满都河川地，以便在那里的德赛因节中用来祭祀）、盐巴（它很快就让位于来自印度的盐巴，因为印度盐巴的含碘量更丰富）。酥油、羊毛、皮革和生皮、麝香、药草、黄金、白银、硼砂都从商品表上消失了。

在另一个方向，也就是在18世纪下半叶，从北印度、不丹和尼泊尔，或者是经北印度而从海外诸邦向西藏输送商品的方向上，西藏采购到了大米、铁器、羊毛织品，特别是“英国绒面呢”（broadcloth），我们发现它登录在这个时代的世界贸易物品的表中了。据忒涅认为，藏族人更喜欢黄色或鲜红色的英国呢子，西藏人还获得各种棉或丝织品，其染料是红色的茜草（据英国作家们借用的印度斯坦文词汇，便是munjeet）和靛青。此外还有皮货（孟加拉的水獭皮）、珍珠、珊瑚、海螺（供宗教仪轨使用）、烟、糖、香料（丁香花蕾、肉豆蔻）、刀、剪、透明玻璃、鼻烟壶、绿宝石、蓝宝石、天青石、煤玉、檀香木、不丹纸、尼泊尔铜器。《卫藏通志》也强调了西藏自尼泊尔进口大米、纺织品、铜器、铁器、干果、制造神香的原料以及各种器皿杂货的必要性。西藏同样也进口红花。进口铜的原因是要在西藏制造大量铜佛像。我们于下文将会根据汉族作家的记载而看到，由于西藏缺乏铜和该金属价格太高，所以引起了钱币的复杂问题。

在霍德森时期，也就是在1830年，我在尼泊尔向西藏的出口物产中，又一次发现了欧洲的羊毛织品、刀剪制品、珍珠、珊瑚、金刚钻、靛青，此外再从中加入鸦片。在1950—1970年间，西藏仅仅从尼泊尔进口粮食（大米、青稞、小麦、玉米），胡椒、辣椒、糖、劣质纺织品、芥籽油、茶叶、煤油，其数量均很小。这一切只达到一种其分量无足轻重的交易额。

在南侧，德希德里同样也指出，西藏与“珞巴人”（南方人）交易，这些珞巴人可能为不丹人，或者是更偏东部的一个民族集团米什米人（Mishmis）或阿博尔人（Abor）。我在有关西藏黄金的一章中，已经讨论了该名词。该民族尚停留在高度不开化阶段，不允许任何人进入其领地。藏族人用蜂蜜、蜂蜡、小豆蔻、诃子和其他药草[181]，来与他们交换盐巴。这一切似乎是通过以货易货的方式而于边境上成交的。它与大贸易没有任何共同之处，我于下文还将回头论述这种贸易。

在波格尔入藏时期，西藏以其产品与阿萨姆交换野蚕丝粗纺品、香料和木料。但在1783年，忒涅曾断言，西藏与阿萨姆之间没有贸易关系。

西藏与其西部近邻实行另一类交换。北部和西部大高原上牧放的绵羊与山羊群生产的大量羊毛，都被作为粗毛而出口于拉达克，克什米尔人前往那里寻求这种羊毛。这种羊毛中有一部分是由一种特殊的山羊生产的，这就是已由忒涅描述过的“图斯羊”（touz）。这种牲畜能抵御西藏高原的严寒，从而生产了一种很细、很轻而又很保暖的羊毛，被人称为“舍味尔”（shawl，披巾）羊毛，它在印度、波斯、欧洲和俄罗斯都赢得了巨大名气。亚美尼亚人为使之西传而作了贡献，被称之为“克什米尔披肩”或“克什米尔”羊毛（开司米羊毛）。恰恰是在克什米尔，人们确实以此毛织成大披肩，一直达到很高的价值。这些披肩在克什米尔的制作方法，曾由不同作家们多次描述过，这不是我本处论述的内容。到处都有人声称，在其他任何地方，都不能制造比该地区更漂亮的披肩，这是由于流经那里的河水之特征。这也可能仅仅是由于在19世纪的某个时代，克什米尔人垄断了拉达克的羊毛采购权，西藏的这种羊毛产品都通过合同而输送到了克什米尔。德希德里于1720年未提及专营权，而且指出了羊毛是西藏西部的一种财源。

据波格尔认为，西藏于1775年与克什米尔的贸易额不算很大：西藏从那里进口食糖、葡萄干和其他干果，作为交换而向那里出口舍味尔羊毛和黄金。

忒涅于10年之后，在西藏向拉达克出口的产品中，仅仅提到舍味尔羊毛；西藏人却在那里采购成品披肩、干果（葡萄干、杏干、杏仁、耶枣）和红花，同时还有藤黄（gamboge）。Luddauk（指列城，Leh）当时成了克什米尔与扎什伦布寺之间的贸易商行。事实上，正是扎什伦布寺而不是拉萨，控制着这些羊毛的大宗交易。大家可以发现，这些批发交易在尼泊尔失败了，但它却拥有其他特权。

克什米尔人的真正作用，并不在于本意上的西藏—克什米尔贸易，而主要是在于他们保障了西藏与其南部近邻的一大部分贸易。我们发现，他们很善于使用加德满都—库底—拉萨之路。他们在西藏首府得以稳定地立足，某些人甚至一直向前定居在西宁。据《卫藏通志》记载，大约到该世纪末叶，在西藏可以计算到 197 家克什米尔贸易商行，而仅有 40 家尼泊尔商行。然而，尼泊尔人（特别是尼瓦尔人）已经稳定地立足于拉萨，很久以来，他们便享有特殊的优惠。除此之外，还应补充以下事实：尼瓦尔人如同西藏人一样，最多的都不是佛教徒，而克什米尔人却是穆斯林。许多尼泊尔人都娶藏族女子为妻。在拉萨，过去曾有过，现在仍有一个完全是尼泊尔—藏族人移民区，1956 年的条约以及此后的条约都被用来调节微妙的形势。但这一切都不是我本书的内容了。

这些克什米尔商人历代都要经受各种挫折，某些人于 1753 年被迫最终从其固有家园流亡出去了，面对阿富汗的征服者艾哈迈德汗·阿卜达利（Ahmad Khan Abdali）的抢劫和破坏而逃亡了。随同他们一并逃走的，还有数十名印度商人，克什米尔的贸易因而便全部流失了。克什米尔商人于是便到其他地方存身，如西藏和尼泊尔……在普利色毗·纳拉扬（Prithvinarayan）王之前，尼泊尔国王促进了贸易的发展。但当廓尔喀王征服加德满都谷地尼瓦尔 3 个土邦时，他做的第一件事就是将所有外国商人都驱逐出境，而且遭逐的包括全部外国人（天主教传教士们也都被迫离开，而且再未返回）。因此，在 1769 年，我本处讲到的克什米尔商人都被迫重新迁移并改变他们的经商渠道，诸如犹太商人在中世纪的欧洲那样。他们在西藏又停留了很长时间，西藏人称他们为 Katche 人，汉人称之为“卡契人”，我在当时的汉文舆地书中经常会反复看到它。

恰恰是在有关 18 世纪和 19 世纪的这些汉文舆地书的问题上，则必须指出它们提及在西藏的外国商人的方式。它们共从中区别出了两种外国商人：“白布回民”和“缠头回民”。我们于 18 世纪的《西藏志》（第 123—124 页）和诸如 19 世纪的《西藏图考》（第 373 页）中，可以发现基本上是相同的段落。“缠头回民”来自“内地”，“内地”一词一般是指中国中原。他们出售珍珠（在两种著作中均提及），同样也出售贵重布帛（在最古老的那部著作中）：织锦、缎子和丝绸。至于“白布回民”，他们均来自布鲁克巴（Brokpa，不丹）、巴勒布（Balpo，尼泊尔）和天竺（印度）。他们出售氆氇、藏锦、卡契缎（“卡契缎”既指原产于克什米尔的缎子，又指由克什米尔人运来的缎子。由于克什米尔人出售各种纺织品，北印度并不缺乏纺织品，故而很难确定这些纺织品是什么）。

这些“白布回民”肯定是指克什米尔的穆斯林本身。至于“缠头回民”（也可以认为其中许多人并不缠头，缠头布在 18 世纪广为流传），可能应将此视为甘肃穆斯林界已有了一定基础的穆斯林商人，因为他们来自中原。

在 18 世纪的最后 25 年，人们同样还提到了“戈萨因人”（Gosains，印度的商人和朝圣进香人）在西藏外贸中的重要地位，波格尔和忒涅都曾提到过他们。在他们的时代，这些商人是由于尼泊尔的形势才被迫绕道不丹的。

汉文舆地书于西藏的番商行列中，既未提到亚美尼亚人，又未提及莫斯科人。但它们却为尼泊尔人保留了一种特殊的地位，强调了外贸在西藏经济中的重要性，西藏的许多人都热衷于在其地区内外并以大小不等的规模从事贸易的事实。这些舆地书对于该地区的女子们也如同男子一样，学习从事这项活动而感到惊奇。当清朝政府于 1793 年重新完全掌握了西藏地区的政权之后，正如我们将于下文所看到的那样，它于是便注重于以合适的方式组织这些番商们的活动。但在看到1793年这个时间，是怎样和为什么变得对于尼泊尔与西藏历史都具有非常重要的意义之前，则必须准确地描述尼泊尔—西藏关系的某些方面，特别是这些关系在18世纪时的发展。这就是本章的主要内容。

2. 尼泊尔与西藏银币

在17世纪末叶和18世纪初叶，尼泊尔—西藏贸易似乎盛极一时。尼泊尔—西藏交易中最有意义的方面之一，便是将两个地区联系起来的有关制造西藏钱币的协议。确实是一位尼泊尔国王（后来是两位尼泊尔国王）轧制在西藏使用的银币，利用由西藏自己提供的银锭为原料。有关货币史上的这一奇特情节，存在丰富的文献。但这种丰富性也必然会留下许多至今仍含糊不清的领域。没有任何新因素会使我们完全清楚这些领域，我仅试图编制该领域中著作的一览表。

近代史学家们，如沃尔什（Walsh）、烈维（S · Lévi）、雷格米兄弟（D. R. Regmi 和 M. C. Regmi）、斯蒂勒（L. F. Stiller）等人，他们都参照了由达尼埃尔 · 赖特（Daniel Wright）翻译的一种尼泊尔世系谱（Vasavali）。据此认为，加德满都的国王马亨德拉 · 末罗（摩晒陀罗末罗），于16世纪中叶左右曾赴德里旅行过一次[182]：

“他前往德里并作为礼物而向皇帝奉献一只天鹅和一批鹰隼。皇帝龙颜大悦，赐他轧制带有其名的重6玛萨（Mâshas，玛什）的钱币的特权。他轧制了这些钱币，称之为摩哈尔（mohar），并准许它们于本国内到处流通。”

如果我采纳每玛什为0.946克的估价，那就可以得出每摩哈尔折合5.67克的结果来，这确实是摩哈尔自17世纪下半叶以来的理论重量。然而，现存的钱币尚不是摩哈尔，而是双摩哈尔，其重量近达10克[183]。

马亨德拉·末罗国王执政时期，据某些年谱认为是1548—1565年，据D. R. 德格米认为则是1561—1574年。该国王德里之行的时间（也就是他在莫卧儿新皇帝面前的臣服行为，也仅仅是为确保永世修好而做的一次拜访）可断代为1560年之后不久，也就是说继阿克巴尔（Akbar）皇帝加冕之后不久。人们必然会提出，本处提到的世系谱只能断代为19世纪。人们确实至今尚未找到与事件同时代的资料。但在1793年，柯克帕特里克作为已在尼泊尔被人接受的一种事实而写道[184]：“8安那的银币现被称为摩合尔（Mohr），或者是阿代达（Addheeda），过去被称为‘马亨德穆利币’（Mehndermulie），出自第1位轧制此币的君主之名字，他根据一项条约而制造在毗邻西藏流通的钱币。我觉得这位王子是胡尔·辛格·德奥（Hur Sing Deo）的继任者之一，属加德满都（Kathmanda）王朝，该城市被认为在某段时间内拥有向西藏提供钱币的特权。这种特权尤为别出心裁，因为尼泊尔（Nepaul）正是从该地区获取其银锭的。为了解释这种做法的缘起，人们习惯于参照西藏教主面对尼泊尔山川而感到的迷信性崇拜，特别是对于其西北部分，因其神圣特征而具有很高的名望”。

因此，在柯克帕特里克时代，人们确实将这种轧制银币的做法上溯到了马亨德拉·末罗国王。

我们完全有理由就这一事实的意义而提出许多问题，无论是在尼泊尔—莫卧儿朝印度之间的关系上，还是在尼泊尔—西藏关系的性质问题上，一概如此。

在有关由一方给予另一方铸造银币特权为基础的两个地区之间的关系上，那些特别关注1560年左右的这件具体事实的史学家们，却被迫只能满足于猜测。我们有时会在莫卧儿人的历史上看到，皇帝将这种权力赐给其驸马或宗室中的某位成员，也就是在他谨慎地把他们安置在距其京城适中的地方，任一方之总督……但尼泊尔国王既非莫卧儿人的姑爷，又非其宗亲。在西方，我们倾向于把制币权既奉为政治独立的一种证据，同时又作为君主的一种绝对特权。但这种概念完全是近代的。在西方中世纪的历史上，我们还发现有些领主也打造钱币，但这又无碍于他们在理论上是另一位领主或国王的附庸。这种权力清楚地说明了封建关系的复杂特征，独立与依附关系于其中长期不断地反复变化。如果说这个时代为我们保留下了“领主权”（Seigneuriage）一词，那也就并非是出于偶然，该词现在仅用于指钱币了，也就是指铸币机构为了抵消制币费用而抽取的税。更具体地说，这种抽税共包括两部分：其一是一种所谓混合税，代表着金属、设备和劳力的真实费用；其二是真正的铸币税，它是铸币者自得的利润。但人们更多的则是使用 Seigneuriage 一词以指抽取的全部税。

尼泊尔国王为铸币而需要莫卧儿人在哪些方面的担保呢？尽管尼泊尔的某些当代史学家曾作出过巨大努力，以证明其国家始终是独立的。但是，不能排除尼泊尔曾是莫卧儿朝的附庸之事实，这特别是受洗约翰·塔维尼耶（Jean-Baptiste Tavernier）的解释。在他那个时代，尼泊尔确实要向莫卧儿朝入岁贡，贡物主要是由一头大象组成。但这种入贡者的地位实际上意味着什么呢？这种地位肯定比我们西方封建制度下的附庸关系更要含糊得多。对于 16 世纪和 17 世纪的莫卧儿朝来说，也正如对于此后几个世纪的中国一样，尼泊尔系一个小邦，同时又与大清帝国相毗邻，世人对于与大清帝国保持非交战状态感到满意。然而，如果说尼泊尔的附庸地位并不能于 1850 年左右更多地约束它与中华帝国的关系，但似乎可以约束 16 世纪时与莫卧儿人的关系。它在某些年代具有一种更应该是被迫性的特征，可能在 1560 年左右即已如此（不过却难以断言）。因为它们与 1793 年的中国具有一种具体而又是令人可怕的实际关系。

根据这种思路，我则会颇感兴趣地将由莫卧儿朝于 1560 年左右给予铸造半卢比钱币的特许，与由同一位阿克巴尔皇帝于 1603 年和西古什比哈尔的国王拉克什米·纳拉扬（Lakshmi Narayan）签订的协议进行比较。该国王通过这项协议而依附于莫卧儿人，并以此来换取后者的保护，特别是保证不再铸造完整的卢比，而仅铸造半个卢比[185]。因此，我觉得莫卧儿人自己始终保留着发行整个卢比（重达1托拉）的权力，允许其“被保护人”铸造最多是重半托拉白银的钱币（但对于由上文提到的马亨德拉·末罗的双摩哈尔又该作何感想呢?）。此外，大家都清楚地知道，莫卧儿的完整卢比流通于本处提到的“被保护国”中，无论如何也是在尼泊尔流通。大家可以由此而得出结论认为，这种安排并不唯使一方在威望方面得到满足，对于另一方也可能如此。

无论如何，正是加德满都的马亨德拉·末罗国王，于16世纪下半叶发行了银币。这是否是说，此前却不存在银币呢？在1560年之前，人们到底使用什么货币呢？是铜钱呢？还是根本就不存在货币呢？难道是使用外国货币吗？史学家们会怎样讲呢？古钱币学家们又该说些什么呢？

尼泊尔的河川与山岭，在古代的某些时期，人们似乎是无钱币地生活，至少是人们未找到这种货币大约在公元6世纪之前的任何踪迹。所以那里的人很可能大致是于6—8世纪期间，于长时期内根本用不着它们。当时在尼泊尔的诸土邦中存在铜币，它们已经在人们的钱币搜集品中大量地出现了。似乎是又经过了数世纪，那里仍然不使用金属钱币。后来，在公元12—16世纪之间，我们逐渐地得到了某些文字或金属证据，现在尚为我们保留下了某些金银币和铜币，虽然很稀少[186]。其中的第1种是金币，重量很小；第2种是银币，同样也很轻小；至于铜币，我觉得在整个15世纪末叶，末罗国王都利用尼泊尔矿的金属制造铜币。这也可能是人们为日常的小额采购使用未打上印记的小块铜，正如在北印度长期使用的那样。但我尚未掌握任何可与后来由马亨德拉·末罗国王发行的那种相对较重的银币相媲美者。

当时，为调节这种货币消费，又有什么办法呢？那里的人似乎并不像在中国内地于数世纪期间所做的那样，经常使用金属银锭，也不会经常称重量和经常检测其成色。剩下的解决办法始终是使用外国货币，如莫卧儿人的卢比，这种货币当时确实在流通。但某些更小的钱币是否同样也流通呢？怎样解决诸如大致属于5克、4克、3克白银范围内的采购呢？广泛地使用以货易货，甚至为大规模的和国际性的采购也不使用金属钱币的实际流通，而且这些采购也如同此后几个世纪一样，完全以砂金作部分结算，那同样也是不可想象的。然而，大家还可以毫无困难地想象，当外贸在一个特定国家中大发展、经济繁荣和形势朝气蓬勃时，那么人们就不难发现使用（如果尚未使用的话）一种真正的金属钱币的方便性了，这就是说在角落中打上一个可靠政府（或一家可靠的金融大机构）的印记，它可以确保该货币的重量和纯金属含量。总而言之是确保其价值。用金属制造的一种真正钱币，具有小重量和高价值的作用，即以金银制成。本处是指白银。印度、伊斯兰世界、基督教社会自数世纪以来，就已经广泛使用银币。在一个日趋繁荣和国际关系与日俱增的特定时期，人们认为发行加德满都山川的一种银币是有益的事，它不会使人感到惊讶了。

但这种论证仅在某种条件下才符合逻辑，这就是对于本处论及的尼泊尔国王来说，他很可能会以充分有利可图的价格获得金属。事实上，尼泊尔境内似乎从未蕴藏过银矿。因此，如果人们需要银币的话，那就必须通过以其他物品来交换的方式获取。用什么交换呢？使用什么价格呢？

当一个国家没有矿脉时，它实际上就只有两种获取贵金属的方式：以其他商品购买之、通过战争和征服掠夺之（大家不会忘记，战争往往也是为必须支付军饷和辎重而需要铸币金属的直接原因）。就马亨德拉·末罗国王的情况而言，他可以找到的手段在很大程度上都取决于第1种解决办法，在很小程度上依赖第2种办法。

事实上，柯克帕特里克的书中认为，金属来自西藏。其条件也会对尼泊尔有利。这并非仅为一项协议，而是一项特权，一种垄断权，这就是说尼泊尔利用由西藏自己提供的白银，铸造在西藏流通的银币。

我还将指出，18 世纪时在不丹和尼泊尔两国之间，仍有一项尚在有效期的协议，不丹向库什·比哈尔运送金属银，尼泊尔用此银铸造由不丹使用的钱币[187]。

在这种体系中，是否有赢家或输家呢？或者说是否会双方都有利可图呢？如果有赢家和输家，那么为什么输家会接受这种安排呢？

我们首先来研究一下这项怪诞的协议之机制，正如柯克帕特里克于 1793 年非常惊奇地发现的那样。

首先，尼泊尔人当场提出的理由，肯定都是宗教性的。因为该河川地的神圣特征，便是对古代大喇嘛们的崇拜。作者并未断言，他个人相信这种说法，它肯定有利于尼泊尔的荣誉，但却会使那些了解其后果的人浮想联翩……然而，早在 10 年之前，萨缪尔·忒涅[188]针对 1783 年在西藏流通的尼泊尔钱币而简单地写到：在西藏地区，"某些地方性的成见抵制建造铸币厂"。他在那里所获的资料是西藏的，而不是尼泊尔的。这样一来，在 18 世纪末叶，双方都通过宗教的或基本属于同一类别的理由，解释了西藏不肯自己制造其货币的原因。

然而，西藏人可能非常正确地让尼瓦尔工匠为他们制币，这些人在拉萨的数目很大，大都为金银匠。此类尼泊尔人完全如同不杀生的佛教徒一样，也只吃由穆斯林屠夫们宰杀的牲畜。他们从未违背过，或者是至少在稍后很晚的时候才违犯了对他们的禁戒。

我们现在来想象一下，马亨德拉·末罗国王实施了应西藏要求而为之铸币的工程，因为西藏的统治者可能会坚持统一协调其宗教思想与其货币流通的需要。尼泊尔是一个具有著名金匠的地区，可能会接受这一切。尼泊尔一方面是从这种安排中获得数额极其巨大的利润，另一方面是确保莫卧儿人对这项计划采取不反对的立场，甚至是确保莫卧儿人不会将同样的特许赋予毗邻的任何一个潜在的竞争者。

这种情节很可能会出现在人们的头脑中，仅此而已，再无更多的情节了。其机制的具体细节，更笼统地说是其历史背景，都会使人联想到，尼泊尔不是建议而是主动地强迫人接受其条件的。

大家还可以思忖，为什么直到那时为止都不使用银币的西藏，到了当时的16世纪却会如此迫不及待地需要它呢？首先，西藏过去是否确实未曾有过钱币呢？这是一种普遍性的看法，很少有例外。

柔克义于其1891年的研究中[189]（稍后又由沃尔什重复了这项研究工作[190]），引证了一种人所共知的汉文史料，这就是魏源的《圣武记》卷14。由此就导致作者写到，西藏人在古代使用贝壳币和刀币作为自己的钱币（这种支付手段在汉文史料中是无人不知的）；其后自宋、金和明末（基本上是10—14世纪）以来，便使用银锭；自金代（12—13世纪）以来，税收则用白银支付；银币自1434年（明代）起便存在了。我胆敢冒昧地提出质疑，本处所涉及的段落是否是指西藏的。此书卷14并不以西藏为其中心内容，也不是指西藏—廓尔喀战争，而是笼统地讲中国的军费、金银铜的资源和货币史问题的，其中不时的有这样或那样地句子涉及西藏、西域、安南或某一国家，但其后面的句子接着又指一个中国省或世界的某一部分。这确实就是本处所涉及的段落给我们留下的印象：没有任何证据说明，有关时代就存在的银币之句子系指西藏。

我再重复一次，笼统地讲，无论西文还是汉文中有关西藏的著作，甚至包括古钱币著作，都未提到过西藏的古钱币。无论是博物馆的目录还是特藏品，都没有早于末罗家族国王们的尼泊尔制造的这些钱币之前的西藏金属货币，无论是银币、铜币，还是其他金属币都一概没有。

我在文献中也没有找到西藏八角银币的其他踪迹，但这一事实如此稀见，以至于引起了旅行家们的注意。17世纪的塔维尼耶对此却作了描述[191]：“……拉萨的摄政令人制造具有卢比价值的货币……这些银币不是圆形的，而是八角形的，其上面的文字既非印度文，又非汉文。”众所周知，塔维尼耶并未亲自前往西藏，而是在帕特纳会见过西藏商人（他向这些人购买了大量麝香）。但他所写下的有关该地区的一切内容，都在后来受到质疑，如受到了德希德里的挑战。德希德里认为此人所写的一切很可能完全是错误的。他确实是唯一一位（我是在讲塔维尼耶）声称西藏根本不存在黄金的作家。其他任何资料都不能证实西藏的这些八角银币的存在。但就在同一时代，与西藏地区相毗邻的阿萨姆也拥有八角银币。我们的这位作家是否把它们混淆了呢？

此外，已成文的西藏古代史保留了对一位达日年色（sTag-ri snam-gzig）赞普的记忆。他是吐蕃“历史王朝”中的第31代赞普，可能是执政于公元6世纪。因为他早于松赞干布（Sroṅ-bt-san-sgam-po）执政的两代赞普，而松赞干布的即位时间为公元600年。这位达日年色赞普是第一个确定了度量衡制的人物，他引入了贸易，“将各河川地联合起来”并“确定了产物的价格”[192]。但这并不是说他创立了其他地方的那种真正的货币制，其价值可以简单以“记账货币”来计算。例如，这种“记账货币”可能是诸如一斗粮或一个酥油球。但这是只走向商业经济的第一步，它后来必然会变成货币经济。如果这些古代赞普之一发行了金属货币，那么吐蕃大事纪年中肯定就应该提到它，然而这些大事纪年却对此只字未提。

当然，西藏人民的生活及其经济在尚不懂交易的古老阶段（6世纪），与17世纪和18世纪在西藏经历的商业生活大动荡之间，发生了大幅度的变化，以至于该地区变成了典型的商民地区。可是，其货币行为相对较简单。到18世纪末，它在作为生活手段必不可缺的钱币方面，仍依附于一个邻邦……由一种奇特的契约所制约。

据柯克帕特里克[193]认为，通过贸易渠道而进口至尼泊尔的全部金属银，都必须交给加德满都的铸币厂。任何白银都不得丝毫以金属的形式传入印度。作为对这些银锭的交换，商人则接受银摩哈尔，尼泊尔政府从这种交易中提取12%的利润，也就是铸币工作的4%和熔入钱币中的廉价合金（特别是铜）的8%[194]。

大家是否应该作如下理解呢？如果一名商人从西藏带回100托拉的金属银，那就应从中退还他88托拉，不过这些白银都经过了熔化，而且是经与铜合金后的银。如果每个摩哈尔重半托拉，那就可以以此而制成含有12%含金的200个摩哈尔，或者是含有8%合金的192个摩哈尔。人们重新发现的钱币的重量始终不及半托拉，但必须考虑到磨损，所以其现有重量并不能证明其原有重量。

当协议得以忠实地遵守时，这12%即为一条准则……这并不算一项很坏的协议，4%的制币税也不算丑事一桩，8%的黄金也不属欺诈作假之范畴。对于铸币税以及混合合成金共赚12%，这在货币史上也不算一个很小的比例了，而基本上相当接近于在货币史上观察到的平均数字。例如，18世纪的中国铸币厂提取10%，法国圣·路易（Saint Louis）为制银币而提取10.7%。形成混合合金的制造费用将随着技术的改进而减少，在法兰西斯一世（FrançoisIer）统治时期降低到了4%，到路易十六时只降到了1%。17—18世纪的尼泊尔制品是手工操作的，必然会导致与我们的中世纪价格相吻合的混合。

我还必然补充说明，人们实际上根本不铸造纯银币。出于各种不同原因，政府经常于其最佳钱币中保留小比例的合金。但当铸币者不恰当地增加廉价合金的百分比时，一切都会搞糟。很少会有君主能抵御这种诱惑。尼泊尔君主本人后来也以悲剧性的方式证明，他们无法抵御这种诱惑。

在柯克帕特里克于尼泊尔旅行之前数年，也就是在1788—1793年的战争之前，当时的正常形势是尼泊尔政府从为西藏轧币经常每年提取10万卢比的收入。由廓尔喀土邦从全部轧币（唯西藏的轧币例外）而提取的岁入为7—8拉赫(lakhs,70万—80万卢比)，也就是说对该邦全部年收入25—30拉赫（200万—300万卢比）的全部收入中提取的。当然，自1793年以来，尼泊尔便不再为西藏轧币了，从而失去了过去提取的10万卢比的收入。所有这一切都已发表在柯克帕特里克的著作中了（第211—212页）。

我很想将10万卢比这个数字，与上文引证的由同一位作家提供的12%的比例进行一番比较。但谁能够在这种诱惑前却步，便会为此而略感茫然不知所措。

为了诠释柯克帕特里克的这段文字，其困难之一便是要设法知道：当他使用“卢比”（rupee）一词时，他究竟是在讲尼泊尔卢比还是在指摩哈尔或马亨德拉·末罗币呢？因为在某些文献中，有时会出现人们使用这个词而指另一种钱币的现象。就柯克帕特里克的情况而言，任何一种因素都不能赋予我们一种真正的可靠性。

如果柯克帕特里克所说的“卢比”是马亨德拉·末罗朝卢比，那么大家就可以承认这些卢比重5.67克（这是以0.946克的马什为基础的重量），这10万“卢比”便重达567公斤。

如果这10万卢比代表着进口银锭的12%，那么白银的重量就相当于$\frac{567 \times 100}{12} = 4725$（公斤）。

我们还应该计算一下，$4725 - 576 = 4158$公斤之差额，实际上都被返还西藏，但其中含有原总量中8%的铜（也就是378公斤）……这样算来就共有435公斤的金属（这后一种算法可能为虚构的，德希德里确实写到，尼泊尔人是以等重量归还西藏的）。

如果柯克帕特里克所说的“卢比”是尼泊尔卢比，那就应该重新计算，或者是要将卢比视为完全相等于双摩哈尔——11.34克，或者说将这估价为相当于“东印度公司”卢比的13/16。这种卢比重178金衡制格令，也就是11.53克，所以尼泊尔卢比应为9.36克。

这些数字可与什么相比较呢？应该把它们与什么参照点联系起来呢？

一方面，5万卢比代表着战败的西藏被迫于1788年向尼泊尔交付的年度赔款（人们首先讲到了100万卢比的赔款总额）。这笔赔款使西藏人觉得负担过重。他们仅支付了这一次，后来便奋起反抗了。另一方面，继1856年的战争之后，当西藏人再次被尼泊尔战败后，由西藏人直到1953年都支付的年度赔偿只有1万卢比了。

另一方面，M. C. 雷格米再次引证了于1794年5月—1795年2月间制造的68000个银卢比的数字，这是发生在洗劫扎什伦布寺之后，正如大家在有关西藏黄金的一章中已经看到的那样。其背景似乎说明，这一数量格外巨大。

最后，我们已经看到，普利色毗·纳拉扬王于1757年采购过黄金。这是一次大规模的采购。如果将这种黄金算作每托拉9卢比（这正是他支付的价格），那么大家就会发现他作为交换共支付13.5万卢比，也就是说约为1531公斤白银。

1830—1831年间，在某些不同的政治形势下，尼泊尔尽量多地从西藏进口金属银，其进口量增至1万尼泊尔卢比，也就是8125个东印度公司的卢比，或者是近93.68公斤的白银[195]。这笔款项确实不能抵偿（而且是远不能抵偿）该王国为供国内使用而制币的需要。这在原则上是指每年的进口量。如同平时一样，让金属银再流出王国之外，则是受禁止的。

经过这些对尼泊尔一方的比较之后，我再从西藏一方作一番比较。《卫藏图识》[196]估计是12.7万币两白银，即4800公斤左右，这是西藏地方政府的岁入白银总数，出自民间交纳的税。

考虑到上文列举的几个数字，我觉得加德满都制币厂在一个正常年份的利润，相当于一笔很沉重的赔款。人们认为这是它根本无力承担的，是在被一位贪婪的胜利者战胜后强加给西藏的，也就是说已经接近了由全部藏民在一年间用白银交纳的税收总额。

我确实必须屈从于事实：我无法如此简单地计算西藏的白银收入。即使这10万卢比仅仅为马亨德拉·末罗币，可能也不会代表本处涉及的12%。它们也可能代表着为供西藏内部使用而于加德满都每年进口白银的金额，或者更应该是其重量。因此，这一数字相当于567.1134公斤或936公斤的白银，即分别根据是指摩哈尔或是卢比而计算的，它代表着1830—1831年财政年度进口白银的近6倍，或者是近乎12倍或10倍，这无论如何也是很可能的。

暂且将数字搁置一旁，我还掌握有某些历史资料，它们强调了17—18世纪时与西藏的互市对于尼泊尔经济的重要意义，以及金属银于其中所起的作用。事实上，我们将看到于17世纪瓜分了尼泊尔的诸土邦，它们彼此之间互相争夺以夺取这些商业交易。为此而顺理成章地便是控制库底（聂拉木）和济咙的要冲土地，那里的要塞控制了喜马拉雅高山峻岭的通道。所以，加德满都国王的兄弟和大臣毗摩末罗（Bhimamalla，大约相当于尼泊尔桑巴特761年，即为公元1641年左右）振兴了与西藏的贸易，吞并了济咙和库底的半数地区[197]。

罗斯（L. E. Rose）强调了那些尼泊尔资料。它们已经证明[198]，在廓尔喀土邦和加德满都土邦之间，于17世纪初叶就爆发了一场激烈的斗争，其目的是为了控制西藏的贸易。廓尔喀的罗摩王（Rama Shah，1606—1633年）在夺取了介于其自己的国王与济咙之间的土地后，于1625—1630年入侵西藏。他可能最终在金错（Khinchog）战胜了西藏人，可能还一直挺进到库库加（Kukurghat）。该国王当时可能与西藏人（乌思藏）签订了一项协议，廓尔喀—西藏的边界，则根据这项协议而被向前推进到库库加，从而使罗摩王得以控制了这条商路。但他并未能对这条通商道路控制多久，因为西藏人于1645年左右又收复了这一地区。加德满都的国王普拉塔波·末罗（Pratap Malla，1624—1674年）直到那时始终使用这条商道，非常担心丧失此路。他对于与廓尔喀王直接战斗，感到犹豫不决。他成功地对西藏人大大地恫吓了一番，以至少确保经库底之路。在这两个地区的历史中，我们始终都只会发现库底和济咙。其父亲毗摩·末罗（Bhim Malla）发动过多次远征，最后一次是于1646—1650年间向日喀则发动的远征，达赖喇嘛的使者们前往迎接地。其结果是在加德满都国王与西藏统治者之间达成了如下协议：加德满都和西藏共同控制库底和济咙的边境城市，加德满都河川地的商人社团可以在拉萨设立 32 家商行，加德满都的宫廷在拉萨可以拥有一名商务代表；那些在西藏经商的尼泊尔商人将被免除任何负担和任何关税；西藏许诺每年象征性地向加德满都付一次赔款，以金银的形式支付。尼泊尔国王为西藏轧制钱币，此币可供于西藏内部流通使用；西藏或者是提供轧币所需要的白银，或者是用黄金支付由尼泊尔提供的银币。最后，西藏与印度的全部贸易，甚至是未被尼瓦尔商人控制的贸易，也都必须经由加德满都川运输，此路要较其他任何道路都被予以优先考虑。

因此，由武力强行夺得的这项条约，早从 17 世纪中叶开始，便确立了一种对于加德满都王国极端有利的垄断形势：免除任何关税、垄断制币、垄断过境贸易……

如果有关在拉萨设立尼瓦尔商业会馆的条款不会令人感到惊讶的话（在拉萨似乎始终都有一些尼泊尔人的侨民区，特别是金银匠和商人，这些人在那里一直买卖兴隆地持续到西藏自治区改组当地市场为止），那么有关以金银象征性支付赔款的条款，却会使人联想到失败者和胜利者之间的关系。最后，有关钱币和贵金属的所有这些条款，都反映了获取这些金属对于尼泊尔的重要意义。我们在 20 世纪之前的尼泊尔—西藏关系中，会多次单独或同时反复地遇到金银问题。

此外，据尼泊尔史学家 D. R. 雷格米认为，他以“当地的一部古代编年史”为基础，提到了 17 世纪初叶缔结的一项尼泊尔—西藏条约，即由我上文业已提及的毗摩·末罗签订[199]。这项条约可能是再次重申一项更早期条约的文本，其中将库底（聂拉木）划给了西藏，不过尼泊尔却保留了一种“钱币宗主权”。尼泊尔当局也获得了在聂拉木、日喀则和拉萨拥有其商业代理人的权力，尼泊尔的三个小土邦（加德满都、帕特纳和巴德冈）各有一名代表；在遇到某种争执或诉讼时，尼泊尔公民将由这些设在西藏地方的代表，根据他们属于三个小土邦中的某一个而具体判决。这是一种真正的治外法权的特权。我发现在漫长的三个世纪期间，它于所有协议签订的过程中都不断地出现。最后，尼泊尔钱币曾在西藏流通，但必须是纯银钱币。库底的总督和官吏由西藏任命，却必须获得尼泊尔政府的批准。除了这一切之外，还有仅保留给尼泊尔人的关税特权：他们在进口时只支付很少的关税，甚至可以“按政府税率”而使用搬运和车运手段（这究竟是指免费呢？还是指以徭役或乌拉的手段支付呢?)。最后，尼泊尔人在进入西藏时，被免除了人头税。德希德里确认了其中的某些条款。当他 1721 年经由那里时，这些条款仍在使用。

这两项条约颇为相似，但其条款却并非绝对相同。其中的一项条约是否为另一项条约的草稿呢？它们是否曾被真正执行过呢？对于 17 世纪，我缺乏具体细节资料。18 世纪初叶，由于在西藏和尼泊尔的游记以及天主教传教士们的书简，我们便重新开始掌握直接资料了。

依然是德希德里，向我们提供了以下资料（其书第 3 卷，第 167 页)，即在有关为将准噶尔人从西藏驱逐出去，清朝中央政府于 1720 年派遣远征军的问题上。更确切地说，第 1 支远征军于 1719 年被击败。本处是指第 2 次进攻，包括当时大清帝国政府最精锐的鞑靼军队。仅仅由于“了解中国皇帝的巨额财富的人，才可以想象出为这支庞大部队提供的武器、辎重、军械物资和牲畜数目。我仅举其中的一个例证：所有的官兵都要提前和当场领取五年的军饷。虽然我很害怕读者不相信我讲的一切，但我再次保证自己并未夸大其辞，对于我所报道的一切，都是我亲眼目睹的真实情况。在清朝军队第 2 次进入西藏之后不久，这片地域辽阔的地区遍地都由白银所淹没。银价降得如此低廉，以至于必须重申政令和严厉惩罚，才能迫使人们接受用白银来支付。我应该解释说，中国中原人没有银币，只有大小不等的银块。西藏人以花费巨资和长途跋涉而冒险将这种白银从拉萨运往尼泊尔，以将它们改制成银币，也就是统治该王国的三位土邦王子的银币。尼泊尔人不提取任何税，而仅仅是以与白银相同重量的银币退返订货方，从而能成百万地赚取利润，尤其是加德满都的国王更为如此”。我们还将回头来论述这五年的差额。

因此，考虑到路途中的具体情况，尼泊尔国库是在1721年或1722年左右，以这种中国白银的大量流入而暴富。但在西藏，可能必须交纳数量很大的白银，才能获得清朝大军必不可缺的食物。

德希德里未提及稍后由柯克帕特里克指出的4%的轧币费。若无这种报偿，尼泊尔国库怎能“成百万”地赚取利润呢？因为它以等量返还，所以只有玩弄合金的把戏了。钱币中的合金含量是否很大呢？德希德里未就西藏的情况作出具体解释。但他又断言，在尼泊尔流通的钱币之成色，实在很坏。他在1721年12月末—1722年年初经过加德满都王国时，确实曾这样写道（第4章，第318页）：

“尼泊尔的三位土邦王子都在轧制钱币，但这是合金含量很高的银币。最大的银币被称为曼德玛利（Mandermali），通称摩哈尔（Môhôr），价值莫卧儿人卢比的一半，也就是我们的两个保利（Paoli）。最小的银币则更纯一些，叫做苏什（Succhi），价值半个摩哈尔或1个达姆（Dam），12个达姆为1个摩哈尔或曼德玛利。摩哈尔在西藏第3区通用，在那里被称为章卡（tang-ka），莫卧儿人的卢比在尼泊尔一般都被用于大型交易，它在尼泊尔的价值为两个曼德玛利。”

德希德里将西藏划分成三大区：第1区是：“小西藏”或巴尔蒂斯坦（勃律，Baltistan）；第2区是“大西藏”或拉达域（Lhata-yul），即拉达克；第3区便是我们本处所讲的西藏，包括卫（U）和藏（Tsang）两地，即拉萨和日喀则地区。曼德玛利明显是马亨德拉·末罗（Mahendramalla，我们在柯克特里帕克的书中发现作Mehndermuli。在达·法诺的书中作Manoermaui，在忒涅的著作中作Intermillee等）。“颇章”（Pe-trangh）是同一种钱币的藏文名称，达·法诺写作Petun。就在同一时代（如在

《西藏志》第123—124页中)，汉人称为“白丈”，这是对藏文名词Pe-trangh的对音。这个通用名称一直沿用到今天。据《西藏志》记载，西藏“通用皆银钱，每个重一钱五分”，即3.78+1.89=5.67克。这确实向我们指出了半托拉的重量。“其名曰白丈”，“上铸番字花纹”。大家似乎同样应该这样来理解其行文，即人们习惯于将银币粉碎成小块以供小宗采购使用。这种做法(它在货币史上并非是绝无仅有的例证)证实了在该问题上的其他数据：向西藏出口的仅仅是半托拉重的银币，即折合一个摩哈尔，而尼泊尔也铸造并使用零币，我们已掌握有关这方面的成千种文字的或钱币的证据。为什么不会同样也向西藏送去零币、苏什和达姆呢？此外，对于颇章的分类一直持续到20世纪。人们或者是像对待一种饼一样将银币从中间破碎，或者是根据一种一道弧的外形而分成薄厚不同的半月状。

我们可以想象为避免不当切割和从各侧切边的困难性，但这一切明显未曾让使用者们感到不便。我还应补充说明，这是出于所有同时代人资料的结论，即在西藏不使用铜钱。唯一一种仅有的银颇章（无论是完整的还是破碎的)，被用于包括使用钱币的所有交易。

《西藏志》并未指出这些银币是在尼泊尔轧制的，这是18世纪初叶的中原人基本不了解的一种事态。他们仅通过1788年的战争而获知了这一切。然而，对于《西藏志》中略微有些含糊的“以银易钱而用”一句话，如果作这样的解释，那就会得以澄清。曾于18世纪前1/4年代居住在中国的杜赫德（Du Halde)* 描述过中国钱币，曾绘制过“西藏的”钱币图案[200]。初看起来，这些钱币显得无可争议地如同是尼泊尔钱币。特里安·德·拉·库波里(Terrien de La Couperie)[201]从中辨认出了咱雅·普帕提·因陀罗·末罗（Jaya Bhupati Indra Malla）执政时代(巴特冈，1694年)、咱雅·巴斯卡拉·末罗（Jaya Bhaskara

* 此处有误，杜赫德从未到过中国，他仅根据入华耶稣会士们寄回法国的资料，而编写有关中国的书籍，特别是《中华帝国全志》(1735年)。——译者

Malla）执政时代（加德满都，1700 年）和瑜伽·马亨德拉·末罗（Yoga Marendra Malla）执政时代（帕特纳，1689 年）的钱币。这里是指最下限的时间，也就是在钱币面世时间之后不久，但不会在此之前制造。例如，载有 1722 年时间的钱币（它们并不罕见）可能就是在数十年期间陆续发行的。

在曾于西藏流通的所有尼泊尔钱币中，我们只发现极少数是 18 世纪之前的。瓦尔什在 1907 年写书时，尽管他作了巨大努力，但基本上却未能找到 1641 年（他写作于 1631 年，但对时间的读法在今天则被作了不同的解释）之前末罗王朝的任何钱币。对于在西藏流通的末罗王朝钱币，没有任何一枚可被断代于 1696 年之前。人们此后既在西藏又在尼泊尔本地发现了某些更加古老的钱币，尽管它们还很稀少，而且更多的是双摩哈尔而不是摩哈尔，因为其重量为 10.6 克左右。这都是带有加德满都的马亨德拉·末罗和湿婆·辛哈（Siva Simha，1578—1620 年）、帕特纳的悉底·纳拉辛哈（Siddhi Narasimha，1620—1661 年）、加德满都的拉克什米·纳拉辛哈（Lakshmi Narasimha，1619—1641 年）[202]名字的钱币。

古钱币的稀见特征可以通过下述事实来解释：尼泊尔曾发生过回收与重铸钱币的事件。如在普里色毗·纳拉扬王执政期间，就曾经发生过这种做法。

我觉得似乎人们尚未重新发现尼泊尔于 1769 年之前为西藏发行而轧制并在钱币的一面带有拉萨图案的钱币。这些钱币的存在，仅仅由于 1793 年著书的柯克特里帕克揭示过[203]。

我没有理由于此从古钱币学的观点，发表长篇有关尼泊尔和尼泊尔—西藏钱币的论述。对此感兴趣的读者将会发现，他手头掌握有相当数量的著作和文章以供阅读，诸如坎宁安（A. Cunningham）、瓦什、特里安·德·拉·库波里、布谢尔（S. W. Bushell）、卡恩（E. Kann）以及更为近期的罗德斯（A. G. Rhodes）等人的著作。这尚且不包括尼泊尔文的著作（如萨蒂亚莫汗·若西，Satyamohan Josi）以及汉文著作。读者不仅可以从中发现这些钱币的图案和照片，而且还可以在博物馆的藏品中找到其中的某些图片。在尼泊尔本土之外．还有伦敦的大英博物馆，此外还有由古伯察神父本人携归巴黎国立图书馆钱币部的几幅图片。但现今最漂亮的一套则属私人收藏品，我有幸看到了英国罗德斯主教的那一套，他极其盛情地向我出示并作了解释。

这些不同的文献并非始终都互相吻合。我曾试图在情况允许时，简单诠释（并非是决断）那些悬而未决的问题。

加德满都、帕特纳和巴特冈的尼瓦尔国王们发行的尼泊尔钱币，无论是供尼泊尔内部使用的还是准备输往西藏的钱币，其特征是具有相当数量的技术性、象征性和美学的因素，下面就是其主要因素：这都是一些圆形的钱币，而且还是清一色的白银钱币；其主要单位是摩哈尔，其固有价值只有莫卧儿人卢比的一半；其重量在80—90金衡制格令（5.18—5.83克）之间，从理论上讲应为87.6格令，即6玛什，也就是半托拉。其直径接近于1法寸（pouce，约合2.53厘米）。根据以8和16相除的印度度量衡制（印度卢比只值8安那，而莫卧儿卢比则值16安那）为基础。它还有某些零币：1/2摩哈尔、1/4摩哈尔、1/8摩哈尔。但他们不肯向西藏出口这一切。据柯克帕特里克认为，两个摩哈尔的银币（尼泊尔卢比）仅从普里色毗·纳拉扬国王时代起才存在，我确实也只找到过极少量的早于该国王时代的双摩哈尔。它们也未曾向西藏出口。

尼泊尔币看起来很美观，其做工也很精美。中国中原、克什米尔或阿萨姆的钱币在任何方面都不能与之相媲美。在美学方面，它已达到甚至是超过了最漂亮的莫卧儿卢比。我们当然可以从中看到尼瓦尔金匠的才能。在其制造方式的问题上，人们的看法却有歧义。雷格米认为，这些钱币都是铸造的，其他人则认为是热轧的。

这个时代的尼泊尔钱币以珍珠边饰环绕，币中未钻孔，未带任何国王肖像。但却带有用文字写成的发行该币的国王之名字与发行年代。不过，人们往往第一眼就会发现的，却是其中的佛教徒、印度教徒或者有时也有世俗人的象征物：流传最广泛的是湿婆（Shiva）的三股叉和佛教徒的 8 种象征物：双鱼、华盖、海螺、无尽轮回结、幡、圣水钵、莲花、法轮，人们还经常会从中看到星沙漏状的双面法鼓（Damara），湿婆教的象征物；花鬘、剑。对于那些供尼泊尔本土使用的钱币，国王的名字与时间均以德瓦纳加尔文字（devanagari）写成并沿用尼瓦尔人的纪年（该纪年的第 1 年相当于公元 881 年）。对于被输送到西藏的钱币，其全文则被译作藏文了。

8 种佛教象征物围绕着一个中心图案而排列成一圈，一般均各自被纳入到一种花瓣中，从而使钱币的这一面呈一种盛开的花朵状。这就是为什么古钱币学家们用英文称之为 petals（花瓣），用法文称之为 fleurettes（小花），即指其 8 种组成部分。在西藏，没有 1/2 或 1/4 摩哈尔，人们要将银币破成小块，正如我已经指出的那样，每块的价值取决于其中所包括花瓣的多少。这种以 8 相除（顺便指出，我们在世界上的许多货币中都发现过这种观念。它有时也以 4 相除，这是由于基督宗教十字架的象征而产生的，诸如西班牙货币那样），这样明显会方便计算，因为它显得与摩哈尔根据印度—尼泊尔的货币体系而价值 8 安那的事实相吻合。

根据人们所搜集到的那些曾在西藏流通的钱币来看，其品种远不如在尼泊尔本地流通得那样多，其样品也要少得多。虽然部分尼泊尔钱币曾被回收并熔化，但很可能从未在西藏从事过这样的活动。似乎还有可能是人们很少，甚至是完全没有向西藏运送过这些模拟了波斯文字图案的钱币。它们本来是模拟了在孟加拉流通的莫卧儿钱币，而这种钱币在尼泊尔本土上也存在。人们从“尼泊尔—西藏”钱币上发现最多的图案，除了无所不在的八瓣莲花之外，便是彼此交错在一起的大方块图案，其三角形也是彼此互相交织在一起的：三股叉、花鬘、八瓣莲花的变种——一个带有八叶边饰的矩形装饰物。

为西藏制币的特权首先属于加德满都的国王，后来扩大到了巴特冈的国王，最终成了巴特冈事实上的垄断权[204]。这些国王中的两位，由于发行严重掺假的钱币，而成为备受责备的人物。

出于一种奇怪的巧合，恰恰是在1722年和在此后的数年间，也就是恰恰是在出自清朝远征军的白银大量流入西藏和尼泊尔之后，根据成套的钱币收藏品和文献所证明的情况来看，成色不好的钱币大量存在，无论是“尼泊尔—西藏”钱币，还是专供尼泊尔内部使用而发行的钱币，一概如此。此时正是巴特冈的咱雅·拉纳吉塔·末罗（Jaya Ranajita Malla，1722—1769年）执政时期。据说，此时摩哈尔的真实价值减少了一半[205]。据柯克帕特里克认为，于此使用了一种地方文献,尼泊尔国王“罗阇·吉·普尔科斯·穆尔（咱雅·普拉卡什·末罗，1736—1768年的加德满都国王）和巴特冈的国王罗阇·荣杰·穆尔（Rajah Runjeet Mull，即罗纳吉塔·末罗）滥用合金。“在他们执政期间，马亨德穆利（Mehndermulli）贬值了，只具一种很坏的成色。其后果是在尼泊尔处于廓尔喀人统治下的时代，西藏到处都充斥着这种劣质钱币”。

罗纳吉塔·末罗是巴特冈的最后一位土邦王子。本处提及的钱币是于1722年，或者更应该是从1722年起，才开始大量发行的。但此批钱币却一直载有这个时间，即尼瓦尔纪年的842年。19世纪末叶，人们还可以发现大量的这类钱币，它们甚至在现代也不算稀见。它们是用很劣质的白银制成的，直至含有高达25%的合金。其中大部分似乎都于一面带有矩形图案，其边缘形成了八瓣花朵。大家可以在多种出版物中，例如在瓦尔什书中[206]，都能看到其照片复制图案。我确曾于多种收藏处，甚至在巴黎国立图书馆钱币部都曾看到过它们。

这正是那些在20世纪的西藏尚被称为黑色章卡者：无定形的小锭银子。沾有油污和略呈黑色，带有半磨损的图像。这是经过多次转手之后，磨损、积满污垢和白银变质的后果……

另一次大规模地为西藏发行劣质银币，则是发行载有尼瓦尔纪年856年（公元1736年）时间的银币那一次，它被归咎于加德满都的咱雅·普拉卡什·末罗国王。该国王还搞过另一次劣质币的发行。仅仅从1753年起，才重新于加德满都发行优质银币。

因此，在数十年间，尼泊尔诸王（我是指加德满都川的诸王）伪造钱币，很不诚实地截留了他们本应该返还西藏人的白银。哪位处于困境的国王，不会对伪造钱币的吸引力而作出让步呢？尽管当涉及他自己的钱币时，这种做法又会伤害他的臣民：钱币在国内要保留其强制性的币面价值。但这样做却在外贸中，与贵金属的内在价值相比较而大受损失。如果尼泊尔诸王对于准备运送给西藏人的钱币进行掺假，那么这就是使尼泊尔全赚和西藏人全亏。

然而，西藏人却接受了这一切，在50多年间也从未发动战争。

这种长期忍耐的原因到底是什么呢？其主要原因可能是西藏钱币仅在西藏内部流通，不能在与中国中原和卡尔梅克人等方面的贸易中反复使用。

居民们以其票面价值而使用这种钱币，从而获得了一种仅在本地区内部使用的钱币象征物的概念。这样一来，他们稍后曾多次表现出，对于其不同钱币的贵金属之固有价值相当冷漠，正如人们在此后所看到的那样。然而，他们在钱币的纯银含量上的净损失，长此以往，不会不干扰商业交易，钱币价值与白银价格之间的差距，在西藏人与汉人进行交易时，必然会以损害西藏人的利益为结果，因为汉人将一切物价都建立在纯银的价格上，并在他们的交易中使用这种纯银锭。他们仅接受已被重新熔化的白银，以白银重量而接受外国的钱币（唯有某些重量和含量都很可靠的西方钱币，诸如西班牙与荷兰钱币除外），并且习惯于唯有以这种金属作为金本位使用。然而，在西藏有了越来越多的中原人。顺便说一下，输往西藏的这种金属银并非是西藏本土的产品（我于下文不远处还将回头再来论述这个问题）。为了获得这种金属银，至少是对于其中的一部分，则必须向中原人、卡尔梅克人或贸易伙伴们以其真实价格采购或交换。

因此，为这些钱币付出的价格，实在太昂贵了。

根据经济学家们很珍视的著名的格雷欣法则（La Loi de Gresham）*，即“劣币驱逐良币”之规律，从逻辑上讲，按照这一法则，发行劣币必然会引起西藏人的优质钱币（当然就是银锭）消失在劣币之中。人们是否积蓄了上乘成色的古币呢？史学家们对此只字不提。无论如何，我们知道，该地区曾被劣币“淹没”或“充斥”，以至于人们在1900年尚能在路上拾捡到它们[207]！人们从来都不敢冒险积蓄此类钱币。

由于这样或那样的原因，出于恐惧或手头拮据，我们发现藏族人心安理得地容忍这种形势，直至廓尔喀征服者于1770年左右带头以低价率向他们回收旧币，也就是收回由末罗氏国王过去向他们提供的那些钱币，正如大家于下文将要看到的那样。我确实应该清楚地指出，西藏人是在兑率问题上，而不是在他们已经长时间忍受的向他们提供的银币之低劣成色上，才奋起反抗的。西藏人的习惯似乎更喜欢拥有唯一一种类型的货币，很少关心其固有价值。只要钱币具有一种不可兑换的和不容易发生变化的流通价值即可，因为他们面对任何兑换问题都退缩不前。尽管如此，这一切都与所有观察家们报告的情况非常吻合，也就是说西藏人的基本性格特征，是对任何变化都感到恐惧，持一种几乎是绝对的保守主义，至少在本文所涉及的时代是这样的。

此外，这并非是人们可以从中看到一个民族很容易地、几乎是不明不白地接受其内部钱币固有价值之贬值的唯一例证。巴伯隆（E. Babelon）于其有关钱币起源的著作中，强调了“习惯的专制”“民众”对于通货之成色、“在数代人期间本能地采取并保持下来的习惯”表现出的“冷漠态度……”这种心理现象不仅仅会使一种劣币出现并持续下去，而且还成为一个民族接受货币的一种变化（即使是有利于他们自己也罢）[208]。

* “格雷欣法则”也叫做“格雷欣规律”，即劣币驱逐良币之规律，由16世纪的英国财政学家格雷欣（Thom Gresham）所发现。——译者

加德满都川国王们的情况如何呢？促使他们采取这种既传统又具有欺诈性的行为，在财政上需要什么呢？如果说17世纪与西藏签订的条约在此时仍在发生作用，如果这些条约对他们有利，那么他们为什么会对于经常性赢利感到不满足呢？为什么在这种利益之外还要再加上被纳入到上述条约中的商业利益呢？为什么恰恰就在其数量大得不合常规的金属银被西藏人运往尼泊尔时，制造劣币却会如此明目张胆呢？这也可能是由于为了向清朝军队提供给养，西藏人必须向其南部近邻采购更多的粮食。从逻辑上讲，我们可以认为，尼泊尔当时正处于一个与西藏保持良好交易关系的时代，大批劣质银币恰恰正是在此时发行的。

如果我不能可靠地解释，为什么恰恰是在此时，末罗国王为其钱币掺假（如果不是该国王于其国库中需要大量白银时，这就是一种传统的现象，在国王们的历史上开支的最主要原因是战争和豪华建筑），那么我就可能找到一种合乎逻辑的原因，解释为什么会从1721—1722年起发行如此大量的钱币。

事实上，当时很可能是在以西藏和尼泊尔为一方，以北印度为另一方之间，出现了一场有关金属银价格大投机的活动。

由于向征战中的清朝军队预付5年军饷，从而使大量银锭流入，故银价在西藏大跌。此外，清军有极大的需要：吃饭、喂马和购买其他马匹。考虑到当地的农业和气候条件，以及中原人对于吃奶制品的厌恶，故粮食和其他食物的价格可能令人不可思议地上涨了。据说，必须以武力迫使出售粮食者接受以白银支付，这是由于该金属与已存在的其他产品相比则过分丰富了。据德希德里认为，流入西藏的中原白银的最大部分又流向了尼泊尔。

我们是否可以试估计一下为1720年征战而拨给清朝军队的白银数量呢？我将试提供一个大致范畴，无论大家认为它多么含糊和多么不可靠。

据柔克义翻译的《卫藏图识》记载，清朝平定廓尔喀大军共达万名兵勇（我可以于此取其真实数字的意义，而不是取其有时所具有的那种含糊的“大量”之意义。同一部著作还为其他远征军提供了其他数字）[209]。驻守拉萨的一名兵勇每月领取 4 两白银的军饷。我还酌情而以此作为计算基础：为 1 万名兵勇预付 6 个月的兵饷，则共需领取 40000 × 60 = 2400000 两白银，即共合 90720 公斤的金属银。

但一支大军并不仅仅包括兵勇。我仅假设认为共有 20 名每月领饷 60 两的军官（始终是指同一史料来源），那就会得出 20 × 60 = 1200 × 60 = 72000 两的数字来，即 2721.6 公斤的白银。

我未从 10000 万名全部兵勇中减去 20 名以用军官取代，但我觉得对军官数字的这一估计是最低限度的。我从兵勇中减去了军官的数字，但我却不知道其人数的规范范围。但我们面对的是一种约为 93441 公斤范围内的白银数量之估计。

当然，并非将全部白银都输入到了尼泊尔。其中有一部分被截留在从打箭炉（康定）到拉里果（拉里山，Lharigo）之间的地区。据中国作家们认为，金锭当时仍在这些地区流通。但在拉日山（神山）的西部，唯有银币方可流通。这就是说在西藏首府拉萨，以及在雅鲁藏布江河川中居民最稠密和最富庶的地区，必须使用铸成钱币的白银。因此，此白银必然要经过尼泊尔铸币匠人之手。

我们可以将 93441 公斤这一数字，与根据柯克帕特里克对过去由西藏每年为轧币而输送到加德满都的白银总量之估计，作一番比较。我让这一约估数字浮动于 9450 公斤（如果是指每 11.34 克而不是摩哈尔重量的卢比，如果柯克帕特里克所说的 10 万卢比代表着进口白银的 12%）和 567 公斤（如果这些卢比仅为摩哈尔，如果他提到的 10 万卢比是西藏收到的白银总量）之间，那么我们至少则是看到了金属到货的骤增，最多则是该金属以令人不可思议的总量输入，这种输入量足以在尼泊尔—西藏地区的经济中引起一场革命。甚至是如果其正常流入是每年 9450 公斤的话，如果仅仅是由清军引入西藏的白银总量的半数进入了尼泊尔，那就会得出以 4 倍数或 5 倍数地增加之结论；如果人们使用另一极的最低数字——567 公斤，那就会得出以 80 相乘的结果来。如果说总量的3/4或更多数量都传入了尼泊尔[210]，那我们又该如何讲呢！

我们现在来看一下其机制和动机吧！

例如，我们假设认为，在1720年之前，每匹马在西藏价值8两白银，也就是302.24克（它确实相当于人们作为税役而取代一匹马时应交纳的白银数量），清军到达时，市场上的价格骤增，每匹马价值16两白银（事实上，在该世纪末，马价达到了每匹17—20两白银的市价）[211]，养马人从中赚取的利润很大。售马人将此银钱派作什么样的用途了呢？

他们将前往白银尚无价格变化的外国（如尼泊尔），去采购商品。

我现在可以假设认为，无论是在1722年还是1720年，在尼泊尔，用475摩哈尔（这基本上就是以合理比价而兑换的8两白银的银币数）可购几捆药材。此处的价格没有变化（这只是一种假设），如果有人现在可以在西藏用16两白银出售其马匹，或者是出售给清军，或者是无论向什么人出售，那么他便可以用此马价在尼泊尔购得两倍的药材捆。因此，在从事外贸时，必有巨额利润可赚。

此外，为了把金属银输入尼泊尔，有一条必经之路。必须根据将这两个地区联系起来的协议，全部运往尼泊尔王家国库，该国库再为人们兑换成银币，顺便从中提取众所周知的轧币费和轧币税。

无论这种抽取有多大，甚至是当抽取有些过度时，从经商中得到的利润也始终都如此之大，以至于从中尚为西藏商人留下了颇为有利可图的份额，所以西藏商人才会接受它。这便可以解释在1722年和此后几年中，出自这种投机潮的大量银币了[212]。

这一切当然会使人猜测到，交给西藏人的金币同样也在尼泊尔流通，西藏人并不一定要把它们都直接地运回国内而又不采购任何东西。但这样一来，他们在使如此之多的白银运往尼泊尔的同时，当然不会得到任何利益。对于所发行大量银币的唯一解释，此时则是对于轧币需要量的骤增。

此外，大家还将发现，白银在市场上的这种贬值，对于西藏纳税人具有一种有利的后果，因为这些人可以或用实物，或以白银之“固定价格”的形式来交纳他们的税：8 两白银可以抵消一匹马。正如事实上很可能会出现的那样，如果政府没有立即修改税率，那么纳税人于 1722—1723 年间就更偏爱于以白银的形式纳税。因为如若将一匹马纳入到贸易流通渠道，那就会使其价值提高两倍。因此，在这些年间，西藏人当然是着手实施用白银来付税，然后将其实物产品留作更有利可图的用途。如果我们可以假设认为确实曾发生过这样的事[213]，那么这种做法就一直持续到清朝军队撤退、白银的价值在西藏再度上涨为止。

18 世纪末叶于北印度出现了相反的情况，凄惨的农民被迫以固定价格的铜币来交纳土地税。然而，当时铜价已涨，同样数量的粮食只能卖得少量铜币。农民出售其农产品时，所得到的铜重量少得多了，但始终要向税官交纳同样重量的铜。

这场投机活动确实持续了很久吗？我们一无所知。无论如何，西藏人对于加德满都川诸土邦王子向他们提供的成色低劣的钱币，似乎并未发出抱怨。若不是一位廓尔喀国王的野心，这种事态可能会持续很长时间。

我们确已看到，与西藏的贸易对于加德满都川王国关系重大。若无这种向南过境转口的贸易，他们便会遭到毁灭并受其敌人的支配。这正是在 1740 年左右，廓尔喀国王普里色毗·纳拉扬王于其征服这三个土邦的计划中，所理解和所想象到的情况。他以于 1744 年夺取控制着济咙道路的诺瓦科（Nowakot）要塞而开始，此地位于其土邦（中部尼泊尔的廓尔喀土邦）与加德满都国王诸邦的边界上。他于 1745 年年末—1746 年年初，夺取了位于巴特冈以东的纳尔杜姆（Naldum）要塞，控制了通往库底的道路，从而截断了西藏与尼泊尔之间的黄金、白银和商品的交流大潮[214]。他再次失守并重新夺取纳尔杜姆，而且还是利用了末罗族诸王之间的纠纷。他于 1754 年再次被从那里驱逐出去，其后又最终收复了该地区。虽然普里色毗·纳拉扬王控制了通向西藏的两条道路，但却无力于征服这些末罗族王国，对加德满都川的征服完成于12年之后。但他为使该谷地的经济枯竭，却占有非常有利的地位。他同样也立即切断了这些王国与其南部近邻的联系。最后，他很快又试图将与西藏的贸易改变流向而转向自己一方。金银并非是他所关心的问题中之无关宏旨之处，他恰恰是缺乏这一切。大家在本书有关西藏黄金的一章中已经看到，他于1756—1757年间曾力图在库底大量采购西藏黄金。据斯蒂勒认为[215]，该国王为了与西藏人做买卖，专门制造了自己的含银量很高的摩哈尔，并将它们输送给西藏人。这样一来，他是否可能会认为旧有的所有安排和条约都过时了呢？无论如何，这已经是在与西藏贸易伙伴打交道时取代加德满都川地区国王的一种方式了。此外，我们还根据《论议经》（Dibya Upadesh）而获知，廓尔喀国王原则上非常珍惜其银币的纯度[210]。

然而，廓尔喀人对尼泊尔的征服（整个国家都被以廓尔喀之名相称，廓尔喀原来是一个土邦的名称。当时的西方人和中国人从此之后均称之为“廓尔喀王”“廓尔喀国”“廓尔喀军队”“廓尔喀朝”等）仍在逐步发展，但尼泊尔—西藏贸易却因战争而严重缩减，特别是由于普里色毗·纳拉扬已在加德满都川与其南邻之间实施严格封锁，与印度再没有任何可能的接触了，与孟加拉的贸易跌落至零。不仅仅是加德满都川的居民都遭到了饥荒，而且当地的财富——印度或海外产品的过境贸易，也即将被压缩到唯有一种危险的走私才能允许的范围了。此外，普里色毗·纳拉扬责备外国商人，他稍后又将这些商人统统地从其国中驱逐出去了。西藏原来流向印度方向的贸易即将转向不丹和加尔瓦尔了。无论如何，这种贸易即将萎缩。

普里色毗·纳拉扬于1757年徒劳无益地攻击吉尔蒂普尔（Kirtipur），于1759年夺取希瓦普里（Shivapuri），于1760年夺取加德满都川东部的加布雷（Kabré）和法兰索克（Phalanchowk）；1762年，他又攻击了默格万布尔（Mokwanpur）、辛图利（Sindhuri）和哈里赫尔布尔（Hariharpur），从而完全将该川孤立起来了。默格万布尔与孟加拉的纳瓦卜之间具有某种附庸关系，而该纳瓦卜叫做米尔·喀希姆（Mir Qasim），后来曾试图支持默格万布尔，而且同样也受到了黄金的吸引。人们曾认为在尼泊尔存在丰富的黄金，这是因为出自那里的砂金袋数目很大，但这些黄金实际上却采自西藏。

1764年，廓尔喀国王又一次进攻吉尔蒂普尔，最早曾被击退。但他却一直包围该城并使之处于饥饿之中，最终于1766年3月夺取该城。加德满都国王向东印度公司求援，东印度公司于1767年派遣金洛克（Kinloch）远征，却无功而返。最后，普里色毗·纳拉扬于1768年9月夺取了加德满都，时值帕坦10月的因陀罗节（Indrajatra）期间。一年之后，于1769年11月夺取了巴特冈，加德满都川的尼瓦尔朝末罗族国王们彻底崩溃了。但王族普里色毗·纳拉扬家族至少仍统治着尼泊尔。

然而，廓尔喀国王却意识到了出自西部和东部诸土邦的强烈抵抗，其军队被迫四面设防，这使他付出了昂贵的代价。尼泊尔最大的财富是其外贸，但国王却亲手扼杀了本国的外贸。他后来为了自己的利益又试图振兴这种财富的发展。

他以将所有印度和克什米尔商人从尼泊尔驱逐出去而开始，而且还驱逐了所有的外国人，特别是在那里安身并置于末罗国王保护之下的嘉布遣会传教士们。他于其《论议经》中断言，让印度商人在尼泊尔经营，这就是毁其民。后来，自从他控制了加德满都以来，便企图恢复为西藏轧币，这桩买卖曾使尼泊尔国王大发横财。充斥着西藏市场的劣质钱币问题始终存在。众所周知，始终是据由他死前不久口授的《论议经》记载，他心中牢记钱币的好成色。他令人轧制了优质银币，让他派遣赴拉萨的代表携带它们，并要求使之流通。这一切已是两种同时代的文献中记述的内容，即乔治·波格尔的报告（1774年）和包括在柯克帕特里克的报告（1793年）中的《廓尔喀回忆录》。

瓦伦·黑斯廷（Warren Hastings）为了东印度公司的利益，

派遣出使扎什伦布寺班禅喇嘛的使者乔治·波格尔的旅行，介于1774年10月—1775年年初之间[217]。他在使东印度公司与当时附属班禅喇嘛的不丹之间反目的一场最新战争问题上，其心愿在于解决与这场战争有关的问题，但也在于与班禅喇嘛建立良好的关系，掌握有关西藏的物产、资源（特别是点名提到金银资源）和贸易等方面尽可能多的资料，试图为英国—西藏贸易开辟道路（特别是为英国羊毛找到市场，因为印度的炎热气候使得羊毛大衣在该国毫无用处了，但它在西藏的严寒气候下却大有买主），甚至是改进与中国中原的关系，也就是说改善在广州的发展中曾遇到过困难的英国贸易。当时波格尔与班禅喇嘛之间的关系甚笃。

在1775年1月的一次谈话中[218]，班禅喇嘛告诉波格尔说，廓尔喀王的一个代表刚刚到达，但他根本未能使西藏地方政府对此发生兴趣，因为西藏地方政府太熟悉普里色毗·纳拉扬那臭名昭著的信誉了。它拒绝了廓尔喀的钱币并巧妙地反驳说："我们非常乐意接受你们的钱币，其条件是你们要使现今流通的所有尼泊尔钱币退出流通渠道并回收它们。"波格尔解释说："这个条件不符合廓尔喀国王的利益，他也无能力实施。""从此之后，在这个重大问题上再未做任何事，旧钱币继续流通，但传入这种货币的渠道很早以来就被封闭了，它具有一种远远高于旧币的价值，无论是与银币还是与砂金相比较，都一概如此"。

班禅喇嘛向波格尔解释说，"廓尔喀并非是仅仅致信于他，而且也投书达赖喇嘛、格西活佛（Gesub Rimboche）和格桑班智达（Gubshay），这是拉萨的噶伦之一。他于其信中提及，他曾征服过开朗（Kerant）和木隆（Murung）等地（今尼泊尔的东部）；他不希望与西藏发生争执，但如果西藏人有了发动战争的想法，那就应该清楚地知道他已经做了周密准备，人们也不应忘记他是一名拉其普特人；他希望在库底、开朗以及西藏和尼泊尔边境上的另一个地点开设商行，那里的西藏商人可以采购其国家以及孟加拉的产品，他愿意与西藏商人竞争；他同意西藏人经过其王国时运输日常商品，但不能运输镜子或其他奇异物，而且希望西藏人也禁止其进口；他希望西藏人与夷人（Fringies，欧洲人）或莫卧儿人有任何关系，不让他们进入其地区，但他们应遵守古老习惯，这也是他曾有意亲自做的事……这就是他针对发行其货币并为此目的寄出的2000卢比的情况所写的内容”。

波格尔没有具体说明该使者到达的时间（是在别人向他谈到该代表团之前不久，或者很久），从1772年8月起，于尼泊尔东部爆发了廓尔喀之战，一直到1774年夺取维贾雅布尔（Vijayapur）为止。在这段时期内，斯蒂勒追述了普里色毗·纳拉扬王的希望。他现在成功地触及了属于达赖喇嘛的领地，也就是只要尚未解决轧币问题，就不要与拉萨搞坏关系的意愿，为了他的利益要重新确立金银锭的流通，以对付西藏与廓尔喀王国之间流通的银币。

这就是对收入柯克帕特里克著作附录中（第339页）的一种文献所包括的事件之解释，该文献叫做《加德满都宫廷有关与西藏战争之缘起的一项诉状摘要》。

“过去，于尼泊尔的罗阇与蕃地（Bhoat，西藏）之间，有过一种密切的关系，即在尼泊尔轧制纯度很高的马亨德拉·末罗币（Mehder-mulli）作为钱币而于西藏流通时。然而，在尼泊尔君主罗阇·吉·普尔科斯·穆利和巴特冈之主罗阇荣杰·穆尔各自执政期间，马亨德拉·末罗币变得成色银低劣了。其后果是当尼泊尔变成廓尔喀的属地时，蕃地（西藏）则充斥着这种贬价的钱币。大罗阇（Maharajah，也就是彼奇·奈兰）立即结束了这种不太合理的做法，同时向西藏派出了一个友善使者。其目的是阐述坚持这种做法所导致的危险后果，促使喇嘛们恢复旧制，只让一种成色上乘的钱币流通。

西藏领导人回答这些使者们说，当时其地区所拥有的马亨德拉·末罗钱币的数量很大，取消它们便相应地会对其民造成重大损失。因此，他们不可能同意引入由大罗阇提议的上乘成色的马亨德拉·末罗币，而是希望廓尔喀人继续向他们提供掺假的银币。

双方当局经过 9—10 年的谈判，也不能就某项计划达成一致。最后，廓尔喀使者建议，既然时人不能中止向西藏提供的劣质银币的流通，那就至少应该在已贬值的银币与优质银币之间确定一种公正的比价，以使两个地区此地或彼地的商人，得以在与过去相同的基础上完成他们的商业交易。但蕃地人（西藏人，Bhootias）不想以任何方式同意这样的一种结算办法。相反，他们绝对希望让人接受如下安排：劣质币和优质币在交易中都应被视为唯一的和同一种钱币。其结果是：两地在三四年间没有任何种类的交易。因此，尼泊尔轧币在西藏停止使用了。

柯克帕特里克还告诉我们说（其书第 340—344 页），尼泊尔政府通过这种请求，试图诱使清朝皇帝关心该问题，也试图与西藏地方政府进行谈判。但尼政府也遇到了一种带有敌视性威胁的拒绝，故不敢去攻击一个内附清朝的地区。清朝驻藏大臣不允许将这份请状呈奏皇帝，它被退还发寄人。时隔不久，到了 1788 年，尼泊尔人又开始敌对活动了。

在谈到战争本身之前，我还必须对两种文献提出自己的看法。这就是班禅喇嘛于 1775 年向波格尔所作的解释以及柯克帕特里克于 1793 年的解释。如果我们大致计算一下，那就会得到 9—10 年的谈判时期，再加上两地之间贸易和运送银币关系中断的 3—4 年，那么在 1788 年的敌对行动开始之前，却共有 13—14 年的时间流逝了。

考虑到路途中应有的某种期限、消息传播等因素，该使者确实是于 1774 年末进入拉萨的。此外，在这两种文献之间有歧异处：西藏一方认为，是西藏商人要求尼泊尔人必须先于一切地收回其已遭贬值的全部劣币（他们是否说是要 1 元对 1 元，以同样兑率用优质币换回劣币呢？按道理，这样做是公正的，但却会迫使廓尔喀人为其先人——末罗王们的不诚实行为付出代价）；据尼泊尔一方认为，他们相反却声称是西藏人拒绝让他们收回旧币，并要求他们继续供应同类银币，或者是使者们随身带来的这种新币既不比旧币更好也不更坏。

我们将会在此后的某些时代看到，西藏人对于改变银币用料的做法特别反感和厌恶。我还应该补充说明，在一个混杂的、分散的、缺乏便利兑换的地方银行的民族中，事实上很难“回收”大量发行的一种钱币，人们必须用同样数量的新币立即取代旧币。为了找到旧币的持有人，有时可能会需要数年的光阴。数年之后，驻藏大臣也放弃了回收旧币的打算，而只满足于令人满意的兑率来兑换。

提议办一件根本无法实现的事，本身就是表示否定的另一种方式。班禅喇嘛向波格尔介绍了这种事情，使用了一种表达方式（这也可能是波格尔本人的表达方式）“巧妙地答复”，因为他们知道人们会接受它。据班禅喇嘛或据波格尔认为，西藏人自己也拒绝这样做，那是因为他们不信任尼泊尔人，“他们深知廓尔喀罗阁的不忠诚”。他们根本丝毫不想听这一切，始终保持警惕。

在我论述的这个时代，特别是卡曼（S. Camman）、雷格米、斯蒂勒，他们经常辩论这个问题。斯蒂勒也像人们经常做的那样，为廓尔喀人一方辩护，对于波格尔所写的有关尼泊尔人信誉不佳和西藏人之“巧妙回答”的段落，根本就置之不理。此外，还有一种事实使这一问题无法解决了。据斯蒂勒本人认为，由于1775 年在两个地区之间签订的条约可能已解决了这场争执。

D. R. 雷格米于其《近代尼泊尔》一书中[219]，提供了尼泊尔文文献，它可能是摘引自一部“编年史”以及一部《达摩钵陀罗》（Dharmapatra）的英文摘译本，此书原由尼泊尔国王和达赖喇嘛联合署名，写于尼瓦尔纪年 895 年，也就是巴德拉 · 帕达 · 苏克拉（Bhadra Pada Sukla）时代，即1775 年8 月（由于这一切发生在波格尔离开扎什伦布寺之后，所以他对此一无所知）。这项条约是为了发展两个地区之间的友谊才被宣布签署的，其基础是通过在罗摩王（Rama Shah）和喇嘛丹曲堪布（Thancho Khembo）之间签订的条约（可能为上文提到的 17 世纪的条约），在拉萨奠定了两地之间友谊的基础，似乎已到了结束普里色毗 · 纳拉扬的这位使者活动的时代了。事实上，在1775年8月正式宣布这项条约时，普里色毗·纳拉扬早已逝世，应该是他的继任者批准这项条约的。

这项协议中的条款都是有关这两个地区之间的贸易和金银交易的。其中第1条规定，这两个地区之间流通的所有商品，都必须取经由库底和济咙的道路（这样一来，廓尔喀国王便可以确保控制西藏对南方的主要贸易了）；第2条规定，在遇到违约的情况下，主管当局将没收金银锭；第3条规定，进口到拉萨的所有伪币都应该退回给尼泊尔当局；第4条规定，尼泊尔政府要负责轧制合金含量最低的银币，这种含量要由双方达成协议。最后，对于违背本约之事，无论是哪一方交纳的违约金都被定为50达尔尼（dharni）的黄金（折合125公斤）。大家还将会发现其数额之大。如每托拉黄金值9卢比，那么这一数额就相当于10775×9=96975卢比。

当然，人们会把这项协议与上文提到的17世纪的那些协议进行对照比较。

伪币似乎是充斥着西藏的低成色银币。它们应该是在什么期限内和以什么兑换率而被回收的呢？令人遗憾的是该项条约未作具体说明。然而，这确实是一项巨大困难。

至于第4条条款，廓尔喀王立即使用了恶作剧，忘记了其父有关银币纯度的叮嘱。我们掌握有普拉塔波·辛哈王（Pratap Simha Shah）的摩哈尔，该王是普里色毗·纳拉扬王的儿子，于1775—1777年末执政。该王下令为尼泊尔和西藏发行了不同的银币。一方面，其图样类型略有小异（为尼泊尔发行的银币之“花瓣”互相连成一体，为西藏发行的银币之“花瓣”却彼此分开）。此外，准备供应西藏的银币，则用一种不及专供尼泊尔使用的银币之纯度的金属制成；我们甚至可以一言以蔽之，供在西藏使用的银币系用一种严重掺假的金属制成，只包括60%的纯度……[220]

尽管这一事件于此时解决了，或者是人们自认为已经解决了，但这件事没有持续多久。其中的所有事实都可以证明该事件是怎样结束的，即通过战争而结束的。

尼泊尔史学家 M. C. 雷格米[221]提到过这项条约，其中作为证据也引证了瑜伽行者（Yogi）纳拉哈里纳特（Naraharinath），此人也是一位尼泊尔史学家。斯蒂勒同样也提到了这一点，以承认战争依然会爆发……在有关西藏人拒绝接受廓尔喀国王建议的问题上，斯蒂勒强调指出了[222]西藏人普遍具有的保守性格以及这些钱币保持旧状的事实：尽管马亨德拉·末罗币已严重贬值，但它继续按照西藏人原来要求的那样行使其功能，人们在西藏内地到处都会接受它。西藏人从来都看不到拥有普里色毗·纳拉扬王那成色上乘之银币的迫切性。虽然这后一位国王的使者曾试图劝说西藏人相信采纳最佳新币的重要性和用途，但使者们仍遇到了一种顽强的抵抗。西藏人抱怨说，使劣币退出流通有严重困难(大家于此又一次看到，斯蒂勒采纳了尼泊尔致中国皇帝的备忘录中对该事件的说法，对于班禅的说法却被暂时搁置一旁不顾)，强调了无法在马亨德拉·末罗币与优质币之间确定不同的兑换率，因为银币基本上具有同样的体积和同样的重量。西藏人提示说，新的普里色毗·纳拉扬币应与旧币同时流通并具有同样的价值。马亨德拉·末罗币要比普里色毗·纳拉扬王银币的价值低廉很多，他们认为这并不是一种意义重大的事实。

已经有人提示说，也可能是颇具洞察力地提示说，西藏人的巧妙建议表现得很天真。在诸如藏传佛教那种麻木迟钝的社会中，现状便会被作为常态而接受。任何变化都必然令人满腹狐疑和不信任地看待。除了其突出的性格之外，普里色毗·纳拉扬在西藏人的眼中可能会被视为一个粗暴的人、一个干扰了稳定不变之安逸的人。当然，由于他入侵了吉拉特（Kirat）人地区，所以他又被视为一个危险人物。更有甚者，虽然由于廉价的合金，而使马亨德拉币失去了半数价值。事实上，银币的稀有再加上其用途，则增加了它与当时所拥有的唯一一种交换手段（银锭和砂金袋）相比较，则增值了。由于这种心理，所以要使西藏人接受普里色毗·纳拉扬王的建议及其钱币，是不可设想的。该国王曾以某种巧妙手段，试图让西藏人接受这一切。

我引证了斯蒂勒的这段冗长的文字，这不仅是由于它涉及了对这一复杂事件的解释，而且也是由于它相当清楚地揭示了作者钟情于廓尔喀人和对西藏人缺乏好感的一种潜在思想。他根本不顾及波格尔或班禅喇嘛解释当时分歧的一段文字（当然，波格尔的看法可能是受到了支持班禅喇嘛的那种有失公允的西藏观点之支配）。他将西藏人反对廓尔喀国王建议的事，归咎于他们的性格和心理状态。如果他对于西藏人认为普里色毗·纳拉扬是一位危险近邻的看法不表示惊讶，那也是再合乎情理不过了……然而，纳拉扬王为了说服其近邻，当然还使用了“巧妙”之外的其他手段。事实上，人们可以提出的问题如下：这项条约是否是通过威胁手段而强加给西藏地方政府的呢？西藏地方当局后来以不执行它或不再执行它而作出了反应，而且也正如西藏地方政府后来在其他类似的情况下所做的那样。

西藏人确实很保守，同样地确实很难“回收”旧币并立即用其他币取而代之，即使他们在兑换率上很快达成了协议，情况也绝不会一帆风顺。但这一事件始终处于停滞状态，西藏人再也收不到他们提供的钱币了。银币匮缺。人所共知，尽管这些银币的含银量很糟并于1722年贬值近半，但尼瓦尔银币后来仍由于其稀缺而大大增值，从1722年的1/4个印度卢比的总值（而不是作为理论上价值1/2个印度卢比），增至18世纪末左右的1/3个东印度公司的印度卢比[223]。在一个习惯于拥有金属的地区，银币的匮缺必然会严重地干扰当地的日常生活，正如历史上的诸多例证所证明的那样。虽然西藏可能并不仅仅以银币作为交换手段（它同样还使用砖茶、盐巴等作为交换手段），但可以肯定的是，硬通货的稀见却大幅度地增加了双方之间的压力。但当时仍然是尼泊尔主宰着一切，西藏人怎么接受它呢？

我再重复一次，西藏在很大程度上要依靠贸易生活。在18世纪时，尼泊尔控制了位于西藏南部和西部的所有贸易伙伴

(克什米尔与拉萨之间经过西藏高原的道路，通过不丹的道路之困难性，使人对于经过尼泊尔的道路之偏爱要超过了其他任何道路之间，经过喜马拉雅屏障的最佳通商道路)。此外，西藏人口最稠密的地区，是最接近东部尼泊尔的部分。大家非常理解尼泊尔的地位：它不是始终都需要武装力量，以强迫西藏这个无出海口和被封闭在喜马拉雅山屏风后的地区接受一项有利的贸易、过境和钱币流通的条约，条约中包括垄断权和关税、司法等特权。它有充足的时间以封锁来制服西藏，当时就迫使西藏此后只能与更为遥远的中国中原和蒙古人通商互市，尼泊尔与西藏之间的行为恰如今天印度在尼泊尔的举止一般。印度也将贸易和过境协议强加给尼泊尔，从而经常造成加德满都的辛酸与苦楚……西藏屈服了，因为它需要买卖，而且还因为它已习惯于以人所共知的方式获得银币。但这两个地区之间的关系肯定始终都很困难：其困难主要是受贸易与白银交换条件的分歧所主宰，通过那些接踵而至的条约而表现出来。这些条约的实施远不曾签订得好。如果大家研究一下这两个地区直到 1956 年协议之前的交流史，那么大家就会找到对它的解释。此外，还必须考虑两个贸易伙伴之间长期存在的此类困难，以评价尼泊尔对于西藏乃至整个中国人民的态度。尼泊尔是一个从未对西藏内附的事实提出异议的国家。这似乎有些反常，至少初看起来显得反常。更确切地说，它早从 1956 年起，就与中国人民签订了一项承认西藏是中国不可分割的组成部分的条约。

我现在再回头来讲 1775—1780 年。因此，尽管是 1775 年条约很少得到遵守并立即受到质疑，但它却不会使以下事实发生任何变化：廓尔喀人于 1788 年突然发动了敌对行动并入侵西藏。大家知道其结果，但本书不是提供太多军事细节的地方。在上文有关西藏黄金的一章中，我们已经看到了扎什伦布寺的扎什喇嘛之弟沙玛尔巴喇嘛所扮演的角色，他曾煽动廓尔喀王发动战争。在战争的第 1 阶段，尼泊尔人获胜了，迫使其战败对手答应签订一项比先前所有条约都更加不利得多的条约：尼泊尔继续为西藏轧制银币。其银币的成色将要好得多。但西藏人将被迫接受用正流通的两个摩哈尔旧币，来兑换一个廓尔喀新摩哈尔，这是西藏人直到那时都强烈拒绝做的事。此外，他们每年都要用银锭向廓尔喀王纳贡，其数额之巨显得不可思议：据不同史料记载，西藏人要支付的赔款首先被定为一次性交纳 50 个拉赫的卢比，即 500 万卢比（也就是约为 56700 公斤白银）[224]；或者是每年支付 10 个拉赫，合 100 万卢比（约为 11340 公斤白银）；或者是仅付贡金的总数为 30 万卢比，约合 3402 公斤白银[226]。

我们可以将这些数字与汉文史料进行一番比较。马戛尔尼（Maccartney）[227]根据他可能是从中国搜集到的资料，提出了每年 30 万卢比的数字；我们在魏源的书中发现是“私许岁币万五千金”，这就相当于 570 公斤左右。这是一种“岁币”；或者据其他汉文史料认为，是一次交清 300 西藏银锭[228]，若按每个西藏银锭合 32 两计算，那就共合 9600 两，即 365 公斤左右的白银。这里可能是指谈判的不同阶段。为了确立一种比较，我必须指出，尼泊尔人经过对西藏人的一次重大胜利之后，获准签订的 1856 年的条约只强迫西藏岁贡 1 万卢比（确实是终身性的，一直交到 1953 年）。这要比由 1788 年条约提到的最小数字少 5 倍。

有关在西藏的尼泊尔人不受西藏法庭管辖的权力（治外法权），在江孜和日喀则建立了两个尼泊尔法庭，负责解决涉及尼泊尔人的诉讼案；同时还在拉萨驻有一位尼泊尔领事，负责关照和保护其国民的利益。最后，该条约中包括一项领土条款：向廓尔喀王割让库底和济咙要塞。

我在这项条约中又发现了前几项条约中的某些典型资料：仍然是济咙和库底，仍然是轧币特权、仍然是治外法权。但我还发现，其中已丝毫不再提到黄金了，而仅仅是白银。在此之后，晚期条约也不再包括有关黄金的条款了，唯有白银。

我还必须指出，廓尔喀政府很快就放任金融舞弊了。多套钱币收藏品反映了这个时代的事件。据泰里安·德·拉·库波里认为，当时在 1771—1786 年或 1788 年之间，有一片完全的空白，也就是共有 15 年之久未发行钱币。诸套钱币收藏品提供了 1788—1789 年、1790—1791 年、1792—1793 年间带有时间的钱币，也就是说从廓尔喀之战第 1 阶段后缔结的协议起，直到尼泊尔被清军击败而全面完全停止享受特权为止。这些钱币在做工精巧和金属质量方面逐渐地每况愈下。它们都是一些粗糙的仿制品，从 83 金衡制格令贬值到了 66 格令……古币学家们以带有明显鄙夷的目光看待这些劣币[229]。"……它们逐渐走向劣质，从而证明了我们通过柯克帕特里克、哈米尔顿和其他人而获知的情况，即尼泊尔人侵西藏的战争是由于尼泊尔罗阁（Rojas）的贪婪造成的，这种贪婪以抢劫扎什伦布寺而达到了高峰"。

此外，我们还看到，继这次抢劫（其掠夺物大部分都归于国家）之后，于 1791—1792 年间在加德满都发行了大量钱币。

这项对于尼泊尔人非常有利的条约，是通过武力而强加于人的，但仅遵守了一载。达赖喇嘛并未批准它。银锭贡仅交纳过一次。从 1790 年起，西藏人便拒绝了它。对于西藏人来说，这既不是第 1 次也不是最后一次，以这种办法对其侵略成性的近邻采取自卫。但廓尔喀人需要白银，沙玛尔巴喇嘛曾以丰富的掠夺物，可能还有金矿来诱惑他们。廓尔喀人自认为可以轻而易举地战胜西藏人。正如我们在有关西藏黄金的一章中所看到的那样，这就是洗劫扎什伦布寺。后来由于清朝大军的干涉，尼泊尔才向清朝福康安将军投降，尼泊尔成为中国的附庸达 120 年，丧失了聂拉木和济咙以及为西藏轧制银币的特权。这些特权曾维持了 230 多年之久，后来根本再谈不到这一问题了。1856 年，当清朝被严重削弱时，尼泊尔在进攻西藏的战争中获胜，曾试图重新将其意志强加给西藏。它后来仍在西藏获得了大量贸易特权、治外法权、尼泊尔驻拉萨的领事等，甚至还获得了每年一次的白银赔款，但再也不提最终成为西藏一部分的聂拉木和济咙了，也不再提铸造银币和黄金的问题了。

3. 清朝与西藏铸币

当清军战胜尼泊尔人，结束了他们为西藏铸币的旧日特权，并迫使他们纳贡时，清朝决定直接治理西藏并控制已内附的西藏之货币体系。清朝皇帝甚至还曾向尼泊尔国王建议采用中国货币，但这项建议遭到了尼泊尔一方的拒绝[230]，中国未能将此强加于人。在有关西藏的问题上，当时必须迅速解决钱币的供应问题。得胜将军福康安研究了该问题并就这种形势多次上奏朝廷，这不是一个简单的问题。所有这一切都在《卫藏通志》卷 10 中作了详细阐述，这部著作写于 1800 年左右，于 19 世纪最后几十年间在中国内地刊印。在研究该时代西藏史时，它是必读的基本著作之一。

因此，1792 年的条约结束了尼泊尔的轧币特权。从此之后，再未有任何新尼泊尔币流入西藏了（这是真实的……在某段时间）。对于西藏充斥着劣币的时期，情形依然如此。然而，那时没有足够数量的现钞以满足日常需要，由廓尔喀人于 1788 年故意造成的痛苦已经令人遗憾地感受到了。当时所出现的这种局面清楚地证明，时人对于在数年间不轧制新币必然会感到非常不便。当时急需在西藏恢复一种优质币，并向居民们大量提供，以确保交易的正常进行。

中国中原人在他们那里，以重量和锭子而使用白银，经常称它们的重量并测其纯度，以这种白银用作中等规模的开销。对于一个家庭的日常细小开支，他们使用圆形和中间钻方孔的铜钱，人们一般都把这些铜钱以百枚或千枚穿成串，一般是用绳子穿起来，欧洲将一吊钱称为 ligature，铜钱本身在法文中作 sapéques，被英国人称作 cash 等。中国人称之为“钱”，与相当于 1/10 两的重量单位（约合 3.78 克）使用同一个字。事实上，在这个时代，铜钱的重量自 1746 年起被“最终地”定为 1 钱 2 分，也就是约为 4.52 克[231]。

清廷首先考虑到的也是在西藏发行类似的铜钱。在这个时代，中国铜钱一直流行到打箭炉（康定），从打箭炉到拉日，以重量称或以锭计值的汉地方式仍被接受。再向西，唯有尼泊尔—西藏钱币才被接受。

清廷的中央集权和统一倾向也反映在这种货币单一化的愿望之中。然而，在这方面，有一项重大的实际困难，这就是在西藏根本无铜（虽然该地区在古代可能是产铜区）。这就是我们至少可以在唐代编年史中读到的内容，虽然人们近期刚发现该地区确实蕴藏着储量巨大的铜矿[232]……西藏人是宗教铜像和镀金寺脊的伟大创造者，当时要进口其全部的用铜量。他们或者是向尼泊尔人采购铜器（尼泊尔是产铜国），然后再将它们粉碎和熔化。每斤（16 两的市斤，约为 604.53 克）铜价值 6 钱（22.62 克）白银，即 0.6 两。这样就形成了银与铜为 1:26 的比价。在中国人的心目中，这是一种很高的价格。因为中国人一般都在大约每斤铜兑 0.175 两白银的价格范围来采购铜（也就是 1:91 左右）[233]。铜价在中国于传统上是银—铜为 1:100 的比价而确定的（由于银价在金—银比价中为 1:10）。这种价格在 18 世纪和 19 世纪略有下降。但西藏人却甚至用每斤铜 6 钱白银的更昂贵的价格来支付铜价。事实上，始终是据同一位汉地作家认为，当西藏人未能向尼泊尔人采购足够用的铜时，他们便前往一个在不同程度上受云南巡抚管辖的地区去寻找，有 20 日行程之远（500—600 公里，在这些山路上，也可能略不足此距离），位于理塘的西南。该地区的土著人向他们出售淬火铜，其价格为每市斤金属铜价值 8 钱（0.8 两）白银，从而使它比尼泊尔的铜价贵 1/3 略多一些。从而导致我们得出了 1:20 的银铜比价，这就比中国内地贵 4.5—5 倍了。为了铸造他们的铜佛像，土著人每年都这样通过合同而采购 4000—5000 市斤的浇铸铜（即 2418 3022 公斤之间），其总价值为 3000—4000 两（也就是 113—151 公斤）的白银[234]。银—铜的比价约为 1:21.4。这一切尚未包括"脚价"，也就是在艰难山路上行走数周的脚夫们的工资。

怎样会以这样的价格而将一种铜币强加给西藏人呢？其道路又只不过是在整个帝国拥有一种统一货币。

更有甚者，为了获得向西藏全体居民供应铜币所必需的铜料数量，实际上必须从云南铜矿运进大量的铜。云南是整个中华帝国铸币厂的主要供应地，也是北京铸币厂的唯一铜料供应地。自从云南铜于10世纪中叶取代日本铜以来，它又成了距拉萨最近的铜料供应原产地，虽然在价格和艰辛方面却有很大差异。但自1775年以来，云南铜矿产量逐年减少，这既是由于矿藏的枯竭，又是由于人们用木炭炼铜而使用的森林资源的枯竭而造成的。事实上，对于中国政府来说，18世纪末是一个真正的铜危机时代，连绵不断的战争增加了铜的需求量，矿藏的枯竭，劣币在某些省份的铸币厂中泛滥一时。在乾隆皇帝执政的最后几年间，更具体地说是在1793—1796年间，铜的供应形势始终是毫无出路。

清朝于1755年之后在新疆处于一种它现在于西藏相似的地位，在一片新的辽阔土地上推行统一的货币。但在新疆，在似乎并不缺铜的形势下，这种问题已得到解决。从1764年起，清朝政府在伊犁和“五镇”（阿克苏、和田、喀什等）设铸币厂，在那里铸造1钱2分重的红铜钱，标有汉文、阿拉伯文和满文文字[235]。

在这种缺铜的处境下，清朝于西藏被迫放弃统一货币的做法。然而，这种想法表达了清朝政府的一种真实用意——与对待内地省区一样地治理西藏。

将铜币引入西藏的另外一大障碍，是由该地区负责向北京朝廷上奏章的清政府官吏，于其上表中提出来的，这就是西藏人的保守习性。据那份汉文奏章认为：使他们改变其习惯，在这片人烟稀疏和部分游牧的辽阔土地上，回收钱币就如同直言根本不可能一般。我们已经看到，其他人也已经看到了这种不可行性，也就是在1774—1788年的尼泊尔—西藏谈判时期。既然西藏人很久以来就习惯于他们自己的银币，那就让他们一直保留自己的钱币吧。朝廷最终是这样决定的：对西藏作特殊对待，通用货币将是一种银币。朝廷唯一能做的事就是向当地派遣中原匠人，再加上监督员。那些专家都来自四川，他们到达拉萨，然后就在西藏首府着手制造银币。

清朝中央政府的最大关心之处涉及了对纯银含量的监控，降低了其含量纯度的欺诈性，过去曾是很多混乱的致因。人们只接受含银量至少是97%的合乎规定的比率（根据在贸易中的常用术语，这是“纹银”）。这其中排除了任何合金的思想，即使是具有固定比率的合金也应排除在外，因为欺诈必然会重新开始[236]。

人们以铸造1钱5分的纯银币而开始。这是表达半托拉的一种1/2方式，是旧章卡（tangkas，应为1钱5分，相当于3.78+3.78=7.56克）。但提出了价格的小小问题，以手工铸币（我有意地避免使用frappe一词，这个法文词使人联想到了西方的制币方法：用木槌敲或使用旋床旋制。但中国人却是熔化或浇铸其钱币，需要加热和使用模子。他们自己那为了追述其制币而使用的“铸”字则证明了这一点）。浇铸工艺也需要燃料。如果人们以等重量而用银锭交换银币，那么铸币厂就会从中大量亏损。铸币厂有权采取被称为“混合”的做法，这是对制币费用的补偿，而且这种做法也是普遍性的。根据一种在世界上广为流传的习惯，可以从中掺杂不太昂贵的金属合金，否则是不能收回这种补偿的。但这种做法刚刚被最终禁止。因此，人们要从重量上获得这种补偿。他们用1市两金属银（我重新提一下，每市两等于10钱，每钱等于10分）换取各自为1钱5分的6块银币。由于这6块银币共重9钱，故而有1钱即10%的掺杂。这种百分比是合理的（尼泊尔国王们，即使是在他们尚为诚实铸币匠的时候，也始终要取12%的铸币税）。这种对于以稳定方式组织银币对银锭的交换之关注心情，可能证明了他们赋予贸易，特别是汉藏贸易的重要意义，它于此之后可能还得到发展。我们还可以联想到，驻扎在西藏的清军在数年间人数很多，这支军队要用银锭付饷，特别需要在兑换率方面保持极大的稳定。过去，在尼泊尔国王时代，西藏钱币明显不是出自西藏。中国人按照白银重量而接受墨西哥鹰洋和西班牙卡洛鲁斯（Carolus），它们是自菲律宾或广州的欧洲商人那里传到中国人中的。但汉人似乎从未原模原样地接受过西藏钱币，特别是由于他们经过检测，必然会发现其中低而不可靠的纯银含量。但到了我本书所涉及的时代，已经确立了一种合适的兑换率，这是银币良好含量的成果。监制的加强、严格的措施和严守法规，所有这一切都保证了这种金币的信用。

但另一个问题出现了：对于所有的尼瓦尔劣质币，该作何处理呢？因为这些劣币的数量在西藏仍很大。正如福康安于其奏折中所清楚地指出的那样，我们很难想象会成功地收回这些钱币。于是，人们便决定在每两白银折合 8 块银币的基础上，让旧币依旧流通。众所周知，这些钱币的重量也是 1 钱 5 分，即半托拉。因此，在等重量的情况下，它们的价值被认为比以乾隆的名义铸造的优质新币便宜 25%。这样便可以通过一种折中手段，来解决旧币的价值问题。这些旧币曾搅乱过尼泊尔—西藏关系，我们稍后将会看到其另一个方面。

西藏新币确实带有乾隆年号的名称，正如带有该年号的其他所有中国钱币一样，这是遵照大清王朝的实例而行事的。但这些西藏钱币，除了它们是中华帝国中唯一用白银而不是用青铜或黄铜制成的之外，它们还以其他特征而与汉地铸币法相区别。我于此解释一下它们的最终形式是怎样最后成形的，这绝非无益的废话[237]。

自 1660 年左右以来，清朝的钱币——铜钱，都在正面载有这样的字样：“××（皇帝）通宝”，如“乾隆通宝”（所采用的名字是指年号，而不是皇帝的名字，皇帝的名字同时过分令人可怕和过分容易受人责难了，对此要避讳，故以年号取而代之）。其中的“宝”意指钱币，“通”指流通或通用。这样就共有 4 个汉文方块字，其中两个指皇帝的年号。以中心方孔相对应，这 4 个字是以下列顺序排列的：上（乾）、下（隆）、右（通）和左（宝）。

铜钱在背面带有两个满文字，其一为“宝”字的译文，另一个字是一个通常指钱的名称，这其中省略了一个“局”字。例如：

“宝泉”局，北京的钱局；

“宝川”局，四川省府成都的钱局；

“宝和”局，河南省府开封的钱局等。

在乾隆时代，整个清帝国（包括新疆在内），共有23家钱局。

因此，这些钱币都是双语合璧的，一侧是汉文（附有皇帝年号的名称），另一侧是满文（附有钱币的发行地点）。皇帝始终是满族人……未指出发行年代。

1760年，当清朝开始在新近平定的新疆铸造铜币时，也考虑到了这些大都为穆斯林的居民们所操的语言。如果说钱币的正面始终带有汉文的年号名称并附有“通宝”字样，那么其背面则用两种文字，于中心方孔的两侧铸有发行局的名称，方孔的左部是满文，右部是阿拉伯文（指采用阿拉伯字母的维吾尔文。——译者）。因此，这些钱币实际上是三语合璧的。

1793年，人们会在西藏干些什么呢？

时人首先想到了在钱币的正面铸上译成藏文的常用字样“乾隆通宝”；其背面是相对应的藏文词“宝”，再加上一个指其出处的词，如“藏”（西藏）字。如果人们希望模拟在新疆采用的模式，那就应该在方孔的一侧用满文写上“藏”字，在另一侧则是用藏文书写的该词。但时人想到了将此币完全轧成藏文字。其次，对于其中未出现任何汉文字，却有些令人遗憾。最后，为使帝国统一的准则不被遗忘，人们决定于一侧用汉文字浇铸“乾隆宝藏”的字样，以上—下—右—左的顺序排列这4个汉字；在另一侧是同样的铭文，但却被译成了藏文。

这其中有一种文字游戏的做法。事实上，“乾隆宝藏”的字样是“乾隆通宝”（这是该年号的所有铜币上都铸有的铭文）和“宝藏”（根据常用的表达方式，“藏”已经是“西藏”的一种缩写词了）相遇后的一种简称。可能正是这种相遇，才引起了该词组译文中出现的某种犹豫不决。“藏”字确实被选择出来作为一个钱币发行地，取其“西藏”之意义，与“宝”字连用成了区别发行局的词组。但这里是指西藏之“主”乾隆皇帝发行的乾隆币。“藏”字确实出现在清帝国诸多地方币局之一中。完全如同在我们当代一样，汉文文献始终要让“中国”一词出现在指西藏的所有词语中，如在1956年的协议的英文本中。

因此当时在西藏发行的这些钱币，是唯一未载有任何满文字的中国钱币。它们也是唯一在边缘上载有发行年代的钱币，（如“乾隆五十三年”）。最后，这是中国唯一未于中心钻孔的钱币，其中心方孔由一个简单方形图案所取代。这三大特点再加上它们是银币这一事实，从而使这些钱币在中国货币中完全别具一格。

这种货币体系中仍有某种情节，致使全中国举国一致的原则出现了例外，这就是钱币的重量问题。1钱5分重基本上代表半托拉。这在西藏社会是众所周知的事实，与印度和尼泊尔的卢比体系挂上了钩（1托拉）并以8和16来相除（每卢比16安那，每摩哈尔8安那。尼泊尔—西藏摩哈尔本身在某种意义上以8相除，以象征性地装饰钱币的八瓣莲花图案相分，人们正是根据这种图案而破碎银币的）。相反，中国中原的钱币体系是十进位制的：两、钱、分，至少对于纯银是这样的。难道正是由于这一原因，才于1794年决定，此后在西藏只铸造1钱的银币以及1/2钱重的银币吗？这一切从未在我们的中国作家们的著作中作过明确解释，但确能观察这种奇怪的变化。因此，1794年于拉萨制造两种银币：3.78克的纯银和1.89克纯银的钱币。他们首次制造一种主要银币的小辅币。在其创意者的思想中，这种小辅币可能会避免该地区过多地使用将银币砸碎以供从事零购的做法，碎银不可避免地会导致在重量上的不准确、增加损耗和发生争执……这些新钱币可以兑换成银锭，最大的银币每9枚兑换1两白银，小币要每18枚才兑换1两白银，制币税始终为10%。所有这一切又都重新出现在有关西藏或中原钱币的汉文著作中。但我同样还应提及与这三种中国钱币为同一类别中的另外一一种，任何文献、敕旨或奏章中都未曾提到过这种钱币，但它实际上却存在于现实中。本处是指一种重 3/4 钱（2.83 克）的“乾隆通宝”，这一重量恰恰与 1/4 托拉的重量完全相符。这种钱币的直径与一钱重的钱币相同，但更薄一些。其中心是一方形图案而不是方孔，带有一种新月形的小符号。它很罕见（罗德先拥有一枚这样的钱币，从而向我们揭示了它的存在）。

因此，在 1794 年左右，西藏人必须于头脑中牢记相当种类的不同钱币，因为从来都谈不到能成功地停止发行或从流通中收回先前的旧币，所以，当时的形势是：

——带有乾隆年号名的通宝重 1 钱 5 分，可以在 6 枚银币兑换 1 两白银的基础上互换；

——重 1 钱的乾隆通宝和重 5 分的较小乾隆通宝，可以分别在 9 枚和 18 枚银币兑换 1 两白银的基础上互换；

——我刚才指出的 3/4 钱重的那些银币；

——重 1 钱 5 分（1 托拉）的尼泊尔—西藏旧币，但这是严重掺杂铜的银币，可以按 8 枚银币兑换 1 两白银的比价来互换。

对于这些银币，那位清朝作家似乎未在末罗时代的钱币与非常低劣的廓尔喀时代的银币之间作出区别。廓尔喀币最早是优币，但很快也轮到它们贬值到一种很不正常的低含银量之劣币了（不过我却难以断定，1788—1792 年的这些廓尔喀币是否确曾在西藏流通过，因为人们在西藏未曾发现过它们）。这位汉地作家似乎将早于 1792 年的所有钱币都混为一谈，并且将它们全部确定为 8 枚银币兑换 1 两白银的相同兑换率。这也是西藏人在与廓尔喀人无休止的谈判中曾希望做的事。人们同样也不赋予它们纯银的平价。

清朝的统治者被他们兑换体系中的主要观念——纯银含量的观念搞得昏头昏脑，对此不能理解：正是具有不同价值的银币的这种多样性（也就是事实上在西藏和西藏之外到处都存在的货币体系，这似乎是世界上再正常不过的事了），很快便不可避免地于其地区开始制造混乱、困惑和不满。在他们认为已经解决了全部问题并作了整顿的所有地方，又出现了一种新困难。这些不同的钱币必须分别以6枚、8枚、9枚、18枚兑换1两白银的比价来互换。这就是说，某些钱币中的6枚是另一种钱币中的8枚的价值，或者是相当于第3种钱币中的9枚的价值。这一切便在使用者的思想中造成了混乱和不信任感，因为使用者们始终都习惯于独一无二的一种单一价值的钱币。这种价格即使是假想的也一样，因为在一名检测者眼中看来，钱币本身仅是一种欺骗性的象征物。

尼泊尔钱币很容易通过其图案而与中国新币区别开来，其图案也就是人称之为“图样类型”（type），八瓣花朵可以毫无困难地以汉文字相区别。由于所有的尼泊尔钱币都是以同样的兑换率而被估价，所以它们之间的区别已经不太重要了。但在中国钱币中，如果人们可以将这些钱币与其他的半钱重的钱币区别开来，因为后者的直径很小，那么却不太容易将重1钱与重1钱半的钱币区别开来，因为它们的直径相同而只以厚度相区别。对于3/4钱重的钱币，也应该形成同样的看法。但由于它们如此少见，以至于它们不可能对这种局面施加更大的影响。

由清朝政府对于税收体系和贸易交流的影响以及迅速采取的恢复措施，这一切都在《卫藏通志》卷10中作了阐述。

民众对于新币的信仰及其对新兑换率的透彻理解，在税收体系中具有一种特殊的重要意义。事实上，众所周知，西藏某些地区的居民被允许不用实物而用等价白银纳税。最重要的是，国库的征收额既不能多也不能少于应征收的份额。如果耕农在他们对银币的计算中，产生了一种国库向他们征敛太多的印象，那么他们就会对此极不满意；如果国库未征敛进其应征收的税额，那将使国库的收入由此而受损害。

在商业交易中也出现了同样的混乱，当时人们当然不能理解一枚银币并不完全与另一枚等值。在该地区内部，西藏所有的僧俗人士，甚至包括尼泊尔和克什米尔商人、中国中原从事贸易的人、清朝兵勇，普遍都对于不同钱币的真实含银量不予以任何注意。他们只能看到数量，只相信经过他们手中的钱币数目。他们的头脑中出现了什么样的变化呢？人们于1795年发现，掺杂有铜的旧币和重达1钱或5分的新币（也就是用1两白银可以分别兑换8枚、9枚或18枚银币）赢得了很大的声望并且大量流通。为它们确定一种兑价并不太难。至于那些以6枚银币兑换1两白银的银币，它们是最重和最佳者，但世人却不愿意再接受它们了。

我将重新研究这个问题。有人做过一种测试，已经发布政令使重1钱5分的银币也可以用9枚银币兑1两白银的兑换率来兑换，与仅重1钱的银币一样。事态进展得很顺利，当时取缔了对1钱5分银币的制造，仅仅保留了已经存在的那些，这事实上仅代表不足1年的发行量，但却赋予了它们与重1钱的钱币具有同样的兑换率。人们更愿意选择这种轻微的损失，只涉及很少的钱币，这些1.5钱的银币似乎确为稀见。例如，北京故宫的一整套古币（由黄鹏霄编目）中就未包括任何此种币，作者似乎怀疑它是否存在[238]。但在世界范围内却存在几枚。

那位中国作家介绍说，继这次取缔之后，再没有困难了。后来即将发行1钱（现尚残留许多）和5钱的银币（但此种银币在收藏品中却颇为罕见）。大家将会发现，通过同样的机会，银币的重量被归并为十进位制（与市两相挂钩），这些钱币以金本位制来换算（这又使之纳入到了金属十进位制的另一个方面）。因为从理论上讲，中国中原的1钱黄金等于10钱纹银，1钱纹银等于100枚铜币……

其后，在西藏仍然继续发行带清朝皇帝年号名称的钱币。作为对乾隆皇帝的纪念，后来在下一位皇帝执政期间第5次发行银币，仍载有乾隆年号的名称[239]。这不仅在西藏，而且在整个中华帝国均如此。

数位作家都认为，乾隆币首次出现在1792年，而不是1793年，但仅作为试行而未曾流通过。因此，确实应将1793年视为这一系列发行的始点。

我刚才提到的一批带有清朝皇帝年号的西藏钱币，开始了清朝一种新的西藏货币政策。事实上，有关该问题的所有汉文和西文著作，都将1792年或1793年的乾隆宝藏作为西藏轧制的最早钱币。事实上还需要两年，甚至可能是更长的时间，确实存在某些以藏文字写有藏历第13个饶迴第45年的时间（即公元1791年），同时也带有第13个饶迴第46年（1792年）和第47年（1793年）的时间。这些钱币的体积之大小如同尼泊尔—西藏章卡（tangka）一样，其一面同样带有尼泊尔币所惯有的8种佛教象征物，另一面则是围绕一个中心方块的回纹饰，方孔中载有藏文时间。最后，在第一面的8种佛教内容之间，又有呈三角形的8×3个圆点伸向边缘，再加上8×1个圆点伸向中心。这一切同样都会使人联想到某些尼泊尔钱币上的类似布局。

这些钱币于中国古币特藏中从未被提及过（例如，它们未被列入由黄鹏霄编制的北京故宫博物院的特藏目录中），也未出现在中国钱币的概论性著作中，更未出现在我为研究西藏史而使用的任何汉文著作中。所以，它们都不是真正的中国钱币。但这些钱币并不稀见，我们不仅知道其相当多的数量，而且从19世纪起，许多西方作家也都曾经以照片或草图为证而描述过它们[240]。巴黎国立图书馆钱币部收藏有1枚；伦敦大英博物馆收藏有多枚，其中之一是由柔克义捐献给博物馆的；罗德斯（N. G. Rhodes）家中也收藏有多枚。它们有时被编目在“工布章卡”的名下，这可能是由于当沃尔什（E. H. C. Walsh）于1900年左右在西藏看到它们并要求作出解释时，西藏人便向他指出了此名，故此名便一直保留下来了。

这些钱币与在一种汉文史料中所记载的那些相吻合。直到1986年，人们在中国只能以稀见木刻本的形式接触这部史著，在中国之外更为罕见。这就是《钦定廓尔喀纪略》，它是于1795年左右汇辑起来的有关1788—1792年间的西藏—尼泊尔战争的官方报告。这些资料已由苏联科研人员马尔季诺夫

(A. S. Martynov）研究过（详见其1965年的文章），从而引起了英国古钱币学家罗德斯的注意。非常幸运，这部《钦定廓尔喀纪略》于1986年在中国再版了。由于为我们传到巴黎的一卷，有关西藏钱币的几卷（卷11—13）本应该重新研究。

该文献不仅澄清了“工布章卡”（K'ongpo tangka）的情况，而且也使罗德斯以一种很大的可能性而证实了他所猜测的情况，涉及他于自己收藏的一套钱币中所拥有的某些罕见的西藏钱币，有些银币不仅是自1791年起才于西藏制造的，而且在1785年甚至是1763—1764年在钱币大匮缺时期，也曾制造过银币。

根据这部《钦定廓尔喀纪略》记载，在1763—1764年间，出自尼泊尔的钱币被输往西藏者确实微不足道，不足以满足当地居民的需要。西藏摄政令人制造了银币，但使用的这种纹银不太纯净。八世达赖喇嘛的噶厦于1785年又重复过同样的做法，这次却制造了成色良好的银币。这一切都在四川总督鄂辉将军于1791年呈奏皇帝的奏章中作了阐述，他请求允许很快重制同类钱币，因为当时已经敏锐地感到了银币的短缺。鄂辉于1791年年末奉钦命到达拉萨，只有很小的一支部队随从。这支部队的将领成德将军于其上疏中，同样就钱币的匮缺问题而提请清廷保持高度警惕。因此，在1791—1792年和1792—1793年间，作为特许而小批量地重新发行西藏银币。所有这些银币都与尼泊尔旧币属于同一类型，重1钱5分。

我们现在可以读到对轧制这些最早钱币的一种详细描述了，同时还有对于围绕这些钱币的发行为中心的形势所做的一种深入研究，它们至今都不大为史学家们所熟悉。这就是罗德斯的文章《西藏最早的铸币》，载《西藏学报》第15卷，第4期，1990年。

《钦定廓尔喀纪略》和与此有异的其他20种资料相比较是独一无二的资料，其重点放在3个时间上。因此，这些时间便标志着西藏硬通货最匮缺的时期，也就是在与尼泊尔关系最困难的40年间的1763—1764年、1785年、1791年间，1763—1764年是普里色毗·纳拉扬王对加德满都川的征服最激烈的一个时期。在1759—1760年间，他占据了该川地东北部的加布雷（Kabre）和帕兰索克（Palanchowk），从而使该川与西藏完全隔绝了。1764年，纳拉扬王进攻位于距加德满都有数公里的吉尔蒂普尔。当然，末罗氏诸王国于这些年间处于一种无法正常地从西藏接受或向那里输出任何东西的地步，这种局面可能一直持续到1769年结束征服加德满都川为止。

1785年，也就是在西藏—廓尔喀之战第一阶段之前三年时，正相当于一个双方严重紧张对峙的时期。它们之间的交流完全中断了，西藏与其南部的贸易转经不丹。尽管签订了1775年的条约（详见上文），但尚未达成事实上的协议。自从由普拉塔波·辛哈国王于1775—1777年发行货币以来，直到1786年，再也未曾运输过尼泊尔货币。

最后，1791年正相当于西藏—廓尔喀战争的最糟时期。

还存在另一种汉文史料。它指出，1钱和5分重的银币可能是于1761年发行的。马尔季诺夫于其上引文章中已经从《清史稿》（中国清代的编年史）中检出了这一切（以傅振伦教授于1937年所写的有关该问题的一篇文章为基础）。本处是指已经载有汉文铭文“乾隆宝藏”和在另一枚附有两种铭文的藏译文的钱币。没有任何一块银币留传到我们手中。马尔季诺夫坚持认为其存在令人质疑，指出《清史稿》是一种晚期著作，修撰于1914—1927年之间，最好是相信与事件同时代人物之所说。他还指出，“乾隆通宝”的铭文存在于1793年之前（这一年的一道诏书首创了这种币式），后来将这些钱币弃之于西藏（1763—1764年、1785年和1791年发行的银币未载有任何汉文字），仅于1793年才收回的说法不大可能会成立……因为清王朝在西藏的影响于1760—1793年间得以发展，而又从未经历过衰落。后来还有人补充说，如果考虑到银币重量的演变，即从章卡的通行重量1钱5分或1/2托拉）过渡到更为典型的汉制重量，即每块银圆各自重1钱5分，这是每两的正常因数。大家将会发现，于

1761 年发行 1 钱重和 5 分重的银币，是不符合逻辑的，这些币式更接近于与中原货币体系的统一。在其后的数次货币发行中，都采用 1 钱 5 分的单一币制，从而恢复了西藏—印度币制体系，最后是于 1794 年恢复了中原币式——1 钱币和 5 分币。

无论如何，这是马尔季诺夫的观点，《清史稿》很可能搞错了，把有关 1793—1794 年的事情归结到 1761 年的账上了。

另外一类钱币提出了一个更加微妙的问题，因为它会使人联想到，西藏人至少从 1750 年起就制造他们自己的钱币了。这种说法与当时和后来尼泊尔文、西文、汉文各种资料及各种奏章相矛盾。这些早期的轧制之说，至今受到了断然拒绝，我为了提醒诸位注意而将引证它们。

泰里安·德·拉·库波里于其 1881 年发表的论文中[242]断言，在由普里色毗·纳拉扬王发难期间，也就是在人们所共知的清朝发大兵干预之前很久，当西藏需要银币流通时，可能曾在拉萨制造过模拟了某些尼瓦尔王银币的钱币，但为了表明其独立于尼泊尔的地位而作了某些修改。他们可能选择了 1700 年间由加德满都的一位末罗族国王使用过的样品（每面都有 8 瓣小花），以一种藏文释文取代了以德瓦纳加尔（devanagari）语言的释义。其藏文释文为 rnam rgyal dgah ldan pho brang phyog sa（上天之王甘丹颇章币厂）。Dgah ldan 是拉萨附近的一座大寺，即甘丹寺（Galdan），那里于稍后确实曾设立过铸币厂。

泰里尔·德·拉·库波里从这条藏文铭文中看到了一个相当于我们的 1771—1772 年的时间（其文章的这一部分后来又由郭恩重复研究过）[243]。但他写到，这是利用了令人生畏的普里色毗·纳拉扬王的薨逝以及其继承人那所谓的懦弱，西藏人最终才敢于中断与尼泊尔的合同并制造他们自己的钱币。然而，当代人却认为，普里色毗·纳拉扬薨逝于 1775 年。此外，对于藏文铭文的释读，众人也各执其说，莫衷一是。人们从中再也看不到指时间的地方了。

至于沃尔什，他于 1907 年[244]研究了相当数量的被称为

“甘丹颇章章卡”（Ga-den Pho-dang tang-ka，即“四方得胜甘丹宫”的钱币）的钱币，于两面带有八瓣小花饰以及用藏文对铭文所作的解释，铭文指出了它们在收藏家那里的名字。沃尔什将它们与尼瓦尔时代的各种钱币进行了一番比较。他由于发现它们不但未载有时间，而且年号也付阙如，故将其可能的发行时间定于1750年，甚至可能是1732年。但沃尔什仅仅是以它们与旧式钱币之间的相似性为基础的。此外，制工的劣质、制作中很少的精巧，这一切都使他觉得似乎表明它们不是由尼泊尔匠人制造的，因为他们不可能干得这样糟，而应该是由不太熟练的西藏工人制造的。

今天，人们认为所有这些“甘丹章卡”（Ga-den tangkas）都不会早于19世纪，其中大部分甚至可能要晚于1840年。直到1922年，那里都定期发行钱币，后来在1925—1948年间又多次发行过[245]。

大家将会发现，从1793年起，西藏同时发行不同的货币。那些被称为“工布”的货币，其发行时间延续于1791—1891年之间；带有清朝皇帝年号的银币，是从乾隆年间（1793年）到道光十六年（1836年）之间发行的；甘丹寺币厂是从1840年起开始发行货币的，至少一直持续到1922年。在19世纪末叶和20世纪初叶，西藏“章卡”的概念似乎覆盖了这些不同的钱币，大部分均以劣质银制成，但其含银量变化很大；章卡在市场上的真实价值当时浮动于英国卢比的1/3—4/10之间，英国卢比已开始在西藏西部和中部流通。所有这一切都与以物易物的交易法同时存在，盐、砖茶、哈达（katas）都以固定的价格互相交换。旧“黑章卡”始终在流通。它具有一种已变得神秘莫测的白银重量，其成色之坏是人所共知的，这些钱币至少能完成其方便实用的功能，稍后又受到了纸币的竞争。这一切并不属于我阐述的此后几个世纪的西藏钱币史的内容。我仅仅作为备查而补充说明，在哈勒（Harrer）时代（1943—1949年），西藏仅于拉萨有一座电站，其主要功能就在于使制币机能开动起来。

现在应对这一系列有关钱币问题的插曲作一番总结了。我应该指出，简而言之，自16世纪以来和直到我们当代，西藏钱币都具有以下特征：它们始终供内部使用，从未被外国接受过；虽然这些钱币在大部分时间中都是成色低劣者，但它们在很长的时期，仍保持了其币面价值、同样的理论重量、同样衡制单位；尽管在其币面价值与其纯金属的固有价值之间的比率具有很大的浮动，却一直在照旧沿用；它们在1763年之前，既不是由西藏人也不是在西藏制造的；币种很有限，仅使用一种金属——白银；西藏又不可能（出于宗教或政治原因）独立地制币，从而导致了他们对于尼泊尔的这种依赖（至少是在尼泊尔的军事和经济压力下，迫使西藏处于这种依赖之中的），从而使他们付出了昂贵的代价，他们从未能独自从其中摆脱这一切。与尼泊尔保持着良好关系，对于西藏地区具有一种不可估量的重要意义。如果与尼泊尔政府失和，那就再不会有任何钱币了；若无可供流通的钱币使用，那么其内部局势就会变得无法支撑；如果两地之间的一切关系均不正常，那就不仅完全没有钱币，而且也完全没有贸易了。为了将其商品运往孟加拉，西藏被迫经由不丹。此外，从另一方来讲，尼泊尔人也需要经商，他们此外更需要黄金和白银。

继西藏与尼泊尔两地之间43年的交恶时期之后，紧接着出现的也只是勉强维持尚过得去的关系之时期。1750—1770年间，西藏与末罗国王的交换要周期性地受普里色毗·纳拉扬王试图强加给加德满都川诸王国的封锁之制约。在1770—1775年间，实际上在5年期间没有任何交流（在1777—1786年间明显未曾为西藏制币），谈判和困难持续存在。在1775—1784年间，西藏与其南邻进行的贸易转向了不丹并大幅度下降。1784—1788年间，尼泊尔—西藏之间的贸易完全中断，再不运送钱币了，也没有任何贸易。1788 1792年间，尼泊尔强行实施贸易规章条例，某些廓尔喀银币被运往西藏，其质量则每况愈下。此后便是公开的战争。1793年之后，在轧制银币问题上的形势发生突变。但两地之间全面的贸易却即将恢复，我们又发现它于此后的一个世纪中相当繁荣。我们将会看到这种复兴是如何产生的。

清朝于1793年对于外贸表现出了某种犹豫不决（而且于其历史上曾定期出现过这种缄默），这正是马戛尔尼（Macartney）勋爵轰动一时地出使清廷的那一年，他在热河避暑山庄皇帝行宫完成了这次著名的出使活动[246]。如果那些曾参加过平定廓尔喀之战的清朝军官们能基本上与他同时到达热河，那么他本来会受到更好的接待。这些军官们向皇帝散布流言，认为英国人可能帮助过廓尔喀人进攻中国。清廷当时已经对英国人极不信任，而且这种不信任远远超过了对其他所有外国列强的怀疑。清朝很早以来便将其海上贸易局限在广州港，清朝与俄罗斯相当有限的贸易是通过该国北部的陆路进行的。中华帝国的新附庸尼泊尔处于孟加拉英国人入藏的中途点。英国人、廓尔喀人，他们都成了危险的近邻……他们极大地企图封闭西藏南部边境，关闭了这个过分接近潜在对手的喜马拉雅地区的一切外贸。这可能是清朝政府首次采取的行动。

但福康安将军在现场比在北京或热河的朝廷更了解情况。他不失时机地向朝廷指出，这种事态是不允许存在的，支持恢复西藏与其南部近邻之间的贸易关系，以在可能的情况下对此实施某种控制为保留条件。

他于其上表中写到（我们可以在上文提到的《卫藏通志》卷11中发现对这一切的记述），若西藏不从其南部近邻进口食物，那就不能生存下去，这位中国作家称西藏的南部近邻为“外番”。如果突然间严禁西藏与这些外番之间的贸易，那就“实于藏番不便”。因而似有难以禁绝之势。除了主要是进口大米粮食之外，西藏人同样也需要进口布匹、铜铁等物，各种日用品、干果、藏香原料……

此外，这位清朝将军还强调了如下事实：刚刚发生过的战争，绝对既不是由商人策划的，贸易也并非其致因（实非因贸易启衅），他将全部责任都推卸到了沙玛尔巴喇嘛身上，我们于上文业已提到了此人的行为。在福康安将军上奏时，其中所说的那个沙玛尔巴喇嘛已经圆寂，他是在即将被交给清军时自杀的。这位将军还写到，西藏与其南部近邻之间的外贸实有裨益，问题只在于善于组织。当然还应提供解释与建议。

福康安将军清楚地区别出了两种不同的贸易：一方面是贫穷边民以物易物的贸易，如用尼泊尔大米易西藏盐巴；另一方面是大宗贸易，经尼泊尔和克什米尔人之手，严加约束。

他称尼泊尔人为巴勒布，出自西藏人主要是用于指尼泊尔古川地的 Balpo 一词，也就是指尼泊尔王国或尼瓦尔人。他使用了“廓尔喀”（Gorkha）一词，或者是指廓尔喀王朝，或者是指 1770 年之后尤其是自 1792 年以来的整个尼泊尔。因此，这些巴勒布人属于设立于西藏的 40 家商民之列，其中商头 3 名；定居于西藏的克什米尔商民有 197 名（户），商头 3 名。

后来决定，这 237 家商人“俱任其常川兴贩，来往不绝”。但却要“造具名册，交驻藏大臣衙门存案”，“给予印照”。这一切似乎是说，后来在名册中设有新登录者，一直保持着交易的正常规模，不使增加。这可能正是当时所追求的目标，因为人们另外还决定限制其中每个人每年被准于携其商品进入西藏的次数。为了更好地监督事情的正常进展，当时还强行规定一条固定的路线，商人们无权离开此路线。他们都合法地携带“印照”（护照），“稽查出入”。正如我们今天称之为“邮政支局”的机构，设在江孜和定日“两汛官弁”（卡伦）稽查人数。巴勒布人被准许每年 3 次赴西藏交市，克什米尔人只准交市 1 次。

至于两地边民或“穷番”，他们的传统性交易，则是以物易物，即“易换盐米”，每年中“未便定以次数限期”。清朝的这位将军上疏为这种小型贸易的自由性辩护，认为这是某些穷番维生所必不可缺的营生，声辩说没有必要费力去对如此小规模的交易实行控制和考察。“至所称边界番民与接壤居住之巴勒布番民就近易换盐米，不过数包至升合不等，未便定以次数限期等语，此等穷番，居住边界，邻近外番，不过零星市易，藉谋口食，与出口及到藏兴贩者不同，若一概定以次数限期，该番等即不免生理无资……毋庸订立次数限期，准其照常市易”。此外，这一切都发生在边境，距拉萨路途遥远，派遣稽查则既花费昂贵而又无济于大事。因此，他强调了清朝税务稽查者们所钟爱的查税不能借端扰累，应尽可能少地留下官府干预的踪迹。这一切与对待尼瓦尔和克什米尔商队的态度没有任何共同之处，后一些商队动用了巨额资金，随时都会对他们课以过境税。但也不应以滥加抽税而将商旅们逼入绝路。因为对于所有人来说，都必须保证贸易得以正常运转。

西藏对外国人征收的流通税的另一个方面涉及瞻礼人。数世纪以来，不丹、尼泊尔、锡金的人都前往西藏的圣地朝山进香。虔诚的佛教徒们始终都经过喜马拉雅山口，前往玛法木错湖（Manasarowar）祈祷。这位清朝将军必然看到了此类瞻礼人的重要意义。他倾向于让布鲁克巴（Brokpa，不丹）和哲孟雄（锡金）人都自愿地“来藏瞻礼”。

我颇感兴趣地将1793年和此后几年的这些安排，与1956年有关西藏的尼泊尔—中国条约进行一番比较。跳过了1856年的条约（它标志着尼泊尔对于西藏的强大影响以及中国的一个衰弱时期）和163年的间隔，人们又发现中国再次向经济和宗教的实际情况作出了同样的让步，这本来是与中国的基本政治倾向背道而驰的。1956年，中国政府也赋予了尼泊尔居民以朝圣瞻礼权，为边民的易货贸易保留了某种程度的自由。中国在实施严格控制的同时，允许从事一定规模的贸易。在此问题上也如此，163年之后，中国也不得不承认，西藏人若不向其近邻采购最迫切需要的食物，则无法生存下去；距西藏太远的中国内地，则无法为它提供食品。唯有由中国工程师们从1955年起在“世界屋脊”上修筑了新的现代化公路之后，才提供了启动解决该问题的可能性，以等待灌溉和适应当地气候的新粮食作物的发展，从而使食物差额得以平衡。据中国官方发表的公报，西藏自1974年以来已实现了粮食自给自足。

这种小规模的边境易货贸易主要是易换盐米，我们发现它于

1965 年左右再次被那些曾赴尼泊尔北部旅行的西方民族学家们描述过。甚至其课税也在某种程度上始终如一：每米一包，抽取一木碗。唯有今天的民族学家们才向我们讲到青稞，而这个时代的中原作家们向我们讲到的都是“米”。当时在边境以关税的名义而抽取的粮食之碗数骤增，仅在聂拉木和济咙就上升到“一百几十担”的总数。由于每担重 60 公斤左右，所以其总数应为每年 6100 公斤或 6200 公斤，甚至还要更多一些。这一数字与福康安将军的推理相矛盾，因为他认为其数量“不过数包……”

至于盐贩们，他们以每包盐交一碗盐税。对于这些预先提取的盐之斤数，西藏海关官员要再将它们出口，以与尼泊尔人交换水果、藏香原料以及纸张等。

对于经尼泊尔边境进入西藏的商品课税的方法，诸如在 1792 年战争之后由清廷批准的那种方法，似乎是某些故伎的重演。事实上，那里不征收从价税，而是一种“每包纳银钱一元”的边税。我不知道这里是指如同在德希德里时代那样的两曼（manud，约 74 公斤）的包，还是由霍德森于 1830 年提到的一曼重的包。这种税始终如一，无论是指价值很高的还是价值不大的商品都一样……即使是对于织锦、珊瑚或珍珠也一样。唯有一种商品特殊，这就是红花，“每一克即纳银钱一元”。

因此，西藏与尼泊尔之间的贸易不失时机地于 1793 年之后重新恢复了，克什米尔人同样也返回来了。但再也谈不到为西藏轧制金币，更谈不到对采购黄金和白银的垄断权问题了。如果一方将其意志强加给另一方，那么这一次则更应该是指西藏地方政府将其意志强加于人，至少是直到 1856 年的战争时期，限制和控制便成了其象征。

在本章中，我没有理由再深入论述 19—20 世纪贸易的问题了。我上文已对此作了充分的勾勒。我仅提醒大家注意，如果尼泊尔不再向西藏输送轧制的银币，那么它却仍然向西藏采购黄金和银锭。尼泊尔保留了仅让国库（tiksal）采购这些金属的习惯，并以统制价格（这种统制价格远远低于市场上的通行价格）向西藏人采购，并允许尼泊尔向境外转口[247]了。但对金属银的转口则受到了严格禁止，这种金属仅留作尼泊尔王国内部使用，主要是用来轧币。

4. 为西藏制币的白银来源

我们已经看到，继1788—1792年的战争之后，清朝政府掌握了为西藏人制造钱币的权力。清朝政府出于我已经解释清楚的原因，放弃了为西藏制造铜币的做法：铜的匮缺、在行走艰难和距离遥远的道路上运输的铜之数量巨大、习惯于其银币的西藏人之保守性格等。因此，清朝政府便一反中国的习惯做法，决定制造银币（这是中国前所未有的首次制造银币），而这些银币在数量上要充足得多和在成色上要更好一些。中国中原的作家们不触及白银的供应问题。在阅读他们的著作时，便会觉得金属银的供应当然会很容易。这种言外之意的简易性，可能出自两种形势：或者是在西藏本地，或者是在距那里不远的地方就有银矿。此外，运价过分昂贵的论据，对于铜来说完全能够成立，但对于白银来说却不能成立，即使是距离相对遥远。在中国，同样重量的白银之价值要比铜贵90—100倍（但在西藏，铜却更为昂贵一些，正如我们于前文已经看到的那样）。白银以其小重量和轻体积，是一种具有很大价值的物质，与铜正好相反。因此，不需要数吨的白银以确保货币的流通，人们当然会毫不犹豫从事白银的运输。

我们首先来研究一下有关第1种假设的论据：是否在西藏曾经开发过银矿？

据由哈尔（E. Haarh）梳理的藏文文献记载，西藏南部炼银业与冶金业的历史一样悠久。这种惯例被认为可以上溯到布岱贡杰（Spu-de-gun-rgyal，吐蕃“史前王朝”的第9代赞普）赞普时代[249]。完全如同制造木炭、建筑桥梁、耕田、牛轭……和文明的其他基本因素一样。这也就等于说，冶金——无论如何也成了一种雏形的冶金业，那里的柴薪很丰富，其证据就是那里使用木炭。稍后不久，这一切都消失了，西藏在最近的几个世纪期间，始终以一个无冶金业和无采矿业的地区而著称。该地区仅采取冷采黄金和在地面上搜集的办法，但却为了制造其简陋的农具而加工一些进口铁。它利用同样也是进口的大量铜以制作铜像和宗教建筑、其寺庙的金脊，将其祖师葬在贵金属灵柩中……但西藏没有大工业和矿业工程。所以，由此而出现了这一整套白银加工业中的白银、尼泊尔在两个多世纪中为它加工银币的白银。然而，西藏过去却应该有过银矿，因为唐代的汉文编年史认为，吐蕃于公元7—9 世纪之间产金、银和铜[250]。其次，我们还必须跳过许多世纪，才可以找到有关西藏除黄金之外的其他矿产品的某种迹象。

我于上文已经提到了很少的一点令人质疑的八瓣花形的西藏银币。塔维尼耶于17 世纪就已经指出了这一点，他还补充说："在不丹（西藏）可能有过某种银矿……""但是，在帕特纳向我介绍了所有这些情况的不丹商人，却无法向我指出此矿在何处"[251]。但是，我们知道塔维尼耶不是有关西藏的一位可信的作家。

德希德里指出了"康区"的优质白银[252]，他没有再讲更多的话。但他却在黄金问题上耽搁了许久，描述了当地所使用的淘金技术等，而在白银问题上却丝毫没有这样讲。他没有特别指出哪里开矿。

据德希德里在西藏时的一位同时代的人——《西藏志》的作者认为，该地区的赋役或用金属银交纳，或者皆随所产而以实物交纳。这就是说，人们不是每100 户人家出1 匹马（这是西宁所管诸部每年应交纳的税率），而且交纳 8 两（302.24 克）白银，也就是每户 8 分（3.02 克）白银。所以，为了方便纳税人，便定出了任何物产与白银的比价，这也可能是由于运输困难而必须这样做。人们估计 79 族（其中有 40 族属西宁所管，39 族属拉萨所管）的税额为 1060 两 6 钱 4 分银（我们将会发现，其数字精确到了近每两的1/100)，即约为39874克白银。这可能并不是说，39874克白银实际上都一直被运往了西宁或拉萨。但在那些实物产品中，特别是在土特产中，那位中国作家确实曾提到了金、银、铜、铁……不过令人遗憾的是，在有关当地物产的1卷[253]中，所提到的矿产品仅有说板多的金、洛隆宗的青金石，未提到银矿的任何踪迹……

我很难承认斯特拉伦堡（Strahlenberg）地图（1730年）中标注的内容是正确的（我在有关西藏黄金的一章中已经提到了该地图)。它将银矿址注在西宁以南的金国（Altumchì，Altounchì，阿勒坦池)，而其他作家们一般都认为那里有金矿。

1730年，意大利天主教传教士弗朗切斯科·奥扎里奥·德拉·佩纳（Francesco Orazìo della Penna)，也如同在他之前的德希德里一样，提到了康区的银矿[254]。

乔治·波格尔（1774年）未提及白银的生产。但基本是与他同时代的耶夫勒莫夫（Iefremov）也提及，在藏地存在这种金属的矿藏，却又没有具体说明它们是否已被开采[255]。

我掌握有关在拉萨附近存在一个银矿的多种证据。当扎什伦布寺的班禅喇嘛之弟沙玛尔巴喇嘛逃往尼泊尔，并煽动该地区的土邦王子进攻西藏时，我们还记得他向该土邦王子许诺，可以帮该土邦王子指认“拉萨附近金银矿和其他矿藏的位置”[256]。约一个世纪之后，班智达乃颜·辛格[257]又提到，在拉萨以北6公里半的地方，有一座自东向西延伸的山脉，叫做夺底山（Totiphu)，其中蕴藏有大量银矿”。但正如在前一章中所叙述的那样，其开采是绝对受禁的。

因此，如果那里确有银矿的话，那么人们也不会因此而开发它。

又过了40多年，沃德尔（L. A. Waddel)[258]于其1903—1904年的旅行中，听人讲述过拉萨以北色拉寺（Sera）所在的山上存在金银矿。但他既无法找到该矿的任何踪迹，又找不到与此有关的任何证据。“如果这些银矿过去确实存在的话，那么它们就应该是在多年之前就被封闭了。人称在色拉寺以西、川地的奔巴山以远一日行程的夺底山（Dogbdepu），可以发现少量银矿，通向腾格里池（Tengri）的路就要北上经由那里，银和汞出自最东部的理塘和巴塘”。

忒涅于西藏南部既未遇到也未听人讲到过银矿。但他注意到了铅矿矿床，并且正确地指出，世界上几乎所有的铅矿矿脉中都不同程度地含有白银，西藏铅矿的情况很有可能也如此。他于其游记中曾两次提到了这一切[259]。这些矿床之一处于距扎什伦布两日行程的地方。但它们尚未被开发。此外，作者还具体解释说，西藏人根本不懂白银冶炼术。由于他们根本不使用铅，故也不开采其矿藏，他们也从未曾有机会注意到可以从铜矿中提取白银，即使我们也可以假定他们得以学会了这种技术并拥有这样做的手段。

据柔克义翻译的《卫藏图识》[260]记载，在18世纪末叶，中国人就知道在达隆宗（边坝，拉里山的东南）存在银矿，该地区同样也被说成是金砂产地。它是这部著作中提到的唯一一个金矿床。

我们在被断代为19世纪的《西藏图考》中也发现了同样的资料：在达隆宗（又称边坝）标注着一个银矿（第242页）。达隆宗于此被指以此名称呼的整个行政管辖区。其治所边坝位于大约是东经95°和北纬31°稍偏南一些的地方。

古伯察神父[261]写到，西藏的白银如同黄金一样，可以非常容易地采集到，以至于“普通的牧羊人自己也懂得提炼这种贵金属的艺术”。然而，他后来为我们描述的技艺，也正如其他许多作家一样，都是指淘金。在古伯察神父的著作中，同样也仅仅是简单地提到了白银，迅速地将此置之不顾而转向有关黄金的描述。

始终是黄金吸引着其注意力，这种事实当然并非新奇，也并非是西藏的特殊情况……但我必须指出，在我至今得以阅读到的全部资料中，没有一种对采银的描述，也没有有关这种金属的冶炼术。

然而，白银的开采和冶炼既不会在那里存在，又未留下任何明显踪迹。在由孤立的个人或者甚至是集体性四下零散地于江河中采集细谷砂金时，几乎不使用任何工具地手工采集；或者是在砸碎的岩石中不用加热地冷采金，然后用细流水冲洗；或者是借助于使用羊皮和毛毯来采集金叶；或者是在银矿脉中采掘……

白银确实不会以与黄金相同的方式存在于大自然中。它很少会以纯银状态存在。现在已知道几个采集到天然银叶的例证[262]。它几乎始终都与其他矿体（最经常的是铅矿）伴生，有时甚至是密切地混合在一起。例如，人们后来在云南发现的白银普遍都是以含银矿石的形式出现的。它有时也与黄金混合在一起共生。据18世纪在全世界都熟悉的技术来看，将白银与混杂于其中的其他矿体剥离开的主要工艺，则需要大量的汞。这种被称为“庭院”（patio）式的生产方法，自16世纪以来便被应用于南美洲和中美洲。这种方法在于对矿石作冷破碎，再用汞和某些物质（临时配制的药剂）来研磨，并且让这种汞混合物自动沉淀。这种汞合剂也可以通过热加工来获取，为此当然需要燃料。此外，在银铅矿共生的情况下，为了将银与铅剥离开，人们使用了一种在很古老时代就为人所熟知的办法（普林尼的书中就曾提到过它），这就是“灰吹法提纯”。混合物要加热熔化在用骨灰制成的模子中。骨灰具有能过虑铅的特性，经过一定时间的加热之后，便会在模子底部发现一块纯银。这些工艺中的任何一种都似乎不为西藏人所熟知。为了以这种或那种形式使用这种工艺，都必须拥有两种在西藏很难获得的物质：或者是大量的汞，或者是极其丰富的燃料，而且还必须是在掘采当地获得这一切，这是由于当地所特有的运输困难；或者是同时需要这两种物质……虽然我们今天知道，西藏藏北部具有丰富的煤，但当时的人们却对此一无所知。此外，在西藏的所有邻近地区以及在世界的大部分地区，都是以木炭加热而进行冶金的，伴之而来的便是逐渐地毁林。某些简陋的熔化还可以在牛粪火上进行。但人们猜测，这样处理的矿石比例是极其有限的。西藏唯一蕴藏有丰富森林的部分，于近代则是其东南角。西藏绝大部分土地，从来都不能满足一种重大冶金工业所需要的燃料。

此外，为了开采银矿，人们并不需要被迫挖掘相当深的矿井，甚至不需要挖掘坑道。然而，西藏人在原则上是不掘地的。即使将任何社会因素（迅速暴富、突然弃农、失去平衡）置之考虑之外，我们也不应该对于下述所有原因感到惊讶：拒绝深掘地、缺乏燃性、缺乏汞等。由此而产生了现存银矿未被开采的结果。这无论如何也是真实的，即使经过 40 多年的社会主义制度之后依然如此。其实，这就是说西藏是一个缺乏冶金业的地区。

因此，除了边坝的这种银矿（如果它确曾被开发过的话），作家们均未提及银矿的开发，同时又怀疑或重复了存在银矿的流言……即使他们提到了可靠的和已得到证实的银矿之存在，但还是要明确地指出尚未开采它们。这一切在 19 世纪期间完全消失了，人们后来对任何银矿资源都保持沉默。我们要强调各种资料中的这个方面：淘金和砂金矿被附有许多细节地作过多次描述（至少是被西方人这样描述过，因为中国人在有关统称贵金属的章节中都很吝惜笔墨，不多费口舌）。事实上，没有一位中国作家哪怕至少是稍微提及这件事。但至少是据我所知，根本不存在任何对于开采金矿的记载，没有任何对矿山以及对矿石处理、加工方法、原料、汞、燃料、熔炉、工具等的描述，我还知道些什么呢？我总有一种印象，在该地区辽阔的地面上和自许多世纪以来，任何人都未曾见这样做过。我也没有掌握有关银矿立法与纳税方面的任何资料。相反，在有关黄金的问题上，这一切确被作了详细描述（每人每年一“砂金袋”黄金的那种人所共知的税收）。除了我上文引证的古伯察神父的那句话（牧羊人懂得在牛粪坩埚中精炼金银）之外，完全缺乏资料。但古伯察没有具体解释说他曾见人精炼白银，无论如何也未曾见过米金。即使认为那里很特殊的在地面上有少量易采银，人们可以用简单的土法采集，也可能是少量的，但出于什么偶然情况而使任何人都未曾这样做过呢？然而，旅行家们却亲眼目睹并且描述了西藏人生活的各个方面，直至包括最微不足道和最隐秘的细节。

即使没有从西藏本土开采出来的白银，那么特别是在18世纪时，确保西藏大部分地区贸易和纳税的白银、为了获得银币而送往加德满都的白银、制造达赖喇嘛和班禅喇嘛的供像与灵塔祀殿所需要的白银等，它们到底是从哪里来的呢？人们经常谈论，暗示西藏从不匮缺而又从不指出其产地的白银，到底自何而来的呢？

在西藏周边地区，最近的产银区，似乎就是云南以及位于西藏、四川和云南之间的交界地区。该地区包括萨尔温江、湄公河以及扬子江（金沙江）中平行南北流向的部分流程。这里是指我们发现黄金相当丰富的同一地区。该地区曾由某些互相仇杀、危险而又令人谈虎色变的部族居住，汉族人和藏族人曾经都不愿意经过此地。到民国时期，那里又被划入了西康省。

19世纪时，法国的天主教传教士们曾赴该地考察访问过。我在有关西藏东部金属矿的一章中，曾对银矿矿址做过一次详细列举。如在1870年7月20日丁主教（J. Chauveau）阁下致耶稣会士谢亚（F. Shéa）的书简中，就曾对该地区做过介绍。其节录被收入到了戴高丹（Desgodìn）修道院院长的那封书简中了[263]。

这一章的插图中所附的地图标出了银矿点：以打箭炉为中心的地区，以中甸（打箭炉的西南，金沙江以东）为中心的地区，湄公河上游的两岸和伯舒拉岭（Dokerla）东南的多处矿点；湄公河以东（班洪的西部和西北部，距萨尔温江不远），湄公河以西的伊洛瓦底江（Irawaddy）的上游。这里同样也是产金区。作者提供了一幅矿点表（这些地名未出现于其地图中）。

“伊洛瓦底江流域，在巴尼河（Panì）流域，或者叫做德宏江（Térong），位于一条中国人称之为小龙江的河畔，人们会发现一个银矿，其他任何一个银矿都无法与之相媲美。那里的金属如此纯洁和如此精细，以至于商人们在它尚未被提前熔化的情况下，就非常乐意于接受它”。

在扬子江流域，有保尖江、北得、北牛场，这些矿山都比普通矿山的蕴藏量丰富得多。

萨尔温江流域：在永昌城的土地上，于阿龙族（Arungs）地区，位于小村庄独中场和前马利场有一个很大的铜银伴生矿。

在交那通附近，在班洪川。

湄公河流域：热宫白马、大麦地厂、老厂、小古洛、大坝厂、打谷厂、打谷地厂、多义厂、龙抱厂、叶枝、贾公厂（这一事实颇有意义，该地区同样也生产汞，它的存在对于炼银业很重要）。

在卓喀土司，于巴拉康，“有非常丰富的金矿”：

在木枰司，有小沟、大云宝、大沟、官营内、汉燕口、米来口、红山顶、大树口、大城口、三恰口。

第二次世界大战之前的西康，被认为是继湖南和云南之后，名列中国第3位产铅—锌—银多种金属共生矿的省份[264]。然而，这个时代的中国并不是一大白银生产国（整个中国1934年的产量大约为3779公斤）。

本处所说的多种金属共生矿址属于一片辽阔的矿产区，它覆盖了云南、上缅甸、四川、西藏和青海的部分地区。至于云南白银，它于19世纪时就已经被大量开采，而且在此之前很久就已经为人所熟悉了。这很可能是由于其矿床位于森林地带，人们可以就地冶炼，正如炼铜那样。因为可以就地烧制所必需的木炭，再加上这些高山地区极其崎岖的地势、运输的困难和昂贵，所以就地烧炭的条件就是必不可缺的了。时至今日，这个多种金属共生矿（特别是蕴藏有白银和黄金的矿）的存在，已由1979年的中国政府公报正式证实[265]。这些公报将中国多年来出现的全面的矿藏勘探和地质研究的大规模运动、近15年间在青藏高原上发展起来的科学考察的特别努力联系起来。

一个55万平方公里的富矿区，主要是覆盖了我上文业已引证过的萨尔温江、湄公河和扬子江流域的相同部分，还囊括了云南、四川和青海的部分地区。在20多种有用的金属和矿藏中，包括具有某种金银含量的多种金属共生矿。实在说，中国公报的重点并不放在这些金属上，而是将重点置于了玉龙地区以及与扬子江平行而矗立的横断山（碧罗雪山）地区那些巨大的、可以露天开采的铜矿。金银始终未能占据突出地位（更具体地说，中国的地质学家们近期在中国领土上发现了新的金矿，但既非是在西藏地区，也不是在其毗邻地区）。对于该地区的开发，也始终与燃料和运输手段问题相联系。尽管这些地区修筑了公路，但此类问题仍尚未解决。

我再回头来论述18世纪。当然，当时的交通不太方便，只能借助于当地存在的森林，才使得矿藏得以开发。这些条件在云南确已实现，那里没有任何宗教信仰反对挖掘深矿井。萨尔温江、湄公河和扬子江上游地区的民族（“蛮”“夷”和“番”），同样也很可能认为挖坑道没有多大不便。尽管所有这些民族都应该懂得白银的冶炼术，它并不比炼金术简单多少；尽管距他们的驻地远近不等的地方有土司，但最终还是其国主——中国皇帝并不禁止开发贵金属。

恰恰是清朝皇帝大幅度地限制了金银矿的开采。我们已经看到，在中国的数省中，虽然人们怀疑某地存在真正的金矿，但其开发却遭禁，只允许在河流中采集金叶。人们在所有地方发现记载的传统性原因是，这样做会冒有暴富和速富的危险，以阻止开采金矿的希望能蛊惑当地居民放弃农业。生产食物和首先是生产粮食，始终是中国居民摆脱不掉的烦恼，这也是中国经济政策中的基本因素之一。如果农民们放弃耕田种稼，那么农田就会重新变成荆棘丛，人民就会因饥饿而死亡；如果世人停止养蚕，那么人民就会受寒。那种以巨大矿产财富来交换丰富食物的大规模贸易，则由于中国的政治体制而遭拒绝，政府所关心的是在生活必需品方面不能依靠外国。况且，哪个国家能安全可靠地向中国人供应养活他们的食物呢？在一个诸如中国西部那样地势复杂的地区，怎能相当迅速快捷地适时分配食物呢？

在这种背景之外，我还应该补充说明，黄金不是一种货币金属。但白银呢？中国内地的白银当然并不制成银币，而是以其重量作为最常见的流通手段。对于零头小额，可以用铜钱来结清。白银同样也是中国经济运行中所必不可缺的。所以，在中国内地照样也开采某些矿山，但事实上是中国的茶叶、丝绸、瓷器和其他多种物产的出口，就已经足以为帝国提供数量充足的白银。根本没有必要开矿，因为开矿会冒有导致经济和社会失去平衡的危险（也可能有一种赢利多少的问题，银矿史证明了许多矿的开发价格昂贵）。

例如，我们在杜赫德神父的著作中，可以发现中华帝国在18世纪前1/4年代中的白银资源[266]。他提到了云南罗罗人（Lolos，彝族）地区、江西的银矿。此外还有福建省，“那里禁止开矿山，违者处死”；湖广省（包括今湖南和湖北省）南部的衡州府，那里“有大量不允许采掘的银矿”；同样位于该省南部的辰州府也有银矿；广西“蕴藏有各种金属矿，尤其是金银矿，但中国的政策却严禁开采它们，害怕这种开采会变成一次动乱的机缘……”在桂林府，却有一处矿山被开采，其40%的产品进贡皇帝；贵州蕴藏有金属矿；仍在云南中部的楚雄府和景东府（Kìng tong fou，此处有误，应为景东厅。——译者）有矿，但此二地均未被开采。最后，他同样还写到，在老挝或寮国（Lahos，Laos）王国有非常丰富的矿藏，老挝国是阿哇人（Ava?）的附庸，位于莫罕·伦（Mohang Leng）之北5日行程的地方[267]。

总而言之，白银在中国并不匮缺，人们只关心在这种金属进入市场量与该地区日常生活用品的流通所需数量之间保持平衡。杜赫德提供的数据发表于1735年。1730年左右，中国可能仅生产7万两白银，也就是近2645公斤左右[268]。这种形势在18世纪期间可能未发生多大变化。

当解释在整个这一时期，中国“如同海绵一样”地吸收了（人们有时持这种说法）来自外国的大量纹银的时候，未能揭示任何新鲜的内容。诸多作家都详细地阐述了这一切，许多论著都对它们作了深入研究，已有成千页的著作致力于探讨这个问题。我就不再增加更多的内容了。

例如，在18世纪前1/4年代的杜赫德时期，中国除了自己生产少量的白银之外，它还使用从四面八方进口的纹银[269]。

—通过浙江省的宁波港，进口日本产白银。

—通过唯一一个接受西方船舶（英法船于其中占据首位）的港口——广州港，从事一种规模很大的贸易，已有人对此做过研究。广州港向整个欧洲以及向印度出口茶叶、瓷器和丝绸，主要是用银圆支付的[270]。

—通过马尼拉港，中国人亲自前往那里，并从那里携回来自西班牙属美洲银圆（鹰洋），被称为“马尼拉帆船”银。

—通过巴达维亚（Batavia，雅加达），银洋也要从那里由中国船舶运走，其中大部分都是西方钱币。

日本白银是以银锭的方式运往中国的。在广州获得的白银则是以各种式样银圆的形式出现的：荷兰的银洋或里什达尔（rix-dales，richedales）；查理（Charles）国王的“双柱”，或者是叫做西班牙银洋；或者是“银里亚尔”“八点里亚尔”，即用墨西哥白银轧制的西班牙银洋；带有十字图形和非常含糊的铭文“雏纹标记”的葡萄牙银洋；带有西班牙蒲利普五世（Philippe V）肖像的银洋；带有法国路易十五（Louis XV）肖像的埃居（écu）；最后是代表奥地利玛丽—德肋撒（Marie-Thérèse）的塔勒（thaler）币；同时还有印度卢比和英国的克朗（Couronnes）。我在序言中已经解释了这些钱币的测定和比价问题[271]。

一旦被定价和接受之后，为了重新在中国贸易流通中启用它们之外，这些银币都要被重新熔化成银锭（我们知道这些具有小船状或者是使用一个指靴子的荷兰词 shoe 的银锭，这就是中国人所说的马蹄银。——译者）。它具有官定的含量。其后可以将银币破碎成小块，因为在整个中国国内，唯有以重量称白银的做法才会被人接受。同样，据洛凯（Lockyer）认为，人们后来在广州也用银餐具来支付：银盘、盒、匙等，然后再以同样的方式把它们炼成银锭。

在广州，是欧洲商人为中国人带来了他们的银币。在巴达维亚和马尼拉，却是中国人前往寻求白银。在巴达维亚，如同在广州一样，实际上是指来自西方的银币，主要由荷兰东印度公司的船舶运载而来，荷兰人当时在巴达维亚掌握着贸易垄断权。菲律宾的西班牙人同样也到达那里，带来他们自己那出自阿卡普尔科（Acapulco）的银圆。

每年都有满载银圆（鹰洋）的“马尼拉帆船”从美洲西海岸驶往菲律宾，当时确实允许西班牙殖民地每年自那里接受11万枚银圆，即59.4万法镑（livre français，法镑是一种相当一法国古斤白银的钱币，在巴黎合490克，在各省分别相当于380—550克不等。——译者），这就代表着大约为3800公斤的白银数量[272]。每年（至少是直到1769年，华人于这一年被排挤出了菲律宾）都有20只或30只中国小船前来出售其丝绸，主要是交换白银。这些墨西哥—西班牙钱币的一部分被运往了巴达维亚。其他中国商人同样也从那里采购。

在1764—1784年间，每年都有价值近22万两的商品从广州港运往欧洲，其中有近60%要用银洋来支付。这样一来，每年仅仅通过广州港就有13.2万两（也就是4987公斤）的纹银进入中国[273]。

据马士（Morse）的估计[274]，在1700—1800年间，共有两万两（即755.6万公斤左右）的白银流进了广州。

所有这些外国银洋，以其差异极大的轧制印纹、十字形图案、海格立斯擎天柱、王冠、我们欧洲18世纪君主那波浪式假发的形式出现，它们有一部分出自当时是西属墨西哥的世界巨大白银储藏库，即波托西（Potosi）的银矿。德尔米尼（Dermigny）在将墨西哥金产量的数字与外贸数据进行了一番比较后，经计算而得出结论，认为仅通过好望角和各海峡这条路，当时墨西哥每年银产量的1/5左右进入了广州，甚至可能还要多。另外一部分也通过马尼拉帆船而经过菲律宾的中介作用传到中国去了。我还要补充说明，同样也流向中国的印度卢比在大部分时间也都具有同样的原产地，因为印度不是产银国……印度也如同中国的做法一样，吸收西方商人的白银（主要是交换棉布和胡椒）。英国、荷兰、法国、西班牙和葡萄牙的银洋也流向了“海岸和海湾”地区（印度海岸和孟加拉湾）。这些银币中一部分的第一原产地是波托西矿，经加底斯（Cadix）和拉·韦拉·克鲁斯（La Vera Cruz）……而运往印度。

在白银和印度卢比于18世纪在世界范围内流通的问题上，我同样还要补充说明，当普里色毗·纳拉扬王使尼泊尔失去了其西藏过境贸易时，当1757年之后的贸易经营部分地转向加尔瓦尔，并且出现了这后一地点与西藏的贸易极大繁荣时，便在加尔瓦尔的斯利那加尔发行大量银币。这些带有莫卧儿朝图像类型的银币当时也流入了西藏西部，它们是部分地用经过再熔化的西班牙银洋制造的[275]，这里又一次是讲西属美洲白银……

从海外运往中国中原的部分白银，似乎是通过中国内部贸易渠道，被运往西宁城。有关18世纪末叶的情况，波格尔、忒涅都写到，汉人将许多白银运往西宁，以交换那里的黄金、麝香、出自孟加拉或海外各地的产品。波格尔也指出，卡尔梅克人（厄鲁特人）同样也向西宁提供银塔兰。此外，同一批作家对于由卡尔梅克人向班禅喇嘛敬献的银锭供品数量，都纷纷感到惊讶不已。因此，至于对18世纪最后1/4年代来说，这就是西藏白银的供货源之一。

我们更不要忘记，清朝远征军或驻藏部队的军饷带来了大量纹银。由德希德里提及的为1720—1721年参战军队事先支付的5年军饷，完全打乱了当地物价的平衡，以至于必须严加立法，以迫使人们接受用白银支付其商品价款。但继此之后，清朝军队又多次驻扎于该地区，1792年的战争在使白银投入当地经济方面，可能具有与1720年相似的作用。从地理范围上来说，在国库亏空的情况下，这些白银具有一切可能的来源。

此外，我们可以想象，由于天地之公道，波格尔时代的卡尔梅克虔诚信徒作为供品而向班禅喇嘛提供的部分银塔兰（这些卡尔梅克人现今早已内附中原），仅仅是归还由其先祖们于1717—1720年间的准噶尔人入侵战争中获得的抢劫物。这样一来，财富便永远不停地反复往来和缺乏稳定性，但几乎又是不可能枯竭的。

然而，在整个18世纪上半叶准噶尔人称霸的时代，是否会有部分西藏白银出自卡尔梅克人（厄鲁特人和准噶尔人）呢？在该世纪下半叶，也就是在波格尔时代，当清朝平定西域时，卡尔梅克人为贸易流通而向西藏提供的白银自何而来呢？

在此问题上依然如故，一种所谓的"明显事实"却掩饰着一种有关资料信息的贫乏。

人们对于18世纪卡尔梅克人的描述（特别是俄国人的描述），并未使我们觉得他们是擅长冶金的民族，他们都是游牧民、尚武之士和从事抢劫者。卡尔梅尔人获得贵金属的方式出于战争与抢劫。他们并不关心开采其金银矿，而俄国人对这些宝藏却馋涎欲滴。然而，卡尔梅克人当时控制一片辽阔土地，于1740年之后被置于俄国人的统治之下，那里后来变成了俄国和当时亚洲最大的金矿，以著名的"蛇山"为中心，它可以与波托西矿相媲美。

除了已处于俄国统治之下的矿藏丰富的阿尔泰地区之外，石油蕴藏丰富的准噶尔似乎不具有任何银矿。我于此所说的"准噶尔"系指中国的新疆北部地区，至今仍被称为"准噶尔盆地"。于17世纪被卡尔梅克人征服的原准噶尔的另一部分地区、喀什（Kashgarie）或小布哈拉（Boukharie）均位于今中国新疆。大家已经看到，它们是于1756年被中国平定的，均为产金地。它以税收的形式向卡尔梅克汗支付部分黄金。但无论是在这个时代的编年史中，还是在近代的舆地书中，此地均不具产金地的名气。我发现有记载的最近产金区是巴达赫尚（Badakhshan）和库鲁（Koulou）的金矿。但在这一批否定资料之中，却有一处例外。这就是斯特拉伦堡（J. Strahlenberg）的地图，完成于1725

年，刊布于1730年，叫做《新地志》。我在其他地方已经解释了斯特拉伦堡是谁，而且也提到他基本否认曾激起其时代俄国人大量想象的金矿之存在。相反，他却向我们大谈特谈银矿的存在（但并未具体说明它们是否已被开发），我们在晚期作家们的著作中始终未能重新找到它们的存在。例如，我们于其地图中发现了喀什的两个产银区：首先是恰恰位于阿克苏（Axu，Aksou）的西部以及喀什噶尔河部分流域的北部，“人们可以在这些山脉中发现硫矿、铅矿、氯化铵和银矿”；其次是在塔里木盆地更靠东部的地方，正好位于吐鲁番的西南，“克米夏克玛山富有银矿”。这些山脉属于天山的组成部分。这片土地现在都属于中国了。但据我所知，中国政府至今从未将这些地区视为产银地。卡尔梅克人的银矿，即使存在的话，那也始终为一个秘密。

此外，在18世纪下半叶，也就是在矿产丰富的阿尔泰为俄罗斯提供大量金属银的时代，我们也不能认为卡尔梅克人的白银就是从那里来的。因为俄国政府的政策始终是不出口贵金属。此外，在这个时代，游牧民族和俄罗斯人之间的互市制度，似乎主要是涉及了由俄罗斯提供的手工业制品（特别是铁器、铸铁器、钢具和纺织品），牧民们出售他们的活牲畜，或者是这些牲畜的皮革、生皮和皮衣。卡尔梅克人所拥有的白银，很可能仅仅是通过交换游牧民的产品而从中国人那里获得的。这就又将我们带回到了这些多种起源和可能是世界性的流通渠道。

所有这一切仅为猜测，完全是以逻辑推理和对某些资料的对照比较为基础的。但不妨渴望于某一日能借助于物理或化学的鉴定，而考证出一块银圆（如果它不是以不同的银币模子而被多次熔化）的地质上矿藏之原产地。近来由一名美国研究人员[276]对557块银币完成了这种工序，它们分别来自1500—1700年这个时代的西班牙、法国、荷兰、意大利和英国。本处是指要知道这些钱币是否确实是利用采自波托西的金属银制造的，其所占份额究竟有多大。他的博士论文（1979年在密西根大学答辩通过）的最终目的是估价美洲白银对欧洲经济的真正影响。这是一个老题目，但他使用的却是一种全新的方法。从银圆上提取的小块银在一个每个净 cm^2 中有 3×10^{13} 个中子的核反应堆中辐射，这就可以使人得出具有放射性的银、铜、金、砷、锑和锌的可测比例。这项活动是由 γ 射线分析仪来控制的。白银中存在的黄金（作为不纯白银，以微量状态存在之比例，正如研究人员们已经指出的那样，与白银的地质原产地有关）。由于这些时代的方法与技术无法使人排除那些微量黄金，所以，白银中所含黄金的百分比，可能会有助于检测为制造某种银币所使用白银的地质原产地。此外，波托西矿的白银与同一时代其他矿的白银相比较，是一种含金量极低的白银。作者以这些数据为基础，试图确定所分析的银洋中肯定是来自波托西的白银所占比例究竟有多大。我们应该说在这些基础上所获得的分析结果揭示出，只有比人们所相信的比例小得多的欧洲银洋才出自这些欧洲银矿。

我们是否可以对 18 世纪的尼泊尔、西藏和其他银币也使用同样的检验法呢？是否可以这样分析日本和西伯利亚的钱币呢？如果假设认为一名研究人员（拥有一座核反应堆）对此内容感兴趣的话，那么当然可以如此做。但对于亚洲银币，其困难可能要大一些。因为中国人购入了其地理来源差异甚大的大量银币，然后又将它们重新熔化了，因而也就是将它们混合在一起，切成了小块，再把它们一并熔化和铸造成大锭等。继此之后，怎能鉴定其原产地呢？白银在内陆亚洲大部分地区的流通链，正是要经过中国银锭一环。人们害怕失去获得整体结果的任何希望。但谁会知道几种此类试验会揭示什么内容呢？

在前面的几页文字中，我试图确定西藏为制造返还他们的钱币而输往尼泊尔的纹银之原产地。但这并不意味着尼泊尔人自己不接受同样也是来自其他地方的白银（他们在柯克帕特里克时代制造的全部银币额，似乎要高于仅为西藏制造的银币的 7—8 倍），当然必须能使某一地点供应其原料。这里当然是指印度，因为尼泊尔不是产银国。因此，如果这一切并不意味着这种白银的进口（而且后来又返还其发出地了）是尼泊尔唯一的白银来源，那么它同样也并不意味着在西藏的某一部分（如极西端）存在另一条白银流通线，它可能会囊括进入西藏的印度卢比，却并不一定会到达加德满都。此外，在应该结束本章中对18世纪末叶的研究时代时，我在作出结论之前也应该指出，在此后的一个世纪（西藏与尼泊尔之间的钱币契约实际上已完全过时），人们发现了白银在印度—西藏方向的大规模流动。白银主要是以印度卢比的形式流动的，印度卢比在该地区颇受好评并与西藏钱币同时在一种令人惊讶的复杂原产地中流通。

第3章　叶尔羌的黄金，彼得大帝与西域的黄金

大约在公元1700年，沙皇彼得一世（Le tsar Pierre Ier）需要黄金。为使俄罗斯现代化，创建一支陆军和一支海军，将南方国土从长期处于克里米亚（Crimée）鞑靼人的偷袭下解放出来，发展机器制造业和对外贸易，战胜包围了黑海和亚速海（Azov）那设防严密的港口的突厥人，在北方战胜瑞典人并为俄罗斯打开“从海上呼吸新鲜空气的窗口”。所有这一切都需要在财政上作出巨大努力。俄国人在1700年于纳尔瓦湾（Narva）被瑞典人击败之后，于1709年在波尔塔瓦（Poltava）报仇雪耻。在这两个时间之内，俄国于1700年创建海军部，于1701年创建航海学院。我只限于提到这两个机构。

另外，在17世纪期间，俄国的经济发展起来了，各地区之间的交流得到了增强，商业交流日趋发展，市场集中，劳动分工加强了，商品生产和货币流通的增加，所有这一切都导致了对获得更多制币金属的急需。更重要的是，彼得一世为发展经济和国家现代化而作出的努力，以及几乎是连绵不断的对外战争（北部之战，反击突厥人的战争）已使其国库枯竭。

对于一个国家来说，共有三种获得贵金属的方式：从其本土

上开采、通过对外贸易渠道而从外国获取、以这样或那样的方式夺取另一个国家所拥有的黄金。彼得一世的俄罗斯将会怎样行事呢？

1. 勘探俄国黄金

17 世纪在俄罗斯领土上从事的矿业勘探，只提供了能找到黄金的微薄希望，但几乎可以肯定有开采白银的可能性……在彼得一世登基时，白银尚为主要的制币金属。俄国当时尚完全依靠以银币或银器的形式从外国进口白银，然后再重新熔化或以俄国的制币模子重新铸造。在彼得大帝统治时代，即将开始铸造大量金币。他的这种黄金也是从外国进口的，在俄罗斯尚未找到过任何金矿，而且也并非是由于疏于前往寻找和勘察所致。

最古老的传说和文献大都证明了在乌拉尔（Oural）地区，很可能蕴藏有黄金。由于俄罗斯人于彼得大帝时代就已经出现在那里了。这些里法厄山（Monts Riphées）* 所有黄金的下落到底在哪里呢？那里的独眼阿里斯马斯波人（Arimaspes）是“世界上最强大的民族”，他们从看守山洞的狮身鹰头鹰翼怪兽那里夺得了这种金属，正如特别是由希罗多德（Hérodote）所介绍的神话说明那样。斯基泰人（Scythes）的黄金自何而来呢？18 世纪的俄罗斯人以 Tchoudes（即 Scythes 的异体字）之名而知道了斯基泰人。他们那现在带有坟头的墓葬中装满了黄金，这些墓葬遍布了西伯利亚的辽阔土地。这批黄金中只有一部分残存于博物馆中，但大部分均遭抢劫后又被熔化和失散了。经过历代盗墓贼之后，谁知道它们到哪里去了呢？在 18 世纪时，当人们可以接触这些墓葬时，仍在寻找这批黄金。这批黄金并非完全是由粟特人进口的，考古发掘不断地揭示出，在他们的古老土地上曾千真万

---

* 里法尼山是希腊神话故事中的极北山，一般被认为是乌拉尔山脉的西部分支。——译者

确地有过淘金业，他们墓中陪葬的部分贵金属便出自自己的土地。民间的诸多议论和一种古老的口头传说证明，在西伯利亚的某些地区存在着金矿，特别是在乌拉尔地区，这一点早在近代之前就已经广为人知了。

1697 年，西伯利亚的总督（Voiévode）舍尔卡斯基（Tcherkassky）王公的行政中心便设在托博尔斯克（Tobolsk），他奉命搜集有关可能于其领土上存在的金、银和铜矿的一切资料，并令人向托博尔斯克呈交样品。1700 年 11 月 2 日的一道上谕（见达尼列夫斯基，1959 年书，第 21 页）下令组织对金、银和铜矿的全面勘探，沙皇的所有臣民都有义务报告他们所知道的金属矿床的一切信息。政府向那些提供了有益和真实情况的人许诺，将给予奖励；对于那些对这一问题略有所知而又保持沉默的人，给予沉重惩罚之打击。事实上，贵金属矿的存在，往往被那些有意或无意间发现的人当作秘密而严加保守。他们害怕政府的控制并为此而制造烦恼。因为一旦当金银矿在某处的存在被勘探出来并得以证明之后，国家就会夺取其开采权，从而使之成为帝国政府特有的一种财宝。更进一步说，人们害怕为开矿工程而被强行征调劳工。当冶金工业在那里发展起来时，这确实也是成千上万的俄罗斯农民和乌拉尔山区土著人的命运。俄罗斯的民俗学者搜集了一些记述，证明乌拉尔地区的工农口耳相传有关金矿存在的消息，而对于这些消息，却完全向政府保密。政府只能于事后很久才能成功地获悉这些金矿矿床的存在。如杰米多夫（Diémidov）家族本身，便是遍布乌拉尔和阿尔泰辽阔矿区的那些熔炉的主人，他们对于在其自己那些其他金属矿中的金银之存在，严守秘密。他们很可能是秘密地开采贵金属，一直到皇权于 1747 年夺取了杰米多夫的所有地产为止。

人们还介绍说，如在 1724 年左右，巴什基尔人（Bachkirs）每年都前往西伯利亚的某一座城市，他们在那里祈祷，以严肃的誓言发誓不向任何人泄露矿床的矿址机密。

除了害怕惩罚之外，还有一种致富的希望。1719 年 12 月 10

日有关“开矿特权”的法令，将勘探、开采和加工金属与现存的金属、建筑工厂并利用它们的权力，赋予了此地或其他地方的任何人，威胁要对试图违背这种做法的人处以死刑（达尼列夫斯基，1959 年，第 22—23 页）。

在 18 世纪初叶，于等待期间，俄罗斯被迫仅满足于进口黄金，特别是由从尼布楚（Nertchinsk，聂尔琴斯克）归来的商队从中国进口的黄金。尼布楚是中俄之间的一座边境和海关城市，1689 年在那里签订了一项中俄边界条约。

更具体地说，1698 年 11 月 12 日的沙皇敕令（oukaze）[277]，是一道很长的敕令，它解决了尼布楚的整个贸易问题，命令自中国返回的俄国商队在到达该城时，要将他们所获得的全部黄金，都以关税的名义上缴国库。在同一时代，一项类似的条款为支付对从阿尔汉格尔斯克（Arkhanghelsk）进入俄罗斯的外国商品交纳的关税作了规定。如果关税一旦付清之后，在从中国运回的财物中仍有黄金剩余，那么这种黄金就必须卖给国库。这样一来，来自中国的全部黄金都一无所剩地流入了俄国政府的金库。此外，当时绝对禁止向外国人出售黄金和用金币支付给外国人。总而言之，禁止向外国人出口黄金，无论是以什么方式都一样[288]。

然而，勘探仍在整个俄国领土上继续进行。1704 年，尼布楚地区的金银伴生矿区将矿石标本送往俄京。其中金含量的比例很小。人们用这少量的黄金制造金牌（勋章、纪念章和圣牌）……但后来就不再提这一切了。在很长时间内，人们只能从俄罗斯领土上找到少量黄金，而且是以金银共生矿的形式出现的，主要是为了获得白银才开采这些矿藏的，在所获黄金数量方面则收效微乎其微。例如，在 18 世纪上半叶的 40 多年间，尼布楚的矿山仅提供了 18 公斤左右的纯金和 4589 公斤的白银（达尼列夫斯基，1959 年，第 32 页）。在彼得大帝时代，俄罗斯尚无望成为产金国，沙皇毫不犹豫地打算于俄罗斯领土之外进行勘探。在可能的情况下，采取和平手段，根据需要也会动用武力。

2. 西域可汗的黄金

正是在这样的气氛下，某些恰恰能使沙皇产生在西域某些汗国和西蒙古获取黄金生产之希望的多种信息，于1713—1714年间，传到了沙皇的耳中。特别是出现了土库曼人（Turcomans，突厥蛮）的一名使者向彼得一世提出了一项奇怪建议。土库曼是一个占据了里海东岸的民族，始终与俄罗斯人互市。

俄罗斯人与鞑靼人很久以来就结成商业“团伙”或“公司”，他们乘小船从阿斯特拉罕（Astrakhan）出发，以前往里海东海岸的图卡拉干（Toukkaragan）或提尤—卡拉干（Tyoup-Ka-ra-gan）登陆，他们在那里与特鲁赫芒茨人（Troukmentzy）或土库曼人（Tourkomany，Turcomans）进行交易。1713年，由于这些“团伙”之一在图卡拉干逗留，某一位火者聂菲斯（Khodja Néfés）前去拜访俄罗斯人，此人属于萨迪尔（Sadyr）的土库曼部族，他要求搭乘俄罗斯船一直前往阿斯特拉罕。因为他声称需要向沙皇传达对于俄国具有最大意义的一项建议。

火者聂菲斯就这样到达了阿斯特拉罕，在那里结识了王公亚历山大·贝科维奇（Alexandre Bekovitch），此人是普列奥布拉任斯基（Preobrajensky）团的团长，深受沙皇的宠爱。聂菲斯很可能是通过此人而得以在莫斯科会见俄国君主，他向沙皇提出了如下建议：如果沙皇将其统治权扩大到阿姆河（Amou Darya）流域，那么“他就会在那里找到金叶”。土库曼人也会在那里帮助他，“虽然阿姆河注入里海的河口已被乌兹别克人（Ouzbeks，月即别人）阻塞，该江已被改道于咸海（Aral）。乌兹别克人的唯一目的就是使自己避开俄罗斯人的威胁。当时完全可以在该堤上挖一条壕沟，从而使该江复归故道”[279]。

就在同时，基辅汗或希瓦汗（Khan de Khiva）驻莫斯科的大使阿切比（Atcherbi）或阿楚尔—伯（Achour-Bek）曾证实说，人们在阿姆河及其支流中，可以找到金矿。该大使也提出了一项建议：沙皇应该命令筑一城并布防千人驻守，也就是设防于阿姆河过去注入里海的地点。

这就是贝科维奇远征和探险的缘起，我将在下文不远处再来论述这一切。

3. 叶尔羌与阿姆河

当所有这些人于1714年都聚集于俄京时，马特维·彼特罗维奇·加加林（Matvey Petrovitch Gagarine）王公的一封信同样也传到了那里。该王公是西伯利亚的总督（或者据其他史料认为，这位加加林王公是亲自前往那里的），也带来了某些有关存在产金区的消息和建议。其实不仅是传去了信息，而且还有为支持这些信息而呈送的矿石样品。我在米勒（G. F. Miller）1760年1月的一篇文章中找到了这封信的原文［米勒（a）1760年1月，第7—9页］。我们还获悉，在阿姆河流域的Irket（叶尔羌）城，有人淘金。这个叶尔羌城属于卡尔梅克人（Kalmyk），并且位于距托博尔斯克（Tobolsk）有一个半月左右行程的地方。

Irket正是叶尔羌（Erkend，Yerkim，Yerkend等）[280]，它确实于1680年被“卡尔梅克人”所征服。“卡尔梅克”（Kalmyk或Kalmouk）一名从本义上更多的是指西蒙古人，他们定居在伏尔加河下游地区。俄国作家将此名用于一种更为广泛的意义上了，事实上是以互换的方式而与“厄鲁特人”（Eleuthes）或“准噶尔人”（Dzoungares）之名同时并列使用，后者是蒙古西部分支的另一个部族。17世纪末，准噶尔人形成了一个地域相当辽阔的强大汗国，足以与中原天朝分庭抗礼。他们同样还成功地夺取了喀什噶尔或者是如同当时人们所称之为的“小布哈拉”（Petite Boukharie），也就是位于叶尔羌（Yarkand）、喀什噶尔（Kachgar）、阿克苏（Aksou）、于阗（和田，Khotan）、克里雅（Keriya）地区所在地。它在今天是中国新疆的西部。他们控制该地区达70年或80年之久，直到清朝平定西域为止。

叶尔羌再加上塔里木（Tarim）盆地的其他绿洲城市，自数世纪以来就是内陆亚洲国际贸易的主要中枢之一。商人们通过骆驼队在那里相会，分别带来了中国中原、西藏，北印度、布哈拉汗国和俄罗斯的产品，正如在古代丝绸之路时代那样。但最大限度地引起了俄罗斯政府的关注的，并非是叶尔羌贸易，而是它那产银区的名声。这些地区为什么不应属于俄罗斯呢？

准噶尔人当时的政治中心在世人始终称之为准噶尔盆地（Dzoungarie）。这是一个占据了今中国新疆北部和今哈萨克斯坦最东端的地区。他们在北部地区游牧，一直到达巴拉宾斯克（Barabinsk）草原，甚至到达额尔齐斯河（Irtych）的支流鄂姆河（Om），他们曾希望以那里为其疆境。在鄂姆河以南，沿额尔齐斯河流域，尚不存在任何俄罗斯城市，俄罗斯人只能勉强前往那里冒险。在这条北部边界上，准噶尔人势力的界限为"哈萨克汗国"（hordes kazakhes），当时人们却称之为柯尔克孜或吉尔吉斯（Kirghizes）、柯尔克孜—哈萨克或吉尔吉斯—哈萨克（Kirghizes-Ka saks）民族。在东部，准噶尔的势力与清王朝相对峙，他们与清政府进行了十多年的战争。在南部，他们于数年之后夺取西藏。1713—1714 年间，他们的势力达到了鼎盛时期。俄国人对这股强大势力未能形成一种准确的看法，但却清楚地知道必须重视这股势力。

加加林的信件确实清楚地说明，还有许多困难有待于克服。如果希望从主要据点和与西伯利亚军团的军事集结处托博尔斯克出发，去夺取这片黄金开采地，并逐站地修造工事，直到叶尔羌，那是很不容易的。从额尔齐斯河（Irtych）附近的亚梅舍夫湖（Yamychev）开始，直到叶尔羌城，人们会遇到 3 万多卡尔梅克人游牧在整个这片土地上……他们永远不接受别人在那里修筑一条军事工事线。加加林要求以在亚梅舍夫湖附近建筑第 1 座工事而开始建成这道防线，在那里设置官吏和技工人员、西伯利亚军团的两三支特遣军团，并且让乌法（Oufa）的巴什基尔人（Bachkirs）居住在那里，这些人也确实最终在那里定居了。

俄国人确实采用了这种沿一条江而进行军事推进的方法，这种方法以一系列随着军事推进而建造的工事所支持，由驻扎在那里并拥有优良装备（火器，主要是火炮）的驻军维持，他们极力试图在西域一个人口众多而装备欠佳的游牧部族中立足。江河可以使配备有兵勇的船只向前航行，从而也可以确保在必要时撤退的安全。游牧民往往是在下述情况下才会夺取一个军镇：包围它并断绝其给养、奔驰骚扰和围困、时隐时现、派遣快速骑兵和技艺高超却会受到火炮威胁的射手。我们理解为什么俄罗斯尽最大可能地避免把由它的工业制造的火枪、火炮和弹药出售给西域诸小邦。

在此情况下，这种沿江河而进的策略之必然后果，便是当江河能确保安全推进的最佳手段时，当金矿床位于江河流域或其附近时，便可以通过这条江河而找到并征服自己所觊觎的地区。这就是在额尔齐斯河流域建立防线的第一项计划之目的。

因此，加加林主张在叶尔羌金矿的方向建立这道防线。他为支持其论据，还附上了他声称是出自这个产金区并由他在托博尔斯克获得的砂金。沙皇让人向基辅（乞瓦或希瓦）汗的使者出示了这种金砂，该使者当时正在俄京。此人声称，在基辅和布哈拉汗国的诸多江河中，都存在这样的黄金，阿姆河以含金量而驰名遐迩。人们也在谈论布哈拉的骆驼商队，据说他们每年都逆河而上前往西伯利亚诸城，以在那里出售其金砂。

这里必须立即接受一种看法：俄国人于1714年对于西域地形、江河网络、河流分界线和距离到底该作何感想呢？在准噶尔人土地上的额尔齐斯河畔之亚梅舍沃湖与叶尔羌河（Yarkand-Darya）畔的叶尔羌城之间，估计应该取哪一条道路呢？此外，在基辅汗国内的阿姆河与喀什噶尔地域内的同一条叶尔羌河之间，到底存在什么关系和可能会有什么样的通道呢？我觉得，在人们当时形成的内陆亚洲的地理观念中，可能会存在严重错误，这就是此后一系列外交和军事远征之缘起，我们于下文将会看到其发展过程。

第一种错误可能仅仅涉及“Darya”（河）一词，俄国人将阿姆河（Amou-Darya）与叶尔羌河（Yarkand-Darya）相混淆了。在西域诸语言中，Darya 意指“江河”。这是一种统称，而不是一条具体江河的专用名。这种错误可能已经广为流传并持续了很长时间。因为人们掌握有霍曼（I. B. Homann，卒殁于 1724 年）的一幅地图，作者于其中不辞辛苦地用一段拉丁文释文解释说，鞑靼人于其语言中称所有江河为 Darya，但他们称流经乌兹别克人（Usbecks，月即别人）地区的一条含金量丰富的具体河流为 Ama-Daria（明显应为 Amou-Darya），即阿姆河。

阿姆河即古代作家们所说的古乌浒水（Oxus），或者叫做质浑河（Gihon），我只想到它的这 3 个名称就足矣！它首先是由南向北流。然后又由东南经布哈拉和基辅汗国而向西北流去。叶尔羌河由西向东流，或者大致上是由西向东流。它确确实实地流经叶尔羌之后便消失在塔里木沙漠中了。这两条河流及其流域被高山峻岭分隔开了，彼此之间没有任何相沟通之处。

然而，彼得大帝命令贝科维奇搜集有关叶尔羌河流域的资料，试图了解叶尔羌城是否通过一条河流而与里海相沟通，人们当时似乎都相信这一点。如果情况确实如此，那么问题就很简单了。只要从俄罗斯人所在的阿斯特拉罕出发，沿着里海岸行进，便会到达这条河的入海口，再逆河而上就一直到达了叶尔羌。

当时的某些地图确实标出，叶尔羌城坐落在一条注入里海的江畔。我刚才提及的霍曼地图将“叶城”（Iarchen，即 Yarkand，叶尔羌）置于 Daria Flu（即 Daria flumen，达里雅河）畔，它注入了咸海（Aralsqja Lac）。从那里又流出了一条注入里海的河。但这条 Daria Flu 并不是阿姆河。因为在稍靠南部的地方，另一条由东向西流的河注入了里海：“从前的药杀河，可能就是含金的阿姆河。”我们确实从中看到了产金的阿姆河，但叶尔羌并未位于其流域。俄国人不失时机地纠正了其错误，正如我们即将看到的那样。

那种相信叶尔羌河是额尔齐斯河的一条支流的错误观点，持续了更长的时间，据这种错误观点认为，自西伯利亚的俄罗斯领土出发，沿该河逆流而上，最终便会到达叶尔羌及其金矿地……一个世纪之后，当英国旅行家威廉·菲特于1819—1925年间自拉达克赴布哈拉旅行时，他发现该地区的人还普遍相信，叶尔羌河在与于阗河和其他河流汇合之后，流经吐鲁番（Tourfan）、阿克苏（Aksou）和库车（Koutcha），然后注入额尔齐斯河。因此，必须到叶尔羌一带去寻找额尔齐斯河的源头（莫尔克洛菲特，1971年，Ⅰ，第378—379页）。然而，在莫尔克洛菲特时代，学术界很早就知道其事实完全不同。1714年，额尔齐斯河已经被标注在许多地图上，它们都指出该河与流经叶尔羌的那条河完全不同，但俄国人尚从未有机会进入位于蒙古地区的额尔齐斯河上游。

令人遗憾的是，在为沙皇制订的计划中，事实上在额尔齐斯河与叶尔羌河之间，没有任何水路相通，许多山脉和沙漠将它们分隔开了。即使它们之间互通，尚需要确实能在这些江河间航行。其结果说明，俄国人无法行进得更远。

4. 从青海湖返回

继一次同样是由加加林提供的信息之后，沙皇的计划则更为冒险一些。加加林的情报涉及了在中国西藏、中原和蒙古交界处的青海湖地区采购到的大量黄金。黄金是由某一位“西伯利亚贵族”（所有的作家都这样称呼他）采购的，此人名叫菲奥多尔·特鲁什尼科夫（Fiodor Trouchnikov）。此人在加加林的鼓动下，很可能是于1713年从托博尔斯克出发的。他从那里带回200市两（约为7.56公斤）的黄金，系在那里从汉人和“内附汉人的卡尔梅克人”手中采购的。我于下文不远处还将回头来论述这种黄金的产地和价格，它的存在几乎导致俄罗斯人发动一场更远的征战，进入他们对其地理更为陌生的地区。

5. 亚历山大·贝科维奇对基辅的远征

沙皇的第1项计划是俄国在亚洲史上最著名的插曲之一。这就是他几乎是立即作出的组织一次远征基辅的决定，因为曾有人也曾鼓动他这样做。这次远征除了寻求黄金之外，同样还抱有另一个目的：与基辅和布哈拉汗国建立经常性的可靠关系，并由此而进入与印度的贸易交往。在可能的情况下，沙皇试图说服这些汗国投身于俄罗斯的“保护”之下。这种“保护”的方法和理论后来便由历代俄国君主对其亚洲边境上的游牧或半游牧近邻实施，同样也根据另一种完全不同的思想，对受突厥人压迫的基督教小民族（如格鲁吉亚和亚美尼亚）实施。

俄国早就与西卡尔梅克人或土尔扈特人（Torgoutes）的首领阿育奇（Ayouka）可汗达成了一项协议。这些西卡尔梅克人自17世纪起便定居在伏尔加河下游，而且大部分始终都保持为佛教徒。俄国希望向哈萨克、准噶尔人的可汗也提议订立同类协议，当时想到了基辅和布哈拉汗。在俄文中用“保护”（protektsiya）和“附庸”（proddanstvo，往往与指“纳贡”之内涵的dan一词联用）提及这些安排。当时似乎在物质利益上有利于“被保护者”，他们的忠诚有时要由每年支付的白银和粮食作为回报。总而言之，更应该是保护人纳贡。在其他情况下，俄罗斯要向被保护的可汗建议，派遣一支俄国卫队或许诺派遣俄国军队来抵抗可汗的敌人。这些实际做法却似乎隐藏着严重的弊端，因为我们发现许多可汗都拒绝了俄罗斯在这方面的主动接近。甚至在18世纪下半叶，伏尔加河流域的卡尔梅克人还要求清朝皇帝能在自己的领土上接待他们，其中的一部分人移居于伊犁河（Illi）地区，从而抛弃了对俄国人的附庸关系。

在有关彼得大帝的商业计划方面，我必须指出，俄罗斯人于1711年被突厥人击败之后，刚将咸海归还突厥人，自己仅维持了对该地区数年的占领，从而使其冲破黑海的海上交通线和突厥人防线的希望长期破灭了。这样一来，经西域陆路的贸易形成了其鼎盛规模。如果俄罗斯与贸易重镇布哈拉汗国维持着良好关系，那么由于游牧民介于两国之间，而使这种关系在实际上变得很困难了，特别是土库曼人以及他们那令人望而生畏的习惯：抢劫骆驼队、侵袭里海沿岸城市、掠走他们能够抓获的所有俘虏并作为奴隶而将他们贩卖到西域。再靠北部，人们称之为柯尔克孜人（吉尔吉斯人）的游牧民也采取了同样的做法，基辅的居民也不屑于以与土库曼人和柯尔克孜人同样的方式行事。

贝科维奇的探险已在同一部著作中做了叙述[281]。贝科维奇首先在那里做了一次考察性的探险：他于1714年10月28日从阿斯特拉罕出发，但冰天雪地迫使他于12月重返该城。他于1715年4月再次登程，到达了位于芒基克拉克（Manghychlak）河上的蒂尤普—卡拉罕（Tyoup-Karagan），考察了阿姆河的古河道，于1715年10月重返阿斯特拉罕城；1716年1月，他亲自向沙皇禀报了其旅行。贝科维奇编制了一幅他于1715年考察过的里海部分的地图，大幅度地修改了此前的地图。这幅地图说明，阿姆河并不注入里海。因此，必须组织一次直到阿姆河的陆路考察。

当彼得一世于1717年在巴黎时，由于这幅新地图以及伊斯勒的纪尧姆（Guillaume de L'Isle）的地图，他修改了其地理学论文，从而使他成为巴黎科学院的院士。1724年的伊斯勒的纪尧姆的地图，是在沙皇经过巴黎之后绘制而成的，校正了同一位地理学家1705年的地图，它清楚地标明阿姆河注入了咸海（Aral，Arapscoa或Glouchoige），带有一条通向里海的“故道”[282]。

当时为1716年组织了一次赴基辅的远征。贝科维奇的使命是瞒着基辅人，在阿姆河通向里海的古出海口上，偷筑一座能驻兵千人的要塞；说服基辅汗投身于俄罗斯人的保护之下；向基辅汗许诺，沙皇将确认其先祖遗产并从俄国军队中派遣一支可汗的个人卫队；在他于基辅居住期间，应该知道是否能以同样的办法鼓动布哈拉汗也接受俄国的保护。最后，要继续追求实现人所共知的有关贸易和砂金的目的。

俄国远征军于1716年9月20日经海路离开阿斯特拉罕。这支军队共包括3727名步兵、617名骑兵，总共6655人，包括哥萨克人（Cosaques）、炮兵、工程兵、海军、军医、几位文职官员……当贝科维奇收到由沙皇亲手起草并于1716年1月14日签署的一道最高诏书时，他已经启程上路了。诏书要求他“搜集值得信赖的资料，同时还要向附近地区派遣可靠人士，如在所提到的可以找到黄金的那条河上……”他向基辅汗要求船舶，让商人乘坐这些船只，他们沿阿姆河朝印度方向逆流而上，可以航行到尽可能远的地方。这些商人在那里记下了航道以及陆路，他们搜集各方面的资料，特别是有关东印度以及可以在那里从事贸易的资料。他们一直到达印度并从同一条道路返回，除非是他们听说一条能到达里海的最佳道路。在这后一种情况下，他们经由这同一条道路返归并有描述。这些商人携带致可汗们和蒙兀儿人的书信[283]。

贝科维奇同样也奉命经波斯向印度派遣一名精通当地语言的心腹，他可以搜集全面的资料，特别是有关产金河的资料。此人经中国和布哈拉而从印度王国返归（丘尔科夫，1781—1788年，Ⅱ，49；Ⅳ，10—11）。贝科维奇可能就是这样向印度派遣了米儿咱·捷夫凯列夫（Mirza Tevkelev）。这位王子—翻译—外交官将其整整一生都奉献给了俄国向西域推进的事业。

沙皇的最终目标被人猜出来了。至少是在商业方面触及北印度和亚洲的贸易大循环圈，欧洲列强当时对此产生了极大的兴趣。这正是英国东印度公司从莫卧儿人处获得其特权的时代。

俄国的远征军于10月9日到达了蒂尤普—卡拉罕湾，并在那里筑一防御重镇，被称为圣—彼得（Saint-Pierre）。人们于是便发现火者聂菲斯又出现了，他负责充当贝科维奇的向导，一直到达基辅。

后来，俄国远征军转向了红色沃迪（Krasnye Vody），顺路筑贝赫图尔—利曼（Bekhtour-Liman）湾的亚历山德罗斯克（Alexandrovsk)，后将此海湾重新命名为亚历山大湾（Alexandre-Bai）。这支军队在巴尔干（Balkan）湾的出口处筑第3处要塞。人们认为阿姆河过去曾流经巴尔干湾。

俄国远征军在建立这三大基地之后，便经陆路班师返回阿斯特拉罕。这支军队最后又从那里兴师开往基辅，途经小城古里耶夫（Gouriev）。贝科维奇事先向基辅汗遣使送礼，负责通报他平安到达的消息。

但当时在基辅流传着许多有关俄罗斯人的流言蜚语，这成千的士兵似乎令人疑窦顿生。卡尔梅克汗阿育奇（正是此人曾与俄罗斯人签订过联盟条约）曾让人通知基辅汗说，这些士兵已经做了大量的准备工作，他们很可能正在建筑防御基地，舆论转向反对他们了。

贝科维奇在其两位兄弟的陪同下，率领3000名士兵，开始从陆路启程向基辅进军。这支部队共集中了4000人，对于一次友谊性的小型访问来说，人数已显得太多了。

贝科维奇在1717年6月离开古里耶夫后，到达了距基辅有8日行程的雅尔吉苏（Yalghisou）井。他再从那里作为先头部队（一支由100名哥萨克人组成的先遣队）成员，而派出了一名新的使者，奉命向可汗保证俄国人的和平意图。作为回报，锡尔喀济（Shirgazy）汗也向贝科维奇派去了两名乌兹别克人，并且携带如下礼物：新鲜食品、一匹马、一件男式皮里长袍。然而，在阿育奇汗的影响下。其情绪大变，将来使及其哥萨克人投入了监狱，召集起部队以准备迎击俄国人。这一切很快就被人知道了，贝科维奇已准备好接受攻击。

这次攻击发生在卡拉喀什（Karagatch）村附近。俄国人在两天之间进行顽强抵抗。基辅人于是便开始谈判。锡尔喀济汗向贝科维齐派遣一名使他放心并向他提出议和的代言人。那名基辅人断言，这次攻击并不是由可汗造成的，而是在可汗不知情的情况下发生的。据他认为，俄罗斯人再不用害怕任何事了。

三天之后，尽管副官佛朗肯伯（Frankenberg）提出了害怕中计的看法，贝科维奇仍向可汗递交了沙皇的国书及其礼物，而且其仪式是在一个距基辅相当远的地方举行的。后来，在锡尔喀济汗的亲自陪同下，他前往该城，并且率领700名哥萨克士兵和龙骑兵，主力部队与佛朗肯伯和另外一名指挥官随后而行。

在距基辅西北115公里的波尔松河（Porsungul），锡尔喀济汗与贝科维奇王公举行了新一轮会谈。可汗在这轮会谈中提出了如下建议：由于俄罗斯全军无法驻扎在基辅，所以他提议将这支军队化整为零，将他们以小分队的编制而驻扎在京师附近的重镇中。这位俄罗斯人首先犹豫不决，但后来接受了，下令佛朗肯伯将其大军分为5支分队。他自己留下200名士卒，将其余人马分散在附近的乌兹别克镇子中。佛朗肯伯变得越来越多疑了，认为是有人胁迫贝科维奇王子签发了这道荒谬的命令。他一连三次拒绝执行此项命令，仅在第4次由贝科维奇以军事法庭相威胁，才接受执行它。

一旦当俄罗斯军队化整为零之后，基辅人便发动了进攻，首先攻击贝科维奇的小卫队并将他们全部歼灭。贝科维奇王公及其所有心腹亲信都在战斗中被彻底消灭。在返回基辅之后，锡尔喀济汗将主要人物的首级示众，将那名王公的首级奉献给了布哈拉汗，但该可汗并不想与俄罗斯人为敌，拒绝接受带来人头的使者，将使者赶回锡尔喀济汗处并让人告知他说自己不是食人肉者。

继攻击远征军将领的卫队之后，基辅人同样又分别进攻俄军的其他部队，将其中的一大部分歼灭，俘虏了其他人。当然，诸如贝科维奇的两兄弟那样的某些人，稍后被赎回去了。只有很少几个人成功地逃走并返归俄罗斯，向那里报告了这次灾难的消息。这是一次非常突然，特别出乎意料和完全彻底的失败，以至于它在俄语中变成了一句格言，人们至今仍在说："失败得如同贝科维奇一样。"

人们后来得到过许多俄国战俘的消息。其中有百余人被基辅可汗献给了布哈拉汗，布哈拉汗将他们作为其私人御林军。在基辅本地，其他的战俘也曾在该汗国的内乱中扮演过某种政治角色。大约60年之后，另外一名在西域的俄军战俘菲利普·耶夫列莫夫（Philippe Iefremov）被布哈拉汗雇佣为士兵，他曾会见过这些战俘中的某些人，大约近百人。这些人向他介绍了那场阴谋和杀戮。

这次灾难性的远征，在俄国人的“历史记忆”中，同时也在基辅人的记忆中，留下了深刻的伤痕。因为经过50年之后，俄国军队在该地区的任何接近都会被基辅人截阻，仍被基辅人视为一次惩罚性远征，认为是前来为那位王公的被杀报仇雪耻的。

俄罗斯终于放弃了与基辅人签订任何谅解协议的希望。通过这些地区向印度遣使、派遣为商业和矿藏勘探做准备而搜集资料情报的人员之计划，都必须暂时束之高阁了。在里海东岸创建的三座军镇很快便遭遗弃。由于水源缺乏，人员因疾病而死亡，持续不断地受到土库曼人的骚扰，这些驻军被迫向俄罗斯境内退却。沙皇有关基辅的希望都化为泡影了。但沙皇并不因此而放弃西域的黄金，他正在寻找另一条通道。

6. 布赫霍尔兹与叶尔羌防线

甚至当基辅远征军尚在进军途中时，彼得一世（彼得大帝）在第2条战线上组织了另一次政治和矿业行动：经过额尔齐斯河之路，通过卡尔梅克人或准噶尔人的可汗策旺·阿拉布坦的地面。俄罗斯人称该可汗为洪台吉（Kontaïcha，Kontaïchi）。

布赫霍尔兹（Buchholtz，经俄文化后的形式为Boukhgolets）少校率领2932人的另一支特遣部队，于1715年从托博尔斯克出发，沿额尔齐斯河逆流而上。他的出使使命也包括下述一点：“当上帝能允许他到达叶尔羌时，那他就要努力到达这座城市。当他在上帝的帮助下能夺取该城时，那就要加固该城，并准确地考察以知道该地区的人以什么方式和在叶尔羌河上的什么地点开采黄金”［米勒（a），1760年，第30页］。

率领3000人，经过一片辽阔和陌生地区，去夺取一座城市？人们对于卡尔梅克人的势力该有一种什么样的奇特想法啊！

布赫霍尔兹于1715年10月到达雅梅舍沃湖，那里沉积的盐当时供应西伯利亚。他按照由贝科维奇在里海沿岸使用的同样手段，筑一重镇，以便随着俄罗斯人逐渐到达新的土地，而充当撤退基地、安全桥头堡的角色。但恰恰是一旦当俄罗斯人建成他们的防御阵地之时，地方当局便对他们产生了一种不信任感。这样一来，雅梅舍夫斯卡雅（Yamychevskaya）军镇刚刚建成，它便于1715年12月25日遭到被武装以弓箭和火枪的万余名准噶尔人的攻击，他然后又包围了军镇。

1716年2月21日，准噶尔人向布赫霍尔兹送去了一封信，他们通过此信而声明自己完全拒绝看到雅梅舍夫斯卡雅军镇的筑成，因为这一切"与俄罗斯人和卡尔梅克人之间的良好关系背道而驰"［米勒（a），1760年，第45—46页］。他们断言说：我们不会从这里撤走，我们将饿死你们，破坏你们的供应线……我们只要求进行贸易并成为朋友……布赫霍尔兹回答说，他也希望和平与友谊，但额尔齐斯河地区始终处于俄国附庸的地位（准噶尔人对此提出了异议），俄国人所需要的一切就是找到矿藏。此外，布赫霍尔兹确认，该军镇正在坚守待援。

援兵未能到达，出自托博尔斯克的一支救兵在商人的陪同下，携带给养和两万国库卢布前来，但他们却于途中受到卡尔梅克人的袭击并被摧毁，卡尔梅克人这一次将500名俄国人作为俘虏而扣留起来。在这批俘虏中，有一个是在波尔塔瓦（Poltava）战斗中成了俄国人战俘的瑞典军官约翰·雷纳特（Jean Renat）。

然而，在被围困的雅梅舍夫爆发了"西伯利亚瘟疫"。布赫霍尔兹只剩下700人了。他边战边撤，于1716年4月28日在摧毁该军镇之后撤离了那里。他们并未受到准噶尔人的骚扰，他们只要看到他撤退就足够了。

布赫霍尔兹北上托博尔斯克。在1716年夏季，他建成了鄂姆斯克（Omsk）那设防严密的城市。这样一来，额尔齐斯河流域的“防线”便建成了，那里成了俄国后来向阿尔泰地区推进的大本营。

从1716年年末起（当时贝科维奇的远征军仍驻扎在里海沿岸），沙皇便致信洪台吉[284]，以向他通报自己已下令在西伯利亚领土上的额尔齐斯河沿岸、斋桑泊（Zaïsan）湖畔以及额尔齐斯河上游，从事银矿、铜矿和金矿的勘探。为此目的，在所需要的一切地方，都必须建筑城市。

在1717年间，又作了其他尝试，以赢得洪台吉支持这些计划。布赫霍尔兹于1716年与加加林反目，设法让人将他召回彼得堡。加加林于是便连续而又徒劳无益地向准噶尔可汗多次遣使。此外，他现在必须要求释放500名俄国战俘。可汗将使者扣留于其地面上（其中之一仅于5年之后才返回），丝毫不作让步。

普罗科普·斯图宾（Prokop Stoupine）受遣率一支小分队前去重筑雅梅舍夫斯卡雅城。他的使命是，无论付出任何代价，都既不伤害也不冷待卡尔梅克人；即使是在遭到攻击时，也要严格局限于自卫。他们必须说服卡尔梅克人相信，俄国人建筑军镇的唯一目的，是针对柯尔克孜—哈萨克人及其经常性入侵而采取的自卫［米勒（a），1760年，第102页以下］。雅梅舍耶夫斯卡雅城一旦重新筑成，斯图宾便沿江向前推进，于1717年秋季到达了距该军事设施有96公里之处，地处一个斯图宾在那里窝冬的江河汇合处。“喀喇巴逊”（Kalbasun）城的遗址就位于那里，它曾是一座“异教徒”们的古城。他又在那里筑一要塞。由于他无法在那里留下一支军队，故于1718年春放弃了该城。次年秋，俄罗斯人于那里建成了七堡城（Semipalatinsk）要塞（Semipalatnaya krepost’），出自附近遗址的七个宫殿（semi palat）。

该可汗对俄罗斯人有多种不满情绪，首先是其军事要塞问题。他要求铲平军事工事。其次，他指控俄国驻托木斯克（Tomsk）的总督西伯利亚的库兹耶特茨克（Kouznetzk）与克拉斯诺亚尔斯克（Krasnoyarsk）强迫属于可汗个人的附庸们纳贡。

1718 年，加加林最终看到了其使者之一返回来了，带回了可汗的这项声明：他不谈归还俄国战俘的问题。

这一年，准噶尔汗与清军连续作战并与袭击他的柯尔克孜—哈萨克人作战。加加林寻求与柯尔克孜—哈萨克人结盟，以抵御准噶尔可汗。但当时在西伯利亚出现了一件出乎意料的事情。这就是在沙皇返回欧洲的一段时间之后，将马特维·加加林投入大狱并进行审判。

7. 马特维·彼特罗维奇·加加林的责任

彼得一世于 1717 年 10 月返回俄罗斯之后，便重新专心致力于其亚洲计划。他以与加加林算总账而开始行动，加加林曾使他获得了特别多的资料，曾给他出过特别好的主意，现在却有数百名俄罗斯人作为战俘而被囚，但国库中的黄金却并不比过去多！

彼得一世在此之前似乎就对西伯利亚总督产生过某些不信任。他未曾让该总督独自主持对额尔齐斯河上游地区的远征，而是让布赫霍尔兹成为这支远征军的将领，这一点似乎让加加林颇感不悦。然而，俄国人在情报资料、物资统筹、辎重供应和后援部队方面，都要依靠加加林。于是便展开了一场调查。此外，还有许多要指控加加林的罪状：贪污、不忠诚、各种舞弊。例如，他作为西伯利亚收入的包税人，过度地聚敛个人财富。此人几乎成了西伯利亚之“王”。当然，他的垮台也更为彻底。

在这一事件上，我特别掌握有斯特拉伦堡的见证。这名瑞典军队的军官，在 1709 年的波尔塔瓦战斗中成为俄军俘虏，后被流放到西伯利亚居住。他于 1709—1721 年间在那里谪居。恰恰是在此期间，他处于加加林总督权力的管辖之下。

据对待加加林很严厉的斯特拉伦堡的见证资料记载，此人仅以这些含金河流为借口，彻头彻尾地杜撰了一个有关叶尔羌河黄金的虚构神话。甚至他携往俄京并收藏在彼得大帝的艺术照片博物馆中的黄金，也可能是由他手下的人直接向布哈拉的不同淘金工采购的。“那里有许多条河流，每条河中都多少有些砂金”。斯特拉伦堡写到（1751 年，第 1 卷，第 188 页），当加加林神秘地向沙皇泄露了存在金矿的消息后，使沙皇坚信金矿距其西伯利亚的总督府不远，并且很容易到达那里，但卡尔梅克人却从不容忍别人掠走他们的这种砂金。因此，他建议先控制该地区，条件是只要沙皇愿意赐予他可供一万左右人马耗用的战争辎重，并允许他随身带去某些甲胄匠和制造火药的工匠。至于大炮，他在西伯利亚尚拥有一批。

据斯特拉伦堡认为，所有这一切都是加加林的诡计，完全是为了获得大量火枪和战争辎重。未经国会批准，他是无法获得这一切的。他的目的只在于利用反对彼得一世的国内起义（俄国所有人都预料到了这场起义，国内的改革是特别不得人心的），以制造分裂并使自己实际上变成西伯利亚的独立国王。事实上，火枪和弹药的出售是受严格控制的，俄国人希望避免使其中的一部分被间接地和秘密地用来武装其草原上的敌人。

即使人们未曾怀疑西伯利亚总督的独立计划，那也有许多事应归于他的主动努力，或者更应该是归于其消极方面，从而对他作出了重罚。他于 1719 年被罢官，正如斯特拉伦堡称呼他的那样，这只“老狐狸”曾七次遭拷问并被判刑，最后于 1721 年被绞死。

但人们始终都未找到黄金。叶尔羌黄金的实际情况究竟如何呢？斯特拉伦堡本人就从未相信过这一切。他于 1730 年刊印的大鞑靼地图，将 1709—1721 年间所获取的资料也标入其中了（他将这幅地图共修订了三次，而且是瞒着加加林修订的，因为加加林禁止他从事这项工作）。不过这幅地图却丝毫未提及黄金，相反却标出了西域的金矿址。然而，恰恰是斯特拉伦堡搞错了。因为我们将会看到，在叶尔羌河流域以及喀什噶尔的其他河流中，确有黄金存在，除非它们都是虚构的资源。同样，在青海湖以南的西藏“金国”（Alltounchi）也确有金矿，斯特拉伦堡同样也将一处银矿置于那里（布尔努瓦，1983 年，第 34—35、46、

186—187 页）。我们在多种文献中都会发现 Alltountchi 一词，其意义为“金地”或“产金地”。它被用于西藏之后，又使人联想到了 Altan、Altoun 和 Altyn 等词，该词在突厥语和蒙古语中的词义均为“金”。我们也会在“阿尔泰”（Altaï）山的名称以及其他许多地名中发现它。那位瑞典作家如此强调以银矿取代金矿是令人惊讶的。因为今天已证明，他在许多矿点上搞错了。

米勒（G. F. Miller）对待加加林要宽容得多（他确实不熟悉此人），他驳斥了斯特拉伦堡的责难。据他认为，加加林获得了皇帝的信任，故不需要使用计谋以获得他希望得到的武器。他没有杜撰有关叶尔羌黄金的故事。在他受到审判期间，曾于 1719 年 1 月 28 日声明说：在他到达托博尔斯克时，曾看到过有人在那里出售黄金，人称之为“叶尔羌金”（Or d'Erket）；有人告诉他说，这是在叶尔羌附近的阿姆河（Amou-Darya，始终是在 Darya 一词上的混淆，应为叶尔羌河）中淘出来的天然金。他介绍说，为了证实这种说法，他曾找来了一名原籍为叶尔羌本地的土著绅士，此人在卡尔梅克人攻克该城时，曾从那里逃命并避难于托博尔斯克。这名流亡者向他解释了人们是怎样用羊毛毡子和毯子来采集这种黄金的，他于是便购买了这种金子并让人把它带给了沙皇［米勒（a），1760 年，第 10—11 页］。

斯特拉伦堡对于赫菲尔河（Khefel-Darya，阿姆河的下游，他错误地认为此河也注入了里海）中存在的黄金，同样也持怀疑态度。1737 年出版的《大鞑靼游记》同样也是出自流放在西伯利亚的瑞典军官们的文献。他斩钉截铁地断言：“有人在全世界公开宣扬说，赫菲尔河中夹裹着黄金。但这是俄国宫廷出于政治原因而散布的一种无稽之谈”（《大鞑靼游记》，1737 年，第 202 页）。这一次，加加林并未受到质疑。

我再回到对他的审判问题上来。1719 年 1 月 28 日的一道谕令［米勒（a），1760 年，第 122 页］，命令利哈列夫（Likharev）少校，要用一切手段来刺探加加林与布赫霍尔兹中校有关叶尔羌黄金而讲述过的一切内容，查清这种黄金是否确实存在；加加林是从谁那里获知这种消息的；找到这些人以及所有为他提供信息的人；与这些人一道径直前往俄国人立足的军事要塞并考察能到达斋桑泊的可能性；如果这一切是可能的话，如果该湖泊的两岸有森林（这对于生存是必不可缺的），那就在那里建筑军镇；在那里驻扎一哨人马；这样做还要考察从斋桑泊前往"叶尔羌"（Irket，Yarkand）的道路；该城与湖泊之间有多少距离，是否有到达那里的可能性。另外还要考查清楚，是否根本不存在将斋桑泊与"Darya 河"或与咸海连接起来的河流。

利哈列夫同样也必须调查布赫霍尔兹的行为、1716 年所发生的情况、卡尔梅克人是怎样夺取雅梅舍夫的等等问题。最后（现在确实是应该想到采取谨慎态度的时候了），要求他不要冒很大风险行事，以不损失人员为目的。

利哈列夫于 1720 年 5 月抵达托博尔斯克，经过塞米巴拉金斯克（七堡），逐站驻扎军队。一旦到达斋桑泊，他便设法在那里筑一军镇。他没有找到合适的地点。俄国远征军于是便乘船到达额尔齐斯河上游，在那里航行 12 天左右。

就在此时，两万名卡尔梅克骑兵赶来了，由洪台吉的亲生儿子噶尔丹·策凌（Galdan Tcheren）王公率领。这些人坚信俄罗斯人与清朝结盟以战胜他们，于是便用火枪射击被阻在江上的俄罗斯船只。俄罗斯人又一次被迫撤退，接着是互换代表团和传话人、停战。俄罗斯人表明，他们仅希望找到额尔齐斯河的源头并勘探到金属矿，既不想杀害任何人，也无意滞留于那里。卡尔梅克人自己也只求俄国人尽快撤走，不想给他们制造任何灾难。和平建议、交换礼物，利哈列夫的远征军全都乘船再次沿额尔齐斯河顺流而下，船只的周围由卡尔梅克人包围，卡尔梅克人由于看到了俄国人远去而沉浸于一片欢腾之中。俄罗斯人于这一次未遭遇灾难，而仅仅是受到一次新的失败。大家都满足于在额尔齐斯河东岸建立西卡姆诺戈尔斯克（Kamenogorsk）堡，位于塞米巴拉金斯克（七堡）上游 192 公里处。该河正是于那里自大山一倾而下地流入草原。洪台吉对于利哈列夫的撤退感到了极大宽尉，他释放了加加林的一名使者，此人自1716年起被准噶尔人扣留。至于利哈列夫，他抱病于1720年10月重返托博尔斯克，然后又于次月从那里返回彼得堡。

可能是出于加加林的错误，沙皇肯定是对准噶尔人的势力极不了解。他怎会不知道。当时已经控制了小布哈拉的洪台吉策旺·阿拉布坦还刚刚征服了西藏，并且正与康熙皇帝对峙。卡尔梅克人的军队于1717年12月便夺取了拉萨，抢劫了布达拉的巨大宝库，然后又将西藏的几乎所有寺庙都洗劫一空（唯有扎什伦布寺的宝库例外，那里是一个无法攻克的堡垒）。虽然拉萨的一大部分财富可能未被运到洪台吉的住处（布尔努瓦，1983年，第97—98页），但洪台吉的钱柜中还是藏满了从西藏掠夺的黄金。有关从西藏寺院抢劫的财富之风言风语在西伯利亚流传了很长时间。难道唯独沙皇会对此一无所知吗？

我补充一点，在1719年，当清朝皇帝在尚未成功地用大军将准噶尔人从西藏驱逐出去的时候，便企图说服洪台吉放弃其征服。但那位大获全胜的将军却回答说，自己已控制了西藏并将继续保持它，甚至还会推进得更远……俄罗斯人以3000—4000人马而企图恫吓的正是准噶尔人，以至于可以让一个外强来开采其矿藏并于他们之中设立城堡和驻军。

这种形势可能于1721年发生了变化。清军经过在西藏的两次战役之后，将准噶尔人从那里驱逐了出去并在那里发号施令。但就在当时，也就是在1720年间，则必须坦率地承认人们大错而特错了。准噶尔人势力强大，俄国特遣队尚远不能进入叶尔羌，沙皇永远不能看到其财政由于某一条河的黄金而得到接济。

然而，沙皇却急需黄金。俄国始终在进行征战。一场“北方之战”连绵持续于1700—1721年间，几乎是在彼得大帝执政的整个时期，它都对俄国财政是一种巨大的压力。国家预算持续有赤字亏空。这种情况一直持续到1724年。尽管政府经常杜撰新税种，如蓄留胡须税、橡木棺材税等；尽管出自国家对食盐、烟草、柏油、钾产品、鱼油、鱼子酱和多种其他产品征收专营税的利润很大，但仍未有充足的银钱入库。国库是一个无法满足的吃人妖魔，完全如同征兵司一样。1716 年的货币改革、货币成色的下降，都反映了这些在财政上的棘手问题。黄金和白银始终都来自外国。来自西方者，一般都是以钱币的形式出现，人们把所有外国银币都称为 Iéfimki，但它们最多的则是来自德国、荷兰、布拉邦特（Brabant）*。它们被用俄国钱币的模子重新铸造；这些金银也以金银锭的形式来自中国，由通过国家垄断而确保与北京贸易的每年或每三年一次的骆驼队运去。中国的金银被部分地用于支付由国库以毛皮贡（yasak）的名义而搜集的皮货，毛皮贡是西伯利亚附庸民族交纳的贡物。这些皮货形成了俄国对中国的最大宗出口。

8. 尼布楚的骆驼队与中国黄金

这里是指一种有限贸易，是在两国政府之间良好关系范围内实施的。但在 1719 年，困难恰恰出自这一方。一方面，皮货的销售行市不利，市场饱和；另一方面，某些俄国商人的行为使中国当局不满。这些困难曾促使沙皇通过 1719 年 5 月 21 日的一道谕令，而向北京派遣一个由列夫·瓦西里耶维奇·伊兹玛伊洛夫（Lev Vassilievitch Izma lov）率领的使团。

1719 年 6 月间，中国政府拒绝让到达边境的一个定期商队进入中国。它公开打算限制或取缔中—俄之间的任何关系[285]。

然而，正是这支商队每两年携归一定数量的黄金和白银。我无法为 1720 年之前的旅行携归的数量作出估计，但我对于 1727—1728 年的旅行，可以掌握一种大致范围的数字。郭恩（G. Cahen）指出，骆驼商队这次从中国携归 2186 两黄金与 76 两金器，2396 两白银与 295 两银器。这样一来，便总共有 86 公斤左右的黄金和 922 公斤的白银。对于 1728 年的这次互市来说，

* 布拉邦特系指今之比利时的一个省。——译者

金银两项便代表着商队贸易额的1/4。这一数字对于国库相当重要。如果说人们希望取得与1719年商队相同的效果，那就应该理解俄国宫廷不会不焦虑不安地看待贸易中断。

伊兹玛仪洛夫出使的使命是要求在中华帝国的全部领土上，以互惠的条件，实现完全的贸易自由；设法让中国每年接受一次官方商队，而且还建议在商队于中国领土上逗留期间，商队不再如同中国过去对待入华的所有外国使团的习惯做法那样，由中国政府出资供应给养了（这种习惯可以使中国官方史官始终都可以在有关表示效忠的入贡使的章节中，编制这些使团的名录）；设法让中国接受一个俄国领事常驻中国；获得允许俄国人能大批量地采购黄金、白银和宝石并且在不交纳关税的情况下出口之特权。当时还应该考察（为此则必须停留所必需的时间）可以通过贸易而从中国获得的黄金、白银和宝石，并秘密考察中国的兵员与装备。在有关俄国的新军事要塞（如雅梅舍夫斯卡娅）的问题上，则必须向中国当局声明，它们只不过是一些防御卡尔梅克人和哈萨克游牧部族的据点而已！

伊兹玛仪洛夫于1719年7月从彼得堡出发，于1720年11月29日到达北京，在那里一直停留到1721年3月14日。我必须立即补充说明，如果说在1721年10月最终允许俄国商队进入中国，那么这支商队的销售却不佳并经受了成千种麻烦事件。最后，1722年5月19日，俄国驻北京的临时领事兰格（Lang）收到了官方的通告，只要两国间的边界和叛逃者的某些问题未被解决，中国政府就不再允许俄国人进入中国了。领事和商队离开了中国。稍后不久，所有俄国人都被从处于中国主权下的蒙古土地上驱逐出去了。这样一来，再不会从这一方运来所期待的贵金属了。

9. 佛罗里奥·贝内维尼出使布哈拉

如果说卡尔梅克人和中国中原一方的事态不顺利的话，那么沙皇却突然间看到呈现出了一种新的可能性：再恢复到1717年年末的状况。彼得一世自欧洲返回之后，于其京师看到了布哈拉汗阿布尔·费仪兹汗（Aboul Feïz Khan）的使节，此人向他呈递了其主于数月前写的一封国书。

布哈拉汗讲到了和平与贸易问题。该可汗知道沙皇正与瑞典交战，于是便要求沙皇“在胜利的情况下”，为他获得数名知识渊博而又手艺精巧的瑞典人……这可能是他无缘如同准噶尔汗那样直接从西域获得这样的人[286]。最后，该汗还要求沙皇向他派遣一位聪明而又稳健的使节。阿布尔·费仪兹汗对俄罗斯颇有好感，这位使节非常正确地告知对方说，在贝科维奇的事件中，布哈拉根本无能为力。可汗甚至让人通知当时尚在阿斯特拉罕的贝科维奇，要提防基辅人和土库曼人。

在这封信中，未谈到砂金问题，而是讲到了贸易问题。布哈拉于是便直接与北印度通商。沙皇不会不知道可以从与印度的通商中获取巨额利润（这一内容已经纳入到贝科维奇的使命中了）；他也不会不知道英国人在这方面所做的努力：东印度公司从莫卧儿人处获得了一道“大敕令”，实际上是一种贸易特权，可以使该公司致富并允许英国人在那里立足，俄国当然知道亚美尼亚人在印度经商的重要规模。

彼得一世公开向布哈拉汗遣使，以谈判商业安排问题。但他也没有忘记他的打算：该使节也负有考察银矿的秘密使命。

在贸易关系问题上，俄罗斯与布哈拉之间的主要棘手处是逾越基辅人、柯尔克孜人和土库曼人的抢劫者之障碍。奥伦堡（Orenbourg）当时尚不存在，俄罗斯人的出发基地始终是阿斯特拉罕。

为了这次出使，沙皇选择了佛罗里奥·贝内维尼（Florio Benevini）。此人是帝俄外交部（Posolsky Prikaz）“东方远征军”的秘书，也是懂波斯文和突厥文的东方学家[286]。他于1718年5月从阿斯特拉罕出发，再次陪同布哈拉使节归国，并且带去了一支携有卢布和皮货的骆驼商队；作为这支商队组成部分的有一位工程师、一名长老、一名医生、一名翻译。贝内维尼的具体使命是搞好与布哈拉汗的商业交易、考察该地区的地形，尤其是其河流（就在1718年这一年，俄国政府令人勘察了阿姆河注入里海的古河口地区）。自从前一次考察以来，人们就对 Khefell-darya 产生了怀疑。此外，该使节的使命还有调查在流经布哈拉和基辅的江河中，是否存在着金砂；在可能的情况下，与布哈拉汗结成反对基辅人的联盟；最后，他还必须谨慎地前往基辅，试从事有关赎回尚残存的原贝科维奇公爵军队中的俄国战俘之交易，直到那时为止，类似的交易始终都以失败而告终。

出于错综复杂的原因，佛洛里奥·贝内维尼的远征军被迫经波斯而长途绕行，仅于1721年12月间才到达布哈拉。他直到1725年才返回，贝内维尼未取得任何具体成果。他同样还曾赴基辅，依然未果。这便开创了赴基辅或布哈拉的一系列使团和使节们空手而归之始。

我掌握有贝内维尼发自布哈拉的书信，其时间分别为1722年、1723年、1724年和1725年。在其中的一封致沙皇的密报（波波夫，1853年，第141—144页）中，他阐述了他在有关金砂的问题上所获悉的内容：在阿姆河本处确实到处都有一些，但没有任何很有价值的矿藏，已获得的数量与所提供的劳动相比较确实无足轻重。阿姆河绝非人们所相信的那样发源于一座金矿，而是阿姆河的支流之一古克恰河（Ghyouktcha）才发源于巴达赫尚（Badakhshan）附近的一个黄金富矿。当地的人以下述方式采金：他们取些绵羊毛皮，于其中装满河中的泥沙，然后将毛皮铺在河岸。当毛皮干燥时，人们便会发现于羊皮的羊毛上挂住的纯金碎块。有些武装卫士禁止人接近山中的金银矿，完全如同人们禁止接近一座完全是由天青石形成的大山一样（但这种石头却一直持续不断地被走私出口）。

巴达赫尚这一地区富有金矿和天青石，它也蕴藏有银矿，当时附属于布哈拉汗的权力之下。那里特别是有一座可汗监禁某些战俘的城堡。由于矿山被看守的方式，再加上布哈拉汗的不信任态度，所以想掠夺这些矿藏实为空想。至少佛罗里奥·贝内维尼的远征是在未遇到巨大灾难的情况下结束的。人们在额尔齐斯河一侧，同样也变得谨慎起来。

10. 能以计谋和实力直达西藏吗？

已经立足于塞米巴拉金斯克（七堡）的俄国，一直推进到西卡缅诺戈尔斯克（Oust'-Kamenogorsk），但他们却被从额尔齐斯河上游驱逐出去了，使他们无法越过斋桑泊。

利哈列夫少校在返回彼得堡之前，曾向洪台吉策旺·阿拉布坦派出一位使者，即哥萨克人伊凡·捷列朵夫（Ivan Tcheredov）。此人携带着一封包括具体建议的信件。对于准噶尔汗来说，这里仅仅是指“投身于沙皇的保护之下”，完全如同土尔扈特汗阿育奇与俄罗斯相联系的方式一样。作为交换，俄国许诺由俄国军队直接援助他对抗清朝军队的进攻（翁科夫斯基，1887年，第3卷）。

我于此必须强调这些诺言引起的怀疑。一方面，洪台吉本人始终在思考，捷列朵夫是否确实是以“白沙皇”（亚洲人对于俄国君主的称呼）的名义行事；另一方面，某些俄国史学家们也赞同这种怀疑态度（翁科夫斯基，1887年，第Ⅱ—Ⅲ卷）。在这些年间，曾有过一种双重潮流的迹象：俄京的计划更侧重于外交方面和行事谨慎；西伯利亚总督们自己的计划，则更为倾向于采取突然行动并将新领土交给俄罗斯。向洪台吉作出的成为俄罗斯之附庸的直接提议，可能仅仅出自西伯利亚当局，正如使俄国军队投入与中国作战的许诺那样。

但策旺·阿拉布坦对于成为俄国的附庸，却很不在乎。他还有更大的抱负，特别是从清朝手中重新夺取整个蒙古。他于1718—1719年击退了清朝的攻势（这些攻势是为了力求从他手中收复西藏），但于1720—1721年间却轮到策旺·阿拉布坦遭受失败了。

因此，我觉得洪台吉当时抱有把与俄罗斯人的交易延续下去的想法，并且由此而在许诺将投身于俄国“保护”下之前，能获得他所希望的军事援助。

1721年间，洪台吉派遣其代言人去拜见西伯利亚总督（捷尔卡斯基，加加林的继任人）和沙皇本人，通报了一项在下述基础上讨论的建议：人们消除了由于俄罗斯要塞指挥官的错误而出现的某些边境事件，这些俄罗斯军官曾多次伤害或虐待生活在卡尔梅克人领地上的卡尔梅克公民；俄国军队帮助卡尔梅克人对抗清朝人；作为回报，洪台吉允许俄国人于其地域内勘探金属矿；他遣返了自己扣押的俄国战俘（翁可夫斯基，1887年，第4卷）。

对于沙皇在1720—1721年间的真实意图，我发现在1721年1月19日（旧计时法）的一道谕令中，找到了对此的表述（《全集》，1830年，第6卷，第3716号），这道谕令叫做《有关加强雅梅舍夫斯卡雅堡塞并安置居民、与洪台吉媾和并与之维持贸易关系的谕令》。下面就是其全文（其中无分别地使用了雅梅斯卡雅、雅梅舍夫和雅梅舍夫斯卡雅等名称）：

“加固雅梅舍夫斯卡雅工事并在那里安置居民，拆毁其他新城堡，唯有雅梅斯卡雅城堡例外。与洪台吉媾和并与他建立贸易关系，同时既与西宁（Selim）和大明（Daba）等中国城市，又与达赖喇嘛的驻锡地建立贸易关系。我们并非是为了利润才经商的，而是要与商人同时派遣称职者以研究有关黄金的问题：黄金出产在哪里、储量如何和走哪一条道路。如果有希望的话（即使是很困难也罢），那就要夺取这一地方。”

在数额巨大的法律集中，这确实是一道最短的或者是最短之一的谕令。但其纲领是什么呢？

当然，它使人重新联想到了沙皇于1715年向布赫霍尔兹中校下达的训令：“当在上帝的帮助下，我们夺取叶尔羌时……那就应该对它严加设防”等。六年之后，人们又发现了这种再明确不过的意图了，即夺取另一个国家的领土。

因此，沙皇丝毫未曾放弃亚洲黄金。尽管遭到了失败，他仍制订了一些新的方案。现在于其计划中有些新因素，也就是指与洪台吉媾和。在额尔齐斯河沿岸建造的各种防御工事（唯有雅梅舍夫斯卡雅例外）的拆毁，应该是为了获得卡尔梅克汗的支持而作出的一种让步，该可汗对于堡塞的这种兴盛状况深感不安。俄国人后来又试图从事贸易和派遣商人，他们与准噶尔人、西宁（Selim 和 Daba 确实是指中国的西宁城，那里距青海湖很近，它是中国汉人、西藏人和蒙古人之间的海关过道与贸易商行聚集地），同时也与“达赖喇嘛的驻锡之地”（也就是拉萨）通商。但这种通商仅仅是一种骗人的幌子，也就是说是“一种掩饰借口”。事实上，这些真真假假的商人，随身携去了一批正在寻求黄金的矿业问题专家。继此之后，他们抛弃了伪装……不折不扣地夺取金矿矿址[288]。

沙皇是否会将其网撒得更远一些呢？他是否相信能够征服位于距其军事基地有数月旅程之远的土地呢？他是否已放弃了叶尔羌以在第 3 条战线上（即特鲁什尼科夫自那里返回的地方）获得亚洲黄金呢？在这道谕令与加加林 1714 年向沙皇呈递的特鲁什尼科夫的报告之间，我们确实需要建立某种联系。但加加林刚被处决，或者是即将被处决，沙皇于 1712 年 1 月是否还准备使用出自他提供的信息呢？

俄国史学家们并不否认费多尔·特鲁什尼科夫旅行的真实性。尽管其旅行路线不为人所知，尽管人们既未掌握其旅行日记，也没有保存下来的书面报告。但人们仍承认，在 1713—1714 年，有一个如此称呼的人物从托博尔斯克到了西宁，然后又携带 7—8 公斤的黄金从那里返回，这是他在青海湖地区以一种颇为优惠的价格采购的[289]。加加林可能把这批黄金送给了沙皇。当这批金属被藏于彼得一世的艺术品——摄影部中时，金属于 1725 年被熔化，只有 900 克作为样品而被保存下来了。

据国务卿（kabinet sekretar'）阿列克谢·马卡洛夫（Alexey Makarov）于 1725 年 9 月 3 日致医士长布鲁蒙特罗斯特（Blumentrost）的一封信记载（彼卡尔斯基，1862 年，第 1 卷，第 56 页）[290]，特鲁什尼科夫可能发现了多处矿址，人们在那里于江河中淘金：在库库诺尔（Koukounor，青海湖）湖畔，在自北方或西北方而来到达西宁城之前不远，处于一个和硕特卡尔梅克人（Kalmyks Khochotes）游牧的地区；然后是到在阿勒坛江（Altangoly）畔，阿勒坛江在蒙古语中是“金江”的意思，也就是当地对黄河上游的称呼，位于青海湖的西南；最后是在中国中原，地处长城以外，距西宁不远。

在第 1 个地区，他参观了一处有 150 人劳动的矿点。有人向他断言，一名淘金工在一年内可以淘得 20 市两、30 市两或 100 市两（分别为 756 克、1134 克和 3780 克）黄金。在黄河中，始终是卡尔梅克人和唐古特人（Tangoutes）在从事淘金。18 世纪的唐古特人几乎始终都是指“西藏人”。最后，在中国中原则是汉人从事这项经营，他们在那里每年每人向其地国库交纳一个索罗特尼克（4.26 克）的黄金。

这些地区之一，也就是在那些唐古特人劳动的地方，可能会被认为属于达赖喇嘛的辖地。这很可能就是既使人联想到沙皇有关与达赖喇嘛通商问题的 1721 年的谕旨，同时又使人联想到了汉人（西宁）与卡尔梅克人（洪台吉）的主要因素。

沙皇很可能是获悉了西藏普遍生产黄金的情况，不仅仅是由特鲁什尼科夫考察过的地方（位于现今中国的青海省，地处西藏的东北），而且在整个西藏地面上都有很多地点有金矿床。西藏向其所有近邻出售黄金，西宁是这种黄金流通的贸易中心之一。西藏的黄金似乎是以一种特别有利可图的价格出售的，由特鲁什尼科夫支付的价格相当于 1 克黄金兑换 5.01 克白银的比价，而在 18 世纪的这前 25 年中，1 克黄金在中国要支付 10 克白银，而在西方却要支付 13 克或 14 克。

1721 年 1 月的这道谕令未在有关达赖喇嘛的土地问题上产生军事后果，在青海湖地区也未出现诉诸武力。如果说在一个群山和西藏高原那令人望而却步的环境中（尚且不谈人为的障碍），仍然敢于冒险进行这样一种远征，那么什么样的新囚禁会使那些可怜的俄国士兵们感到惴惴不安呢？沙皇这一次比较谨慎或情报不算太糟，他并未企图着手实施其计划中的第2部分。其第1部分在额尔齐斯河流域（向洪台吉的王国进军的出发基地）已经实施了。

11. 翁科夫斯基出使准噶尔汗

1721年间，沙皇与准噶尔汗之间的使节及书信交换仍在继续。在可汗的一封由其使者博罗库尔干（Borokourgan）于9月间送到彼得堡的书信中，可汗请求俄国给予军事援助，以对抗清朝的康熙皇帝，因为康熙皇帝发来了平定准噶尔的大军。

他们应在什么基础上谈判呢？一方是为了获得俄国的军援，另一方则是为了获得金矿并诱使可汗投身于沙皇的保护之下。

首先，洪台吉在书信中对于俄国边防军的行为发出了抱怨，他们将作为可汗附庸的游牧民从其牧场中驱逐出去、虐待这些人并拒绝就这一问题进行谈判。所以，洪台吉要求向他归还流亡在俄国的某些臣民[291]。

有关金属矿的勘探问题，洪吉台提醒注意，两个地区之间的边界在鄂木河（Om）之前，是沿喀喇—奥伊玛（Kara-Oïima）河划定的，俄国人在鄂木河建一军镇鄂木斯克（Omsk）；某些俄国臣民也曾有过越过这条边界的情况。但当可汗获悉他们仅仅是为了勘探金属矿，特别是为了勘探金银矿和铜矿时，便宣布此后允许在他那直达额尔齐斯河上游的土地上从事矿业勘探。

在有关于1716年截获的人员和两万卢布的问题上，可汗宣布说他曾向托博尔斯克总督派过一名使者，要求编制全部截获的人员和财物清单，以便归还，当时作出了寻找这一切的全部努力并将之护送到边境。

最后，在有关被保护地位的问题上，策旺·阿拉布坦要求沙皇如同对待阿育奇汗那样友好地对待他，要尽快的就这一问题回答他。在这一点上，其措辞比在前几个问题中更加含糊不清，人们无疑是在期待会更明确地宣布派兵一事。

1721年年末，沙皇决定向准噶尔汗派遣一位特使，以深入研究可汗的意图并诱导他签署一项“保护”条约，以最终达到其目的。这一使命被委托给了统帅伊凡·翁科夫斯基（翁科夫基科伊）[292]。

沙皇分别写于1721年11月19日和26日的两道谕旨，都是致洪台吉的。其中的一道被交给了博罗库尔干，此人陪同俄国使团返回其国；另一道谕旨则被交给了翁科夫斯基。其中的要点是“保护”地位问题：“尔等使朕获知……汝辈希望置身于朕的保护之下，如同阿育奇汗那样……朕向您派去了翁科夫斯基统帅……他随身携带朕的谕旨，……它是有关朕将要让汝辈处于朕保护之下而采取的方式问题的……”在交给翁科夫斯基的训令中，第7段明确表示：

“向洪台吉开诚布公地宣布，据依照此人的书信写成书面报告以及据其使者的口头汇报的情况来看，国王陛下向他派去了一名矿山勘探专家，该专家还带领该领域中的多名专家随行。洪台吉本人应允许对这些矿藏进行勘探，因为当人们一旦找到这些矿床时，那么他就会由此而获巨利。这是由于必须为这项工程雇佣人员，也要向他们支付工资。当找到矿藏后，他们便会从中得到巨大财富，也会将其中的部分财富交给洪台吉”（翁科夫斯基，1887年，第213页）。

此外，这个勘察矿藏的问题，在两位君主之间出现的所有问题中，还算是一个困难最少的问题。它已由双方清楚地表达出来。额尔齐斯河上游似乎是向俄国勘探家开放的。

但即使这批俄国勘探家在额尔齐斯河上游寻找并认为能找到的这些黄金、白银和铜矿，那么卡尔梅克人是否也不会对此感兴趣，也不会开发它，不会勘探它呢？

情况实际上似乎并非如此。在我们所掌握的18世纪和19世纪的大量文献中，这些西蒙古人并不能被视为一个擅长于冶金的民族。他们使我们觉得主要是游牧民，或者还应该说他们是抢劫和黩武的民族。他们根据每年的周期和一种划分明确的地界，赶着他们的畜群随季节、寒冷程度和水草而四处游牧。据最直接的见证资料认为，在工业方面，他们只从事一种最初级的手工业，利用他们自己畜群的牧产品：皮革和皮衣、羊毛毡毯、羊毛产品。对于其余产品，他们则依赖于其定居民、耕农和手工业工匠的近邻。我只勉强地有一两次发现过对于加工白银以制作首饰的卡尔梅克人的记载，从未提到过他们开采矿藏。但自17世纪末叶以来，卡尔梅克人便由他们自己的臣民——准噶尔居民提供黄金，准噶尔人以纳税的名义向可汗奉献他们于江河中淘得的黄金。这就是叶尔羌河（Yarkand-Darya）、克里雅河（Keriya）地区、和田（Khotan，于阗）地区等。但正是这个附庸民族而不是蒙古人从事淘金业。因为蒙古人只会对金矿工作表示鄙视，也可能如同西藏人一样，对于掘地和开矿，具有属于宗教范畴内的某些保留态度。

这样一来，这些稍后显示出遍地是有用矿物和贵金属的辽阔土地，在数世纪期间始终停留在未被开发的状态。所有这一切都解释了为什么洪台吉以某种漫不经心的态度而许诺，将把其矿藏的开采权转让给俄罗斯人，后来的实际情况也可能是他从来未曾有意实现自己的诺言。

更加困难的是“保护”问题，更谈不到遣返500名俄国战俘的问题了。翁科夫斯基于1722年2月25日离开俄京，于4月1日离开托博尔斯克。陪同他的有数位矿业问题专家、1名地质学家、1名炮兵、约15名步兵，再加上翻译、各种助手、文书、俄罗斯和鞑靼族的仆役。于他们之中，再加上了被准噶尔人俘获的俄国战俘中数名俄罗斯亲属；这些亲人希望能看到那些战俘，或者是打听到他们的消息。他随身携带一本密码簿，以便与俄罗斯外交部联系；同时还携带准备送策旺·阿拉布坦1万卢布的礼物，诸如金丝织锦、布衣、镶嵌黄金和水晶柜的镜子、俄制革。俄制革是俄罗斯自数世纪以来向整个亚洲出口的著名加工皮货。

俄国使团沿额尔齐斯河逆流而上，于7月31日经过鄂木斯克，8月10日经过杰勒兹纳雅·克列波斯特（Jeleznaya Krepost’），8月25日到达雅梅舍夫斯卡雅，9月14日到达塞米巴拉金斯克（七堡），10月18日到达斋桑泊。此后不久，在该地区的斋桑泊和库伦（Ourga）[293]之间的塔勒奇河（Talki）沿岸，便举行了翁科夫斯基与博罗库尔干之间的会见，就可能于可汗领地上存在的金矿问题展开了一场对话。当这位俄国统帅就这些金矿的矿址问题受到询问时，他回答说他仅听人讲过，在叶尔羌附近可以找到黄金……我必须明确地指出，在翁科夫斯基日记的下文（从1722年到1724年之间），继此之后再也未曾提到具体的矿址。事实上，该使团的所有努力都集中到了“保护”地位问题上了。

1722年11月20日，翁科夫斯基与洪台吉首次会晤，会晤地点是距可汗在库伦之驻地有一定距离的地方，后来于12月3日在库伦之前举行了第2次会谈。翁科夫斯基解释了俄国与阿育奇汗之间保护关系的运行，因为它应作为俄罗斯—准噶尔未来关系的模式。翁科夫斯基许诺，当在两主之间签订一项类似协议时，沙皇将出面向清朝皇帝进行干预，并且在需要的情况下使用武力以阻止大清王朝平定准噶尔。至于准噶尔人的其他敌人，如柯尔克孜—哈萨克人（Kirghiz-Kaïsaks），俄国人使他们归附了准噶尔人并以其西伯利亚兵团帮助他们。如果洪台吉在该项协议的词句上表示同意，那么俄罗斯人则为了所有人的安全，在准噶尔土地上筑军镇，俄国驻军占据了这些要塞（翁科夫斯基，1887年，第45页）。

军事援助的诺言再坚定不过了。但却受到了事先签订的附庸或保护条约的约束。策旺·阿拉布坦希望在签订任何条约之前，便能不惜一切代价地获得这种军援。在等待期间，他始终控制着500名俄国战俘，这是进行讹诈的一种有效手段。这些战俘之一是瑞典人约翰·雷纳特，他向准噶尔人传授铸炮技术。

维谢洛夫斯基（A. N. Veselovsky）完成了对翁科夫斯基著作

手稿的出版。他也如同其他作家们一样写到，当翁科夫斯基到达库伦时，形势已发生突变，因为康熙皇帝已晏驾（翁科夫斯基，1887 年，第 27 页）。然而，翁科夫斯基的日记本身却指出，他于 1722 年 12 月 2 日到达库伦之前，他与可汗的第 2 次会晤发生在该月 3 日，而康熙却是于 1722 年 12 月 20 日晏驾的。在俄国使团于此逗留之初，准噶尔人仍处于清朝那令人窒息的压力威胁之下，随着新皇帝的登基而出现的这种压力的缓和，在库伦尚不能被感觉到。因此，将可汗因清朝威胁的消失而改变态度的事件，定于 1722 年 12 月，必是一大错误。

可汗很可能是决定在俄罗斯果真提供军队之前绝不遵守诺言。可汗让事态长期拖了下去，同时又向其俄罗斯客人调查其国、整个西方以及成千种形形色色的问题。在他们的多次会谈中，他向此人仔细询问过这一切，同时还询问有关北方夏季漫长的明夜，美洲、突厥人和瑞典人、俄国的宗教以及船舶与航海的情况……在整整 10 个月期间，翁科夫斯基极力说服可汗，而可汗在整整 10 个月期间却在支吾搪塞。沙皇的使者多次强调可汗能够从开采金银矿中得到的巨额利润能使可汗得到的份额。可汗利用了这一切而提醒人们注意，产金地确实属于他的土地。他同时还提到，100 年之前勘定的边界是沿鄂木河流域而划分的。但当时没有成文的条约，翁科夫斯基声称对这一切一无所知。

洪台吉希望被俄罗斯人承认是蒙古人之主。他指责说，自己曾向沙皇请求两万人的兵援，但一个人也没有到来……俄军统帅始终回答说，当在沙皇与可汗之间签订这项协议后，沙皇便会以宗主的名义而保护他，抵御其对手们并向他派遣军队，沙皇将首先试以书信说服清朝皇帝不再对可汗发动战争；在必要时，沙皇将在那里以武力强行制服清军。在数月期间，这种内容不断地反复见诸于沙皇使者的日记中，但可汗始终都不肯作决定。最后，在 1723 年期间，他获得了康熙晏驾的消息以及继任皇帝的和平建议。

由于这场漫长和昂贵的平定卡尔梅克人的战争（平准战

争），清朝政府当时处于一种困难境地。清朝既由于战争又由于饥荒和瘟疫，蒙受了巨大损失。在中华帝国的另一端台湾，又刚刚发生起义。所有这一切都可以解释，为什么清朝政府在新皇帝登基时的态度发生了变化。

1723 年 3 月末，翁科夫斯基失去了实现其目的之希望，于是便请求可汗允许他撤离。他力求至少从可汗处获得有关俄国战俘的某种答复，这些战俘身陷囹圄已经 6 年多了。

1723 年夏初，准噶尔人对于哈萨克游牧部族发动了一场大规模的进攻，它使哈萨克人伤亡惨重，毁灭和饥荒即将在草原上肆虐多年，哈萨克人最终投身于俄罗斯的保护之下。策旺·阿拉布坦面对近邻列强所持的立场，于 1723 年仲夏间，有了大幅度的变化。

7 月间，俄军统帅始终既未获得答复，又未获准离开。于是便在库伦举行了一次大会，可汗及其亲信在此期间讨论了投身于俄国保护之下是否合适的问题。这种附庸地位被最终拒绝了，他们仍维持着友谊和良好关系，仅仅如此而已。还会有什么呢？策旺·阿拉布坦的儿子噶尔丹·策凌（Galdan Tcheren）是一个最敌视俄国人的人士，难道他不想下令干脆杀死整个俄国使团的全体成员吗？最后，洪台吉向翁科夫斯基解释说，他从此之后不再与清朝军队作战了，其土地上的俄国军镇是不受欢迎的。至于战俘问题，它始终留作悬案。他们首先谈判遣返其中的一半人员，以等待托博尔斯克总督一方释放可汗希望引渡回来的两名准噶尔逃犯。但这两名避难于托博尔斯克的蒙古人却抗议说，他们不属于洪台吉的臣民。翁科夫斯基一共同时携归 1716 年被擒俄国战俘中的 10 名。其他人则被迫再等待许多年才能被释放。瑞典人约翰·雷纳特仅到 1733 年才被释放。

在外交方面，该使团彻底失败了。翁科夫斯基最终获许离开，他于 1723 年 9 月 17 日告别了洪台吉并离开了库伦。继此之后，在两位统治者之间，仅有 1724—1725 年的一次交换含糊不清的信件，而且再也没有结果。

这次有辱使命的使团，在准噶尔所获得的最佳成果，便是翁科夫斯基的日记和根据其报告而绘制的地图。至于洪台吉的金矿，再没有必要去想它了，可汗对俄国一方不再有任何需要了，因为他既不再害怕清朝人，也不再害怕哈萨克人了，很少关心让他们进入或长期定居于其“兀鲁思”（Oulouss，百姓、属民、领地）中，特别是由于他们的辖地远离叶尔羌河及其金砂地区。

在翁科夫斯基出使返回之后，数月和弗洛里奥·贝内维尼使团返回之前不久，彼得大帝于 1725 年 2 月 8 日几乎是暴卒般地晏驾。洪台吉本人也于两年之后薨逝。俄罗斯—准噶尔人之间的关系始终悬作无结果。继彼得大帝之后执政的俄罗斯皇后们于 1731 年和 1740 年相继接受了某些哈萨克人集团的归附誓词。数年之后，被清朝军队平定的准噶尔汗国从历史上消失了，喀什噶尔也完全由清朝中央政府治理。无论是叶尔羌河的黄金、额尔齐斯河的黄金，还是达赖喇嘛的黄金，都不会再进入俄罗斯的铸币厂了。如果阿姆河的黄金存在的话，那也必须放弃。

12. 失望、误解和现实

因此，在彼得一世执政的整个期间，对于游牧民的武装威慑失败了。在从里海到额尔齐斯河畔的整条边境线上，沙皇大错而特错了，或者是被人欺骗了。唯有伏尔加河（Volga）下游的阿育奇汗曾与俄国有过一项“保护”协议，不过他似乎是以基辅汗的观点来反击俄罗斯人，从而造成了贝科维奇远征军的灾难性结局。在俄罗斯帝国的边境上，人们可以做的一切，便是借助于大炮和堡垒，来威慑游牧民，阻止他们前去抢劫财物和人员，俄罗斯为了在军事方面保持优势，至少是防御性的优势，故维持对于非常严厉的亚洲民族出售火枪、火药和子弹的禁令。人们也可以通过贸易或物质方面的利益，如每年以银钱或粮食的形式向阿育奇支付的年金，而使他们保持一种充分的中立状态，因为他们只有少量的食物资源，而又完全缺乏工业。最后，俄国人可以试以玩弄以此制彼的办法而削弱他们。哈萨克人只是在一旦被准噶尔人击败之后，才投身于俄罗斯人的保护之下，但俄罗斯人却无法强行夺占他们的土地。

彼得大帝有关贵金属和贸易的方案，至少是强有力地推动了西域的科学考察。人们逐步地修改了江河与内海的那错误百出的地图[294]。人所共知，额尔齐斯河并不与叶尔羌河相沟通，叶尔羌河无论是否与阿姆河还是与咸海之间，都没有连续性。人们还知道，阿姆河并不注入里海或者是不再注入里海了。人们对该海的东海岸进行过科学考察。在这 25 年间搜集到的全部资料都推动了有关这些地区的综合地理知识的发展，但有关矿业资源的知识尚不充足。彼得一世的统治以其成千上万种草率或不合理的计划方案，而反映了俄帝那躁动的性格，他长期受一种速战速决意志的支配。他有关夺取西域黄金计划方案的不合理性，主要是由于缺乏正确的资料信息。首先是在地理知识方面，但同时也包括在对邻邦势力的了解方面，最后在某些情况下是在引入垂涎的金矿矿床的真实资源方面。从某种意义上来讲，彼得大帝的政权已被用于检验此后不应再重复的事情，不犯其继承人可以吸取教训的错误。当死神于 1725 年过早地夺走他的生命时，他可能已开始这样做了。

13. 突厥斯坦的黄金

阿姆河的黄金之真相到底如何呢？

继贝科维奇远征近一个世纪之后，1820 年赴布哈拉的涅格里（Négris）先生率领的俄国使团成员梅延道尔夫（Meyendorff）男爵叙述说，该河只产少许金叶："不是一种数量可观的产品"，也可能在"整个泽普勒善河（Zer-afchan，泽拉夫善河）也根本不存在，但此地名是指顺流冲走黄金的河流"（梅延道尔夫，1826 年，第 210 页）。该河的塔吉克文名称 Zrachvan 确实意为"金河"。这是一条由东向西，流经锡尔河与阿姆河之间的河流，处于原布哈拉汗国——今乌兹别克共和国的领土上。此河在前历史时代，可能曾经注入过阿姆河。但它后来却消失在沙漠中，再也不能到达阿姆河中了。它是否确实冲击夹裹着许多黄金呢?

后来在很长时间内，都流传着有关在西域许多地区都存在着黄金的流言。在18世纪的最后年代中，有某一位塔什干（Tachkent）居民纳鲁斯—哈萨诺夫（Narous-Khasanov），他向俄国人介绍说，有人在奇尔奇克河（Tchirtchik）中淘金，该河发源于阿拉套（Alataou）山区，流经塔什干地区并在柯尔克孜—哈萨克草原注入锡尔河。在18世纪时，该地区或属于柯尔克孜—哈萨克游牧部族，或属于浩罕汗国（Khanat de Kokand）。据传说，当地的人以羊毛毯而淘金，他们将毛毯毛面朝外地铺在河中，将之布置在略微倾斜一些的框子中。一个人向毛毯上撒沙子，而另一个人则同时灌水。这样一来，沙子便被水冲走了，而黄金却被毛毯过滤挂住了，尤其是那些有米粒大小的细小金叶状的金砂更为如此。人们将毛毯晒干，然后再摇晃以使金砂脱落下来。在四天间，四个人可以淘得10—30索罗特尼克（42—127克）左右的黄金（斯帕斯基，1827年，第63页）。

但奇尔奇克河中的黄金之存在，于1800年受到了俄国地质勘探家布尔纳舍夫（Bournachef）和波斯佩列夫（Pospelev）的质疑，他们在那里只发现过铁矿（丹尼列夫斯基，1959年，第242页）。

在1774年和1781年之间，俄国士官和布哈拉汗的囚徒菲利普·伊埃夫列莫夫（Philīppe Iefremov）可能听人讲到过这一切。在基辅附近有两座蕴藏着金银的山，它们由贝科维奇远征军中的一名幸免于难的俄国战俘发现，该战俘于是便开始开发它们。但可汗害怕这一发现会引起外国军队的入侵、基辅已被其敌人征服，再加上其臣民的懒惰，故而关闭了矿山并处死了发现该矿山的人[295]。这里可能是指梅延道尔夫于1820年称之为“位于乌尔根齐（Ourghendj）附近的瓦西尔卡拉（Vasilkam）的著名金矿”（梅延道尔夫，1826年，第234页）。梅延道尔夫写道，彼得大帝在派遣贝科维奇时，便意欲夺取这座矿山。我们在其他任何地方都未发现对这一具体观点的确认，无论如何，在梅延道尔夫时代，该矿是很“著名的”。乌尔根齐的位置在基辅稍偏东北一些的地方，距该城很近，可以与伊埃夫列莫夫提到的矿址相吻合。这可能是汉韦（J. Hanway）于1750年左右暗示的同一金矿床，他将此矿定位于乌尔根齐（Jurgantz，Ourghendi）的旧址（汉韦，1754年，第1卷，第237页）。

西域的这些汗国和异密国（Emirat，酋长国）于1865年被并入俄国，形成了人们于苏维埃制度之前所说的突厥斯坦。它基本上覆盖了今乌兹别克、坦吉克、土库曼、吉尔吉斯社会主义共和国的全部领土以及哈萨克社会主义共和国的部分地区。1885年左右，穆奇科托夫（Mouchketov）于其名著《突厥斯坦》中写道，自从这些地区被并入俄国以来，俄罗斯的寻金人便接踵而至，但他们都破产了。尽管有持续不断的流言，但人们在突厥斯坦从未找到一处真正的黄金矿床。河中淘金的收益如此微薄，以至于从事这项事业的土著人都很贫穷。众所周知，在楚特卡拉（Tchotkala）、塔拉斯河（Talas）、克根河（Kegen'）、伊犁河（Ili）、博罗塔拉河（Borotala）、泽普勒善河（泽拉夫善河，Zeravchan）都确有黄金。但其数量如此之少，以至于其开采完全是无利可图的（穆斯科道夫，1886年，第2卷，第10章）。

然而，现在确实有人在乌兹别克斯坦和在真实的矿脉中开采黄金，不过却并非是指可以与西伯利亚大矿产量相媲美的数量。泽普勒善河（译拉夫善河）河谷以北不远处，也就是在包括阿克套（Aktaou）和喀喇套（Karataou）在内的群山中，确有金矿。人们近期又在克孜勒—库姆（Kyzyl-Koum）的穆伦套（Mourountao）也发现了一处矿址（《乌兹别克斯坦》，1967年，第95页、197页和222页）。在该共和国内，黄金工业正在发展，其证据是过去数世纪的所有这些流言仅为一场幻想。但正如人所共知的那样，当今以现代化手段所从事的黄金开采，其目的只在于处理有时含量很低的大量矿石，要耗费机械或电力资源以及重要交通手段。最后，为了从某些矿石中剥离出黄金来，人们使用了各种前所未闻的化学工艺。在彼得大帝时代，人们尚只会利用冲积富矿，人们以一种浪费极大的办法，手工淘少量黄金，因为一部分金属流失了。在俄罗斯，当时人们勉强地懂得将黄金与现在可以利用的所有矿物分离开来。人们所寻求的是自然金，尤其是江河中的金叶。由于金叶明显可见，所以西域江河中的金叶并不像人们曾认为的那样丰富。

14. 新疆的黄金

至于 Erket（叶尔羌）黄金，也就是喀什噶里和叶尔羌河的黄金，人们在俄罗斯从 1713 年便开始谈论它。瑞典人斯特拉伦堡并不相信这种黄金的存在，但它却是确确实实地存在过，而且现在仍存在。不过在此问题上，无论是其数量还是效益，都与流行的风言不相吻合。

由翁科夫斯基使团测绘的地图之一，现藏于巴黎国立图书馆。它是由约瑟夫·德利斯勒（Joseph Delisle）亲手标注的，正是此人于 1747 年将它从俄罗斯携回巴黎[296]。这幅地图的标题是《由炮兵统帅伊凡·翁科夫斯基于 1722—1723 年根据向大洪台吉以及卡尔梅克和哥萨克人调查的资料而绘制的洪台吉统治地域图》。在这幅地图上，德利斯勒准确地标注出了金矿址，其一位于克里雅河畔的克里雅（Kyria，Kerya），该河注入了叶尔羌河（Yarkand Darya）。我们很容易在西方当代地图中辨认出该绿洲与河流来。据德利斯勒的标注来看，这是一个每年提供 400 索罗特尼克（zolotnic，zolotnik）黄金的地方，也就是约 1704 克，这是微不足道的。人们可以在这幅地图上找到的第 2 个产金地点被注在叶尔羌附近：“人们在此地发现了黄金，每年只生产 60 索罗特尼克”（即 256 克左右）。

直到 19 世纪末叶或者是更晚的时期，开采黄金是在包括古疏勒（喀什噶尔）在内的今新疆这部分地区，于一个基本上是很小的范围内持续进行的。一片相当辽阔的产金区分布在昆仑山山脉沿线，正是该山脉将藏北高原与荒凉的塔里木盆地分隔开了。某些不同程度上于流程中便消逝在沙漠中的江河，都是从该山脉向北流去的，其中有许多河流都是产金河。

在1889—1890年间，由彼夫特佐夫（M. V. Pevtzov）领导的俄国探险团发现了黄金，由土著民在叶尔羌河流域开采。这些土著民当时都内附，分散在位于叶尔羌绿洲的东南界附近、于阗河的支流玉花喀什河（Yurung-Kash）与喀拉喀什河（Kara-Kash）沿岸、克里雅河流域、尼雅绿洲所在的苏加克河（Sourgak）流域、其他江河流域以及这些江河的河床之外，此外还有阿尔金山（Astintag，Altyntag）。他还提到了舍马鲁克（Chemallyk）、奇斯汗河（Chizghan-sou）、喀沙克力克河（Talkalyk-sou）、昆仑山南麓、墨恰河（Molcha）流域、科帕（Kopa）、托克雷—塞（To-gri-say）、阿卡山（Akka-tag）等地区（佩夫索夫，1949年，《1892—1896年的西藏考察记》）。我们在由1964年台湾版《中国地图集》提供的新疆矿业图中，还会于那些自昆仑山一倾而泻并向北流去的江河流域中，发现金矿矿址，在和田河（于阗河）以南的玉龙喀什河与阿尔金山的山麓之间，共标出十多个金矿区。然而，在今天新疆并不被认为是中华人民共和国的一个产金区。

彼夫佐夫于其报告中，详细论述了1890年在这些地区的黄金生产方式以及所使用的技术，这些技术与同时代在西藏一样古老。人们或者是通过淘金的方式（当水源很近时），或者是通过簸扬（当矿山位于远离河流的大山中时）来采金。当时先要用手来挑选和破碎矿石块，然后在一块粗纱上面多次簸扬多次，整个生产程序最后以口吹而告结束。其生产收益极其微薄，每名矿工每天的收益则根据矿床不同而徘徊于0.7—4.7克之间。此外，矿工们也不能整天和在任何季节中都能施工。据佩夫佐夫认为，几乎到处都有巨大的天然金块，有时可以达到一个核桃或一个鸽蛋大小，金块的纯度很高，经检测可达到98.6%。佩夫佐夫估计整个喀什噶尔于1890年的黄金年产量为20—30普特（pouds，合327—491公斤左右）。这是一种不可忽略的产量，但从世界产量的范围内来看，它却并不占多大比例。

在叶尔羌东北很远的地方、新疆的极北部、与今哈萨克接壤的准噶尔边陲，便是原洪台吉汗国的中心。翁科夫斯基统帅向可汗牙帐方向开去，在斋桑泊和贴克斯河（Tekes）之间，很可能是在无意识的情况下，使其马蹄踩到了他曾在其他地方寻找过的黄金。这都是一些未被触动过的矿藏，其“看守之龙”仅被远方畜群的活动干扰过。事实上，在19世纪时，已经开始在该地区开采金矿了，准噶尔之乱于1870年左右遏制了这种工业的发展。俄国矿业工程师奥布鲁切夫（V. A. Obroutchev）曾于这些矿床附近地区旅行过，在那里发现过矿山的遗址、已遭遗弃的废井、矸石堆、洗矿设施的遗迹。当时只有游牧民、野狼、狐狸和羚羊才会出没于那里。他根据其观察和于该地区搜集到的资料，而写成了一部生动的冒险小说，其书名叫做《沙漠寻金人》[297]。其情节发生于贾易尔山（Diaïr）的东部地区、奇楚河流域、额敏河（Emil）和玛纳斯河（Manas）流域的附近地区。目前，克拉玛依（Karamaïs）油井便位于那里。寻金人的生活已被做过详细描述，正如对于采金方法、中国政府的控制、沙碛中的危险、土匪、准噶尔人之乱、对于龙的信仰（它是矿山的守护神，最好是不要惹怒它）等的描述一样。大家还将会发现，在1964年台湾出版的中国地图集中，该地区始终被认为是产金区。

15. 富矿区阿尔泰

继彼得大帝晏驾刚过数年之后，俄罗斯人便发现没有必要让他们的军队冒险一直进兵到叶尔羌或西藏的金矿区，既不需要进入斋桑泊以远地区，也没有必要逆水而上直至额尔齐斯河上游，以勘探贵金矿。事实的真相是，这些金属矿所在的地方紧傍额尔齐斯河防线附近，而且又能说会有多大的储量呢？恰恰是在西卡缅诺戈尔斯克（Oust’-Kemengorsk）的北方、东方和东北方，介于额尔齐斯河的右岸与鄂博河之间，于阿尔泰群山中，人们从1732年起便发现并开采了一个巨大的银矿。这里便是“蛇山”泽迈诺戈尔斯克（Zmeïnogorsk）。它最早以斯兰根堡（Schlangenberg）之名而为人所知，因为正是一批德国矿业地质专家为俄罗斯人进行勘探。此外，自1726年起，人们又在那里发现了铜矿。这是一种特殊的矿业财富，而且本地便有森林以供应木炭，此外还有提供水力的江河，从而可以在过去被称为和现在仍被称为是“阿尔泰富矿区”（Roudny Altaï）的地方发展冶金工业。从18世纪下半叶起，当整个地区成了国王的财产时，延伸于鄂博河与额尔齐斯河之间的地区，由这两条河的支流阿莱河（Aleï）、恰雷什河（Tcharych）、乌巴河（Ouba）、乌尔巴河（Oulba）和布赫塔尔马河（Boukhtarma）流经。它盛产白银、铜、铅和黄金。由于柯尔克孜—哈萨克人（Kirghizes-Kaïsaks）从1730年起的归附以及准噶尔人势力的消逝，在俄罗斯人于翁科夫斯基时代勉强敢于前往探险的阿尔泰富矿区，最终一直保持为俄国的领地。在古代楚德人（Tchoudes）、斯基泰人（Scythes）曾留下了采矿踪迹的地区（卡尔梅克人对此并未产生兴趣），18世纪时的德米多夫和沙皇的矿山勘探家们曾前往寻求，并最终找到了彼得大帝曾希望前往这么遥远地区夺取的金属。在18世纪期间，泽梅伊诺戈尔斯克（Zme nogorsk）是俄国的主要产银区，人们曾把该矿比作玻利维亚著名矿区波托西（Potosi）。在1730—1860年的130年间，阿尔泰富矿区共生产2650吨白银、31000吨铜、150000吨铅和3000吨纯银（《哈萨克斯坦》，1970年）。我已经无须再重提该矿区对于现今苏联经济的重要地位了，同样也没有必要再苦口婆心地告知读者们，苏联正是由于这些西伯利亚的矿藏，才于今天成了世界的最大黄金生产国之一。

注 释

［1］哈尔（Erik Haarh）:《雅砻王朝》，哥本哈根1969年出版，第121—122页。如果人们试图对这一王朝断代，那就可以以下述事实为基础：在该王朝与我们知道其时代（600—650年）的松赞干布（Sroṅ-btsan-sgam-po）赞普之间，据王统世系表记载，共有22代、23代或24代赞普。如果我如同某些人所做的那样，接受每代赞普为25年或30年，那么布岱贡杰（Spu-de-guṅ-rgyal）即位的时代就应断代于公元前85年—公元85年之间。

［2］《旧唐书》卷196上。这部史书修于10世纪。读者还可以参阅伯希和（Paul Pelliot）:《吐蕃古代史》，巴黎1961年版，第2页。在唐代的史书中，西藏被称为“吐蕃”（其读音为T'ou fan还是T'ou-po，现在尚有争议）。

［3］《世界境域志》（Hudūd-al-'Ālam）是伊斯兰历372年（公元982年）的一部波斯文舆地书，已由米诺尔斯基（V. Minorsky）译注自波斯文，伦敦1970年第2版，第92页。

［4］艾哈迈德（Z. Ahmad）:《西藏和拉达克的历史》，载《圣·安东尼档案》第14期。1963年，第23—58页；佛兰克（A. Francke）:《印度、西藏的古迹》，1926年，第2卷，第94页；佛兰克：《西藏的历史、民俗和文化》，德里1979年再版，第63页。

［5］佛兰克认为，Gog一词“是Grog（读作Dog）之误，也就是地图上的Thog，位于茹托（Rutog）以东”。

［6］例如，在马可·波罗书的袖珍本中，便持此说。巴黎1955年版，第240页。

［7］《公元1253年鲁布鲁克在鞑靼和中国中原的著名游记》，巴黎1830

年版，第328页。

［8］朵豁刺惕人（Dughlat）米儿咱·马黑麻·海答儿（Mirza Muhammad Haidar）的《拉失德史》（The Tarikh-i-Rashidi），即《中亚蒙兀儿史》，英文译注本，由伊莱亚斯（N. Elias）作注并编制地图，由德尼松·罗斯（E. Denison Ross）翻译，伦敦1895年版，第90章，第411页。

［9］米儿咱·海答儿称作“蒙兀儿人”（Moghul）者，是指中亚的国王，而不是印度的莫卧儿人（Mogol）。

［10］译者罗斯的注释，这段文字含糊不清。

［11］可能为47克左右。

［12］因此，1500西藏米特喀尔（mitkal）折算为10.5公斤左右。

［13］阿布尔·法吉尔·阿拉米（Abul'Fazl'Allami）：《阿克巴尔史纲》（The Ain i Akbari，由布罗克曼译自波斯文），加尔各答（Calcutta）1873年版（还有其他许多版本），1939年加尔各答第2版，第38—39页。

［14］尼古拉·马努奇（Niccolao Manucci）：《莫卧儿史，1653—1708年的印度莫卧儿人历史》，由威尼斯人尼古拉·马努奇著，由威廉姆·欧文（William Irvine）翻译并撰写导言和注释，伦敦约翰·默里（John Murray）书店1906年版，4卷本，请参阅第2卷，第439页。

［15］领洗约翰·塔维尼耶（Jean Baptiste Tavernier）：《领洗约翰·塔维尼耶六次赴土耳其、波斯和印度的旅行》，巴黎热尔韦·克鲁吉埃书店1676年版，请参阅第423页。

［16］弗朗索瓦·贝尔尼埃（François Bernier）：《弗朗索瓦·贝尔尼埃的游记，包括对大莫卧儿国、印度斯坦和克什米尔王国的描述》，阿姆斯特丹保尔·马里埃书店1699年版，2卷本，请参阅第2卷，第288页。

［17］阿塔纳斯·祈尔歇（Athanase Kircher）：《中国图志》，由达尔基耶（F. S. Dalquié）翻译，阿姆斯特丹，1670年版。

［18］但却没有任何一座第一流的城市。这些城市是这种象征物的3倍所代表的，呈金字塔形。“杂谷脑”（Tchankour）被以与“昌都”（Chamtou）城相同的象征图形表示的，Chamtou似乎就是昌都或察木多（Tchamdo）。

［19］1966年在台湾将这幅地图曾重版了一次。

［20］哈志建（L. Khachikian）：《一名亚美尼亚商人在波斯、印度和西藏（1682—1693年）的账簿》，载《年鉴》第22卷，第2期，1967年3—4月，第233—278页。

［21］这部游记的原版是德文版（1730年，见书末所附总书目）。本处所使用的是法文节译本，见斯特拉伦堡（J. Strahlenberg）：《俄罗斯帝国史志》，

译自男爵斯特拉伦堡的法文著作（其编译者为巴尔博·德·拉·布鲁耶尔），阿姆斯特丹1757年版，2卷本。

[22] 伊波利托·德希德里（Ippolito Desideri）：《皮斯托亚耶稣会士伊波利托·德希德里1712—1727年间在西藏地区的游记》，由菲利波·德·菲利彼出版，耶稣会士威塞尔（C. Wessels）作序，1932年鲁特利奇（Routledge）版。

[23] 据所有的辞书解释，这些字（布鲁克巴，Brokpa）中的第1个字读作Ho，但我们在柔克义（Rockhill）的书（《汉文史料中的西藏》第128—129页）中发现了洛域（Lho-yul，尼泊尔）的名称。

[24] 彼卡尔斯基（P. Pekarskij）：《彼得大帝时期的科学与文化》第1卷，圣彼得堡1862年版，第56页。有关彼得大帝时代寻找黄金一事，可以用一份冗长的书目来代表，但由于太长而无法开具于此。特别请参阅本书所附书目中丘尔拉夫、达尼列夫斯基、米斯科托夫、佩夫科夫和翁科夫斯基的著作。

[25] 杜赫德（J. B. du Halde）：《中华帝国全志》，巴黎勒梅尔西埃（P. G. Lemercier）书局1735年版，4卷本。

[26] 古伯察（R. E. Huc）：《鞑靼西藏旅行记》，巴黎1962年版，第57页（初版于1850年）。

[27] 例如，正如柔克义于《喇嘛王国》中所指出的那样，伦敦伦格曼出版社1891年版，第173页。

[28] 我还将指出两条小支流，分别叫做大金川（Ser-Chhung-Nang）和小金川（Ser-chhen-Nang），它们由北向南流，在青海同德以东100°40′左右处注入黄河（见洛克的地图，《阿尼玛卿地区》，罗马1956年版）。

[29] 米勒（G. F. Miller）：《关于布哈拉地区砂金矿的报道》，摘自《娱乐服务业专业译作集》，1760年1月，第1—54页；1761年1月，第99—136页。这段文字载第54页。

[30] 斯帕斯基（G. Spasskij）：《吉尔吉斯坎萨斯草原及沿途的砂金矿与金矿》，载《矿山学报》第2卷，1827年，第57—66页。

[31]《扎卡诺夫全集》（始于帝俄1649年）第6卷，1720—1722年，堪萨拉尔印刷厂，圣彼得堡版。

[32] 翁科夫斯基（Z. Unkovskoi）：《俄外交使团出使准噶尔期间，陆军上尉谢万·罗伯特获得的炮兵伊凡·翁科夫斯基1722—1724年间的旅行日志》，附有序言和文献注释，圣彼得堡1887年版。

[33] 同上引《关于布哈拉地区砂金矿的报道》第124页。

[34] 克雷芒·R. 马罕（Clements R. Markham）：《波格尔的出使记和马洛

拉萨札记》，伦敦特鲁布纳书局1876年版，第6页。

[35] 威廉姆·柯克帕特里克（William Kirkpatrick）：《尼泊尔王国，柯克帕特里克少校1793年出使期间的生活与观察》，伦敦威廉姆·米勒出版社1811年版。

[36] 该书的首版刊行于1786年。本处所使用的版本是菲利普·埃佛列莫夫（Filipp Efrmov）：《九年漫游记》，莫斯科国际地理文献出版社，1950年版。

[37] 萨缪尔·忒涅（Samuel Turner）：《出使西藏扎什喇嘛记》，伦敦尼科尔出版社1800年版。

[38] 哈密尔顿（F. B. Hamilton）：《出使尼泊尔王国及其由廓尔喀人统治的附属地》，爱丁堡（Edinburgh），康斯塔布尔（A. Constable）出版社1819年版。

[39] 柯克帕特里克：同上引书，第374页。

[40] 柔克义：《从汉文史料看西藏的地理、民族和历史纲要》，载《大不列颠和北爱尔兰皇家亚洲学会会刊》，1891年1月，第1—133页、185—291页，请参阅第237页、271页以下。他所引证的1759年的中文史料出自《西藏见闻录》。

[41] 威廉·莫尔克罗夫特（William Moorcroft）和乔治·特雷贝克（George Trebeck）：《印度斯坦和旁遮普的喜马拉雅地区游记，1819—1925年在拉达克和克什米尔》，伦敦默里书店1838年版，第1卷，第7—9页和314页。

[42] 亚历山大·坎宁安（Alexandre Cunningham）：《拉达克的自然、计量和历史科学》，伦敦阿伦出版社，1854年版，第232页。

[43] 希罗多德（Hérodote）：《调查》第3卷，第94、98—106章。例如，大家可以参阅巴盖（A. Barguet）在《七诗圣》版本中的译文，巴黎加利玛尔出版社1946年版。本处引证的是译文。

[44] 斯特拉波（Strabon）：《斯特拉波的舆地书》，由阿美德·克尔迪厄（Amédée Tardieu）翻译，巴黎阿塞特（Hachette）出版社1909年版，其第15章被收入该版本的第3卷中，尤其请参阅第237页、248页和261页。

[45] 阿里安（Arrien）：《印度》，由彼埃·尚特赖纳（Pierre Chantraine）编定和翻译全书，巴黎美文学出版学会1968年版（第3版），请参阅第15章，第43页。

[46] 英国作家们称“兔—鼠”为“兔—猫”（rat-hare）。

[47] 佛兰克：《西藏的历史、民俗和文化》，1979年再版本，第14页。

[48] 坎宁安：《印度的古代地理学》，伦敦1871年版，第194页以下。

[49] 请参阅克拉克（G. E. Clark）的一篇文章：《达尔德人是什么民

族?》，载《冈底斯山》杂志第5卷，第4期，1977年，第323—356页。

［50］威廉姆·雅各布（William Jacob）：《有关贵金属生产和消费的历史调查》，伦敦默里书局1831年版，第1卷，第31页以下；黑伦（Heeren）：《亚洲民族》（1），后又转载于《孟加拉亚洲学会会刊》第3卷，1834年，第206—207页；请参阅用英文转载的威尔特海姆（Veltheim）的文章，载《孟加拉亚洲学会会刊》，1834年，第207页。

［51］蒙哥马利（T. G. Montgomerie）：《有关班智达使用的沿途考察方式的报告，从尼泊尔经布拉马普特拉河上游的源头而到达拉萨》，载《皇家地理学会会刊》第38卷，1865年，第129—219页；蒙哥马利：《1867年在外喜马拉雅的考察报告》，载《皇家地理学会会刊》第39卷，1869年，第146—187页。

［52］亨利·斯特雷奇（Henry Strachey）：《1846年9—10月从拉昂错湖或玛法木错湖到阿里的普兰河上游洪德的游记》，载《孟加拉亚洲学会会刊》第17卷，1848年7月，第98—120页；1848年8月，第127—182页；1848年9月，第327—551页。这段文字引自第348页。

［53］请参阅《皇家地理学会会刊》第39卷，1869年，第148—155页。

［54］同上引文，第153页。

［55］弗里德里克·埃金哈尔·谢尔恩（Frederik Eginhard Schiem）：《论蚂蚁金传说的起源》，哥本哈根1873年版（载《科学院会议纪要》）。

［56］上引谢尔恩书的奇尔德斯（Anna M. H. Childers）译本：《蚂蚁金传说的起源》，载《印度古迹》第4卷，1875年8月，第225—232页。

［57］特罗特（H. Trotter）：《班智达在大西藏的游记，从拉达克的列城到拉萨以及经阿萨姆返回印度》，载《皇家地理学会会刊》第47卷，1877年，第86—136页，特别请参阅第102—104页。

［58］Phuk在藏文中的本意为“洞”“窑洞”，phukpa系指住窑洞的人。

［59］蒙哥马利此文载《皇家地理学会会刊》，1869年，见第152页的注释。

［60］同上引文，第154页。

［61］马尔科姆·麦克拉伦（Malcolm Maclaren）：《西藏的采金地》，载《采矿学报》，1907年6月22日，第825—826页。

［62］斯文·赫定（Sven Hedin）：《穿越喜马拉雅》，伦敦1909—1913年版，第1卷，第174、188和189页；第2卷，第276、284页；第3卷，第5、117和119页。

［63］载《皇家地理学会会刊》第38卷，1868年，第174页。

[64] 同上引文，第165页。

[65] 赫尔曼（A. Hermann）：《中国的历史和商业地图》，坎布里奇（马萨诸塞州），哈佛大学出版社，1935年版。

[66] 古伯察：同前引书，袖珍本，第259—445页。

[67] 柔克义：《喇嘛王国，中国内地、蒙古和西藏游记》，伦敦伦格曼出版社1891年版，第208—209页。

[68] 本书所使用的版本第242页和374页。

[69] 戴高丹（C. H. Desgodin）：《从戴高丹的书简看1855—1870年的西藏传教史》，凡尔登（Verdun）洛朗书店1872年版，第333页以下。其中包括一幅标注了所提到的部分地点的详细地图。

[70] 1962年台北版，第7章，第201页。

[71] 同上引戴高丹书，第85页。

[72] 同上引忒涅书，第404页。

[73] 同前引哈密顿书，第286页。

[74] 同前引古伯察书，第259页。

[75] 威廉姆·雅各布：《有关贵金属生产和消费的历史调查》，伦敦默里书局1831年版，特别请参阅第330—331页。

[76] 大家可以在诸如下述一类著作中发现世界黄金产量的统计数字：豪泽（H. Hauser）：《黄金》，巴黎1901年版；路易·德·洛内（Louis de Launay）：《世界上的黄金》，巴黎1907年版；彼埃·维拉尔（Pierre Vilar）：《历史上的黄金与货币》，巴黎1974年版。此外还有各种统计学刊物，如统计情报性刊物《矿藏与金属》，巴黎版；《美国矿产局矿业年鉴》等。

[77] 见1978年4月7日的《东方经济学报》。

[78] 霍奇森（B. H. Hodgson）：《尼泊尔的贸易，试论尼泊尔和西藏的语言、文学和宗教》，伦敦特鲁布纳书局1874年版。它最早刊载于《孟加拉政府档案选》第27卷，1857年版。

[79] 此文载《皇家地理学会会刊》，1869年，第39卷，第135页。

[80] 据1869年的《皇家地理学会会刊》记载为6000帐。但乔治·瓦特（George Watt）于其1890年的印度辞典中也引证了同一段文字。但他却写作600而不是6000帐。继他之后，后期的作者们都写作600。这到底是1869年所犯的一次错误，并于后来纠正过来了呢？还是相反系后来犯的一种错误呢？

[81] 同上引文，第154页。

[82]《皇家地理学会会刊》第47卷，1877年，第102—104页。

[83] 斯特雷奇（H. Strachey）：同上引《拉昂错湖游记》第348页。

[84] 斯文·赫定：《外喜马拉雅，西藏的发现与冒险》，伦敦麦克米伦公司 1909—1913 年版，3 卷本。请参阅第 1 卷，第 174、188 和 189 页；第 2 卷，第 276 和 284 页。

[85] 同前引书，第 3 卷，第 5 页。

[86] 同前引戴高丹书，第 334 页。

[87] 瓦伦廷·鲍尔（Valentine Ball）：《印度地理教科书》第 3 卷《地质经济》，加尔各答、伦敦特鲁布纳书店 1881 年版（第 4 章是《黄金》，见第 173—231 页，特别是第 213—215 页）。

[88] 艾温·T. 阿特金森（Edwin T. Atkinson）：《喜马拉雅地名辞典》，第 1 卷，第 1 册，第 6 章：《矿业经济》，第 1 版，阿拉哈巴德 1882 年版，特别请参阅第 277—278 页。

[89] 乔治·瓦特：《印度经济产品辞典》第 1 版，1890 年。

[90] 阿尔弗莱德·乔治·洛克（Alfred George Lock）：《黄金，储量与开采》，伦敦斯本兄弟书局 1882 年版，特别请参阅第 461—468 页。

[91] 豪泽：《黄金》，巴黎诺尼书店 1901 年版。

[92] 路易·德·洛内：《亚洲的地质学与矿业财富》，巴黎贝朗热书局 1911 年版。

[93] 马尔科姆·麦克拉伦：《西藏的黄金产地》，载《矿业学报，铁路和贸易杂志》第 81 卷，第 3748 期，1907 年 6 月 22 日，第 825—826 页。

[94] 查尔斯·贝尔（Charles Bell）：《西藏的民族》，牛津克拉伦东出版社 1928 年版，第 110 页。

[95] 魏受原：《中国的矿藏资源》，载《地质经济学》第 41 卷，第 4 期，1946 年，第 2 册（增刊号）第 399—474 页。

[96] 豪泽：《黄金》，巴黎诺尼书局 1901 年版；路易·德·洛内：《世界上的黄金，地质学、矿业开采和政治经济》，巴黎阿尔芒·科兰出版社 1907 年版；洛内：《亚洲地质学与矿业财富》，巴黎兰吉出版社 1911 年版。这三部著作都提供了以其时代最佳专家们的研究成果为基础的产量统计表。然而，西方的所有著作，无论它们是由东方学家们所撰，还是出自经济或金属专家们之手，它们在亚洲黄金产量的问题上，都包括某些警告，人们由此都可以将这些数字理解为含糊不清的估计，从来未曾有过统计资料，所以不可能接近准确产量。

[97] 威廉·哈威·埃蒙（Willam Harvey Emmons）：《世界黄金储量及其勘探区》，纽约麦格劳·希尔书局 1937 年版。

[98] 保罗·布伦顿（Paul Brunton）：《喜马拉雅的修道山僧》，伦敦 1937

年版。本处所引用的一段文学载 1969 年重版本中的第 69 页，伦敦赖德书局版。

[99] 查尔斯·贝尔：同前引《西藏的民族》，第 111 页。

[100] 海因里希·哈勒（Heinrich Harrer）：《旅藏七年》，伦敦鲁伯特·哈尔—大卫书店 1957 年首版，其德文版刊行于 1953 年。本处所引用的一段文字载其英文版的第 219 页。

[101] 鲍鲍夫（A. Popov）：《帝俄时期俄罗斯与基辅和布哈拉的关系》，载《帝俄地理学会会刊》第 9 卷，1853 年，第 142 页。

[102] V. 贝尔：同前引《经济地质学》第 213 页；G. 瓦特：同前引《经济产品辞典》中有关“黄金”的栏目，第 528 页。

[103] B. B. 达尼列夫斯基（B. B. Danilevsj）：《俄罗斯金矿，有关黑色和有色金属冶炼技术的文献》，莫斯科国家技术出版社，1959 年版，第 242 页；斯帕斯基：同前引文，第 63 页。

[104] G. 瓦特：同前引书。

[105] 约翰·卡尔维（John Calvert）：《瓦泽里卢比，古鲁地区的产银地，喜马拉雅山区与冰川地区的美景、古迹和银矿》，伦敦、纽约斯本兄弟书局 1873 年版，第 22 页。

[106] 德希德里：同前引书，英文版第 121—122 页。其意大利文本为《赴西藏和尼泊尔的意大利传教士》，罗马 1952—1956 年版，第 6 册，第 7 页。

[107] V. 贝尔：同前引《地质经济学》第 213 页。

[108]《佩夫索夫 1889—1890 年的西藏探险文集》，圣彼得堡 1892—1896 年版，第 2 卷，第 5 章。

[109] 斯文·赫定：同前引《外喜马拉雅》第 1 卷，第 5 章。

[110] 勒彼迪（Lepidi）：《黄金》第 42 页。

[111] R. 忒涅：同前引《出使西藏扎什喇嘛记》，第 404 页。

[112] V. 贝尔：同前引书，第 173 页和 213 页。

[113] 戴高丹：同前引书，第 334 页。

[114] 同前引《西藏的民族》第 110—111 页。

[115]《皇家地理学会会刊》第 38 卷，第 174 页。

[116] 同前引《喇嘛王国》第 209 页。

[117] V. 鲍尔：同前引《地质经济学》第 175 页。

[118] 莫尔克洛菲特（W. Moorcroft）和特雷贝克（G. Trebeck）：《1819—1825 年在印度斯坦喜马拉雅地区的游记》第 1 卷，第 314 页。

[119]《皇家地理学会会刊》，1848 年，第 174 页。

[120]《孟加拉亚洲学会会刊》，1848 年，第 162 页。

[121] 斯瓦米·普拉纳瓦南达：《西藏探险》，加尔各答 1950 年版，第 72 页。

[122] 同前引哈尔书，第 219 页。

[123] 同前引《西藏的民族》第 111 页。

[124] 同前引祈尔歇书，第 281 页。

[125] 杜赫德（J. B. du Halde）：《中华帝国全志》，巴黎 1735 年版，第 1 卷，第 29 页。

[126] 安德拉德（A. d'Andrade）：《古代西藏的历史》，巴黎 1629 年版，第 96 页。

[127] 杰斯特（C. Jest）：《尼泊尔的藏语社团—多尔波人》，巴黎 1975 年版，第 252 页。

[128]《中国》第 2 期，1980 年。

[129] 德希德里：同前引书，1868 年，第 175 页。

[130]《皇家地理学会会刊》第 38 卷，1868 年，第 175 页。

[131] 德希德里：同前引书，第 132 页。

[132] 马卡姆：同上引书，第 97—103 页。

[133] 马卡姆：同上引书，第 6 页。

[134] 忒涅：同前引《出使记》第 256—261 页。

[135] 柯克帕特里克：同前引书，附录Ⅱ，第 345 页。

[136]《圣武记》，请参阅于雅乐（Imbault-Huart）译本，载《亚细亚学报》第 7 辑，第 12 卷，1878 年 10—11 月，第 348—377 页。

[137] 柯克帕特里克：同前引书，第 345 页。这些资料出自一种波斯文文献，是由一名英国经纪人邓肯（Ducan）告知他的。

[138] 忒涅：同前引书，第 438 页。

[139] 柯克帕特里克：同前引书，第 346 页。

[140] 耶稣会士斯蒂勒（L. F. Stiller）：《廓尔喀王朝的兴起》，新德里 1973 年版第 203—204 页。

[141] 雷格米（M. C. Regmi）：《1768—1846 年间的尼泊尔经济史研究》，德里 1971 年版，第 159 页。

[142] 杜赫德：同前引《中华帝国全志》第 173 页。

[143] 查尔斯·洛凯（Charles Lockyer）：《论印度的商业交易账目》，伦敦克鲁什书局 1711 年版，特别请参阅第 138 页以下。

[144] 路易·德尔米尼（Louis Dermigny）：《1719—1833 年的中国与西

方》，巴黎 1964 年，第 1 版，第 425 页。

［145］特别请参阅埃德肯（J. Edkins）：《中国的铜币与银币的关系》，载《皇家亚洲学会中国分会会刊》第 31 卷，1867—1897 年，第 135—145 页。

［146］彼埃·维拉尔（Pierre Vilar）：《历史上的黄金与钱币，1450—1920 年》，巴黎弗拉马里雍出版社 1974 年版，第 275 页以下以及第 431 页。

［147］郭恩（Gaston Cahen）：《1727—1728 年间赴北京的俄国商队的账簿》，原文和译注文本，巴黎菲利克斯·阿尔坎出版社 1911 年版，特别请参阅第 91 页。

［148］男爵肖杜瓦尔（Baron Stan. de Chaudoir）：《俄罗斯货币概况》，圣彼得堡贝利扎尔出版社 1836—1837 年版，特别请参阅第 1 卷，第 150 页。

［149］《西藏的进口黄金》，《雷格米研究》系列第 3 篇，1971 年 12 月 12 日，第 280—282 页；第 4 篇，1972 年 1 月 1 日，第 4—8 页。大家还请参阅耶稣会士斯蒂勒：《廓尔喀王朝的兴起》，新德里 1973 年版，特别请参阅第 118 页。

［150］每托拉合 11. 34 克。

［151］丘尔科夫（Čulkov）：同前引书，第 2 卷，第 3 章，第 17 页。

［152］忒涅：同前引书，第 370—371 页。

［153］霍奇森（Brian H. Hodgson）：《尼泊尔的贸易》，载《论尼泊尔和西藏的语言、文字与宗教》，伦敦特鲁布纳出版公司 1874 年版。有关贸易的这一章，首次于 1857 年刊载于《孟加拉政府档案选》第 27 卷中。

［154］坎佩尔（A. Compbell）：《尼泊尔的炼金法》，载《孟加拉亚洲学会会刊》第 3 卷，1834 年，第 622—624 页。

［155］阿特金森：《喜马拉雅地名辞典》第 1 卷，第 1 册：《喜马拉雅的东北部》第 6 章：《矿业经济学》，1882 年第 1 版，第 278 页。

［156］蒙哥马利（Montgomerie）文，载《皇家地理学会会刊》第 39 卷，1869 年，第 153 页。

［157］特罗特：同前引文，载《皇家地理学会会刊》第 47 卷，1877 年，第 104 页。

［158］特罗特：同前引文，第 104 页。

［159］阿特金森：同前引《喜马拉雅地名辞典》第 1 册，第 277 页。

［160］柔克义：同前引《喇嘛王国》第 209 页。

［161］普拉纳瓦南达：《西藏探险》，加尔各答大学 1950 年版，第 73 页。

［162］列奥·E. 罗斯（Leo E. Roger）：《尼泊尔，继续生存的策略》，伯克利 1971 年版，第 13—14 页。

［163］雷格米：《近代尼泊尔》，加尔各答穆霍帕迪亚出版社 1961 年版，第 1 卷，第 226—227 页。

［164］柯克帕特里克：同上引书，第 201 页。

［165］诺塔—马努斯（Nota-Manus）的译本：《伊斯兰历 1118—1195 年间的印度史》译本（穆塔盖因著，伊斯兰历 1195 年相当于公元 1781—1782 年），加尔各答 1789 年版，第 2 卷，第 213 页。

［166］柯克帕特里克：同上引书，第 44 页。

［167］肖杜里（K. C. Chaudhuri）：《廓尔喀战争之前英国统治印度和早期的英国—尼泊尔关系》，加尔各答 1960 年版，第 6、15、20、27—28 和 35 页。

［168］耶稣会士斯蒂勒：《根据〈论议经〉看普里色毗·纳拉扬王》，比哈尔邦的兰契 1968 年版，第 9 页和 71 页；《廓尔喀王朝的起源》，新德里 1973 年版，第 120 页。

［169］柯克帕特里克：同上引书，第 174 页。

［170］柯克帕特里克：同上引书，第 44—45 页。

［171］V. 贝尔：《印度地理教科书》第 3 卷，《地质经济学》，加尔各答和伦敦特鲁布纳书局 1881 年版，第 4 章：《黄金和参考书目》第 608—611 页；瓦特：《印度经济产品辞典》（1890 年的首版）。

［172］布坎南·哈米尔顿（F. Buchanan Hamilton）：《尼泊尔王国的报告》，爱丁堡康斯塔布尔出版社 1819 年版，第 76 页和 272 页。

［173］塔帕兄弟（N. B. 和 D. D. Thapa）：《尼泊尔的地理学》，1969 年孟买版，第 31 页和 193 页。

［174］罗德斯（N. G. Rhodes）：《加赫瓦尔和拉达克的银币》，载《古钱币年代学》第 141 卷，1981 年，第 120—135 页。

［175］祈尔歇：同前引《中国图志》第 89—90 页。

［176］德希德里：《西藏游记》，由菲利波·德·菲利彼刊行，伦敦 1932 年版，第 130 页。

［177］霍奇森：《尼泊尔的贸易，论尼泊尔和西藏的语言、文学与宗教》，伦敦 1874 年版（后又收入《孟加拉政府档案选编》，1857 年号）。

［178］贝若亚尔（Bezoar）：《某些动物身上形成的结石——所谓的解毒药》，第 123—124 页。

［179］德希德里：同前引书，第 129、140—141、145、174 和 186 页等处。

［180］马卡姆（C. R. Markham）：《乔治·波格尔出使西藏记》，伦敦 1876 年版，第 124 页以下；忒涅：《出使西藏扎什喇嘛的驻锡地》，伦敦 1800 年版，

第369—384页；柯克帕特里克：《出使尼泊尔王国记》，伦敦1811年版，第206—207页和212页等处。《卫藏通志》卷11；《西藏图考》。大家还可以参阅柔克义：《西藏，地理、民族和历史概要，引自汉文史料》，载《大不列颠和北爱尔兰皇家亚洲皇家学会会刊》，1891年1月。

［181］德希德里：同前引书，第122页。

［182］赖特（D. Wright）：《尼泊尔史》，由辛格和班智达顾纳南译，附有序言性纲要，由赖特主编，剑桥大学出版社1877年版，第125页。

［183］罗德斯：《西藏通货的发展》，载阿里斯（M. Aris）、文山素吉（刊布人）的《纪念黎吉生的藏学研究文集》，沃明斯特1980年版。

［184］柯克帕特里克：同前引书，第217—218页。

［185］罗德斯：《库奇比哈尔的造币》，载《东方古币学会活页资料》，请参阅第13页。

［186］罗德斯和瓦尔德塔罗（C. Valdettaro）：《中世纪尼泊尔的钱币》，载《钱币编年》第7辑，第16卷，1976年。

［187］罗德斯：《不丹的铸币》，载《东方古钱币学会活页档案》第16卷，1872年1月16日。

［188］忒涅：同前引书，第370页。

［189］同前引《出自汉文史料的西藏》，第244页。

［190］瓦尔什（E. H. C. Valsh）：《西藏的铸币》，载《孟加拉亚洲学会论丛》第11卷，第2期，1907年，第11页。

［191］塔维尼耶：《领洗约翰·塔维尼耶六次赴土耳其、波斯和印度的旅行》，巴黎1676年版，第3卷，第423页。

［192］哈尔：《雅砻王朝》，哥本哈根1969年版，第125页。

［193］柯克帕特里克：同前引书，第221—212页。

［194］在此问题上，我很难理解卡恩（E. Kann）于其《中国钱币图录》（纽约1966年版）中所写下的内容：利润的4%来自“掺银的砂金数量”。顺便说一下，这就说明其白银出自一种金银共生矿。卡恩先生未能逐段地引证其原始资料，但他似乎是在泰里安·德·拉·库波里（Terrien de La Couperie）1881年的文章中找到这一切的（《西藏的银币》第342页）。他是提到这一切的另外一位绝无仅有的作家。至于泰里安·德·拉·库波里本人，其文章的第1部分似乎是以柯克帕特里克的著作为基础的，而柯克帕特里克的著作通常都是有关这一事件的主要史料。但我阅读和反复阅读了柯克帕特里克的书，却未从中找到有关这种4%黄金的内容，同时也没有找到有关这个问题的其他所有资料。

[195] 霍奇森：同前引《尼泊尔的贸易》一书。

[196] 柔克义：同前引《汉文史料中的西藏》第 8 页。

[197] 格雷米：《中世纪的尼泊尔》，加尔各答 1965—1966 年，第 2 卷，第 61 页。

[198] 罗斯：《尼泊尔，继续生存的策略》，柏克利 1971 年版，第 13—14 页。据作者罗斯的注释认为，这些尼泊尔资料出自罗摩王（Rama Shah）的一种书目（1933 年于大吉岭出版）、刊载于尼泊尔文杂志《进步》（Pragati）周刊（Ⅱ，Ⅳ，第 10 期）中的一篇文章（由尼泊尔王国政府发表）。

[199] 雷格米：同前引《中世纪的尼泊尔》第 2 卷，第 492 页。

[200] 杜赫德：《中华帝国全志》，巴黎 1735 年版；第 3 卷，1736 年版，第 268 页的图版。

[201] 泰里安·德·拉·库波里：《西藏的银币》，载《钱币编年》第 3 辑，第 1 卷，1881 年，第 343 页。

[202] 请参阅其转载文：萨提亚莫汗·若西（Satyamohan Josi）：《尼泊尔文的〈国王兄弟法印〉》，帕坦 1962 年版；雷格米：同前引《中世纪的尼泊尔》第 2 卷。

[203] 柯克帕特里克：同前引书，第 218 页。

[204] 瓦尔什：《尼泊尔的铸币》，德里 1973 年版（1908 年初版）。

[205] 泰里安·德·拉·库波里：同前引书，第 344 页。

[206] 瓦尔什：同前引《西藏的铸币》，图版Ⅳ，图像 7；图版Ⅳ，图像Ⅲ；《尼泊尔的铸币》图版Ⅱ，图像 4。

[207] 瓦尔什：同前引《西藏的铸币》第 21 页。

[208] 巴布伦（E. Babelon）：《从经济和历史角度研究钱币的起源》，巴黎 1897 年版，第 147 页以下。

[209] 柔克义：同前引《汉文史料中的西藏》第 276 页。

[210] 马尔蒂诺夫（A. S. Martynov）于其《西藏在 17—18 世纪的地位》（我仅在本书写成之后才得到了它）一书中，于第 160 页根据清代编年史而写到，在 1720 年的战争期间，仅供支付军队兵勇们的军饷，共动用了 25 万多两白银，此外还向每名兵勇发放 10 两白银的津贴。如果我们把领取 10 两白银的兵勇计算为 1 万人，那就有 10 万两，再加上 25 万两的军饷，这样一来就共计为 35 万两白银，折合 13223 公斤。因此，这与我们根据本世纪末的兵饷数字所做的估计，相差甚远。相反，用 25 万两白银供给 1 万名兵卒，即使将军官也计算在内，那也只会得出每名兵卒只有 25 两白银；如果这确实是 5 年的总数，那就每年只有 5 两，而该世纪末驻拉萨的兵卒每年要 48 两白银。

［211］柔克义：同上引《汉文史料中的西藏》第218页。

［212］A. S. 马尔蒂诺夫于其上引《西藏在17—18世纪的地位》的著作中，提到了掺假的尼泊尔钱币之“双重行市”。这种钱币于尼泊尔已贬值近半，但它仍然在西藏以原价（面值）流通，这可能吸引了那些投机家。据作者认为，西藏商人在尼泊尔以半价大量采购这类钱币，然后再于西藏按面值而兑换，如此便可以解释这些钱币于西藏大量流通的事实了。此外，马尔蒂诺夫于其有关尼泊尔—西藏商业交易的整整一章中，都在倾向于贬低这些条约的作用。因为他认为，西藏的互市与钱币形势发展到了如此程度，以至于西藏地方政府无力控制它了，而商业交易和钱币流通相反却具有一种“自发的”特征，出自经济法则而不是政府决策。

［213］清朝军队似乎是出于经济原因而于1723年班师。

［214］耶稣会士斯蒂勒：《廓尔喀王朝的兴起》，新德里1973年版，第102—115页。

［215］同上引书，第118页。

［216］耶稣会士斯蒂勒：《〈论议经〉中的普里色毗·纳拉扬王》，兰契1968年版。

［217］马卡姆：《乔治·波格尔出使西藏记》，伦敦1876年版。

［218］马卡姆：同上引书，第129页和158页。

［219］雷格米：《近代尼泊尔》，加尔各答1961—1975年版，1961年版于第226—227页中收录的附录Ⅳ。

［220］罗德斯：同上所引《西藏通货的发展》；同样请参阅其个人的学术报告。

［221］马海什·钱德拉·雷格米（Mahesh Chandra Regmi）：《1768—1846年的尼泊尔经济史研究》，德里1971年版，第160页。

［222］同前引《廓尔喀王朝的兴起》，第193—194页。

［223］忒涅：同前引书，第370页。

［224］将每尼泊尔卢比折算为11.34克。

［225］斯蒂勒：同前引《廓尔喀王朝的兴起》第198—199页。

［226］柯克帕特里克：同前引书，第345页。

［227］马戛尔尼（Macartney）.《1792年、1793年和1794年中国中原和鞑靼地区的游记》，巴黎1798年版，第1卷，第244页。

［228］请参阅卡曼（S. Camman）：《经由喜马拉雅的贸易，英国最早进入开放的西藏》，普林斯顿1951年版，第119页。

［229］泰里安·德·拉·库波里：同前引书，第348页。

[230] 请参阅肖杜里《K. C. Chaudhuri》:《廓尔喀战争之前英国统治印度和早期英国—尼泊尔关系》，加尔各答 1960 年版，第 93 页。作者在这一具体问题上未提供其资料来源，但本处所引证的事实载有关 1795 年出使莫尔维·阿卜杜勒·喀迪尔（Maulvi Abdul Qadir）时代之尼泊尔的章节中，作者为此而使用了英国档案（政治协议会议）。

[231] 载《中国古钱讲话》。

[232]《中国》第 10 卷，1979 年，第 11 页，其储量可能为数百万吨。大家还可以参阅 1979 年 1 月 19 日、10 月 18 日和 11 月 21 日的新华社新闻稿。

[233] 埃德肯（J. Edkins）:《中国的铜与银的关系》，载《皇家亚洲学会中国分会会刊》第 31 卷，1896—1897 年，第 135—145 页。

[234] 同前引《卫藏通志》。

[235] 事实上，于阗和喀什的制币厂并未曾真正发行过钱币，至少是人们在那里只发现过某些试行币（罗德斯的资料）。

[236] 人们始终是在《卫藏通志》和《中国古钱讲话》中，才能发现最多的细节；大家还可以参阅卡恩：同前引《中国钱币的发行》第 236—237 页。

[237] 例如，可以参阅黄鹏霄：《故宫清钱谱》；唐玉昆：《制钱通考》；蔡养吾:《中国古钱讲话》；彭信威:《中国货币史》；《卫藏通志》。

[238] 同上引黄鹏霄书，第 40 页。

[239] 黄鹏霄：同上引书，第 41 页；大家还可以参阅卡恩：同上引《图录》第 413—422 页。

[240] 瓦尔什：同前引《西藏的铸币》第 15 页；泰里安·德·拉·库波里：同前引书，第 387 页；卡恩：同前引《图录》，第 406 页。

[241] 马尔图诺夫:《西藏的首批铸币》(《亚洲民族研究所简报》第 69 卷，第 197—202 页，1965 年)《17—18 世纪西藏在中国政治系统中的地位》，莫斯科 1978 年版，第 167—168 页。

[242]《西藏的银币》第 344—346 页。

[243] 同前引《图录》第 403 页以下。

[244] 同前引:《西藏的铸币》。

[245] 这是罗德斯的资料。

[246] 承德位于北京的东北。

[247] 实在说，在这种准许的问题上，所有资料都互相矛盾。但现已证实，无论是否允许，都曾有过黄金出境。对于向广州出售黄金一事，我也持同样的看法。我有时也发现有人写道，虽然禁止黄金出境，但这种情况确实发生过。

［248］哈尔：同前引《雅砻王朝》第121—122页；佛兰克：《印度和西藏的古籍》1926年版第2卷，第79页。

［249］请参阅本书注［1］。

［250］塔维尼耶：《领洗约翰·塔维尼耶六次赴土耳其、波斯和印度的旅行》，巴黎1676年版，第3卷，第423页。

［251］《旧唐书》卷196上。

［252］德希德里：《出使西藏记》，伦敦劳特利奇出版社1932年版，第121页和146页。

［253］《西藏志》第138、158、184—188页。

［254］马卡姆：同上引《乔治·波格尔出使西藏记》第316页。

［255］埃弗列莫夫：《九年漫游记》，莫斯科1950年版，45页。

［256］柯克帕特里克：同前引书，第345页；马戛尔尼：《中国内地旅行记》，巴黎1789年版，第1卷，第244页。

［257］蒙哥马利：《班智达从尼泊尔赴拉萨的游行记》，载《皇家地理学会会刊》第38卷，1868年，第174页。

［258］沃德尔（L. A. Waddell）：《拉萨及其秘密》，伦敦1905年版，第474—475页。

［259］忒涅：同前引《出使拉萨记》第371、372和405页。

［260］柔克义：《汉文史料中记载的西藏》，载《大不列颠和北爱尔兰皇家亚洲学会会刊》，1891年，第271页。

［261］见该书的袖珍本，第259页。

［262］如在中国即如此，见杜赫德：《中华帝国全志》，巴黎1735年版，第1卷，第142页。当时提到了江西省的银叶。

［263］戴高丹：《1855—1870年间的西藏传教史》，凡尔登1872年版，第333页以下。

［264］魏受原：《中国的矿业资源》，载《地质经济学》第41卷，第4期，第2册（增刊号），第399—474页，1946年。

［265］1797年1月19日、10月18日和11月21日的《新华社新闻公报》。我应该指出，在1970年和此后的几年中，中国的白银总产量被美国矿业局估计为每年24880公斤（《美国矿业局年鉴》）。

［266］杜赫德：同上引《中华帝国全志》第1卷，第29、55、142、154、191、192、235和246页。

［267］杜赫德：同上引书，第1卷，第105—108页。

［268］德尔米尼（L. Dermigny）：《中国和西方，18世纪1719—1833年广

州的对外贸易》，1964 年，第 2 卷，第 724 页。

［269］杜赫德：同上引书，第 1 卷，第 223 页；第 2 卷，第 172—173 页。

［270］两部最佳著作是：莫尔斯（H. B. Morse）：《东印度公司于 1635—1834 年在华经商史》，牛津大学出版社再版本，1975 年台北版；同前引德尔米尼书。

［271］我们将会在当时的不同贸易手册中发现有关钱币、兑换和检测等方面的大量细节、建议和观点的看法。洛凯（C. Lockyer）：《印度经商记》，伦敦 1711 年版；沙瓦里·德·布鲁斯伦（Savary des Bruslons）：《最佳商人》，1722 年版。

［272］雷纳尔（G. T. Raynal）修道院院长：《欧洲人在两个印度的机构和经商的哲学与政治史》，1820 年版，第 3 卷，第 76 页。

［273］德尔米尼：同前引书，第 2 卷，第 684 页。

［274］莫尔斯：同前引书，第 1 卷，第 202 页。

［275］罗德斯：同前引《1686—1781 年加尔瓦尔和拉达克的银币》。

［276］珍妮·普莉雅尔·格尔都斯（Jeanne Prial Gòrdus）：《16—17 世纪美洲的白银与欧洲的银币》，密西根大学出版社 1979 年版。

［277］沙皇谕令第 1654 号，载《谕令全集》，1830 年，第 3 卷。

［278］这一点在 1721 年 2 月 28 日的谕令中作了重复，见《全集》中的第 3748 号谕令，1830 年，第 6 卷。

［279］特别请参阅丘尔科夫（Čulkov）：1781—1788 年，第 2 卷，第 3 页，第 6 页以下。有关其后的全部情况，还特别请参阅丘尔科夫：第 2 卷，第 2 册，第 48 页以下；米勒（a），1760 年，第 1—54、99—136 页。

［280］在地图上，叶尔羌还分别作 Irket、Iarchm、Hiarcharn、Yourkend、Yerghien；在中国的近代地图上还作 Soche、Shache（莎车）。Yarkand 和 Yarkend（叶尔羌）是 19—20 世纪西方文献中对“叶尔羌”采用的最常见的称呼。

［281］我仅仅引证了其中的几种著作。首先是彼得大帝的日记本身：《彼得大帝日记》，1772 年版。其次是在巴黎可以得到的一批 18 世纪的著作：丘尔科夫，第 2 卷，第 2 册，第 48—49 页；第 2 卷，第 3 册，第 8—12 页。米勒（a），1760 年，第 21—25 页。《大鞑靼游记》，1737 年版，第 197 页。最后是比较近期的论著：维斯洛夫斯基（Veslovskij），1887 年，第 165—175 页；波波夫（Popov），1858 年；马斯洛夫，1955 年，第 1 部分。

［282］最为令人惊讶的是斯特拉伦堡的地图，此图直到 1730 年才出版。它指出阿姆河（Amou-Darya，阿姆河之名 Amu 又叫做 Chihun，即质浑河；或者是 Oxus 河，奥克苏斯河）分成了两条支流，基本上与乌尔根齐（Ourghendj）处于同一条线上。其最靠东部的支流后来注入咸海，但其西部支流却始终都注入里海，被称为舍菲尔河（Chefel Darya）；其第 3 条河的走向同样也最终流向里海，但要更靠南方一些，它代表着一条河的故道，我们在河道上还可以看到使该河流程改道的大坝遗址。

［283］1716 年，大莫卧儿的王位在短期内由两兄弟占据，他们于 1717 年让位于奥伦宰卜（Aurengzeb）的重孙马黑麻王（Muhammad Shah），马黑麻王执政到 1798 年。

［284］1716 年 12 月 18 日的书简。特别请参阅米勒（a）：1760 年，第 104—106 页。在此问题上，据由郭恩检索的档案记载，这封信取代了原来的第一份草稿。草稿中出现了这样的情况：如果洪台吉拒绝，那就威胁要形成俄罗斯、阿育奇和哈萨克汗国之间的一种全面联盟，甚至是发动一次全面的攻击。这段文字在书信的定稿中被删掉了［请参阅郭恩（a），1911 年，第 144 页］。

［285］有关这一切，请参阅郭恩（a），1911 年和郭恩（b），1911 年。

［286］约翰·雷纳特（Jean Renat）于 1716 年在雅梅舍夫被卡尔梅克人俘虏，正如我们于上文所看到的那样。他向卡尔梅克人传授铸炮术，稍后又绘制了一幅西域地图。

［287］在有关这次远征军的问题上，特别请参阅波波夫：1853 年，第 237—318 页。

［288］难道这就是由“莫斯科商人”们所扮演的角色吗？赴西藏的基督教传教士德希德里于他在 1716—1721 年间旅居西藏时，曾会见过这些“莫斯科”人。

［289］有关特鲁什尼科夫旅行的更多细节、地点方位、政治所属、亚洲的黄金价格等问题，请参阅本书第 1 章。

［290］在其他文本中，如在米勒（a）1760 年第 54 页中，只有很小的修改。但米勒也使用了西伯利亚档案。

［291］我于此仅仅引证这封信中最重要的观点，在用蒙古文所写原文的俄文不同译本中，有几处细节上的差异。但它们未改变全书的精要。请参阅翁科夫斯基：1887 年，第 9—11 页。

［292］有关这次整个旅行，基本史料当然是翁科夫斯基的 1887 年书。

［293］这里不是指外蒙古的库伦，而是指“洪台吉的库伦”，也就是卡尔梅克汗在伊犁河上游的驻牧地。

［294］有关西域地理知识的发展情况，请参阅费德奇纳（Fedčina）1967 年的那部基本著作。

[295] 本处系据穆斯科托夫（Mušketov）1886 年书第 1 卷第 84 页而引证。这段文字既未载于耶夫勒莫夫游记的首版（1786 年，该游记近期于 1950 年和 1952 年再版）中，又未出现在 1869 年的版本中。因此，它应该是载于喀山印制的 1811 年版本中，而我未能参阅该版本。此外，某些作家写道，菲利普·耶夫勒莫夫是负有寻找金矿址的使命才出发赴亚洲旅行的。这似乎是绝对不可能的。因为正如人们所知道的那样，他的这次旅行是极其不情愿的。他在鄂伦堡前线被哈萨克游牧民俘虏，后者于布哈拉将他作为奴隶而出卖，他在那里滞留 7 年。

[296] 约瑟夫—尼古拉·德利斯勒（Joseph-Nicolas Delisle）是法国的天文学家。是地理学家纪尧姆·德利斯勒（Guillaume Delisle，de L'zsle）的兄弟，曾于 1725—1747 年在俄罗斯和西伯利亚为帝俄皇家科学院工作，而且也是该院的最早院士之一。他于 1740 年赴西伯利亚旅行以观察一颗彗星。这次旅行使他到达了托博尔河（Tobol）、鄂博河与额尔齐斯河流域。他曾长期担任俄罗斯地理局局长，能够利用大批地图和资料。请参阅伊斯纳尔（Isnard）1959 年书。

[297] 请参阅奥布鲁切夫（Obručev）（b），1955 年书。这部著作最早于 1925 年少量印制。1955 年的版本为第 3 版。它附有漂亮图案的插图。

参考书目

1. ABDOULKERIM KHODJEH. - *The memoirs of Khojeh Abdulkurreem a Cashmerian of distinction, who accompanied Nadir-Chah... Including the history of Hindostan from AD* 1739 *to* 1749... Translated from the original Persian, by Francis Gladwin. Calcutta, 1788.

阿布尔克里木·火者:《火者阿布尔克里木陪同纳迪尔王在名城喀什噶尔的游记,兼论1739—1749年间的印度斯坦史》,由法兰西斯·格拉文译自波斯文原著,加尔各答1788年版。

2. ABOUL-GHAZL. - *Histoire des Mogols et des Tatares par Aboul-Ghâzi Béhadour Khan.* Publiée, traduite et annotée par le Baron Desmaisons. (Tome ll. Tarduction). Saint-Pétersbourg, lmprimerie de l'académie impériale des sciences, 1874.

阿布尔—喀齐:《贝哈杜尔汗阿布尔—喀齐的蒙兀儿与鞑靼史》,由德迈松男爵刊行和译注(第2卷是译本)。圣彼得堡帝俄皇家科学院1874年刊印。

3. ABUL' FAZL' ALLAMI. - *The Ain in Akbari...* (Trad. du persan par H. Blochmann). Calcutta, 1873 (autres éditions dont: 2ème éd., 1939, Calcutta, publ. by the Royal asiatic society of Bengal).

阿布尔·法兹勒·阿拉米:《阿克巴尔史纲》(由布洛克曼译自波斯文),加尔各答1873年版(其他版本包括1939年加尔各答第2版,由孟加拉皇家亚洲学会刊行)。

4. *Afghanistan and Nepal.* - Calcutta, Superintendent of Government printing, 1905. (Imperial gazetteer of India)

《阿富汗与尼泊尔》,加尔各答政府印书局监制,1905年版(《印度皇家地名辞典》)。

5. AHMAD (Zahiruddin). - *Sino-Tibetan relations in the seventeenth century.* Roma, ISMEOM, 1970.

扎里鲁丁·艾哈迈德:《17 世纪的汉藏关系》,罗马中东和远东研究所,1970 年版。

6. AHMAD (Zahiruddin). - Tibet and Ladakh: a history. *Saint Antony's papers,* no 14, 1963, pp. 23-58.

扎里鲁丁·艾哈迈德:《西藏与拉达克的历史》,载《圣安东尼档案》第 14 卷,1963 年,第 23—58 页。

7. AINSLIE (Whitelaw). - *Materia indica; or, some account of those articles which are employed by the Hindoos, and other Eastern nations, in their medicine, arts, and agriculture*... London, Printed for Longman, Rees, Orme, Brown, and Green, 1826, 2 vol.

怀特洛·安斯利:《印度的物产,由印度人和其他东方民族使用的银器帐及其药品、艺术品和农产品》,伦敦伦格曼印书局版,里氏、奥姆、布劳恩和格林出版,1826 年,2 卷本。

8. AITCHISON (C. U.). - *A collection of treaties, engagements and sanaes relating to India and neighbouring countries.* Vol. XIV. Calcutta, Government of India, Central publication branch, 1929.

艾奇逊:《印度与其毗邻地区之间的条约、契约和公文集》第 14 卷,加尔各答版。印度政府中央出版局 1929 年版。

9. ANDRADE (Anthoine d'). - *Histoire de ce qui s'est passé au Royaume du Tibet. Tirée des lettres escriptes en l'année* 1626... A Paris, chez Sebastien Cramoisy, 1629.

安德拉德:《西藏地区史,取自 1626 年的书简》,巴黎斯巴斯蒂安·克拉穆瓦齐书店 1629 年版。

10. ANDRADE (P. Antonio de). - *Relation de la nouvelle découverte du grand Cathay ou bien du royaume de Tibet*... l'an 1624. Paris, S. Chappelet, 1627.

安德拉德:《对于 1624 年在大契丹或西藏新发现记》,巴黎 S. 夏普莱书局 1627 年版。

11. ARRIEN. - *L'lnde.* Texte établi et traduit par Pierre Chantraine. Paris, Société d'édition Les Belles Lettres, 1968.

阿里安:《印度》,由彼埃·尚特赖纳编译文献,巴黎美文学出版协会 1968 年版(第 3 版)。

12. ATKINSON (Edwin T.). *The Himalayan gazetteer*. Vol. l. Partl. *The Himalayan districts of the North-Western provinces*. Chap. VI. Economic mineralogy, lère éd. 1882. Reprint: Delhi, Cosmo publication, 1973.

埃文·T. 阿特金森:《喜马拉雅地名辞典》第1卷第1册:《喜马拉雅的西北地区》第6章《矿业经济学》,1882年第1版,1973年德里宇宙出版公司再版。

13. AVRIL(Père Philippe). - *Voyages en divers états d'Europe et d'Asie, entrepris pour découvrir un nouveau chemin à la Chine*. Paris, C. Barbin... 1692.

菲利普·阿夫里尔神父:《为发现一条通往中国的新道路而赴欧亚多国旅行记》,巴黎巴尔班出版公司1692年版。

14. BABELON(Ernest). - *Les origines de la monnaie, considérées au point de vue économique et historique*. Paris, Librairie Firmin-Didot, 1897.

埃尔内斯特·巴布伦:《从经济学和历史学角度考虑钱币的起源》,巴黎费尔明—迪多书店1897年版。

15. BALFOUR (Edward). - *Cyclopaedia of India and of Eastern and Southern Asia, commercial, industrial and scientific*... Madras, Scottish press, 1857... Ed. la plus récente: Graz, Akademische Drucku. Verlagsanstalt, 1967-1968.

爱德华·巴勒富尔:《印度、东亚和南亚的贸易、工业与科学百科全书》,马德拉斯司各脱出版社1857年版。其最新版本是格拉茨印刷科学院书籍发行处1967—1968年版。

16. BALL (Valentine). - *A manual of the geology of India*. Part Ⅲ: *Economic geology*. Calcutta, London, Trübner, 1881. (Chap: Ⅳ: Gold, pp. 173-231; Silver: pp. 231-238; bibl. pp. 608-611)

瓦伦廷·贝尔:《印度地质学教科书》第3卷,《地质经济学》,加尔各答,伦敦特鲁布纳书局1881年版(第4章第173—231页是有关黄金的,第231—238页是有关白银的,第608—611页是参考书目)。

17. BAMZAL (Prithvi Nath Kaui). - *A history of Kashmir*. New Delhi, Metropolitan book Co, 1973.

普里色毗·纳·考尔·巴姆宰:《克什米尔史》,新德里大都市书局1973年版。

18. BARTHOLD, V. V. *La découverte de l'Asie. Histoire de l'orientalisme en Europe en Russie*, Paris, Payot, 1947.

巴托尔德:《发现亚洲、欧洲和俄罗斯的东方学史》,巴黎帕约书店1947年版。

19. BELL (C. A). - *The people of Tibet*. Oxford, Clarendon Press, 1928.

Rééd. 1968.

贝尔：《西藏的民族》。牛津大学，克拉伦敦出版社 1928 年版，1968 年再版。

20. BERINIER (François) . - *Voyages de Francois Bernier... Contenant la description des Etats du Grad Mogol, de l'Hindoustan, du Royaume de Kachemire...* Amsterdam, chez Paul Marriet, 1969. 2 vol.

弗朗索瓦·贝尔尼埃：《弗朗索瓦·贝尔尼埃的游记……包括对大蒙兀儿国、印度斯坦和克什米尔王国的描述》，阿姆斯特丹，保罗·马里埃书店 1969 年版，2 卷本。

21. BHASIN (A. S.) (Ed.) . - *Documents on Nepal's relations with India and China* 1949-66. Delhi, Academic books, 1970.

巴辛（主编）：《有关 1949—1966 年印中关系的尼泊尔文献》，德里，书籍学会 1970 年版。

22. BORDEAUX (Albert) . - *L'or et l'argent.* Paris, Baillière, 1926.

阿尔贝尔·波尔多：《黄金和白银》，巴黎巴利耶尔出版社，1926 年版。

23. BOULNOIS (Lucette) . - *Les éachanges entre le Népal et la Chine et leurs implications socio-économiques au Népal, depuis* 1950. Thèse de 3ème cyde. Université, de Paris, 1972.

布尔努瓦：《尼泊尔与中国之间自 1950 年以来的贸易以及在尼泊尔引起的社会—经济关系》，巴黎大学 1972 年的 3 级博士论文。

24. BRADING (D. A.) . - *Miners and merchants in Bourbon Mexico 1763-1810.* Cambridge university press, 1971 (Cambridge Latin American studies) .

布拉丁：《1763—1810 年间墨西哥旁波的矿工与商人》，剑桥大学出版社 1971 年版（《剑桥拉美研究》丛书）。

25. BRUNTON(Paul) . - *A hermit in the Himalayas London,* 1937. Rééd. : London, Rider, 1969.

保罗·布伦顿：《喜马拉雅的修道山僧人》，伦敦 1937 年版，伦敦里德书店 1969 年版。

26. BUCHANAN (Francis) . - *An account of the district of Purnea in 1809-10.* Patna, Bihar and Orissa research society, 1928.

佛朗西斯·布坎南：《1809—1910 年在布尔尼亚地区的游记》，帕特给，比哈尔和奥里萨研究会，1928 年版。

27. BUSHELL (Stephen Wootton) . - Additional coins of the present dynasty, *Journal of the China branch of the Royal asiatic society,* vol. 33, 1900-1901,

pp. 30-45. fig.

斯蒂芬·伍顿·巴沙尔：《本期补充钱币》，载《皇家亚洲学会中国分会会刊》第33卷，1900—1901年，第30—45页，图版。

28. BUSHELL (Stephen Wootton). - The Chinese silver coinage of Tibet. *China review* vol. 6, 1878. pp. 348-349, fig., ibidem, vol. 8, 1880, p. 392, fig.

斯蒂芬·伍顿·巴沙尔：《西藏的汉地银币》，载《中国评论》第6卷，1878年，第348—349页的图版；同一刊物，第8卷，1880年，第392页的图版。

29. CAHEN (Gaston). - *Histoire des relations de la Russie avec la Chine sous Pierre le Grand 1689-1730*. Paris, F. Alcan, 1911.

郭恩：《1689—1730年彼得大帝时代的俄—中关系史》，巴黎阿尔坎书店，1911年版。

30. CAHEN (Gaston). - *Le livre de comptes de la earavane russe à Pékin en* 1727-1728. Texte - traduction-commenttaire - Paris, Félix Alcan, 1911.

郭恩：《1727—1728年赴北京的俄国商队之账簿》，原文和译注本，巴黎菲利克斯·阿尔坎出版社1911年版。

31. CAHEN (Gaston). - *Les cartes de la Sibérie au* XVIII *e siècle. Essai de bibliographie critique*. Paris, lmprimerie nationale, 1911. (Nouvelles archives des missions scien-tifiques et littéraires, Nouvelle série, fascicule l).

郭恩：《18世纪的西伯利亚地图，书目研究》，巴黎国家印书局1911年版（《科学和文化考察团新档案》，新编第1册）。

32. CALVERT (John). - *Vazeeri rupi; the silver country of the Vazeers in Kulu: its beauties, antiquities and silver mines, including a trip over the lower Himalaya range and glaciers*. London, New York, E. and F. N. Spon, 1873.

约翰·卡尔弗特：《韦泽尔卢比，库鲁卢的韦泽尔的银矿区，包括喜马拉雅南麓和冰川在内地区的美景、古迹和银矿》，伦敦、纽约斯本兄弟书局1873年版。

33. CAMMAN (Schuyler). - *Trade through the Himalayas: the early British attempts to open Tibet*. Princeton university press, 1951.

斯凯勒·卡曼：《经喜马拉雅的贸易，英国早期的进藏活动》，普林斯顿大学出版社1951年版。

34. CAMPBELL (A.) - On the Nepalese method of refining gold. *Journal of the Asiatic society of Bengal*, vol. 3, 1834, pp. 622-624.

坎贝尔：《尼泊尔的炼金法》，载《孟加拉亚洲学会会刊》第3卷，1834

年，第622—624页。

35. CHANG, C. Y. (éd). 1964 *Atlas of the Republic of China*, vol. Ⅱ. *Hisitsang (Tibet), Sinkiang and Mongolia*, Yang Ming Shan, Taiwan, The National College.

张松义：《中国地图》第2卷《新疆、西藏和蒙古》，阳明山，台湾"国立"大学1964年版。

36. CHAUDHURI (K. C.). - *Anglo-Nepalese relations from the early times of the British rule in India till the Gurkha war*. Calcutta, Modem book agency, 1960.

肖杜里：《廓尔喀战争之前和英国统治印度早期的英国—尼泊尔关系》，加尔各答近代书籍代销处1960年版。

37. CHAUDOIR (Baron Stan. de). - *Apereu sur les monnaies russes, et sur les monnaies étrangères qui ont eu cours en Russie, depuis les temps les plus reculés jusqu'à nos jours*. Saint-Pétersbourg, F. Bellizar, 1836-1837. 2 vol. (Ⅰ, Texte; Ⅱ Planches)

斯坦·德·肖杜瓦尔男爵：《自古至今的俄国钱币和在俄国流通的外国钱币概述》，圣彼得堡贝利扎尔书局1836—1837年版，2卷本（第1卷是文字，第2卷是图版）。

38. CHEN (Shao-Kwan). - The system of taxation in China in the Tsing dynasty, 1644-1911. (*Studies in history, economics and public law*. ed. by the Faculty of political science of Columbia University, vol. 59, no 2), 1914, Rééd. New York, AMS press, 1970.

陈绍广：《中国清代（1644—1911年）的课税制度》（载《历史、经济和公法研究》，哥伦比亚大学政治学系出版，第59卷，第2期），1914年版，纽约行政管理出版社1970年再版。

39. CLARK (Grahem E.). - Who were the Dards? A review of the ethnographic literature of the North-Western Himalaya. *Kailash*, vol. 5, no 4, 1977, pp. 323-356.

格雷厄姆·E. 克拉克：《达尔德人是什么人？喜马拉雅西北部民族文献再探》，载《冈底斯山》杂志第5卷，第4期，1977年，第323—356页。

40. COURANT (Maurice). - L'Asie centrale aux 17e et 18e siècles, empire kalmouk ou empire mantchou? Lyon, A, Rey, 1912. (*Annales de l'Université de Lyon*, Nouvelle série, Ⅱ, fast. 26)

莫里斯·古兰：《17和18世纪的西域，卡尔梅克帝国还是满族帝国?》，里昂，A. 雷伊出版社1912年版，《里昂大学年鉴》，新编第2卷，第2册，第26页。

41. CIBOT (Pierre-Martial). - Mémoire sur l'intérêt de l'argent en China. Vol. 4, pp. 299-391, in: *Mémoires concernant l'histoire, les sciences, les arts, les moeurs..*,

des Chinois. Paris, chez Nyon, 1776-1791 (Vol. 4, 1779).

韩国英:《论白银在中国的意义》，载《中国杂纂》第 4 卷，第 299—391 页，巴黎尼雍书店 1776—1791 年版（第 4 卷出版于 1779 年）。

42. COLLESS (B. E.). - The traders of the pearl. The mercantile and missionary activities of Persian and Armenian Christians in South-East Asia, Ⅵ: The Tibetan plateau. *Abr-Nahrain*, vol. 15, 1974-1975.

科莱斯:《珍珠商人，波斯和亚美尼亚基督徒在东南亚的经商与传教活动》第 6 卷:《西藏高原》，载《阿拉伯学报》第 15 卷，1974—1975。

43. ǑULKOV (Mikhail Dmitrievič). - lstori českoe opisanie rossijskoj kommercii pri vsekh portakh i granicakh ot drevnikh vermen do nyne nastojaščego i vsekh preimuščestvennykh uzakonenij po onoj gosudarja imperatora Petra Velikogo i nyne blagopolu nоč earstvujuščej gosudaryni imperatricy Ekateriy Velikoj, sočin. *Mikhajiom Čvlkovym* (Académie des sciences de Saint-Pétersbourg, 1781-1788). 21 vol.

米哈伊 · 德米特里耶维奇 · 伍尔科夫:《俄罗斯历史上的港口、边境和商业贸易》(包括整个帝俄时期在内)，载《丘尔科夫作品集》第 21 卷，圣彼得堡帝俄科学院 1781—1788 年版。

44. CUMENGE (E.), ROBELLAZ (F.). - *L'or dans la nature, minéralogie, géologie, éude des principanx gites aurifères, statistique*. Paris, Vicq-Dunot, 1898.

居芒热、罗贝拉兹:《自然界的黄金、矿物学、地质学、主要金矿址研究、统计数字》，巴黎维克—迪诺书店 1898 年版。

45. CUNNINGHAM (Alexander) . - *Ladàk physical, statistical, and historical*. London, Allen, 1854; réimpr. Delhi, Sagar, 1977.

亚历山大 · 坎宁安:《拉达克，自然、统计与历史概况》，伦敦阿伦书店 1954 年版，德里萨加尔书店 1977 年再版。

46. CUNNINGHAM (Alexander) . - *The ancient geography of India*. London, Trübner, 1871, Réimpr. : Varanasi, Bhartiya, 1975.

A. 坎宁安:《印度古代地理学》，伦敦特鲁纳书店 1871 年版，1975 年在巴尔提亚再版。

47. ABBS, J. A. 1963 *History of the discovery and exploration of Chinese Turkestan*, The Hague, Mouton.

达卜斯:《中国新疆的发现和探险史》，海牙木通出版社 1963 年版。

48. CUNNINGHAM (J. D.) . - Notes on Moorcroft's travels in Ladakh, and on Gerard's account of Kunawar, including a general description of the latter district. *Jonrnal of the Asiatic society of Bengal*, vol. 13, 1844, no 147, pp. 172-222, no

148, pp. 223-253.

J. D. 坎宁安：《莫尔克洛菲特在拉达克和杰拉尔在库纳瓦尔的游记，包括对于这后一个地区的全面描述》，载《孟加拉亚洲学会会刊》第13卷，1844年，第147期，第172—222页；第148期，第223—253页。

49. DA FANO. - Description nouvell du Royaume de Boutan. *Mercure de France*, juil-let-acût 1718.

达法诺：《不丹王国新志》，载《法国信使报》，1718年7—8月。

50. DANILEVSKIJ (B. B.). - *Russkoe zoloto. lstorija otkrytyja i dŏby i do serediny XIXv.* Moskva, Gosud. naučnotekhnic, izdat, literatury po černoj i evetnoj metallurgii, 1959.

达尼列夫斯基：《俄罗斯金矿，有关黑色与有色金属冶炼技术的文献》第19卷，莫斯科国家科学技术出版社1959年版。

51. DAS (Sarat Chandra). - *Journey to Lhasa and Central Tibet.* (lére èd. : 1902) Rééd. : New Delhi, Manjusri publ. house, 1970.

达斯：《拉萨与西藏中部游记》（1902年第1版），新德里文殊师利出版公司1970年再版。

52. DAVIES (H. R.). - *Yün-nan. The link between India and the Yangtze.* Cambridge University press, 1909.

戴维斯：《印度与扬子江之间的云南》，剑桥大学出版社1909年版。

53. DERMIGNY (Louis). - *La Chine et l'Occident. Le commerce à Canton au XVIII e siècle* 1719-1833. Paris, SEVPEN, 1964. 4 vol.

路易·德尔米尼：《中国和西方，18世纪广州的对外贸易，1719—1833年》，巴黎国民教育刊物出版及销售处，1964年版，4卷本。

54. DESGODINS (C. H.). - *La mission du Tibet de 1855 à 1870... d'après les lettres de M. l'Abbé Desgodins.* Verdun, Laurent, 1872.

戴高丹：《从戴高丹修道院长的书简看1855—1870年间的西藏传教史》，凡尔登洛伦书店1872年版。

55. DESIDERI (lppolito). - *An account of Tibet. The travels of lppolito Desdieri of Pistoia, S. J. 1712-1727.* Ed. by Filippo de Filippi. lntrod. by C. Wessels S. J. London, G. Routledge, 1932. (Voir aussi in: *I missionari italiani nel Tibet e nel Nepal.* Parte VI)

德希德里：《皮斯托亚的耶稣会士德希德里于1712—1727年的西藏游记》，由菲利波·德·菲利彼刊行，由耶稣会士威塞尔作序。伦敦劳特利奇出版社1932年版（大家还请参阅《赴西藏和尼泊尔的意大利传教士》第6卷）。

56. *Description du Pégu et de l'Isle de Ceylan...* par William Hunter, Chr. Wolf eet Eschelskroon. Traduite de l'anglais et de l'allemand par L. L. Paris, chez Maradan, Libraire, rue du cimetière Saint André des Artes, no 9, 1793.

《勃固和锡兰岛志》，由威廉・亨特、Chr. 沃尔夫和埃舍尔斯克伦著，由帕里译自英文和德文，由马拉丹书商出版（其地址为圣安德基地 9 号）1793 年版。

57. EDKINS (J.). - The relations of copper and silver in China. in: Minutes of a general meeting held at the Society's hall on Wednesday, October 21 st, 1896... *Journal of the China branch of the Royal asiatic society*, vol. 31; 1896-1897, pp. 135-145.

埃德金斯：《中国的铜币与银币的关系》，1896 年 10 月 21 日星期三在学会全体大会上的报告记录，载《皇家亚洲学会中国分会会刊》第 31 卷，1896—1897 年，第 135—145 页。

58. EFREMOV (Filipp). *Devjatiletnee stranstvolvanie.* Moskva, Gosud. izdat, geografič eskoj literatury, 1950. (lère éd.: 1786)

菲利普・耶夫勒莫夫：《九年漫游记》，莫斯科国家地理文献出版社，1950 年版（1786 年第 1 版）。

59. EFREMOV, F. S. 1893 Rossijskogo unter-oficera, kotoryj nyne praporščik, devjatiletnee stranstvovanie, prikljucenie v Bukharii, Khive, Persii i Indii i vozvraščenie ego ottuda cerez Angliju v Ressiju, pisannoe im samim v Sankt-Peterburge 1784 goda, *Russkaja starina* LXXIX, 7: 125-149.

耶夫勒莫夫：《一位俄国军士（现已成为一位陆军准尉）前往布哈拉、基辅、波斯的旅行探险》，他最后回到俄罗斯，于 1784 年在圣彼得堡写下了《九年漫游记》，载《古代俄罗斯》第 79 卷，第 7 期，第 125—149 页。

60. EMMONS (Williamn Harvey). - *Gold deposits in the world, with a section on prospecting.* New York, McGraw-Hill, 1937.

威廉・哈维・埃蒙斯：《世界的黄金储量及其勘探区》，纽约麦克・格劳—希尔出版公司 1937 年版。

61. *Encyclopedia of chemical technology.* (Ed. by P. E. Kirk and D. G. Othner). Volume 7. New York, Interscience publ. 1951. (Gold: pp. 274-288).

《化学工艺百科全书》，由基尔克和奥斯纳主编，第 7 卷，纽约多学科科学出版社 1951 年版（第 274—288 页是有关黄金问题的）。

62. FEDCINA (V. N.). - *Kak sozdavalas' karta Srednej Azii.* Moskva, Izdat. «Nauka», 1967.

参考书目

费德契娜：《中亚地图的编制》，莫斯科科学出版社 1967 年版。

63. FORBES (R. J.). - *Metallurgy in antiquity. A notebook for archaeclogists and technologists*. Leiden, Brill, 1950.

福布斯：《古代的冶金业，考古与工艺笔记》，伦敦布里尔出版社 1950 年版。

64. FORBES (R. J.) . - *Studies in ancient technology*. Vol Ⅷ. Leiden, Brill, 1971.

福布斯：《古代工艺研究》第 8 卷，伦敦布里尔出版社 1971 年版。

65. FRANCKE (A. H.) . - *Antiquities of Indian Tibet*. Part I. *Personal narrative*. Part Ⅱ. *The chronicles of Ladakh and minor chronicles*. (1ère éd. 1914) . Rééd. New Delhi, Chand and Co, vers 1975.

佛兰克：《印度和西藏的古迹》，第 1 卷《个人叙述》，第 2 卷《拉达克编年史和小编年史》（1914 年第 1 版），新德里昌德出版公司 1975 年版。

66. FRANCKE (A. H.). - *History, folklore and culture of Tibet*. (lère èd. 1905). Rééd. Delhi, Ess publications, 1979.

佛兰克：《西藏的历史、民俗和文化》（1905 年第 1 版），1979 年德里科学出版社再版。

67. Further information on the gold washings of Assam, extracted from Capt. Hannay's communications to Capt. Jenkins, Agent to the Govemor General in Assam. *Journal of the Asiatic society of Bengal*, vol. 7, no 79, juill. 1838, pp. 625-628.

有关阿萨姆淘金的更多资料，请参阅哈内探险队长向阿萨姆总督府的报告，载《孟加拉亚洲学会会刊》第 7 卷，第 79 期，1838 年 7 月，第 625—628 页。

68. GAFUROV, B. G. *Istorija Tadžikskogo naroda v kratkom izloženii. Tom I. S drevnejsikh vremendo Velikoj Okijabrskoj socialitičeskoj revoljucii 1917 g.*, Gosudarstvennoe izdatel'sto političeskoj literatury, 1952.

加富罗夫：《塔吉克民族简史》，第 1 卷《从古代到 1917 年十月社会主义革命的历史》，苏联政治文献出版社 1952 年版。

69. GAIT (E. A.) - *A history of Assam*. Calcutta, Thacker, Spink and Co, 1906.

盖特：《阿萨姆史》，加尔各答撒克和斯平克出版公司 1906 年版。

70. GAUBIL (Père) . - Mémoire géographique sur les sources de l'lrtis et de l'Oby, sur les pays des Eleuthes et sur les contrées qui sont au nord et à l'est de la mer Caspienne. Vol. 1, pp. 141-147, in: SOUCIET (E.) (Père, S. J.) . - *Observations mathématiques, astronomiques, géographiques, chronologiques et physiques*, tirées

des anciens livres chinois, ou faites nouvellement aux lndes et à la Chine par les Pères de la Compagnie de Jésus... Paris, chez Rollin libraire... 1729-1732. 2 vol.

宋君荣神父：《有关额尔齐斯河与鄂比河的源头、厄鲁特人地区以及里海北部与东部地区的地理论集》第 1 卷，第 141—147 页。载耶稣会士熙业神父：《数术、天文、地理、年代和自然考察》，取材自中国古籍，或者是由耶稣会神父们在印度和中国新近完成的观察。巴黎罗兰书店 1729—1732 年版，2 卷本。

71. *Gazetteer of Kashmir and Ladak*. Compiled under the direction of the Quarter master general in India in the Intelligence branch. Calcutta, 1890. Rééd.: Delhi, Vivek publishing house, 1974.

《克什米尔和拉达克地名辞典》，由印度情报部门的四位主要负责人主编，加尔各答 1890 年版，德里维韦克出版公司 1974 年再版。

72. GERVAISE (Nicolas). - *Histoire naturelle et politique du royaume de Siam*. A Paris, chez Claude Barbin, 1688.

尼古拉·热尔维斯：《暹罗王国的自然与政治史》，巴黎克洛德·巴尔班书店 1688 年版。

73. Gold import from Tibet. *Regmi research series*, vol. Ⅲ, no 12, déc. 1971, pp. 280-282; vol. Ⅳ, no 1, janv. 1972, pp. 4-8.

《自西藏进口的黄金》，收入《雷格米研究丛刊》第 3 卷，第 12 期，1971 年 12 月，第 280—282 页；第 4 卷，第 1 期，1972 年 1 月，第 4—8 页。

74. GONZALEZ DE MENDOZA (Juan). - *Histoire du grand royaume de la Chine*, situé aux lndes orientales... plus, trois voyages faits vers iceluy en l'an 1577, 1579 et 1581... a été adioustée une... description du Royaume de la China... Pour Jean Arnaud, 1606.

门多萨：《中华大帝国史》，附 1577 年、1579 年和 1581 年赴该帝国的三次旅行的游记，并附有为让·阿尔诺而增补的一部中华帝国志，1606 年版。

75. GORE (F.) - *Trente ans aux portes du Thibet interdit: 1908-1938*. Hong Kong, Maison de Nazareth, Imprimerie de la Société des missions étrangères de Paris, 1949.

格雷：《在禁地西藏门户 30 年（1908—1938 年）》，香港拿撒勒堂，巴黎外方传教会印刷厂 1949 年版。

76. GROSIER (Abbé). - *De la China ou description générale de cet empire*... Paris, chez Pillet ainé... 1819(3ème éd.) 7 vol.

格鲁贤修道院院长：《中华帝国通志》，巴黎长者比耶书店 1819 年版（第

3 版)，7 卷本。

77. HAARH (Erik). - *The Yar-Luṅ dynasty, a study with particular regard to the contribution by myths and legends to the history of ancient Tibet.* København. G. E. C. Gad's forlag, 1969.

埃里克·哈尔：《雅砻王朝——一种特别注重于神话和传说对西藏古代史的贡献的研究》，哥本哈根 1969 年版。

78. HAIDAR... - *The Tarikh-i-Rashidi of Mirza Muhammad Haidar, Dughlat. A history of the Moghuls of Central Asia.* An English Version edited, with comentary, notes, and map, by N. Elias. The translation by E. Denison Ross. London, Low and Co, 1895.

海达儿：《朵豁剌惕人米儿咱·马黑麻·海达儿的〈拉失德史〉》，伊莱亚斯刊行的附有注释与地图的英译本，由戴尼松·罗斯翻译，伦敦 1895 年版。

79. HALDE (J. B. du). - *Description géographique, historique, ehronologique, politique et physique de l'Empire de la Chine et de la Tartarie chinoise...* Paris, ehez P. G. Lemercier, 1735. 4 vol.

杜赫德：《中华帝国全志》，巴黎勒迈尔西埃出版社 1735 年版，4 卷本。

80. HALL (John). - Notes on the early Ch'ing copper trade with Japan. *Harvard journal of Asiatic studies*, vol. 12, 1949, pp. 444-461.

约翰·哈尔：《清代早期与日本的铜币交易》，载《哈佛亚洲研究学报》第 12 卷，1949 年，第 444—461 页。

81. HAMIL TON (F. Buchanan). - *An account of the kingdom of Nepal and of the territories annexed to this dominion by the house, of Gorkha.* Edinburgh, A. Constable, 1819. (Reprint: Delhi, Manjusri publishing house, 1971).

布坎南·哈米尔顿：《尼泊尔王国及其处于廓尔喀王朝统治之下的附属领地游记》，爱丁堡·康斯特布尔出版公司 1819 年版（1971 年德里再版，文殊师利出版公司)。

82. HANNAY (S. F.). - Abstracts of the journal of a route... from the capital of Ava to the amber mines of the Hukong Valley on the South-east frontier of Assam. *Journal of the Asiatic society of Bengal*, vol. 6, no 64, avril 1837, pp. 245-278.

汉内：《从阿瓦首府到阿萨姆东南边境的胡昆谷地的琥珀矿区旅行记述要》，载《孟加拉亚洲学会会刊》第 6 卷，第 64 期，1837 年 4 月，第 245—278 页。

83. HANWAY (Jonas). - *An historical account of the British trade over the Caspian sea: with the author's journal of travels from England through Russia into Persia,*

and back through Russia, Germany and Holland. To which are added, the revolutions of Persia during the present century, with the particular history of the great usurper Nadir Kouli. 2nd ed. revised and corrected. London, 1754. 2 vol.

乔纳斯·汉伟:《英国在里海经商的历史账目，从英国经俄罗斯赴波斯以及此后经俄罗斯、日耳曼和荷兰的游记》，1754 年于伦敦出版修订第 2 版，2 卷本。

84. HARRER (Heinrich). - *Seven years in Tibet.* London, Rupert Hart-Davis, 1957. (Edition allemande orrginale: 1953).

海因里希·哈勒:《旅藏七年》，伦敦鲁珀特—哈特—大卫出版公司 1957 年版（其德文原版刊行于 1953 年）。

85. HAUSER (H.). - *L'or.* Paris, Nony, 1901.

豪泽:《黄金》，巴黎诺尼出版社 1901 年版。

86. HAYDEN (H. H.). - Preliminary note on the geology of the province of Tsang and U in Tibet. *Records of the Geological survey of India*, vol. 32, no 2, 1905, pp. 160-174(Contient la note suivante): Note by J. M. MACLAREN... on auriferous concentrates from Chàksàm on the Tsangpo, pp. 171-172. Le texte est presque identique in.

海登:《西藏中部卫藏地区的地质学绪论》，载《印度地质调查档案》第 32 卷，第 2 期，1905 年，第 160—174 页。其中包括如下附注：由麦克拉伦作注，从恰克桑到藏布江之间金矿产区，第 171—172 页，其行文与下一部书几乎相同。

87. HAYDEN (H. H.). - The geology of the provinces Tsang and U in Central Tibet. *Memoirs of the Geological survey of India*, vol. 36, no 2, 1907, pp. 122-201. Appendix A. Note on concentrates from Chaksam on the Tsangpo, pp. 190-191.

海登:《西藏中部卫藏地质学》，载《印度地质调查论丛》第 36 卷，第 2 期，1907 年，第 122—201 页。其附录 A 是有关藏布江的金矿区，第 190—191 页。

88. HEDIN (Sven). *Trans-Himalaya. Discoveries and adventures in Tibet.* London, Macmillan, 1909-1913. 3 vol.

斯文·赫定:《穿越喜马拉雅，在西藏的发现与探险》，伦敦麦克米伦公司 1909—1913 年版，3 卷本。

89. HERMANN (Albert). - *Historical and commercial atlas of China.* Cambridge, Mass, Harvard university press, 1935. Reprint: Harvard-Yenching institute monograph series vol. I, publ. à Taipei, Literature house, 1964.

艾伯特·赫尔曼：《中国的历史和商业地图》，剑桥大学、马萨诸塞州哈佛大学出版社 1935 年版；哈佛—燕京学社专刊号第 1 卷，台北文献出版社 1964 年版。

90. HERODOTE. - *L'enquête*. Trad. par A. Barguet. Paris, Gallimard, 1964. (La, Pléiade).

希罗多德：《调查》，由布盖译，巴黎加利玛尔出版社 1964 年版（七星诗社版本）。

91. HERODOTE. *Hérodote et la découverte de la terre*. Trad. par Jacques Lacarrière. Paris, Arthaud, 1968.

希罗多德：《希罗多德和大地上的发现》，由雅克·拉卡里耶尔翻译，巴黎阿尔托出版社 1968 年版。

92. HODGSON (B. H.). - The commerce of Nepal. In: *Essays on the languages, literature and religion of Nepal and Tibet*... London, Trübner and Co, 1874. (Publié primitivement in: *Selections from the Records of the Government of Bengal*, no 27, 1857.

霍奇森：《尼泊尔的贸易》，载《尼泊尔和西藏的语言、文学和宗教论集》，伦敦特鲁布纳出版公司 1874 年版（最初发表于《孟加拉政府档案选编》第 27 卷，1857 年）。

93. HOLMES (Samuel). - *Voyage en Chine et en Tatarie, à la suite de l'ambassade de Lord Macartney*, par M. Holmes sergent-major de sa garde; anquel on a joint les vues, costumes, etc., de la Chine, par M. W. Alexandre, les planches de l'atlas original de cette ambassade, omises dans la traduction francaise, et leur explication... Ouvrage traduit de l'anglais par MM***, revu et publié... par M. Langles, de l'Institut national, etc. An 13, 1805, Paris, imprimerie Delance et Lesueur. 2 vol.

塞缪尔·霍姆斯：《随马戛尔尼使团出使中国中原与鞑靼地区记》，由马戛尔尼的卫士长塞缪尔·霍姆斯著。其中附有由亚历山大绘制的中国风景与服饰画。该使团的原图集（在法译本中被删去了）及其诠释文……这部著作由 MM***译自英文，由国家学术院的朗格莱斯先生校阅和刊行。第 13 页，1805 年，由德兰斯和拉塞尔印书局出版，2 卷本。

94. HUC (Régia-E'variste). - *Souventirs d'un voyage dans le Thibet*. lère éd.: Paris, 1850. E'dition récente: Paris, 1962 (Livre de poche).

古伯察：《西藏游记》，1850 年巴黎首版。最新版本是 1962 年于巴黎出版的袖珍本。

95. HUDŪD - AL -'ĀLAM. - *The regions of the world*; a Persian geography, 372

A. H. - 982 A. D.; translated from the Persian and explained by V. Minorsky. 2 nd ed. with the preface by V. V. Barthold; translated from the Russian... ed. by C. E. Bosworth. London, Luzac, 1970.

《世界境域志》，这是伊斯兰历 372 年（公元 982 年）的一部波斯文舆地书，由米诺尔斯基译自波斯文并作了诠释，2 卷本，由巴托尔德作序；自俄文翻译的译本由博斯沃斯翻译，伦敦鲁扎克出版社 1970 年版。

96. HUMMEL (A. W.). - *Eminent Chinese of the Ch'ing period (1644-1912)*. Washington, U. S. Government printing office, 1944.

慕恒义：《清代（1644—1912 年）名人传》，华盛顿美国政府印书局 1944 年版。

97. HUNTER (W. W.). - *Statistical account of Assam*. London, Trübner, 1879, Rééd.: Delhi, B. R. publishing corporation, 1975.

亨特：《阿萨姆的统计账目》，伦敦特鲁布纳出版社 1879 年版，1975 年德里出版协会再版。

98. IBN BATOUTAH. - *Voyages d'lbn Batoutah*. Trad. par C. Defrémery et le Dr. B. R. Sanguinetti. Paris, lmprimerie Nationale, 1914.

伊本·白图泰：《伊本·白图泰游记》，由德夫雷默里和桑吉内幕博士译，巴黎国家印书局 1914 年版。

99. Illustration of Herodotus' account of the mode of obtaining gold dust in the deserts of Kobi. (par Heeren) (repris dans:) *Journal of the Asiatic society of Bengal*, vol. 3, 1834, pp. 206-207.

《希罗多德对于在戈壁沙漠中获得金矿方式的解释》，由黑伦著。此文后又收入《孟加拉亚洲学会会刊》第 3 卷，1834 年，第 206—207 页。

100. IRVINE (R. H.). - A few observations on the probable results of a scientific research after metalliferous deposits in the Sub-Himalayan range around Darjeeling. *Journal of the Asiatic society of Bengal*, vol. 17, févr. 1848, pp. 137-144.

欧文：《有关大吉岭周围喜马拉雅南麓黄金储量的可能科研成果略考》，载《孟加拉亚洲学会会刊》第 17 卷，1848 年 2 月 17 日，第 137—144 页。

101. ISNARD (Albert). - *Joseph-Nicolas Delisle. Sa biographie et sa collection de cartes géographiques à la Bibliothèque Nationale*. Paris, Imprimerie Nationale, 1915.

艾伯特·伊斯纳尔：《约瑟夫—尼古拉·德利斯尔，其传记和国立图书馆所藏其他图集》，巴黎国家印书局 1915 年版。

102. lzvestie o pesočnom zolote v Bukharii, o činennykh dlja onago otpravlenijakh, i o stroenii krepostej pri reke lrtyše, kotorym imjana: Omskaja, Železenskaja,

Jamyševskaja, Semi-palatnaja i Ust'kamenogorskaja. *Sočinenija i perevody, k pol'ze i uveseniju služaščija*, janvier 1760, pp. 1-54; février 1760, pp. 99-136. (Attribué à G. Miller).

《捷米舍夫斯卡娅、谢米帕拉特那拉、乌斯特·卡缅诺果尔斯卡娅关于布哈拉地区金砂矿的报道》，摘自《娱乐服务业专业译作集》，1760年1月，第1—54页；1760年2月，第99—136页。

103. IIINA, M. A. 1974, Srednjaja Azija na karte Stralenberga, *Sovetskaja etnografija* 1: 70-83.

伊季纳：《斯特拉伦堡地图中的西域》，载《苏联民族学》第1卷，1974年，第70—83页。

104. JACOB (William). - *An historical inquiry into the production and consumption of the precious metals.* London, J. Murray, 1831.

威廉姆·雅各布：《对贵金属生产和消费历史的调查》，伦敦默里书局1831年版。

105. JAUBERT (Pierre-Amédée). - *Géographie d'Edrisi*: Traduite de l'arabe en francais d'après deux manuscrits de la Bibliothèque du Roi et accompagnée de notes... Paris, lmprimerie Royale, 1836. Tome I.

彼埃—阿迈戴·若贝尔：《埃德里希的舆地书》，根据皇家文库中的两种稿本而自阿拉伯文译成法文并附有注释，巴黎皇家印书局1836年版，第1卷。

106. JENKINSON, A. 1962 The Voyage of Master Anthony Jenkinson, made from the citie of Mosco in Rus-sia, to the citie of Boghar in Bactria, in the yeere 1558: written by himselfe to the merchants of London of the Moscovie compagnie, *Voyages* (R. Hakluyt), London, Everyman's library: 438-468.

詹金森：《安东尼·詹金森先生的游记》，1558年从俄罗斯的莫斯科城到巴克特里亚的保加尔城，由莫斯科公司的伦敦商人自己所写。收入《游记》(哈克鲁特翻译本)，伦敦常人书店1962年版，第438—468页。

107. JEST (Corneille) . - *Dolpo. Communautés de langue tibétaine du Népal.* Paris, Ed du C. N. R. S. 1975.

科尔内耶·热斯特：《多尔波人—尼泊尔的藏语社团》，巴黎国立科研中心1975年版。

108. JOHNSON (B. F. G.), DAVIS (R.). - Gold. pp. 129-186, vol, Ⅲ de: *Comprehensive inorganic chemistry*, edited by J. C. Bailar, H. J. Emeleus, R. Nyholm, A. F. Trctman-Dickenson. Oxford, etc., Pergamon Press, 1973.

约翰逊和戴卫：《黄金》，载《综合有机化学》第3卷，第129—186页，由贝勒、埃米勒斯、尼霍尔姆、特罗特曼—迪肯松主编，牛津大学等地，珀加蒙出版社 1973 年版。

109. JOSI (Satyamohan). - *Nepali rastriya mudra*. Lalitpur, Jagadamva Prakasan, V. S. 2019(1962).

萨迪亚莫汗·若西：《尼泊尔文的〈论议经〉》,拉利特普尔,雅克达姆瓦·普拉卡散，请参阅 2019 条（1962 年）。

110. KANN (Eduard). - *Illustrated catalog of Chinese coins (Gold, silver, nickel and aluminium)*. New York, Mint productions, 1966(2èm éd.).

爱德华·卡恩：《中国钱币图录（金币、银币、镍币和铅币）》，纽约制币厂 1966 年印制（第 2 版）。

111. KANN (Eduard). - *The currencies of China. An investigation of silver and gold transactions affecting China - with a section on copper*. Shanghai, Kelly and Walsh, 1927.

爱德华·卡恩：《中国的通货，中国令人钟爱的金银交易调查，铜币部》，上海，凯利和瓦尔什 1927 年版。

112. *Kazakhstan*. Moskva, lzdatel'stvo «Mysl'», 1970.

《哈萨克斯坦》，莫斯科穆斯林出版社 1970 年版。

113. KHACHIKINA (Lvon). - Le registre d'un marchand arménien en Perse, en Inde et au Tibet (1682-1693). *Annales*, vol. 22, no 2, mars-avril 1967, pp. 233-278.

伊凡·哈奇健：《一名亚美尼亚商人在波斯、印度和西藏的账簿（1682—1693）》，载《年鉴》第 22 卷，第 2 期，1967 年 3—4 月，第 233—278 页。

114. KIRCHER (Athanasius). - *China monumentis qua sacris qua profanis*... illustrata... Amstelodami, apud J. Janssonium a Waesberge et E. Weyerstraet, 1667. Rééd.: China illustrata. Kathmandu, Ratna pustak bhandar, 1979.

祈尔歇：《中国图志》，阿姆斯特丹 1667 年版，加德满都 1979 年再版。

115. KIRCHERE (Athanase). - *La Chine d'athanase Kirchere de la Compagnie de Jésus*, illustrée de plusieurs monuments tant sacrés que profanes, et de quantité de reeherehes de la nature et de l'art... Traduit par F. S. Dalquié. Amsterdam, chez Jean Jansson à Waesberge... L'an 1670.

《耶稣会祈尔歇的〈中国图志〉》，由达尔基耶译，阿姆斯特丹 1670 年版。

116. KIRKPATRICK (William). - *An account of the Kingdom of Nepaul being the substance of observations made during a mission to that country in the year* 1793 *by Colonel Kirkatrick*. London, William Miller, 1811. (Reprint: Delhi, Manjusri publishing house, 1969)

威廉·柯克帕特里克:《柯克帕特里克上校 1793 年在尼泊尔王国旅行期间对现有资源的考察记》，伦敦威廉米勒出版社 1811 年版（德里文殊师利书局 1969 年再版）。

117. KOLMAŠ (J.). - *Tibet and imperial China. A survey of Sino-Tibetan relations up to the end of the Manchu dynasty in* 1912. Canberra, Australian national university, Centre of oriental studies, 1967.

科尔马什:《西藏与中华帝国，1912 年之前的清代汉藏关系综述》，堪培拉，澳大利亚国立大学，东方研究中心，1967 年版。

118. KRICK (Abbé Nicolas-Michel). - *Relation d'un voyage au Thibet en* 1852 *et d'un voyage chez les Abors en* 1853. Paris, 1854.

尼古拉—米歇尔·科里克修道院院长:《1852 年旅藏记和 1853 年在阿博尔人中的游记》，巴黎瓦通书店 1854 年版。

119. KUROPATKIN, A. N. 1879, *Kašgarija, istorikogeografičeskij o erk strany, eë voennye sily, promyšlennost'i tor-govlja*, S. Peterburg.

库罗帕特金:《喀什噶里历史地理纲要》，主要论述其军事、工业和商业，圣彼得堡 1879 年版。

120. LAUNAY (Louis de). - *L'or dans le monde. Géologie, extraction, économie politique*. Paris, Amand Colin, 1907.

路易·德·洛内:《世界上的黄金，地质学、矿业开采学、政治经济学》，巴黎阿尔芒·科兰出版社 1907 年版。

121. LAUNAY (Louis de). - *La géologie et les richesses minérales de l'Asie*. Paris, Béranger, 1911.

路易·德·洛内:《亚洲的地质学与矿业财富》，巴黎吉兰热出版社 1911 年版。

122. LECLERE (A.) - Note sur la législation des mines en Chine. *Annales des mines*, no 18, 1900, pp. 249-260.

勒克莱尔:《中国的矿业法札记》，载《矿业年鉴》第 18 期，1900 年，第 249—260 页。

123. LECLERE (A.). - Etude géologique et minière des provinces chinoises voisines du Tonkin. *Annales des mines*, no 20, 1901, pp. 287-492.

勒克莱尔:《中国交州附近几个省份的地质与矿业研究》，载《矿业年鉴》第 20 期，1901 年，第 287—492 页。

124. LE COMTE (Lous) (S. J.) - *Nouveaux mémoires sur l'état présent de la Chine*. A Paris, chez Jean Anisson, 1696.

耶稣会士李明：《中国现势新志》，巴黎让·阿尼松书店1696年版。

125. LE MAY (Reginald). - The coinage of Siam. *Journal of the Siam society*, vol. 35, part I, 1932, pp. 1-78.

勒尼雅尔·勒·梅：《暹罗的铸币》，载《暹罗学会会刊》第35卷，第1期，1932年，第1—78页。

126. LEPIDI (Jules). - *L'or*. Paris, Presses universitaires de France, 1971. (Que sais-je? no 776).

儒勒·莱彼迪：《黄金》，巴黎，法国大学出版社，1971年版（《我知道什么?》丛书第776种）。

127. LEVAT (David). - *L'industrie aurifère*. Paris, Dunod, 1905.

大卫·勒瓦：《黄金工业》，巴黎勒鲁出版社1905年版。

128. LEVI (Sylvain). - *Le Népal. Etude historique d'un royaume hindou*. Paris, E. Leroux, 1905-1908.

席尔宛·烈维：《尼泊尔，一个印度人王国的历史研究》，巴黎勒鲁出版社1905—1908年版。

129. LEWIN (T. H.). - The trade routes from Bengal to Tibet. *Proceedings of the Royal geographical society*, vol. I, no 10, oct. 1879, pp. 680-682.

莱温：《从孟加拉到西藏的商路》，载《皇家地理学会会议纪要》第1卷第10期，1879年10月，第680—682页。

130. LI (Tieh-Tseng). - *The histoical status of Tibet*. New York, Columbia University, King crown's press, 1956.

李铁铮：《西藏的历史地位》，纽约，哥伦比亚大学，皇家学院出版社1956年版。

131. LOCK (Alfred George). - *Gold: its occurrence and extraction*. London, E. and F. N. Spon, 1882 (Asia: pp. 269-476; Thibet: pp. 461-468).

阿尔弗莱德·乔治·洛克：《黄金，矿藏与开采》，伦敦，斯本兄弟书局1882年版（第269—476页为"亚洲的黄金"，第461—468页为"西藏的黄金"）。

132. LOCKYER (Charles). - *An account of trade in India*, containing rules for good government in trade, price courants and tables... to which is added an account of the management of the Dutch in their affairs in India.. London, S. Crouch, 1711.

查尔斯·洛凯：《印度经商记》，包括一个信誉良好政府的经商准则、通行价格与价目表，附荷兰在印度经商的账目，伦敦克劳奇出版社1711年版。

133. MACARTNEY. - *Voyage dans l'intérieur de la Chine, et en Tartarie, fait*

dans les années 1792, 1793 et 1794, par Lord Macartney, ambassadeur du roi d'Angleterre auprès de l'empereur de la Chine... rédigés sur les papiers de Lord Macartney, sur ceux de Sir Erasme Gower, commandant de l'expédition... par Sir Georges Staunton, de la Société royale de Lodres... Paris, F. Buisson, 1798.

马戛尔尼：《1792 年、1793 年和 1794 年英王出使中国皇帝的使节马戛尔尼在中国中原和鞑靼地区的游记》，根据马戛尔尼和这次出使的总管埃拉斯姆·高尔的档案，由英国皇家学会的斯当顿所著，巴黎比松出版社 1798 年版。

134. MACLAREN (Malcolm). - The Tibetan goldfields. *The Mining journal, railway and commercial gazette*, vol. 81, no 3748, 22 june 1907, pp. 825-826.

马尔科姆·麦克拉伦：《西藏的采金地》，载《矿业学报，铁路和贸易杂志》第 81 卷，第 3748 期，1907 年 6 月 22 日，第 825—826 页。

135. MAGAILLANS (Gabriel de). - *Nouvelle relation de la Chine*, contenant la description des particularités les plus considérables de ce grand Empire. Composée en l'année1668 par le R. P. Gabriel de Maglillans... A Paris, chez Claude Barbin, 1688.

安文恩：《中国新志》，包括对该大帝国最著名特点的描述，由安文思撰于 1668 年，巴黎克洛德·巴尔班出版社 1688 年版。

136. MAILLA (MOYRIAC de). - *Historire générale de la Chine ou annales de cet empire...* par le feu Père Joseph-Anne-Marie de Moyriac de Mailla... Paris, 1780. Tome onze.

冯秉正：《中国通史》，由尊敬的冯秉正神父著，巴黎 1780 年版，11 卷。

137. MAJUMDAR (R. C.) (General editor). - *The history and culture of the Indian people.* Volume 8. *The Maratha supremacy.* Bombay, Bharatiya Vidya bhavan, 1977.

马宗达（主编）：《印度民族的历史与文化》第 8 卷《马拉塔人的最高权威》，孟买巴拉提亚·韦迪亚·巴万出版社 1977 年版。

138. MAKŠEEV (A.). - *Karta Džungarii*, sostavlennaja Svedom Renatom, vo vremja ego plena u Kalmykov, s 1716 po 1733. Sanktpeterburg, Tipografija lmperatorskoj Akademii nank, 1881.

马克舍耶夫：《准噶尔地图》，圣彼得堡皇家科学院印制，1881 年版。

139. MALLERET (Louis). - *Pierre Poivre.* Paris, Ecole francaise d'Extrêms-Orient, 1974 (*Publications de l'EFEO*, vol. 92).

路易·马勒雷：《彼埃·普瓦夫尔》，法兰西远东学院 1974 年版（《法兰西远东学院丛刊》第 92 卷）。

140. MANCALL (Mark). - *Russia and China. Their diplomatic relations to*

1728. Cambridge, Mass, Harvard university press, 1971 (*Harvard East Asian series* 61).

马克·芒卡尔：《俄国和中国1728年前的外交关系》，坎布里奇（马萨诸塞州），哈佛大学出版社1971年版（《哈佛东亚丛书》第61卷）。

141. MANGUIN (Pierre-Yves). - *Les Portugais sur les côtes du Viêt-Nam et du Campā*. Etude sur les routes maritimes et les relations commerciales, d'après les sources portugaisees (XVI e, XVII e, XVIII e siècles) . Paris, Ecole franeaise d'Extrême-Orient, 1972 (*Publications de l'EFEO*, vol. 81).

彼埃—叶维斯·芒古安：《越南海岸和占婆的葡萄牙人》，根据葡萄牙文资料（16、17、18世纪）而对海路和贸易关系的研究，法兰西远东学院1972年版（《法兰西远东学院丛刊》第81卷）。

142. MANUCCI (Niccolao). - *Storia do Mogor, or Mogul India* 1653-1708 by Niccolao Manucci, Venetian. Translated with introduction and notes by William Irvine. London, John Murray, 1906. 4 volumes.

尼古拉·马努奇：《莫卧儿人或者是印度蒙兀儿人1653—1708年的历史》，由威尼斯人尼古拉·马努奇著，由威廉·欧文翻译、作序和加注，伦敦默里书局1906年版，4卷本。

143. MARKHAM (Clements R.). - *Narratives of the mission of George Bogle to Tibet and of the journey of Thomas Manning to Lhasa*. London, Trübne, 1876. (Reprint: Delhi, Manjusri publishing house, 1971).

克莱芒·R. 马卡姆：《乔治·波格尔出使西藏记和马吝拉萨日记》，伦敦特鲁布纳书局1876年版（德里文殊师利出版公司1971年再版）。

144. MARKHAM (Clements R.). - The mountain passes on the Afghan frontier of British India. *Proceedings of the Royal geographical society*, vol I, no I, 1879, pp. 38-62.

马卡姆：《穿越英属印度与阿富汗边境的山区》，载《皇家地理学会会刊》第1卷，第1期，1879年，第38—62页。

145. MARTYNOV (A. S.). - O nekotorykh ososbennostjakh politiki cinskogo pravitel'-stva v Tibete v konce XVIII v. (predystorija man'čžurskogo pokhoda v Nepal v 1792 g.) pp. 243-263 in: Man'čžurskoe vlady estvo v Kitae. Mokkva, lzdat. Nauka, 1966. (Akademija nauk SSSR, lnstitut narodov Azii).

马尔图诺夫：《西藏的首批铸币》。

146. MARTYNOV (A. S.). - O pervykh čekankakh monety v Tibete (po materialam ksilografa «Korka cziljue»). *Kratkie soobš enija lnstituta narodov Azii*, vol. 69,

参考书目

1965, pp. 197-202.

马尔图诺夫:《西藏的首批铸币》,载《亚洲民族研究所简报》第 69 卷,1965 年,第 197—202 页。

147. MARTYNOY (A. S.). - *Status Tibeta v* ⅩⅦ-ⅩⅧ *vekakh v tradicionnoj kitajskoj sisteme političeskikh predstavlenij.* - Moskva, Lzdatel'stvo Nauka. Glavnaja redakcija vostočnoj literatury, 1778.

马尔图诺夫:《西藏在 17—18 世纪中国政治体系中的地位》,莫斯科 1978 年版。

148. MASLOVA, O. V. 1955 Obzor russkikh putešestvij i ekspedicij v Srednjuju Aziju. Materialy k istorii izu enija Sredney Azii. čast'I. 1715-1856, Taškent.

马斯洛娃:《俄罗斯中亚探险、旅游概述》,载《中亚历史研究资料》第 1 卷,1715—1856 年塔什干版。

149. MASON (Rev. F.) . - *Burmah, its people and natral productions...* Rangoon, Thos. Stowe Ranney, 1860.

马松:《缅甸的民族和天然物产》,仰光,1860 年版。

150. MEYENDORFF (Georges de) . - *Voyage d'Orenbourg à Boukhara, fait en* 1820... Paris, Librairie orientale de Dondey-Dupré, 1826.

乔治·德·梅延朵夫:《1820 年从鄂伦堡赴布哈拉的旅行,经由从咸海之东和古药杀河彼岸之间的草原》,巴黎东岱—迪普雷 1826 年版。

151. MILIER, G. F. 1760a, Izvestie o Pesočnom zolote v Bukharii, o činennykh dlja onago otpravlemijakh, i o stroenii krepostej pri reke lrtyše, kotorym imjana: Omskaja, Železenskaja, Jamyševskaja, Semipalatnaja i Ust'kamenogorskaja, *So činenija i perevody, k pol'ze i uveseleniju služaščija,* janv. : 1-45; févr. : 99-136.

米勒:《关于布哈拉地区金砂矿的报道》,摘自《娱乐服务业务译作》,1 月份,第 1—45 页;2 月份,第 99—136 页。

152. MILLER (G. F.) . - *Opisanie Sibirskago carstva i vsekh proizšedsikh v nem del...* S. Peterburg, 1750.

米勒:《西伯利亚王国时期的手抄本》,圣彼得堡 1750 年版。

153. *Minerais et métaux. Statistiques. Cuivre, plomb, cobalt, nickel...* argent, or. Paris, 1939 à 1948. (publié par la société *Minerais et métaux*) .

《矿藏与金属,统计资料,铜、铅、钴、镍……银、金》,巴黎 1939—1948 年版(由“矿产和金属学会”版)

154. *I Missionari italiani nel Tibet e nel Nepal.* A cura di Luciano Petech. Roma, 1952-1956, Libr. dello Stato. 7 volumes.

《意大利传教士在西藏和尼泊尔的活动》，由伯戴克主编，罗马 1952—1956 年版，国家书局印制，7 卷本。

155. MONTGOMERIE (T. G.). - Report of a route-survey made by Pundit*, from Nepal to Lhasa, and thence through the Upper Valley of the Brahmaputra to its source. *Journal of the Royal geographical society*, vol. 38, 1868, pp. 129-219.

蒙哥马利：《班智达旅行报告，从尼泊尔到拉萨，经布拉马普特拉河的上游到其源头》，载《皇家地理学会会刊》第 38 卷，1868 年，第 129—219 页。

156. MONTGOMERIE (T. G.). Report of the Trans-Himalayan explorations during 1867. *Journal of the Royal Geographical society*, vol. 39, 1869, pp. 146-187.

蒙哥马利：《1867 年穿越喜马拉雅的探险报告》，载《皇家地理学会会刊》第 39 卷，1869 年，第 146—187 页。

157. MOONERAM. - Native account of washing for gold in Assam. By Mooneram, Revenue Sheristadar, Bur Bundaree (communicated by Captain F. Jenkins to the Coal and mineral committee). *Journal of the Asiatic society of Bengal*, vol. 7, no 79, juillet 1838. pp. 621-625.

莫纳拉姆：《阿萨姆土著人的淘金之记述》，由莫纳拉姆著，勒沃纽斯里靳塔达尔审阅（由詹金斯上校在煤和金属矿委员会上所作的报告），载《孟加拉亚洲学会会刊》第 7 卷，第 79 期，1838 年 7 月，第 621—625 页。

158. MOORCROFT (William), TREBECK(Georgo). - *Travels in the Himalayan provinces of Hindustan and the Panjab, in Ladakh and Kashmir; in Peshawar, Kabul, Kunduz, and Bokhara from 1819 to 1825*. (Reprint. Delhi, Sagar, publ., 1971)

威廉·莫尔克洛菲特、乔汉·特雷贝克：《印度斯坦的喜马拉雅地区和旁遮普游记》，由白沙瓦、喀布尔和布哈拉于 1819—1825 年版（德里萨迦尔出版社 1971 年再版）。

159. MORERY (Louys). - *Le Grand dictionnaire historique*. (Nombreuses éditions à partir de celle de Lyon, J. Girin, et B. Rivière, 1674 jusqu'anx années 1740 et suivantes. (s'écrit aussi MORERI).

路易·莫雷里《历史大辞典》（自吉林和里维埃尔 1674 年的里昂版以来，直到 1740 年之后，有许多版本，其名字也写作 Moreri）。

160. MORGAN, E. D. 1893 The Pevtsof expedition and M. Bogdanovitch's surveys, *Geographical journal*, Ⅱ, 7: 55-63.

摩尔根：《列夫佐夫的探险和博格达诺维奇的勘探》，载《地理学报》第 2 卷，第 7 期，第 55—163 页。

161. MORSE (Hosea Ballou). - *The chronicles of the East India Company trading*

参考书目

to China 1635-1834. 5 vol. Oxford university press, 1925. Reprint, Taipei, 1975.

马士：《1635—1834 年东印度公司在华经商史》，5 卷本，牛津大学出版社 1925 年版，台北 1975 年重印。

162. MOURAVIEV, N. N. 1823 *Voyage en Turcomanie et en Khiva...*, Paris, L. Tenré.

穆拉威耶夫：《土库曼和基辅游记》，巴黎 1823 年塘雷书店版。

163. MURZAEV, E. M. 1973 *Gody iskanij v Azii*, Moskva, Izdatel'stvo Mysl'.

穆拉扎耶夫：《亚洲探险》，莫斯科穆斯林出版社 1973 年版。

164. MUŠKETOV (I. V.). - *Turkestan*. S. Peterburg, 1886. (2ème ét.: Leningrad, 1915). 2 vol.

穆斯科托夫：《突厥斯坦》，圣彼得堡 1886 年版（1915 年列宁格勒第 2 版），2 卷本。

165. MEEDHAM (Joseph), LU (Gwei-djen). - *Science and civilization in China*. Vol. V: *Chemistry and chemical technology*. Part 2: *Spagyrical discovery and invention: magisteries of gold and immortality*. New York, London, Cambridge University press, 1974.

李约瑟、鲁唯祯：《中国科学技术史》第 5 卷《化学与化学工艺》第 2 册《炼丹术的发现与发明，金丹与长生不老术》，纽约、伦敦剑桥大学出版社 1974 年版。

166. NGUYEN THAN-NHA. - *Tableau économique du Viêtnam aux* Ⅻe *et* ⅩⅧe *siècles*. Paris, Editions Cujas, 1970.

阮清前：《17 世纪和 18 世纪的越南经济年表》，巴黎居扎出版社 1970 年版。

167. NIZAMUTDINOV (Iljas). *Iz istorii sredneaziatsko-indiyskikh otnošenii (* Ⅸ-ⅩⅦ *w.)*. Taškent, izdat. Uzbekistan, 1969.

伊利亚·米扎穆季诺夫：《中亚淘金工业史（9—17 世纪）》，塔什干乌兹别克出版社 1969 年版。

168. NOTA-MANUS (Tran.). - *A translation of the Seir Mutaquerin, or view of modern times, being an history of India from the year 1118, to the year 1195 of the Hedjrah... [1195 = 1781-1782]*... The whole written in Persian by Seid-Gholam-Hossein-Khan... Calcutta, Printed by James White, 1798.

诺达—马努斯（译者）：《穆太盖因书的译本，伊斯兰历 1118（公元 1781—1782 年）—1195 年印度史研究》，加尔各答，由詹姆斯·怀特于 1798 年印制。

169. NOVLJANSKAJA, M. G. 1966 *Filipp Iogann Stralenberg. Ego raboty po issledovaniju Sibiri*, Leningred, Izdatel'stvo Nauka.

诺夫尔良斯卡娅：《斯特拉伦堡及其西伯利亚研究》，列宁格勒科学出版社 1966 年版。

170. OBRUČEV (V. A.). - *Central'naja Azija, Severnyj Kitaj i Nan-Šan'. Ot etčo putešestvii, soveršennom po poruč eniju lmperatorskago russkago geografič eskgo obš est-va v* 1892-1894 *godakh, gornago inženera V. A. Obru eva*. S. Peterburg, 1990.

奥波鲁切夫：《西域、华北与地山，奥波鲁切夫 1892—1894 年考察报告集》，1900 年圣彼得堡版。

171. OBRUČEV (V. A.). - *Zolotoiskateli v pustyne*. - Moskva, Gosudarstvennoe izdatel'stvo geografičeskoj literatury, 1955.

奥波鲁切夫：《采金散记》，莫斯科国家地理文献出版社 1955 年版。

172. PALLAS (Pierre Simon). - *Voyages du professeur Pallas dans plusieurs provinces de l'Empire de Russie et dans l'Asie septentrionale*. Paris, Maradan, an Ⅱ. 9 volumes.

彼埃尔·西蒙·帕拉斯：《帕拉斯教授在俄罗斯帝国数省和东亚的旅行》，巴黎马拉出版社，第 11 年，9 卷本。

173. PEISSEL (Michel). - *Zanskar, royaume oublié aux confins du Tibet*. Paris, *Robert Laffont*, 1979.

米歇尔·柏塞尔：《西藏边陲被遗忘的王国桑噶尔》，巴黎，罗伯尔·拉封 1979 年版。

174. PEKARSKIJ (P.) - *Nauka i literatura v Russii pri Petre Velikom*. Vol. I. S. Peterburg, 1862.

佩卡尔斯基：《彼得大帝时期的科学与文化》第 1 卷，圣彼得堡 1979 年版。

175. PELLIOT (Paul). - *Histoire ancienne du Tibet*. Paris, Librairie d' Améique et d'Orient, 1961.

伯希和：《吐蕃古代史》，巴黎美洲和东方书店 1961 年版。

176. PELLIOT, P. 1960 *Notes critiques d'histoire kalmouke*, Paris, Librairie d'Amérique et d'Orient.

伯希和：《卡尔梅克史译注》，巴黎美洲和东方出版社 1960 年版。

177. PEERY (John). - *The state of Russia under the present czar... also an account of those Tartars and other people...* London, printed for B. Tooke, 1716.

约翰·佩里：《在本代沙皇统治下的俄罗斯国家……鞑靼和其他民族的情

况》，伦敦图克书店 1716 年版。

178. PETECH (Luciano). - *China and Tibet in the early XVIII th century. History of the establishment of Chinese protectorate in Tibet.* 2ème éd. Leiden, E. J. Brill, 1972.

伯戴克：《18 世纪前期的中原和西藏：中国在西藏设立保护权的历史》，1972 年伦敦布里尔出版社第 2 版。

179. PETECH (Luciano). - *The Kingdom of Ladakh c.* 950-1842 *A. D.* Roma, IS-MEO, 1977.

伯戴克：《950—1842 年的拉达克王国》，罗马中东和近东研究所 1977 年版。

180. PEVCOV (M. V.). *Putišestvie v Kašgariju i Kun-Lun'.* Moskva, Gosudarstvennoe izdatel'stvo geografičeskoj literatury, 1949.

佩夫索夫：《喀什噶尔，昆仑山考察记》，莫斯科国家地理文献出版社 1949 年版。

181. PLINE l'Ancien. - *Histoire naturelle.* Plusieurs traductions dont une par Littré, Paris, 1848-1850.

老普林尼：《自然史》（又译《博物志》），此书有多种译本，其中一种系由利特雷翻译，巴黎 1848—1850 年版。

182. *Polnoe sobranie zakonov rossijskoj imperii s* 1649 *goda.* Tom Ⅵ 1720-1722. Tom Ⅲ, Tom Ⅳ, Tom Ⅴ, pe atano v tipografii ll Otdelenija Sobstvennoj ego lmperatorskago Velič estva Kancelarii, 1830. S. Peterburg.

《扎卡诺夫全集》（始于帝俄 1649 年），1720—1722 年出版社第 6 卷，其第 3、4、5 卷，圣彼得堡 1830 年版。

183. POLO. - *Le livre de Marco Polo ou le deviement du monde.* (Nombreuses éditions dont:) Paris, Albin Michel, 1955 (Le Livre de poche).

马可·波罗：《马可·波罗的书》，或者叫做《寰宇记》。此书有多种版本，其中一种是 1955 年阿兰·米歇尔在巴黎出版社的袖珍本。

184. PEVCOV, M. V. 1949 *Putišestvie v Kašgariju i Kun-Lun'*, Moskva, Gosudarstvennoe izdatel'stvo geografič eskoj literatury.

波波夫：《噶什喀尔，昆仑山考察记》，俄罗斯国家地理文献出版社，1949 年版，第 237—318 页。

185. POPOV (A.). - Snošenija Rossii s Khivoj i Bukharoju pri Petre Velikom. *Zapiski Russkogo geografičeskogo obščestva*, Ⅸ, 1853, pp. 237-318.

波波夫：《维利科夫于基辅和布哈拉的俄罗斯游记》，载《帝俄地理学会会刊》第 9 卷，1853 年，第 237—318 页。

186. PORTAL, R. *L'Oural au XVIIIe siècle. E tude d'histoire économique et sociale*, Paris, Institut d'études slaves, 1950.

波尔塔尔：《18 世纪的乌拉尔，经济和社会史研究》，巴黎斯拉夫研究所 1950 年版。

187. PRANAVANANDA (Swami) .- *Exploration in Tibet.* University of Calcutta, 1950.

斯瓦米·普拉纳瓦南达：《西藏探险》，加尔各答大学 1950 年版。

188. PRJEVALSKI (N.) .- *Mongolie et pays des Tangoutes.* Paris, Hachette, 1880.

普热瓦尔斯基：《蒙古和唐古特人地区》，巴黎哈切特出版社 1880 年版。

189. PRŽEVAL'SKIJ (N. M.) .- *Tret'e putišestvie v Central'noj Azii. lz Zajcana čerez Khami v Tibet i na verkhov'ja Želtoj Reki.* S. Peterburg. 1883.

普热瓦尔斯基：《中亚探险，从斋桑湖经哈密到西藏和黄河上游》，圣彼得堡 1883 年版。

190. RAWLINSON (Henry) (Pall Mall Gazette, 16 mars 1869) reproduit in: SCHIERN, trad. par CHILDERS in *Indian antiquary*, vol. 4, août 1875.

亨利·罗林森：《蓓尔美术学报》，转载于下引谢尔恩书，由希尔德斯翻译，载《印度古迹》第 4 卷，1875 年 8 月。

191. RAYNAL (Abbé G. T.) .- *Histoire philosophique et politique des établissements et du commerce des Européens darts les deux lndes...* (lère éd. : Amsterdam, 1770), Edition utilisée: Paris, Amable Costes, 1820. 11 volumes.

雷纳尔修道院院长：《欧洲人在两个印度的商行经商的哲学与政治史》(阿姆斯特丹 1770 年第 1 版)，本处所使用的版本是巴黎阿马布尔·科斯科书局 1820 年出版社的版本，11 卷。

192. REGML (D. R.) .- *Medieval Nepal...* Calcutta, Mukhopadhyay, 1965-1966. 4 volumes.

雷格米：《中世纪的尼泊尔》，加尔各答穆霍帕迪亚出版社 1965—1966 年版，4 卷本。

193. EGMI (D. R.) .- *Modern Nepal.* Calcutta, Mukhopadhyay, 1961-1965. 2 volumes.

D. R. 雷格米：《近代尼泊尔》，加尔各答穆霍帕迪亚出版社 1961—1965 年版，2 卷本。

194. REGMI (Mahesh Chandra) .- *A study in Nepali economic history* 1768-1846. Delhi, Manjusri publishing house, 1971.

马海什·钱德拉·雷格米：《1768—1846 年的尼泊尔经济史研究》，德里文殊师利出版社 1971 年版。

195. *Relation de la Grande Tartarie*, dressée sur les mémoires originaux des Suédois prisonniers en Sibérie, pendant la guerre de la Suède avec la Russie. A Amsterdam, chez Jean Frederic Bernard, 1737. 301 p.

《大鞑靼游记》，根据于瑞典—俄国战争期间生活在西伯利亚的瑞典战俘的回忆录原文而作，阿姆斯特丹让·弗里德里克·贝尔纳尔书店 1737 年版，共 301 页。

196. Report on the weights, measures, and coins of Cabul and Bukhara. By Nowrozjee Furdoonjee. Forwarded by Captain Burnes to Government... *Journal of the Asiatic society of Bengal*, vol. 7, no 79, juillet 1838, pp. 892-900.

《喀布尔和布哈拉的度量衡和钱币报告》，诺罗兹·菲尔东杰著，政府的布尔纳上校作序，载《孟加拉亚洲学会会刊》第 7 卷，第 79 期，1838 年 7 月，第 892—900 页。

197. REUILLY (J.). - *Description du Tibet, d'après la relation des Lamas tangoutes, établis par les Mongols.* Traduit de l'allemand... Paris, chez Bossange, Masson et Besson, 1808. (Traduction partielle de P. S. Pallas).

罗伊利：《根据由蒙古人安置的唐古特喇嘛们的记述而对西藏的描述》，译自德文，巴黎博桑热、马松和贝松 1808 年版（帕拉斯的节译本）。

198. RHODES (N. G.). - The coinage of Bhutan. - *Oriental numismatic society information sheet*, no 16, janv. 1977. 14p.

罗德斯：《不丹的铸币》，载《东方钱币学会通讯》第 16 卷，1977 年 1 月，第 14 页。

199. RHODES (N. G.). - The coinage of Cooch Behar. *Oriental numismatic society information sheet*, s. d., 13p.

罗德斯：《库奇比哈尔的铸币》，载《东方钱币学会通讯》，同上，第 13 页。

200. RHODES (N. G.). - The silver coinages of Garhwal and Ladakh, 1686-1871. *Numismatic chronicle*, vol. 141, 1981, pp. 120-135.

罗德斯：《1686—1871 年间的格尔瓦尔和拉达克银币》，载《钱币编年》第 141 卷，1981 年，第 120—135 页。

201. RHODES (N. G.). - The development of currency in Tibet. (Contribution au: Symposium on Tibet, Oxford, June 1979). pp. 261-268 in: *Tibetan studies in honour of Hugh Richardson*. Ed. by M. Aris and Aung San Suu kyi. Warminster, 1980.

罗德斯：《西藏通货的发展》，在西藏讨论会上的发言（这次会议于1979年由牛津大学组织），第261—268页，载《纪念黎吉生的藏学研究文集》，由阿里斯和昂山素吉主编，华盛顿1980年版。

202. RHODES (N. G.). - India. The coinage of Manipur. *Oriental numismatic society information sheet*, n. d. 7 p.

罗德斯：《印度，曼尼普尔的铸币》，载《东方钱币学会通讯》，同上，共7页。

203. RHODES (N. G.). - An Assamese - Tibetan coin. *The Numismatic circular*, juil-let-août 1975, pp. 288-289.

罗德斯：《阿萨姆—西藏的铸币》，载《钱币通讯》，1975年7—8月，第288—289页。

204. RHODES (N. G.), VALDETTARO (C.). - Coins in medieval Nepal. *Numismatic chronicle*, 7th Set, vol. 16, 1976, pp. 158-166.

罗德斯、瓦尔德塔罗：《中世纪尼泊尔的钱币》，载《钱币编年》第7辑，第16卷，1976年，第158—166页。

205. RICCARDI (Theodore). - The royal edicts of King Rama Shah of Gorkha. *Kailash*, vol. 5, 1977, no 1, pp. 29-65.

泰奥多尔·里卡尔迪：《廓尔喀人罗摩沙的王诰》，载《冈底斯山》第5卷，1977年第1期，第29—65页。

206. ROCHER (Emile). - *La province chinoise du Yün-nan*. Paris, E. Leroux, 1879. 2 vol.

弥乐石：《中国的云南省》，巴黎勒鲁出版社1879年版，2卷本。

207. ROCK (J. F.). - *The Amnye Ma-chhen Range and adjacent regions*. A monographic study. Roma, ISMEO, 1956.

洛克：《阿尼玛卿山及其毗邻地区》，研究专著，罗马中东和远东研究所1956年版。

208. ROCK (J. F.). - *The ancient Na-khi kingdom of Southwest China*. Cambridge, Mass, Harvard university press, 1947.

洛克：《中国西南的古纳西王国》，坎布里奇（马萨诸塞州），哈佛大学出版社1947年版。

209. ROCKHILL (W. W.). - The Dalai-Lamas of Lhasa and their relations with the Manchu emperors of China 1644-1908. *Toung pao*, vol. 11, 1910, pp. 1-104.

柔克义：《拉萨的达赖喇嘛及其与中国清朝（1644—1908年）的关系》，载《通报》第11卷，1910年，第1—104页。

210. ROCKHILL (W. W.) . - *The land of the Lamas. Notes of a journey through China, Mongolia and Tibet*. London, Longmans, 1891.

柔克义：《喇嘛王国，中国中原、蒙古和西藏游记》，伦敦，伦格曼书店 1891 年版。

211. ROCKHILL (Willam Woodville) . - Tibet. A geographical, ethnographical, and historical sketch, derived from Chinese sources. *Journal of the Royal asiatic society of Great Britain and Ireland*, janvier 1891, pp. 1-133, 185-291.

柔克义：《西藏，地理、民族和历史大纲，摘自汉文史料》，载《大不列颠和北爱尔兰皇家亚洲学会会刊》，1891 年 1 月，第 1—133，185—291 页。

212. ROSE (Leo E.) . - *Nepal. Strategy for survival*. Berkeley, University of California press, 1971.

列奥 · E. 罗斯：《尼泊尔，继续生存的策略》，加利福尼亚大学出版社 1971 年版。

213. ROSSI FILIBECK (Elena de) . - Testi tibetani riguardanti i Gorkha. *Atti della Accademia nazionale dei Lincei. Memorie Classe di scienze morali, storiche e filologiche*, serie 8, vol. 21, fasc. 1, 1977, pp. 3-56.

埃利纳 · 德 · 罗西 · 菲利贝克：《从廓尔喀看西藏》，载《林赛科学院论丛》，《伦理、历史和语言学类论集》第 8 辑，第 21 卷，第 1 册，1977 年，第 3—56 页。

214. ROSWAG (Ct.) . - *L'argent et l'or. Production, consommation et circulation des métaux précieux*. Nouvelle éd. 2 vol. Paris, Ch. Dunot, 1889.

罗斯瓦格：《黄金和白银，贵金属的生产、消费和流通》，新版第 2 版，巴黎迪诺书店 1889 年版。

215. RYČKOV (Pëtr lvaovič) . - *Topografija Oreaburgskaja, to est'*: obstojatel'noe opisanie orenburgskoj gubernii, sočinennoe Kolležkim sovetnikom i lmperatorskoj Akademii nauk korrespondentom Petrom Ryčkovym. . . V Sanktpeterburge. pri lmperatorskoj Akademii nauk, 1762 goda.

彼得尔 · 伊万诺维奇 · 鲁契科夫：《奥伦布鲁克地形图》，帝俄科学院通讯院士鲁契科夫驿奥伦布鲁克十分详尽的叙述，圣彼得堡帝俄科学院 1762 年版。

216. SAVARY des BRUSLONS (Jacques) . -*Dictionnaire universel de commerce, d'his-toire naturelle et des arts et métiers*. . . Paris, 1723-1730, 3 vol.

雅克 · 萨瓦里 · 德 · 布鲁斯伦：《贸易、自然史、艺术和工艺综合辞典》，巴黎 1720—1730 年版，3 卷本。

217. SAVARY des BRUSLDNS (Jacques). - *Le parfait négociant*. Paris, 1722.

萨瓦里·德·布鲁斯伦：《精明的批发商》，巴黎1722年版。

218. SCHACHT (Joachim). - *Le masque mortuair de Dieu. Anthropologie culturelle de l'argent*. Paris Payot, 1973.

若阿基姆·沙克：《神的死亡面罩，银钱的文化人类学》，巴黎帕约书店1973年版。

219. SCHIERN (Frederik) trad. par Anna M. H. CHILDERS. - The tradition of the gold-digging ants. *Indian antiquary*, vol. 4, août 1875, pp. 225-232.

弗里德里克·谢尔恩书，由安娜·M. H. 奇尔德译：《蚂蚁寻金的传说》，载《印度古迹》第4卷，1875年8月，第225—232页。

220. SCHIERN (Frederik Eginhard). - *Über den Ursprung der Sage von den gold-grabenden Ameisen*, Vortrag... Kopenhagen, G. C. Ursin's Nachfolger, 1873. (Aus den Ver-handlungen der Kgl. dän. Gesellsch, der Wissenschaften übers.)

谢尔恩：《蚂蚁寻金传说的起源》，讲演稿，哥本哈根，乌尔辛的继任者1873年版（在科学讨论会上的讲演稿）。

221. SETH (Mesrob J.). - *History of the Armenians in India, from the earliest times to the present day*, by -, Armenian examiner to the University of Calcutta. Calcutta, chez l'auteur, 1895, XXII - 190p.

马斯罗卜·塞恩：《印度从古到今的亚美尼亚人的历史》，加尔各答大学亚美尼亚人研究中心，由作者于1895年在加尔各答大学出版，共22—190页。

222. SHAW (Kinn Wei). - *Democracy and finance in China. A study in the development of fiscal systems and ideals*. New York, Columbia University press, 1926.

肖金卫：《中国的民主政体与财政、财税制度和思想发展的研究》，纽约哥伦比亚大学出版社1926年版。

223. SHERRING (Charles A.). - *Western Tibet and the Indian borderland*. Delhi, Cosmo publ., 1974(1ère éd.: 1916).

查尔斯·A. 谢林：《西藏西部与印度边境地区》，德里宇宙出版社1974年版（1916年首版）。

224. SONNERAT (Pierre). - *Voyage aux Indes orientales et à la Chine, fait... depuis* 1774 *jusqu'en* 1781... Paris, chez l'auteur, 1782.

彼埃尔·A. 索奈拉：《1774—1781年以来的东印度和中国游记》，由作者本人于1782年在巴黎出版社出版。

225. SPASSKIJ (G.). - O Sušč estvolvanii zolotosoderžaščikh peskov i samykh mestoroždenij zolota v Kirgiz-kajsackoj stepi i osobenno v smežnykh s neju strana-

kh. Gornyj Žurnal, no 2, 1827, pp. 57-66.

斯帕斯基：《吉尔吉斯坎萨斯草原及沿途的砂金矿和金矿》，载《矿山学报》第 2 卷，1827 年，第 57—66 页。

226. STILLER (Ludwig F., S. J.). - *Prithvinarayan Shah in the light of Dibya Upadesh.* Ranchi, Bihar, Cathlic press, (préface datée de 1968).

耶稣会士路德维奇·斯蒂勒：《〈论议经〉反映出来的普里色毗·纳拉扬王》，比哈尔邦的兰契天主教印刷厂版（其序言的时间为 1968 年）。

227. STILLER (Ludwig, S. J.). - *The rise of the louse of Gorkha. A study in the unification of Nepal 1768-1816.* New Delhi, Manjusri publishing house, 1973.

路德维奇·斯蒂勒：《廓尔喀王朝的起源，对于 1768—1816 年尼泊尔统一的研究》，新德里，文殊师利出版公司 1973 年版。

228. STILLER (Ludwig, S. J.). - *The silent cry. The people of Nepal: 1816-1839.* Kathmandu, Sahayogi prakashan, 1976.

路德维奇·斯蒂勒：《沉静的呼声，1816—1839 年的尼泊尔人民》，加德满都萨哈尤吉·普拉卡山出版社 1976 年版。

229. STRABON. - *Géographie de Strabo.* Trad. par Amédée Tardie. Paris, Librairie Hachette, 1909.

斯特拉波：《斯特拉波的舆地书》，由阿美德·塔尔迪厄翻译，巴黎哈切特出版社 1909 年版。

230. STRACHEY (Henry). - Narrative of a journey to Cho Lagan (Ràkas Tal) Cho Mapan (Màanasarowar) and the valley of Pruang in Gnari, Hundès, in September and October 1846. *Journal of the Asiatic society of Bengal*, vol. 17, juillet 1848, pp. 98-120; auût, pp. 127-182; septembre, pp. 327-351.

亨利·斯特雷奇：《阿里地区的拉昂错、马旁错以及在普兰河流域和赤德的游记》，1846 年 9—10 月，载《孟加拉亚洲学会会刊》第 17 卷，1848 年 7 月，第 98—120 页；8 月，第 127—182 页；9 月，第 327—351 页。

231. STRAHLENBEGR (J.). - *Description historique de l'empire russien*, traduit de l'ouvrage allemaad de M. le baron de Strahlenberg... (Barbeau de la Bruyère traducteur et adaptateur). Amsterdam, 1757, 2 volumes.

斯特拉伦堡：《俄罗斯帝国的历史描述》，译自男爵斯特拉伦堡的德文著作，剑桥大学出版社 1961 年版。

232. SUN (E-tu Zen) (Ed.). - *Ch'ing administrative terms. A translation of the terminology of the six boards with explanatory notes.* Cambridge University press, 1961.

孙任以都：《清代行政管理的专用名词、六部名词术语诠释》，剑桥大学出版社 1961 年版。

233. SYMES (Michael). - *An account of an embassy to the kingdom of Ava, sent by the Governor-General of India*, in the year 1795... London, Nicol, 1800.

米歇尔·赛姆斯：《1795 年由印度总督出使阿瓦王国记》，伦敦尼古拉出版社 1800 年版。

234. TAVERNIER (Jean Baptiste). - *Les six voyages de Jean Baptiste Tavernier... qu'il a fait en Turquie, en Persem, et aux lndes*... A Paris, chez Gervais Clouzier, 1676.

领洗约翰·塔维尼耶：《领洗的约翰·塔维尼耶在土耳其、波斯和印度的六次旅行》，巴黎热尔韦·克鲁济埃书局 1676 年版。

235. TAYLOR (John). - *Travels from England to India, in the year 1789, by the way of the Tyrol, Venice, Scandaroon, Aleppo and over the great desert to Bussora*; with instructions for travellers. London, printed by S. Low, 1799. 2 volumes.

约翰·泰勒：《1789 年从英国到印度的旅行，经过推罗、威尼斯、斯坎达伦、阿勒颇和穿越大沙漠而到达布索拉》，附旅行指南，伦敦洛出版，1799 年，2 卷本。

236. TERRIEN DE LA COUPERIE (A.). - The silver coinage of Tibet. *Numismatic chronicle*, Ⅲ ser, vol. I, 1881, pp. 340-353.

泰里安·德·拉·库波里：《西藏的银币》，载《钱币编年》第 3 辑，第 1 卷，1881 年，第 340—353 页。

237. THAPA (N. B.), THAPA (D. P.). - *Geography of Nepal*. Bombay, Orient Longmans, 1969.

塔帕兄弟：《尼泊尔的地理学》，孟买东方朗曼书店 1969 年版。

238. THOMSON (Thomas). - *Western Himalaya and Tibet*. New Delhi, Cosmo publ., 1978. (1ère ét.: 1852).

汤姆森：《喜马拉雅西部与西藏》，新德里宇宙出版社 1978 年版（1852 年首版）。

239. TRAILL (George William). - Statistical report on the Bhotia Mehals of Kamaon. *Asiatic researches*, vol. 17, 1832, pp. 1-50.

乔治·威廉·特雷尔：《卡玛翁的博提亚·迈哈尔的统计报告》，载《亚洲研究》第 17 卷，1832 年，第 1—50 页。

240. TROŠIN (A. K.). - *Ivan Evstafevič Vlasov. Voevoda-rudoznatec* XⅦ*v.* Moskva, lsdat. Akademii nauk SSSR, 1963.

特罗申：《17 世纪的探险矿工——伊凡·耶夫斯达费维奇·弗拉索夫》，莫斯科苏联科学院出版社 1963 年版。

241. TROTTER (H.). - Account of the Pundit's journey in Great Tibet from Leh in Ladákh to Lhása, and of his return to India viâ Assam. *Journal of the Royal geographical society*, vol. 47, 1877, pp. 86-136.

特罗特：《班智达从拉达克的列城到拉萨的大西藏及其经阿萨姆返回印度的游记》，载《皇家地理学会会刊》第 47 卷，1877 年，第 86—136 页。

242. *Trudy Tibetskoj ekspedicii 1889-1890 gg. pod načal'stvom M. V. Pevcova...* S. Peterburg, tipografija M. M. Stasjulevič, 1892-1896.

《佩夫索夫于 1889—1890 年的西藏探险文集》，圣彼得堡版，第 2 卷，1892—1896 年版。

243. TURNER (Samue). - *An account of an embassy to the court of the Teshoo Lama in Tibet...* London, Nicol, 1800.

萨缪尔·忒纳：《出使西藏扎什喇嘛的驻锡地》，伦敦尼古拉出版社 1800 年版。

244. TURPIN (Francois Henri). - *Histoire civile et naturelle du royaume de Siam, et des révolutions qui ont bouleeversé cet empire jusqu'en 1770*; publiée par M. Turpin sur des manuscrits qui lui ont été communiqués par M. l'Evêque de Tabraca... et autres mission-naires... A Paris, chez Costard... 1771.

佛朗索瓦·亨利·迪尔潘：《暹罗王国的文明和自然史以及 1770 年前震撼帝国的革命》，由迪尔潘根据由塔布拉卡的主教和其他传教士交给他的稿本著作而刊行，巴黎科斯塔尔出版社 1771 年版。

245. UNITED STATES BUREAU OF MINES. - *Minerals yearbooks.*

美国联邦矿业局：《矿业年鉴》。

246. UNKOVSKOJ (l.). - Posol'stvo k Zjungarskomu Khun-Tajčži Cevan Rabtanu kapi-tana ot artillerii Lvana Unkovskago i putevoj Žurnal ego za 1722-1724 gody. Dokumenty, iz-dannye s predisloviem i primečanijarni d. čl. N. I. Veselovskaso. S. Peterburg, 1887 (*Zapiski lmperatorskago russkago geografičeskago obsčestva po otdeleniju etnografii*, X, 2, XLVI- 276 p., carte dépl.

翁科夫斯基：《炮兵上尉伊凡·翁科夫斯基 1722—1724 年出使准噶尔部洪台吉策旺·阿拉布坦处之经过及其旅行日志》，1887 年圣彼得堡版（《帝俄地理学会会刊》第 10 卷，第 2 卷，共 46—276 页，附有折叠地图）。

247. *Uzbekistan.* - Moskva, lzdat. Mysl', 1970.

《乌兹别克斯坦》，莫斯科穆斯林出版社，1970 年版。

248. VASIL'EV (V. P.). - *Geografija Tibeta* (Trad. de Mintchoul Khoutoukt). S. Peterburg, 1895.

瓦西里耶夫：《西藏的地理学》（由敏珠尔·呼图克图译），圣彼得堡1895年版。

249. *Vedomosti vremeni Petra Velikago.* Moskva, 1903-1906. (Vyp. 1: 1703-1707; Vyp. 2: 1708-1719).

《彼得大帝公报》，莫斯科1903—1906年版（第1版，1703—1707年；第2版，1708—1719年）。

250. VEI CHOW JUAN. - Mineral resources of China. *Economic geology*, vol. 21, no 4, 1946, part 2 (supplement), pp. 399-474, fig., cartes, bibl. pp. 471-474.

魏受原:《中国的矿产资源》,载《地质经济学》第41卷,第4期,1946年,第2册(增刊),第399—474页,附有图像、地图和参考书目,见第471—474页。

251. VESELOVSKIJ (N. I.). - *Očerk istoriko-geografičeskikh svedenij o Khivinskom khanstve, ot drevnejšikh vremen do nastojaščago.* S. Peterburg, Tipografija brat. Panteleevykh, 1877.

维塞洛夫斯基：《希瓦汗国的历史地理资料集》，圣彼得堡，潘切利耶夫兄弟出版社1877年版。

252. VIGNE (Godfrey Thomas). - *A personal narrative of a visit to Ghuzni, Kabul, and Afghanistan, and of a residence at the court of Dost Mohamad: with notices of Runjit Singh, Khiva, and the Russian expedition.* London, Whittaker, 1840.

戈弗雷·托马斯·维涅:《伽色尼、喀布尔和阿富汗以及穆罕默德宫廷人员的游记,基辅人辛格和俄罗斯远征军的记述》,伦敦惠特克出版社1840年版。

253. VILAR (Pierre). - *Or et monnaie dans l'histoire: 1450-1920.* Paris, Flammarion, 1974.

彼埃·维拉尔：《历史上的黄金和银币（1450—1920年）》，巴黎弗拉马里雍出版社1974年版。

254. *Voyage remarquable de Guillaume de Rubruquis... en Tartarie et à la Chine, l'an de Notre Seigneur* 1253... traduit de l'anglois par le Sr Bergeron. - Paris, Imprimé aux frais du gouvernement pour procurer du travail aux ouviers typographes, août 1830.

《鲁布鲁克于公元1253年在中国内地和鞑靼地区的著名游记》，由贝日伦译自英文，政府为了给印刷工人寻找工作而出资印刷，1830年8月版。

255. VRIES (Jan de) - *The economy of Europe in an age of crisis, 1600-1750.* Cambridge university press, 1977.

让·德·弗里：《1600—1750年危机时期的欧洲经济》，剑桥大学出版社1977年版。

256. ADDELL (L. Austine). - *Lhasa and its mysteries, with a record of the expedition 1903-1904*. London, Murray, 1905.

奥斯丁·沃德尔：《拉萨及其秘密，1903—1904年远征军档案》，伦敦穆赖出版社1905年版。

257. WALSH (E. H.). - Seal of the Dalai lama. *Journal of the Royal asiatic society of Great Britain and Ireland*. Janvier 1911.

瓦什尔：《达赖喇嘛的封印》，载《大不列颠和北爱尔兰皇家亚洲学会会刊》，1911年1月。

258. WALSH (E. H.). - *The coinage of Nepal*. Delhi, Indological book house, 1973, (1ère éd.: 1908).

瓦尔什：《尼泊尔的铸币》，德里印度学书籍出版公司1973年版（1908年首版）。

259. WALSH (E. H. C.). - The coinage of Tibet. *Memoirs of the Asiatic society of Bengal*, vol. Ⅱ, no 2, 1907, pp. 11-23.

瓦尔什：《西藏的铸币》，载《孟加拉亚洲学会论丛》第2卷，第2期，1907年，第11—23页。

260. WANG (Chung Yu). - China's position in the world of minerals. *Mining and metallurgy*, vol. 24, no 441, 1943, pp. 401-402.

王靖宇：《中国在世界矿业中的地位》，载《矿业和冶金学》第24卷，第441期，1943年，第401—402页。

261. WATT (George). - *A dictionary of the economic products of India* (1ère éd.: 1890). Rééd.: Delhi, Cosmo publ., 1972.

乔治·瓦特：《印度经济产品辞典》（1890年第1版），德里宇宙出版公司1972年。

262. WEI YUAN. - *Historie de la conquête du Népal par les Chinois sous le règen de Tc'ienn Long (1792)*, trad. du chinois par M. Camille lmbault-Huart. *Journal asiatique*, 7ème série, Ⅻ, octobre-novembre 1878, pp. 348-377.

魏源：《乾隆征廓尔喀记（1792年）》，由于雅尔译自汉文，载《亚细亚学报》第7辑第12卷，1878年10—11月，第348—377页。

263. WHITE (Benjamin). - *Silver: its history and romance*. London, Hodder and Stoughton, 1917.

卞雅闵·怀特：《银币，历史和传奇故事》，伦敦霍德和斯托敦书局1917

年版。

264. WILLIS (Valiley). - Mineral resources of China. *Economic geology*, vol, 3, 1908, no 1, janvier-févier, pp. 1-36; no 2, mats-avril, pp. 118-133.

韦利·威利斯:《中国的矿产资源》，载《地质经济学》第 3 卷，1908 年，第 1 期，1—2 月号，第 1—36 页；第 2 卷，3—4 月号，第 118—133 页。

265. WILLMOTT (W. E.) (ed.). - Economic organization in Chinese society. Stanford, Stanford University press, 1972.

威尔莫特:《中国社会中的经济组织》，斯坦福，斯坦福大学出版社 1972 年版。

266. WISSERING (W.). - *On Chinese currency coin and paper money*. Leiden, J. Brill, 1877. (Reprint: Taipei, Ch'eng-Wen publ. Co, 1968.)

威士林:《中国金币和纸币的流通》，伦敦布里尔出版社 1877 年版（台北成文书局 1968 年版）。

267. WRIGHT (D.) (ed.). - *History of Nepal*. Transl. from Parbatiya by Munshi Shew Shunker Singh and Pandit Sri Gunanand, with an introductory sketch of the country and people by the editor Daniel Wright. Cambridge University press, 1877. (Reprint: Calcutta, Susil Gupta, 1958).

赖特:《尼泊尔史》，由辛格和班智达师利古纳南译，民族和地区纲要导言。由达尼埃尔·赖特出版。剑桥大学出版社 1877 年版（加尔各答苏西·古普塔书局 1958 年版）。

268. YULE (Henry). - *A narrative of the mission sent by the Governor-General of India to the Court of Ava in* 1855, *with notices of the country, government, and people*. London, Smith, Elder and Co, 1858.

裕尔:《1855 年印度总督出使阿瓦宫廷记，地区、政府和民族志》，伦敦斯密特埃尔德公司 1858 年版。

269. YULE (Henry). BURNELL(A. C.). - *Hobson-Jobson. A glossary of colloquial An-glo-India words an phrases...* (1ère éd.: 1903). Delhi. Munshiram Manoharlal, 1968.

裕尔和布尔奈尔:《印度名物杂志，英语—印度和词汇诠释》（1903 年第 1 版），德里，蒙希拉姆·莫诺哈尔拉尔出版社 1968 年版。

270. ZLATKIN (I. Ja.). - *Istorija Dzungarskogo khanstva (1635-1758)*. Moskva, Izdat. Nauka, 1964 (Akademija nauk SSSR, Institut narodov Azii).

泽拉津:《准噶尔汗国史（1635—1758 年）》，莫斯科，苏联科学院亚洲民族研究所 1964 年版。

图书在版编目（CIP）数据

西藏的黄金和银币：历史、传说与演变/（法）布尔努瓦（Boulnois，L.）著；耿昇译. —2版. —北京：中国藏学出版社，2015. 8

ISBN 978 - 7 - 80253 - 475 - 9

Ⅰ. ①西… Ⅱ. ①布…②耿… Ⅲ. ①贵金属 - 货币史 - 西藏②中外关系史料 - 西藏 Ⅳ. ①F822. 9②D829

中国版本图书馆 CIP 数据核字（2015）第 163035 号

西藏的黄金和银币

——历史、传说与演变

作　　者　(法)布尔努瓦(Boulnois,L.)
译　　者　耿昇
出版发行　中国藏学出版社
责任编辑　徐华兰
封面设计　翟跃飞
印　　刷　北京隆昌伟业印刷有限公司
印　　次　2015 年 8 月第 2 版第 1 次印刷
开　　本　640 × 965 毫米　1/16
印　　数　5000 册
印　　张　21.5
字　　数　289 千
书　　号　ISBN 978 - 7 - 80253 - 475 - 9/F · 41
定　　价　48.00 元

图书若有质量问题，请与本社联系
E-mail:dfhw64892902@126.com　电话:010 - 64892902